国家社会科学基金（教育科学）规划课题研究成果
现代职业教育教学理论与实践系列

高等职业教育专业教学整体解决方案研究与实践

（第一册）

邓泽民　巴图查干　　主　编
马桂香　陶文辉　高春萍　副主编

科学出版社
北　京

内 容 简 介

本书介绍了高等职业教育电气自动化技术、汽车检测与维修技术、计算机网络技术、软件技术、计算机信息管理、环境工程技术、畜牧兽医、市场营销、旅游管理和计算机多媒体技术 10 个专业的教学整体解决方案研究与实践的成果。首先对不同技能型人才的职业特质进行研究，然后设计出适合的职业特质和职业能力的教学整体解决方案，包括问题的提出，研究内容与方法，各专业人才的职业特质研究，整体解决方案的设计与实施。

本书列出的 10 个专业教学整体解决方案是我国职业教育战线首次从我国产业升级对技能型人才职业特质的要求入手，研究职业教育不同专业的教学整体解决方案问题。

本书可供职业院校行政和教学管理人员、广大教师参考，也可作为职业教育研究人员和研究生的参考用书。

图书在版编目(CIP)数据

高等职业教育专业教学整体解决方案研究与实践. 第一册/邓泽民，巴图查干主编. —北京：科学出版社，2017.11

（国家社会科学基金（教育科学）规划课题研究成果·现代职业教育教学理论与实践系列）

ISBN 978-7-03-055498-7

Ⅰ. ①高… Ⅱ. ①邓… ②巴… Ⅲ. ①高等职业教育-教学研究 Ⅳ. ①G718.5

中国版本图书馆 CIP 数据核字（2017）第 285310 号

责任编辑：王杰琼 / 责任校对：刘玉靖
责任印制：吕春珉 / 封面设计：耕者设计工作室

科 学 出 版 社 出版
北京东黄城根北街 16 号
邮政编码：100717
http://www.sciencep.com
北京中科印刷有限公司印刷
科学出版社发行　各地新华书店经销
*

2017 年 11 月第 一 版　　开本：B5（720×1000）
2017 年 11 月第一次印刷　　印张：21 1/2
字数：411 000
定价：110.00 元
（如有印装质量问题，我社负责调换〈中科〉）
销售部电话 010-62136230　编辑部电话 010-62135319-2031

总　序

　　《现代职业教育教学论》《高等职业教育专业教学整体解决方案研究与实践》（第一、二册）、《中等职业教育专业教学整体解决方案研究与实践》（第一、二册）是国家社会科学基金"十一五"规划课题"以就业为导向的职业教育教学理论与实践研究"的研究成果。《现代职业教育教学论》更是编者从事职业教育研究 20多年来对职业教育教学实践的认识总结。

　　第一，职业教育教学活动追求的价值，不仅仅是使学生掌握系统的知识、练就熟练的技能、养成端正的态度，也不仅仅是使学生能够完成自己的工作，而且最终要使学生形成从事某种职业所需要的思维、行为、语言、情感等职业特质。课题调查发现：职业卓越者之所以卓越，不是他们知晓或能做，而是因为他们把握了所从事职业的价值，并具备了实现这种价值的职业特质。

　　第二，职业特质的重要性使职业特质成了职业教育教学活动的价值追求，因此，职业教育教学基本原则确定的价值指向，必然促进这种职业特质的形成。课题研究发现：从事制造、服务、艺术的技能型人才的思维、行为、情感、语言等职业特质迥异，为此，职业教育教学应依据其职业活动的特点，分别遵循过程、情景、效果导向的行动教学原则。

　　第三，职业教育教学目标和基本原则的确立，为职业教育教学内容确定、教学情景设计、教学过程优化、教学媒体采用、教学方法开发、教学组织管理、教学艺术风格、教学设计评价等教学基本问题研究提供了前提和准则。

　　《高等职业教育专业教学整体解决方案研究与实践》（第一、二册）和《中等职业教育专业教学整体解决方案研究与实践》（第一、二册）是参加课题的 30 所高职学校、50 多所中职学校和 300 多家企业经过 6 年多的实践研究形成的成果。

　　首先，采用专业教学整体解决方案的方式开展职业教育教学实践研究的原因在于职业教育的教学理论是专业教学理论而不是学科教学理论。学科教学理论关注一个学科的教学规律，教学目标是学科结构，教学内容是概念、原理、公式等。职业教育教学理论显然不是关注一个学科的教学规律，而是专业的教学规律，是一个专业的促进学生职业特质形成的整体教学活动。

　　其次，各专业教学整体解决方案首先对不同技能型人才的职业特质进行研究，然后研究设计出适合这种技能型人才职业特质和职业能力形成的教学整体解决方案。各专业教学整体解决方案包括专业的职业面向分析、专业培养目标的确定、就业需要的证书分析、专业课程体系的构建、专业教学策略的研究、专业教材的设计编写、专业实训条件的配备等。

最后，各实验学校都通过"教师把握整体解决方案，教师必备教学能力培训，设施、材料与教材准备，方案实施的评价与激励，方案实施效果调查分析"等环节实施专业教学整体解决方案。通过专业教学整体解决方案的实施，探索不同专业的专业教学理论。

《现代职业教育教学论》对职业教育教学理论的教学目标等 16 个基本问题进行阐述，试图从理论层面解决"校企合作、工学结合"职业教育教学改革中遇到的一些基本问题；《高等职业教育专业教学整体解决方案研究与实践》（第一、二册）和《中等职业教育专业教学整体解决方案研究与实践》（第一、二册）提供的 50 多个典型案例，愿为职业院校专业教学改革提供有益的参考。

在课题研究过程中，编者得到了邢台职业技术学院等 100 多所国家级示范校、骨干校，渝北职教中心等 200 多所国家级重点校和首旅集团等 300 多家企业的大力支持和积极参与，在此，对上述参与单位和个人表示衷心的感谢。

尽管本课题对职业教育教学理论与实践研究持续了 6 年多，但由于人们对这一领域研究得不够，可供参考的文献较少，加之著者能力所限，对很多问题研究得还不够系统、深入。希望五书的出版，能引起社会各界对职业教育教学理论研究的关注，也敬请广大读者批评指正。

邓泽民

2017 年 9 月

于北京

前　　言

本书主要介绍电气自动化技术、汽车检测与维修技术、计算机网络技术、软件技术、计算机信息管理、环境工程技术、畜牧兽医、市场营销、旅游管理和计算机多媒体技术共 10 个专业的教学整体解决方案，是围绕国家社会科学基金"以就业为导向的职业教育教学理论与实践研究"的研究课题，采取行动研究法，总课题组带领参加课题的职业院校和合作企业经过 3 年研究的成果。

产业升级要求人才具有职业特质。我国经济发展方式的转变，产业升级加快，对高级技能型人才提出了更高的要求。高端制造业，如飞机、动车和汽车等高端产品的制造，要求从事的技术类高级技能型人才树立"崇拜精度、尊重规范"的思想，并用过程导向的思维、规范的行为、准确的语言和严肃的态度等保证产品的安全。现代服务业，如金融、保险和信息传输等，要求从事的服务类高级技能型人才树立"个性化服务"理念，并用情景导向的思维、恰当的行为、礼貌的语言和热情的态度等为人们提供令人满意、甚至惊喜的服务。文化艺术产业，如动漫、服装和表演等，要求从事的艺术类高级技能型人才树立"效果就是价值"的思想，并用效果导向的思维、夸张的行为、富有情感的语言和负责的态度等为人们带来美的享受。

这些从事不同职业的人，具有的不同思维、行为、语言和情感等就是职业特质。职业特质是一般技能型人才与卓越技能型人才在深层面的差异体现。当我国产业发展到一定水平后，对这种职业特质的要求就更加显现出来。

职业特质呼唤专业的教学理论。职业特质的形成对职业教育专业教学理论提出了迫切的要求。为了探索适合职业特质和职业能力形成的职业教育专业教学理论，总课题组带领参加课题的职业院校，采用行动研究法，形成了这些专业的教学整体解决方案。因此，首先研究行业发展的趋势和行业发展对高级技能型人才的需要；然后研究此行业发展对从事此行业的高级技能型人才职业活动特点的要求，再从行业发展要求的职业活动特点中分析界定其职业特质的内涵；最后，根据职业特质的内涵和职业能力要求，设计出专业教学整体解决方案。

这些专业教学整体解决方案包括专业的职业面向分析、就业证书需求的分析、专业培养目标的确定、专业课程体系的构建、专业教学策略的研究、专业教师团队的配备和专业实训条件的配备。

在这些专业教学整体解决方案的研究和整理过程中，北京师范大学姚梅林教授、河北科技师范学院陈庆合教授、侯金柱教授和刘京文副教授，教育部职业技术教育中心研究所王泽荣副研究员、涂三广副研究员和宫雪副研究员，以及河北科技师范学院的研究生张馨、李婉、崔慧超、张源、雷俊婷、李依然等参与了研究和指导，在此一并表示衷心的感谢。

邓泽民

2017 年 9 月

于北京

目　　录

电气自动化技术专业教学整体解决方案研究与实践

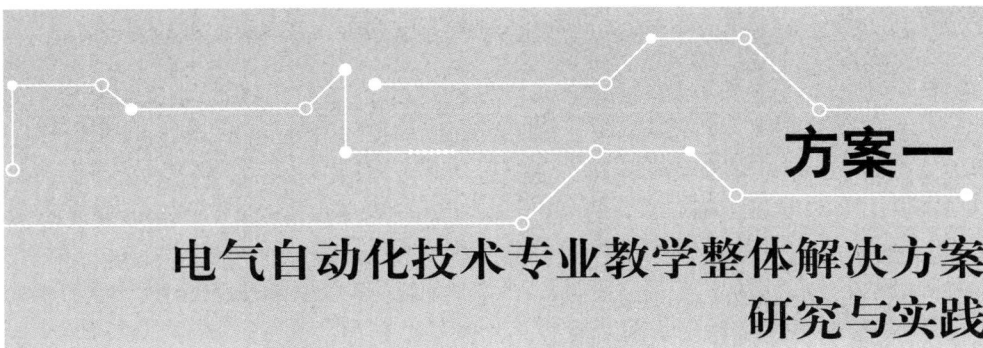

课题编号：BJA060049-GZKT001

一、问题的提出

（一）电气自动化技术相关行业发展的趋势

电气自动化技术已广泛应用于各行各业，如控制技术、现场总线技术、变频技术、计算机集散控制技术（DCS）和微电子技术等在各行各业中特别是在工业企业中应用得越来越多。随着信息技术的高速发展，电气自动化技术也已进入了数字化、网络化和集成化阶段。系统集成成为自动化系统成套工程产业的新趋势，集成的系统使管理和控制实现一体化，特别是现场总线和互联网的流行，使系统集成出现了日新月异的局面。

（二）行业发展对电气自动化技术高级技能型人才的要求

课题组对南京工业职业技术学院重点服务的长江三角洲进行调查，发现这一地区重点发展装备制造、电子信息、生物与新医药、基础材料与新材料和现代轻纺等产业。其中，先进制造业水平的提高，集中体现在工业电气自动化技术的应用程度。制造业中基于现场总线控制，实现仿真和远程通信及诊断等功能的自动化、柔性化和集成化生产的制造系统，以及先进数控加工设备的开发与产业化，大力推广和应用数字化、智能化的工业控制和仪器仪表技术。在工业自动化方面，重点发展现场总线、智能化仪表和过程控制系统及企业自动化立体仓库和工业机器人。随着现代建筑的多功能化、智能化和服务项目的不断增加，楼宇管理、控制、商务和多媒体一体化的智能大厦应运而生。楼宇自动化设备与楼宇系统集成发展，推动了城市现代化建设的进程，道路照明、广场照明、建筑物照明和园林绿地照明构成了城市文明和谐的标志，同时也带动了楼宇自动化和照明自动化产业的发展。长江三角洲的自动化制造业增长迅速，世界 500 强企业有一半以上在江苏设立自动化制造基地，其中采用电气自动化技术的占 60%，对整个长江三角洲建设"世界制造基地"形成强有力的支持。2010 年，江苏全省制造业增加值超过 13 000 亿元。这一发展目标急需高职教育为其提供强有力的人力支撑，这就为电气自动化技术专业群发展提供了新的战略平台和发展机遇。

课题组对南京汽车集团有限公司，以及位于苏州工业园区、南京江宁经济技术开发区、昆山经济技术开发区的多家企业调查发现，目前我国很多企业的设施设备等硬件与国际上相同档次的企业没有太大差距，差距主要在技术和工艺应用上。接受调查的现代大型高端制造企业负责人认为：我们的产品设计、加工设备工艺及原材料等和发达国家没有区别，产品质量与发达国家有差距，问题是缺乏一流的高级技能型人才。一流的高级技能型人才应具备综合职业能力，更重要的是必须具有电气自动化技术高级技能型人才的职业特质。

二、研究内容与方法

（一）研究内容

为解决电气自动化技术专业毕业生缺乏高级技能型人才职业特质的问题，本方案将首先对电气自动化技术高技能型人才的职业特质进行研究，然后设计出适合电气自动化技术高级技能型人才职业特质和职业能力形成的教学整体解决方案，并通过实施专业教学整体解决方案，探索高等职业教育电气自动化技术专业教学理论。

（二）研究方法

1）运用调查法，特别是现代职业分析方法对电气自动化技术高级技能型人才的职业活动进行调查，并在此基础上分析电气自动化技术高级技能型人才职业活动的特点，提出电气自动化技术高级技能型人才职业特质的基本内涵。

2）运用文献法、总结法对职业学院电气自动化技术专业教学和大型企业培训进行研究和总结，研究设计适合电气自动化高级技能型人才职业特质形成的教学整体解决方案。

3）运用实验法，通过适合电气自动化技术高级技能型人才职业特质形成的教学整体解决方案的实施，对建立在电气自动化技术高级技能型人才特质基础上的高等职业教育电气自动化技术专业教学方案进行验证，探索电气自动化技术专业教学理论与方法。

三、电气自动化技术高级技能型人才职业特质研究

职业特质是指从事不同职业的人所特有的职业素质，是能将工作中成就卓越与成就一般的人区别开来的深层特征[①]。总课题对于职业特质的研究，提出了可以

---

① 邓泽民，2011．职业教育教学论[M]．北京：中国铁道出版社．

从两个方向开展研究，一是在同一职业中发现成就卓越者，通过调查研究发现他们所具有的与成就一般者不同的深层特征；二是通过分析职业活动，研究取得职业活动卓越效果的人具备的职业素质。课题组采用第二种方法。

（一）电气自动化高级技能型人才职业活动调查

1. 职业面向的调查

（1）就业企业类型和岗位工作统计

通过对南京工业职业技术学院近 5 年 783 名毕业生的就业岗位调查发现，电气自动化技术专业毕业生就业岗位类型达 200 多个，职业生涯发展方向有四大领域，涉及工业企业电气化、楼宇自动化、过程控制与自动化仪表和照明自动化等。电气自动化专业群毕业生就业企业类型和岗位工作统计数据如表 1.1 所示。

表 1.1　电气自动化专业群毕业生就业企业类型和岗位工作统计

就业企业类型统计		岗位工作统计
企业类型	人数	岗位类型及工作
电气设备公司、自动化工程公司、科技公司和设备销售公司	142	1. 自控系统设计、现场安装和调试 2. 辅助技术人员进行系统测试、编程和绘制图纸等工作 3. 自动化产品推广销售
电厂、电力开发公司及电力设备和企业动力车间	21	1. 电厂和动力车间电网运行监控、高低压开关柜设备操作和记录 2. 电力设备生产
各类自动化工程公司和有电气设备的相关制造企业	224	电气设备管理、操作和维护
电子产品制造类企业	110	电子产品设计、生产和维修，电器公司售后服务
机电设备公司、数控公司和机床制造公司	57	机电设备和机床设备的操作和维修
物业公司、工程监理公司和房地产开发公司	25	大厦和小区物业设备管理和维护、房地产开发公司工程监理
电梯安装和销售公司、中央空调制造和销售公司	21	电梯安装和维修，中央空调安装、维修和销售
通信、网络公司和消防安防设备安装公司等	30	弱电系统设计和安装
亮化工程公司、照明光源制造公司、节能设计公司、环境工程公司、广告牌设计公司和会展设计公司	16	亮化工程设计、LED 大屏幕设计、各类灯具制造工艺设备操作和灯箱等广告牌设计
通信产品生产企业	6	通信产品生产流水线

续表

就业企业类型统计		岗位工作统计
企业类型	人数	岗位类型及工作
热能设备制造企业、橡胶制品制造企业、化工企业、造纸厂、饮料厂和合成纤维原料制造	11	1．中央控制室系统监控和运行数据记录 2．各种现场过程控制系统故障诊断 3．各种自动化仪器仪表调校
半导体公司和网络公司	15	1．电子产品生产流水线 2．网络公司业务员
机械制造企业	8	机械加工设备操作
其他	97	与专业无关的各类岗位

（2）毕业生就业岗位分析

图 1.1 反映了南京工业职业技术学院 783 名毕业生就业岗位的分布情况，从中可以看出，有 51% 的毕业生从事电气自动化设备运行、安装、调试和维修，有 21% 的毕业生从事自动化设备开发及技术服务；有 13% 的毕业生从事自动化工程项目管理；有 12% 的毕业生从事自动化设备销售服务，还有 12% 的毕业生从事其他工作。

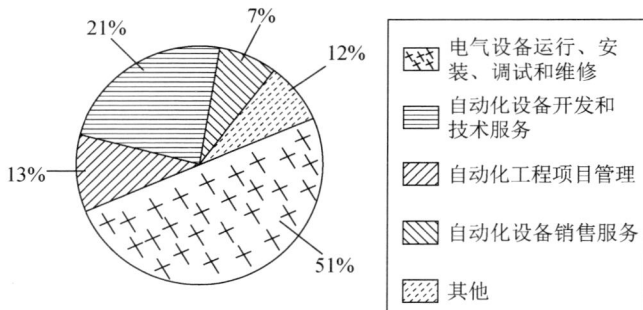

图 1.1　毕业生就业岗位分布

2．职业活动的分析

为了客观把握高职电气自动化技术专业毕业生所从事的职业活动，课题组邀请 12 位行业专家，应用现代职业分析方法[①]，对电气自动化技术高级技能型人才职业活动进行分析，编制了电气自动化技术高级技能型人才职业活动表，如表 1.2 所示。

---

① 邓泽民，郑予捷，2009．现代职业分析手册[M]．北京：中国铁道出版社．

表 1.2　电气自动化技术高级技能型人才职业活动表

职业活动领域	职业活动
职业共性活动领域 （维修电工）	典型电气、电子线路识读和绘图
	电气电子机柜机箱结构图的识读和绘图
	常用电工仪器仪表的使用
	低压电气电路的装配和分析测试
	常用电子仪器仪表的使用
	典型电子线路的分析测试
	一般电子产品的设计、组装和调试
	常规电气控制系统的设计
	常规电气控制系统的接线、安装和调试与故障检修
	典型电气设备 PLC 控制系统的选型设计
	典型电气设备 PLC 控制程序的编制
	弱电工程图纸的识图和绘图
	弱电工程的初步设计、施工、调试和维护
	典型自动化控制系统的设计
	典型自动化控制系统的安装、程序编制和调试
	工程项目文件的整理和撰写
工业企业电气自动化	各类自动调速系统的设计安装、选型和参数设置
	企业变配电所高低压开关柜的运行和维护
	典型工业控制系统的设计、安装、调试和维护
楼宇自动化	楼宇自动化系统的安装、调试和管理
	消防、安防工程项目的基本设计、施工和维护
照明自动化	场地照明的设计、安装和施工管理
	照明控制系统的设计、系统安装、调试和维护
	照明景观环境设计
过程控制与自动化仪表	过程控制系统中常用自动化仪表的选型和调校
	典型过程控制系统的设计、安装、调试和维护

（二）电气自动化技术高级技能型人才职业活动特点

通过分析电气自动化技术高级技能型人才职业活动发现，电气自动化高级技能型人才职业活动都是严格按照操作规程和顺序展开的，如图 1.2 所示。

	过程阶段 1	过程阶段 2	过程阶段 3	……
任务 A	活动 A1	活动 A2	活动 A3	……
任务 B	活动 B1	活动 B2	活动 B3	……
任务 C	活动 C1	活动 C2	活动 C3	……
⋮	⋮	⋮	⋮	

图 1.2　职业活动过程导向

从图 1.2 中可以看出，任务和过程阶段是电气自动化技术高级技能型人才采取行动的依据。一定的任务对应着一定的操作过程和规范标准，因此过程顺序是支配电气自动化技术高级技能型人才职业活动的主要因素，由此可见，电气自动化技术高级技能型人才职业活动具有典型的过程导向特点。

（三）电气自动化技术高级技能型人才职业特质内涵

我国国家职业资格标准对电气自动化技术高级技能型人才的职业胜任特征的相关描述包括严格执行工作程序、工作规范、工艺文件和安全操作规程；具有高度的责任心；团结协作；爱护设备及工具等。表现出上述职业胜任特征需要具备一定的职业特质，课题组结合电气自动化技术高级技能型人才职业活动所具备的过程导向特点和对职业活动的要求，将电气自动化技术高级技能型人才的职业特质定义为依据任务，严格把握并执行工作程序、工作规范、工艺文件和安全操作规程，做到用严格的工作程序、工作规范和操作标准保证操作结果质量要求的意识与素质。

四、电气自动化技术专业教学整体解决方案设计

职业特质的形成取决于专业教学的各个方面和各个环节，因此，课题组根据系统整体突现性原理，对电气自动化技术专业教学进行整体解决方案设计。目前，有企业办学校、学校办企业、学校和企业合作办学 3 种形式。由于参加本课题研究的学校基本采用第三种形式办专业，因此，下面电气自动化技术专业教学进行整体解决方案设计是基于上述第三种形式。

（一）专业的职业面向分析

根据对毕业生就业和企业需求的调查结果，本专业分为工业企业电气自动化、楼宇自动化、照明自动化和过程控制自动化 4 个专业方向。4 个专业方向对应着 14 个职业岗位和相应的职业资格证书，如表 1.3 所示。

表 1.3　电气自动化技术专业的职业面向

专业群名称	专业方向	职业岗位	对应岗位的职业资格证书
电气自动化技术	方向一：工业企业电气自动化	企业工程部	维修电工中级工或高级工
		企业电工班和维修部	
		供配电运行监控	
		电气产品销售服务	

续表

专业群名称	专业方向	职业岗位	对应岗位的职业资格证书
	方向二：楼宇自动化	建筑电气施工管理	维修电工中级工或助理智能楼宇管理师
		工程监理	
		弱电工程项目经理	
		物业公司设备管理	
	方向三：照明自动化	亮化工程施工管理	维修电工中级工或高级工
		公司设计部	
		照明企业生产部	
	方向四：过程控制自动化	公司工程设计部	维修电工中级工或高级工
		企业生产部	
		设备维修部	

（二）就业证书需求的分析

根据我国持证上岗的相关政策，并调查相关企业发现高等职业院校电气自动化技术专业毕业生就业一般要求：①基础技能——全国英语应用能力考试证书、全国计算机等级考试证书、实用语文证书；②核心技能——维修电工职业资格证书（中级）、维修电工职业资格证书（高级）[选考]；③岗位（群）技能——制冷设备维修工技能等级证书、物业管理资格证书[选考]、智能楼宇管理师职业资格证书[选考]和 PLC 程序设计师职业资格证书[选考]。

（三）专业培养目标的确定

工业企业电气自动化专业的培养目标定位：培养德、智、体等全面发展，具有良好的职业素质、实践能力和创新创业意识，面向各类企业，掌握电气自动化方面专业知识，有较强动手能力并具有相关职业资格的操作能力，能全面掌握电气自动化设备的安装、调试、管理和维护，了解电气自动化设备的工作原理、构造、使用、维修工艺及发展方向，从事电气自动化生产设备安装、调试、运行和维护的应用型技术人才。

楼宇自动化专业的培养目标定位：培养德、智、体等方面全面发展，具有良好的职业素质、实践能力和创新创业意识，面向智能楼宇工程项目部、大厦和物业管理部门，掌握楼宇自动化方面专业知识，有较强动手能力并具有相关职业资格的操作能力，能全面掌握楼宇自动化设备的安装、调试、管理和维护技术的应用型专门人才。

照明自动化专业的培养目标定位：培养德、智、体等方面全面发展，具有良好的职业素质、实践能力和创新创业意识，面向照明工程项目部和照明生产企业，掌握照明方面专业知识，有较强动手能力并具有相关职业资格的操作能力，能全面掌握照明设计、工程安装、调试和管理技术的应用型专门人才。

过程控制自动化专业的培养目标定位：培养德、智、体等方面全面发展，具有良好的职业素质、实践能力和创新创业意识，面向企业工程部和过程控制设备生产企业，掌握过程控制与自动化仪表方面专业知识，有较强动手能力并具有相关职业资格的操作能力，能全面掌握过程控制自动化设备的安装、调试、管理和维护技术的应用型专门人才。

（四）专业课程体系的构建

公共基础课程按照国家统一要求安排，专业课程按照电气自动化技术专业毕业生就业岗位和职业生涯发展领域分为技术平台课程和专业方向课程。这三类课程形成了基础平台和职业生涯发展方向的课程体系结构。应用职业教育课程体系构建的基本原则与方法，形成电气自动化专业群的课程体系结构如图 1.3 所示[①②]。为了保证电气自动化技术高级技能型人才职业特质和职业能力的形成，专业必修课程和专业选修课程类型以职业活动课程为主，辅以知识课程和技术课程。电气自动化技术专业群课程体系如图 1.4 所示。

1. 技术平台课程

1）"电气技术基础"课程能力培养和教学内容（表 1.4 和表 1.5）。

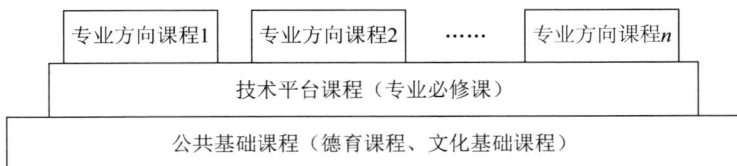

图 1.3　电气自动化技术专业群课程体系结构

---

① 邓泽民，陈庆合，2006. 职业教育课程设计[M]. 北京：中国铁道出版社.

② 邓泽民，陈庆合，2011. 职业教育课程设计[M]. 2 版. 北京：中国铁道出版社.

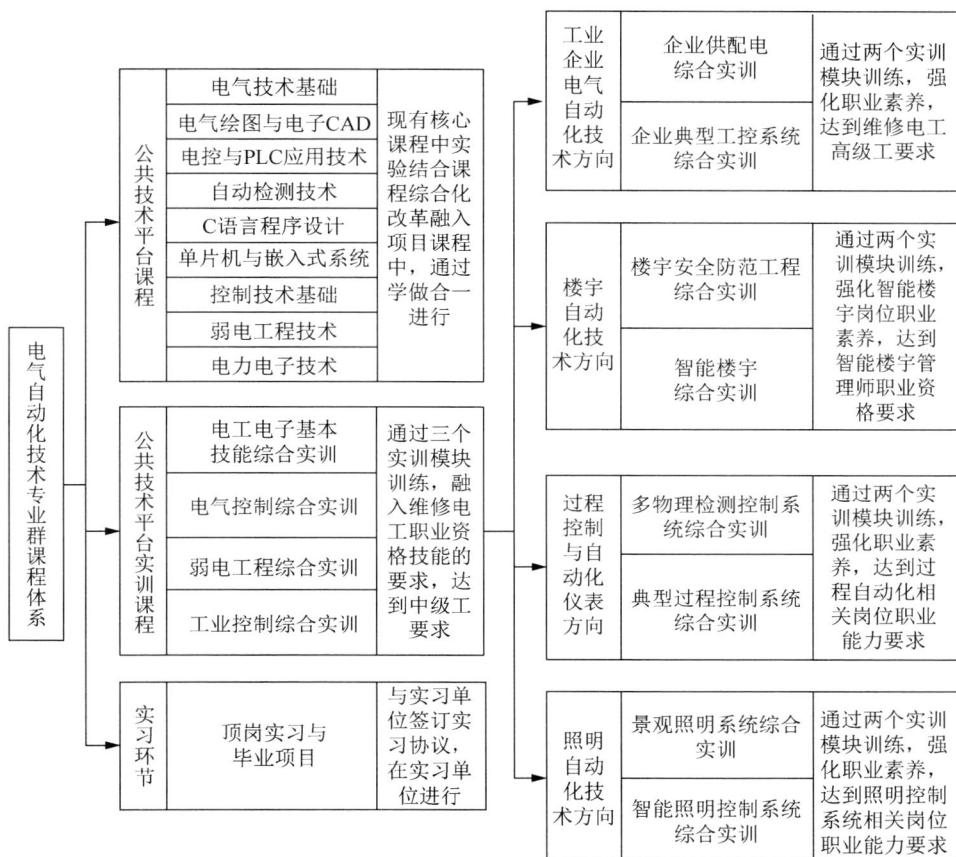

图 1.4　电气自动化技术专业群课程体系

表 1.4　"电气技术基础 I"课程能力培养和教学内容

教学单元	能力目标	驱动任务	教学内容描述	参考学时	单元能力培养目标	考核要求
一	电路分析方法、电工仪表选择及物理电量的测试	阻抗匹配及负载最大功率测试	掌握直流电路分析及技能测试	18	电路分析、电工仪表选择及电路的测试	理论与技能考核相结合
二	典型交流电路分析及交流电工仪表的选择和操作	日光灯线路及功率因数提高	典型交流电路分析及电路测试	16	掌握交流电路分析及技能测试	理论与技能考核相结合
三	典型电路接法和相关物理量测试	三相负载星型及三角形电路测试	典型三相电路分析及电路测试	6	掌握三相交流电路分析及技能测试	理论与技能考核相结合

续表

教学单元	能力目标	驱动任务	教学内容描述	参考学时	单元能力培养目标	考核要求
四	一阶电路分析、电路测试及仿真和微分电路及积分电路的应用	微分及积分电路测试	一阶电路过渡过程的分析及相关参数测试	6	过渡过程电路分析及技能操作	理论与技能考核相结合
五	电路同名端判别和互感电路仿真	同名端及变压器	互感电路分析及技能测试	6	同名端判别及测试	理论与技能考核
六	非正弦电路分析及电路仿真	非正弦信号仿真	非正弦电路分析及电路仿真	4	非正弦信号的电路仿真	电路仿真技能

表 1.5 "电气技术基础 II"课程能力培养和教学内容

整体预设能力目标	课程教学内容	参考学时	单元教学内容		单元能力培养目标	考核要求
			项目（任务）名称	教学内容描述		
1. 能识别和测试常用电子元器件 2. 会使用常用的电子仪器和仪表对产品进行调试 3. 能分析各项任务的功能 4. 能完成任务的制作与调试工作 5. 能查找问题并排除故障 6. 会使用书籍和网络等资源搜集资料，拓展知识	直流稳压电源的制作与调试的相关知识	14	任务一：直流稳压电源的制作与调试	1. 半导体器件：二极管、三极管和场效应管 2. 示波器和万用表的使用 3. 整流、滤波和稳压电路的组成、工作原理 4. 直流稳压电源的制作与调试要点	1. 正确使用电子仪器和仪表：示波器、万用表 2. 半导体器件的识别和管脚判别 3. 组装并调试直流稳压电源	考核方式：课程的考核成绩由笔试（课堂练习和试卷）、口试和实践考核三部分组成，按权重构成成绩 考核的内容：笔试和口试包括基础理论和实践理论；实践考核包括完成任务过程考核和答辩等 成绩组成权重：平时和课堂练习10%和制作、口试30%，期末考试60%
	交流放大电路及其应用	18	任务二：音频功率放大器的制作与调试	1. 交流放大电路的组成、工作原理和分析方法 2. 多级放大电路的组成和分析方法 3. 负反馈放大电路 4. 功率放大电路 5. 音频功率放大器的制作与调试要点	1. 观察静态偏置对输出信号波形的影响 2. 负载对电压放大倍数的影响 3. 多级放大器的测试方法 4. 组装并调试音频功率放大器	
	集成运算放大器及其应用	6	任务三：低频信号发生器的制作与调试	1. 直接耦合放大电路 2. 集成运算放大器特性 3. 反相和同相连接的运算放大器 4. 集成运算放大器线性应用 5. 集成运算放大器非线性应用 6. 低频信号发生器的制作与调试要点	1. 集成运算放大器线性应用 2. 集成运算放大器的非线性应用：比较器和方波发生器 3. 组装并调试交通灯的信号发生器	

续表

整体预设能力目标	课程教学内容	参考学时	单元教学内容		单元能力培养目标	考核要求
			项目（任务）名称	教学内容描述		
	门电路及组合逻辑电路的应用	10	任务四：交通灯的译码显示器的制作与调试	1. 逻辑代数 2. 基本逻辑门电路和复合门电路 3. 组合逻辑电路分析与设计 4. 交通灯的译码显示器的制作与调试要点	1. 分析电路的工作原理 2. 合理选用芯片 3. 组装并调试交通灯的译码显示电路	
	组合逻辑电路及触发器的应用	6	任务五：交通灯控制器的制作与调试	1. 组合逻辑电路应用 2. 基本 RS 触发器、可控 RS 触发器、JK 触发器与 D 触发器的功能 3. 交通灯的控制器的制作与调试要点	1. 分析电路的工作原理 2. 合理选用芯片 3. 组装并调试交通灯的控制器	
	时序逻辑电路的应用	6	任务六：交通灯定时器的制作与调试	1. 计数器的功能 2. 交通灯定时器的制作与调试要点	1. 分析电路的工作原理 2. 合理选用芯片 3. 组装并调试交通灯的定时器	
	555 定时器的应用	4	任务七：交通灯秒脉冲发生器的制作与调试	1. 正弦波振荡器 2. 555 定时器的组成、功能及应用 3. 交通灯秒脉冲发生器的制作与调试要点	1. 分析电路的工作原理 2. 合理选用芯片 3. 组装并调试交通灯的秒脉冲发生器	
	交通灯整机电路的调试	8	任务八：交通灯整机电路的调试	任务 4～任务 7 的连接	任务 4～任务 7 的连接及调试	

2）"电控与 PLC 应用技术"课程能力培养和教学内容（表 1.6）。

表 1.6 "电控与 PLC 应用技术"课程能力培养和教学内容

整体预设能力目标	课程教学内容	参考学时	单元教学内容		单元能力培养目标	考核要求
			项目（任务）名称	教学内容描述		
1. 了解电气控制基本线路的组成 2. 会用断路器和接触器熔断器等主要低压电器	1. 电气控制基本线路 2. 常用低压电器、断路器、接触器熔断器和时间继电器	4	工业鼓风机的电气控制	电气控制基本线路 常用低压电器断路器、接触器熔断器和时间继电器	了解电气控制基本线路的组成，会用断路器和接触器熔断器等主要低压电器	电路图的绘制、图形符号的使用

续表

整体预设能力目标	课程教学内容	参考学时	单元教学内容		单元能力培养目标	考核要求
			项目（任务）名称	教学内容描述		
具有电气控制电路的安装、接线方法和能力	电气控制电路的安装和接线	4	大中型水泵的电气控制	电气控制，电路的安装、接线	电气控制电路的安装、接线方法和能力	接线和调试的过程和结果
具有阅读和分析电气控制原理图的能力和机床常见电气故障诊断与分析的能力	1. 车床的结构和工作过程 2. 车床的控制要求及控制线路	4	普通车床的电气控制	1. 车床的结构和工作过程 2. 车床的控制要求和控制线路	具有阅读和分析电气控制原理图的能力和机床常见电气故障诊断及分析的能力	识图、故障判断
1. 了解 PLC 的硬件组成、工作原理，能够实现 PLC I/O 口接线 2. 了解继电器控制和 PLC 控制的区别 3. 能用继电器电路图转换法、经验法和顺控设计法编程实现简单控制	1. PLC 的硬件组成和工作原理 2. I/O 口接线 3. 基本指令 4. 基本指令编程	2	常规电器控制送料车	用常规电器（断路器、接触器熔断器和时间继电器）实现送料车的电气控制	电气控制线路的设计	电路图
		6	用 PLC 控制送料车的起停	PLC 的硬件组成、工作原理和 I/O 接线	1. 学会基本指令的使用 2. 用继电器电路图转换法和经验法编程实现简单控制	I/O 分配表和接线图
		4	用 PLC 控制送料车往返运动	1. 基本指令编程 2. 经验法和继电器电路图转化法		控制程序
		4	用PLC控制具有多种工作方式的送料车	顺序功能图、根据顺序功能图绘制梯形图及编写指令表程序并实现	具有用顺序控制的设计方法实现电气控制的能力	顺序功能图、控制程序及接线调试过程和结果

续表

整体预设能力目标	课程教学内容	参考学时	单元教学内容		单元能力培养目标	考核要求
			项目（任务）名称	教学内容描述		
用比较指令和传送指令等功能性指令优化编程；数码管显示	比较指令、传送指令、数据转换指令及编译码指令	4	十字路口红绿黄交通信号灯控制	比较指令和传送指令等功能性指令	会用比较指令和传送指令等功能性指令	接线和调试的过程和结果
		4	倒计时显示	数据转换指令、编译码指令和数码管显示	会用数据转换指令和编译码指令等功能性指令	接线和调试的过程和结果
1. 正确使用模拟量模块 2. 会选用温度传感器	模拟量模块地址分配、接线及具体使用温度传感器	4	炉温控制系统	模拟量模块地址分配、接线及具体使用温度传感器	1. 模拟量模块的正确使用 2. 会选用温度传感器	接线和调试的过程和结果
1. 具有较强的编程能力 2. 学会控制系统设计方法和步骤	1. 复习各种编程方法 2. 控制系统设计步骤和方法	4	三级皮带运输控制	继电器电路图转换法、经验法和顺控设计法等编程方法的比较	会选用合适的编程方法	控制程序
		4	自动送料装车控制	控制系统设计方法和步骤	懂得控制系统设计的一般方法	接线和调试的过程和结果
1. 具有项目实施能力，各个相关器件的使用 2. 具有高速计数、中断指令 PLC 组网通信能力	使用传感器、电磁阀 高速计数、中断指令 PLC 组网通信	4	机械手搬运控制	1. 传感器和电磁阀的使用 2. 高速计数和中断指令	1. 项目实施能力 2. 各个相关器件（传感器和电磁阀）的使用 3. 会用高速计数和中断指令	接线和调试的过程和结果
		4	物料分拣控制	色标传感器旋转编码器		接线和调试过程和结果
		4	PLC 联网通信	1. PLC 组网通信 2. 两台 PLC 交换信息	PLC 的通信能力	接线和调试过程和结果

3）"单片机与嵌入式系统"课程能力培养和教学内容（表 1.7）。

表 1.7   "单片机与嵌入式系统"课程能力培养和教学内容

整体预设能力目标	课程教学内容	参考学时	单元教学内容		单元能力培养目标	考核要求
			项目（任务）名称	教学内容描述		
1. 掌握单片机的基本结构和编程方法 2. 掌握系统的设计思路，开发过程，能进行一般的智能系统设计 3. 培养学生独立工作能力与团队合作意识 4. 拓展学生专业视野，培养学生创新思维与自学能力，为大学生电子设计竞赛打好基础	探索项目引导、任务驱动式课程模式。将该课程分成 5 个基础项目模块和多个单片机应用任务，通过在计算机上硬、软件的设计和仿真调试，使学生提高学习兴趣，挖掘自学潜力，掌握单片机产品开发过程	16	节日彩灯控制器	1. 单片机端口应用 2. 编译软件 KEIL 和仿真软件 proteus 的操作 3. 单片机芯片内外数据的读、写	1.编程和调试软件的应用 2.掌握电路原理 3.掌握软件的结构，并能正确调试程序	1. 在计算机上仿真电路，完成 C51 程序的编制与功能调试 2. 上机操作，三人一组
		24	电子闹钟	1. 动态、静态数码结构、特点与控制 2. 独立、矩阵键盘结构、特点与识别 3. 8155 功能	1. 正确应用数码显示与键盘 2.正确应用单片机的中断和定时器进行编程	1. 在计算机上仿真电路，同时能在实验平台上完成程序的编制与功能调试 2. 上机操作，三人一组
		18	无线信号控制器	1. 串行通信方式和控制，无线通信设计和调试 2. 电路中不同类型信号与单片机的接口和编程与调试	1.正确应用串行通信 2.正确处理单片机与芯片的接口	1. 在计算机上仿真电路，同时能在实验平台上完成 C51 程序的编制与功能调试 2. 上机操作，三人一组
		6	图像显示	ARM 内核的嵌入式系统应用，ADS 软件操作，并用液晶屏进行显示调试	1.掌握嵌入系统概念 2.能完成简单功能系统的制作	1. 在计算机上仿真电路，完成 C51 程序的编制与功能调试 2. 上机操作，三人一组
		8	综合应用系统	单片机综合系统设计、制作、调试和维护方法，了解单片机在产品中的应用	1.掌握综合产品制作的过程 2.学会调试的方法	1. 在计算机上仿真电路，完成 C51 程序的编制与功能调试 2. 上机操作，三人一组

4）"电气绘图与电子 CAD"课程能力培养和教学内容（表 1.8）。

表 1.8　"电气绘图与电子 CAD"课程能力培养和教学内容

整体预设能力目标	课程教学内容	参考学时	单元教学内容		单元能力培养目标	考核要求
			项目（任务）名称	教学内容描述		
1．熟悉电气制图规范 2．掌握电气绘图的方法、步骤及技巧 3．能灵活应用各种绘图命令 4．具备独立完成较复杂电气图的能力 5．能够复述用 Protel 软件绘制电路图的一般流程 6．能够复述用 Protel 软件绘制印制电路板的一般流程 7．能设计简单的单面印制电路板 8．能设计简单的双面印制电路板 9．能设计简单的表面贴装印制电路板	1．认识电气图常用图形符号 2．用 AutoCAD 软件绘制简单的电气系统图	6	用户配电箱电气原理图设计	1．设置界面、简述模型和布局空间的作用 2．使用直线、多段线、矩形、椭圆、定数等分、复制、移动和删除等命令 3．使用相对坐标 4．使用正交、极轴、对象捕捉和对象追踪工具确定图形的端点位置 5．视窗操作，将图形保存为图形文件	1．认识电气图常用图形符号 2．熟悉软件界面 3．会使用图形绘制编辑命令 4．会将图形保存为图形文件	软件操作熟练，图形符合规范
	1．阅读分析变配电系统图 2．用 AutoCAD 软件绘制变配电系统图	12	工厂变配电系统图设计（可根据专业选作办公楼综合布线系统图）	1．简述电气工程图的分类及特点 2．简述电气工程 CAD 制图规则 3．绘制标题栏 4．设置绘图环境 5．设定图层 6．基本图形的绘制 7．创建块、插入块和总体调整图形布局 8．设置文字样式并标注文字	1．熟悉电气制图规范 2．学会电气工程图的设计方法和步骤 3．会叙述图纸绘制的流程 4．能合理地设置图层 5．能进行文字输入与修改	软件操作熟练，图形符合规范
	1．阅读分析三相异步电动机控制线路图 2．用 AutoCAD 软件绘制三相电动机丫/△起动控制线路图 3．用 AutoCAD 软件绘制三相电动机丫/△起动电气柜安装图	10	三相电动机丫/△起动电气图	1．设置绘图环境 2．设定图层及图形绘制 3．图形编辑：偏移及阵列 4．新建图块、插入图块 5．标注文字、引线标注及尺寸标注 6．制作元器件清单明细表 7．制作图框及标题栏 8．页面设置及打印输出	1．会列元器件明细表 2．会标注尺寸 3．会插入图框及标题栏 4．能进行页面设置，会打印出图	软件操作熟练，图形符合规范

续表

整体预设能力目标	课程教学内容	参考学时	单元教学内容		单元能力培养目标	考核要求
			项目（任务）名称	教学内容描述		
用 Protel 软件按照一般流程及相关操作绘制电路原理图		4	绘制电池充电器原理图	1. 进入原理图编辑界面 2. 建立项目文件，建立原理图，设置原理图环境参数 3. 加载元件库，编辑元器件：放置、属性、位置调整等 4. 建立电路，连接导线，检查电路图的错误 5. ERC：编译 6. 输出 BOM 清单 7. 输出电路原理图 8. 电路原理图的标准格式 9. 元器件的标准化标号及图形符号	1. 认识电池充电器原理图的元器件及封装 2. 能用 Protel 软件绘制简单的模拟电路原理图	说、文字、操作和图
设计电池充电器印制电路板图		4	设计电池充电器印制电路板图	1. 进入印制电路板编辑界面 2. 新建印制电路板图 3. 设置单面印制电路板环境参数 4. 传递原理图到新建的印制电路板 5. 布局元器件 6. 连接元器件 7. 调整印制电路板图，检查印制电路板的错误 DRC，输出印制电路板图纸 8. 印制电路板基板的特点及分类 9. 印制电路板的制作工艺	1. 认识各种电子元器件的封装 2. 能用 Protel 软件设计电池充电器的印制电路板图	

续表

整体预设 能力目标	课程教学内容	参考 学时	单元教学内容		单元能力 培养目标	考核要求
			项目（任 务）名称	教学内容描述		
绘制八路报警器原理图	绘制八路报警器原理图	6	绘制八路报警器原理图	1．进入原理图编辑界面 2．建立项目文件 3．建立原理图 4．设置原理图环境参数 5．加载元件库 6．编辑元件：属性及位置调整等 7．建立电路，连接导线，检查电路图的错误 8．ERC：编译 9．输出 BOM 清单 10．输出电路原理图	1．认识八路报警器原理图的元器件及封装 2．能用 Protel 软件绘制模数混合电路原理图	
设计八路报警器印制电路板图	设计八路报警器印制电路板图	8	设计八路报警器印制电路板图	1．进入印制电路板编辑界面 2．新建印制电路板图 3．设置双面印制电路板环境参数 4．传递原理图到新建的印制电路板 5．布局元器件 6．连接元器件 7．调整印制电路板图 8．检查印制电路板的错误 DRC 9．输出印制电路板图纸 10．认识通孔插装电子元器件 11．通孔插装印制电路板板设计的一般要求	1．认识各种电子元器件的封装 2．能用 Protel 软件设计八路报警器的印制电路板图	

续表

整体预设能力目标	课程教学内容	参考学时	单元教学内容		单元能力培养目标	考核要求
			项目（任务）名称	教学内容描述		
	八路报警器表面贴装印制电路板设计	6	八路报警器表面贴装印制电路板设计	1．进入印制电路板编辑界面 2．新建印制电路板图 3．设置双面印制电路板环境参数 4．传递原理图到新建的印制电路板 5．布局元器件 6．连接元器件 7．调整印制电路板图 8．检查印制电路板的错误DRC 9．输出印制电路板图纸 10．认识表面贴装电子元器件 11．表面贴装印制电路板板设计的一般要求	1．识别表面贴装元器件及封装 2．能说出并合理应用表面贴装印制电路板设计的一般要求	

5）"电力电子技术"课程能力培养和教学内容（表 1.9）。

表 1.9　"电力电子技术"课程能力培养和教学内容

整体预设能力目标	课程教学内容	参考学时	单元教学内容		单元能力培养目标	考核要求
			项目（任务）名称	教学内容描述		
1．电力电子器件的选型能力 2．可控整流电路的绘制、接线和调试能力 3．交流调压电路的安装接线和调试能力 4.通用变频器的参数设置和操作使用能力	电力电子器件和单相可控整流电路	10	单相可控整流电路在同步电动机励磁系统中的应用	1．电力电子技术的概况 2．电力电子器件的选用 3．单相可控整流电路的应用 4．单结晶体管触发电路的应用	1．能知道电力电子技术的概念、内容、功能和发展趋势 2．能认识常用的器件，会绘制器件的符号，会描述常用器件的典型应用 3．能绘制各种单相可控整流电路图，进行接线和调试 4．能归纳单结晶体管触发电路的工作原理	1．能写出常用的电子技术器件的选型报告 2．能正确绘制各种单相可控整流电路图，独立进行接线和调试等操作

整体预设能力目标	课程教学内容	参考学时	单元教学内容		单元能力培养目标	考核要求
			项目（任务）名称	教学内容描述		
5. 万用表和示波器等电工仪器仪表的使用能力 6. 团队合作的能力	三相可控整流电路	6	三相可控整流电路在直流电动机调速系统中的应用	1. 三相半波可控整流电路的应用 2. 三相桥式可控整流电路的应用 3. 低压大电流可控整流电路的认识 4. 锯齿波触发电路的应用	1. 能绘制三相半波可控整流电路图，进行接线和调试 2. 能绘制三相桥式可控整流电路图，进行接线和调试 3. 能绘制双反星形和十二相可控整流电路图 4. 能描述锯齿波触发电路的功能和接线	1. 能正确绘制各种三相可控整流电路图 2. 能独立进行接线和调试等操作
	有源逆变电路	4	有源逆变电路在异步电动机串级调速系统中的应用	1. 有源逆变的主电路绘制 2. 有源逆变电路的应用	1. 能绘制有源逆变的主电路 2. 能描述有源逆变电路的工作条件和应用场合	能正确归纳有源逆变电路的工作条件和应用场合
	无源逆变电路	4	无源逆变电路在UPS系统中的应用	1. 无源逆变主电路的认识 2. 无源逆变电路的应用	1. 能绘制电压型逆变电路和电流型逆变电路 2. 能归纳无源逆变在不间断电源、高频直流电焊机和列车照明中的应用	能正确绘制电压型逆变电路和电流型逆变电路
	变频器的应用	8	通用变频器在交流调速系统中的应用	1. 交流变频电路的认识 2. SPWM技术的认识 3. 通用变频器的应用	1. 能够区别间接变频和直接变频的性能 2. 能够概述SPWM技术的原理 3. 能够单独完成变频器的参数设置和性能调试	能够单独完成变频器的参数设置和运行调试
	直流斩波电路	6	直流斩波电路在电动车调速系统中的应用	1. 直流斩波器主电路的认识 2. 直流斩波器的应用	1. 能绘制直流斩波器的主电路和工作波形 2. 能描述直流斩波电路的作用和用途	能正确绘制直流斩波器的主电路和工作波形

整体预设能力目标	课程教学内容	参考学时	单元教学内容		单元能力培养目标	考核要求
			项目（任务）名称	教学内容描述		
	交流调压电路	6	交流调压电路在调光灯和电风扇中的应用	1. 双向晶闸管的认识 2. 单相交流调压电路的应用 3. 三相交流调压电路的应用	1. 能知道双向晶闸管的符号、参数及选用方法 2. 能绘制单相调光灯电路，进行接线和调试 3. 能绘制三相调压电路，进行接线和调试	能正确绘制单相调光灯电路，独立进行接线和调试
	典型电力电子设备的应用	2	大功率开关电源和电磁炉等设备的应用	1. 开关电源的认识 2. 电磁炉的认识 3. 变频空调器的认识 4. 中频加热炉的认识	1. 能知道相关设备的工作原理、性能参数和使用注意事项 2. 能知道电力电子技术的发展趋势	能够写出几种典型的电力电子设备名称

6）"自动检测技术"课程能力培养和教学内容（表 1.10）。

表 1.10 "自动检测技术"课程能力培养和教学内容

整体预设能力目标	课程教学内容	参考学时	单元教学内容		单元能力培养目标	考核要求
			项目（任务）名称	教学内容描述		
1. 能够用常用仪器检查各种传感器性能，判别其好坏 2. 能够根据检测要求合理选用各种类型的传感器并正确安装 3. 能够根据被测信号的特点，用不同类型的传感器设计合理的检测电路	自动检测系统与传感器	2	设计单容水箱的液位检测系统	1. 认识自动检测系统 2. 认识传感器 3. 传感器的判别标准及各项技术指标含义	1. 能够正确分析检测系统各组成部分的功能和特点 2. 能够用传感器知识正确识别常用传感器的类型	本项目的考核为项目过程考核（详见《自动检测技术教学设计规范》）

续表

整体预设能力目标	课程教学内容	参考学时	单元教学内容		单元能力培养目标	考核要求
			项目（任务）名称	教学内容描述		
4. 能够根据生产工艺要求对检测环节进行参数和技术指标的测试与校正 5. 能够根据系统的设计要求和技术指标，分析和调试自动检测系统 6. 培养学生掌握安全生产、文明生产与环境保护的相关规定及内容 7. 培养学生的交流与团队合作能力 8. 培养学生养成良好的工作责任心、坚强的意志力和严谨的工作作风 9. 培养学生的自学能力，解决问题的能力及对新技术信息的掌握能力	温度的检测与处理	6	饮水机的温度测控电路的制作	1. 温度电阻的性能特点及型号组成 2. 温度信号的调理电路类型和特点 3. 温度控制的工业应用情况	能根据温度控制要求选择合理的温度传感器，正确设计温度控制电路	
			气化炉内温度的检测	1. 金属热电阻器的结构和工作原理 2. 常用测量电路	能根据温度控制要求选择合理的电阻式温度传感器，掌握电阻式温度传感器的测量方法	
			轧钢工艺钢坯温度的测量	1. 热电偶工作原理、类型与型号 2. 温度测量电路	能够根据测温环境要求选择恰当的热电耦，并组成温度测量电路	
	力学量的检测与处理	5	电子秤的制作	1. 电阻式传感器的工作原理 2. 应变片的型号组成和粘贴工艺技术 3. 电阻应变电桥	能够根据检测要求选择合理的电阻应变片型号，进行性能测试，并组成相应的测量电路	
			恒压供水系统的压力测量	1. 压阻式压力传感器的分类与基本结构 2. 压阻式压力传感器的测量方法与使用范围	掌握压阻式压力传感器的安装和使用方法	
			玻璃打碎报警装置的设计	1. 压电传感器的结构原理、性能特点及适用场合 2. 压电传感器的测量电路	能够根据压电传感器的特点和测量要求，选择合适和恰当的测量方法实现测量目的，达到测量要求	

续表

整体预设能力目标	课程教学内容	参考学时	单元教学内容		单元能力培养目标	考核要求
			项目（任务）名称	教学内容描述		
几何量的检测与处理		6	污水处理系统中液位的检测	1. 液位测量原理和液位传感器的类型 2. 电容式液位传感器的结构原理、类型及型号组成 3. 电容式压力变送器的结构及使用方法	能够根据被测物的理化特性正确选择电容式物位传感器的型号，并组成合理的测量电路	
			汽车油箱油量的检测	1. 超声波液位传感器的工作原理、类型及型号组成 2. 超声波液位传感器的使用及测量方法	掌握超声波液位传感器的工作原理、性能特点及其应用场合，了解其类型与维护常识	
			自动分拣系统中的几何形状精度检测	1. 差动变压器式位移传感器的结构原理、类型及型号组成 2. 差动变压器式位移传感器的使用及测量方法	能够根据被测物的理化特性正确选择差动变压器式位移传感器的型号	
流量的检测与处理		5	天然气管道的流量计量	1. 流量原理和流量传感器的类型 2. 容积式流量计的结构原理、类型及型号组成	能根据流量测量要求选择合理的流量计，掌握容积式流量计的造型与使用方法	
			焦炉煤气的流量计量	1. 差压式流量计的工作原理 2. 差压式流量计的性能及使用要点	掌握差压式流量计的造型与使用方法	
			污水处理厂的水流量计量	1. 超声波流量计的工作原理 2. 超声波流量计的性能特点及适用场合	掌握超声波流量计的造型与使用方法	

整体预设能力目标	课程教学内容	参考学时	单元教学内容		单元能力培养目标	考核要求
			项目（任务）名称	教学内容描述		
光学量的检测与处理		4	条形码扫描笔的设计	1. 光电传感器的结构原理及常用类型 2. 光电传感器的型号构成与基本应用	能够合理选择光电传感器的类型与型号，组成所需测量电路进行测量或控制	
			红外线辐射温度计	红外线传感器的结构原理、型号构成与适用场合	掌握红外线传感器的性能特点及其应用场合，了解这种传感器的类型与维护常识	
典型检测系统的设计制作		4	1. 自动检测技术在智能楼宇系统中的应用（任选） 2. 自动检测技术在过程控制实训系统中的应用（任选）	典型光电检测系统的组成、流量计的原理应用、温度传感器的性能应用、红外传感器的性能应用及温度变送器和压力变送器的应用	1. 能分析各系统检测环节，理解各部分的作用与器件选择原则 2. 了解各器件的安装方法 3. 掌握关键操作与维护技能	

7）"电工电子基本技能综合实训"课程能力培养和教学内容（表 1.11 和表 1.12）。

表 1.11 "电工电子基本技能综合实训 I"课程能力培养和教学内容

整体预设能力目标	课程教学内容	参考学时	单元教学内容		单元能力培养目标	考核要求
			项目（任务）名称	教学内容描述		
安全用电及职业素养	安全用电措施及职业素养的内涵	0.5 天	电工安全知识	防触电方法、团队协作及纪律等	防触电方法及职业素养	小组内部讨论及交流
低压电器、电工工具识别及使用	常用电工工具及低压电器识别和使用	0.5 天	低压电器及电工工具	常用电工工具及低压电器的识别及使用	常用电工工具及低压电器使用	1. 独立使用及识别 2. 小组讨论
绘制原理图及安装图	根据室内电源箱控制功能的要求，绘制相应原理图及安装图	1 天	电源箱原理图及安装图	根据室内电源箱控制功能的要求，绘制相应原理图及安装图	电源箱电路原理图及安装图	1. 独立绘制电路图 2. 小组交流 3. 典型交流

续表

整体预设能力目标	课程教学内容	参考学时	单元教学内容		单元能力培养目标	考核要求
			项目（任务）名称	教学内容描述		
电源箱安装及调试	电器安装工艺要求和整机电路安装及调试	2天	电源箱安装及调试	低压电器安装工艺，按电源箱功能要求安装线路及功能调试	线路安装、整机功能调试	1. 独立安装 2. 整机功能测试结果
作业文件编写	按综合实训过程编写相关作业文件	0.5天	综合实训作业文件编写	根据实训单元要求编写相应作业文件	相应单元作业文件编写	1. 独立完成 2. 小组讨论

表 1.12 "电工电子基本技能综合实训 II"课程能力培养和教学内容

整体预设能力目标	课程教学内容	参考学时	单元教学内容		单元能力培养目标	考核要求
			项目（任务）名称	教学内容描述		
Protel绘图技能	能掌握 Protel 软件使用，结合电子产品绘制相应原理图及 PCB 版图	4天	Protel训练	软件介绍及使用、绘制原理图和制作 PCB 板	按要求独立绘制原理图、手工调整及布线	1. 独立操作 2. 绘制原理图 3. 制作PCB版图 4. 小组交流
熟练焊接常用电子元器件	能选用常用焊接工具，熟练焊接常用电子元器件，并评判焊接结果	2.5天	焊接及拆焊	焊接工艺简介与简单元器件焊接、集成元件焊接及拆焊和常用元器件的识别及检测	基本焊接技术与判断标准、练习简单元器件的焊接、会识别和检测常用元件及数值	1. 熟练焊接及拆焊 2. 判别焊点的质量 3. 小组交流
元件测试、正确插装及焊接、调试及故障检修	组装工艺、元件测试、插装及焊接和调试及整机验收	7天	数字万用表组装	1. 电子产品组装流程及相关工艺 2. DT9205 数字万用表的基本组成及原理 3. 按照工艺要求将元器件成型、插装 4. 按照工艺要求焊接元器件 5. 装配万用表外围元器件 6. 形成产品，总装后再次对万用表各功能检测，形成检测报告	1. 了解电子产品组装工艺 2. 了解DT9205组成及原理 3. 元器件检查、测试、各功能调试、故障检查和整机装配及检测	1. 独立组装、调试整机数字万用表 2. 典型交流

8)"弱电工程综合实训"课程能力培养和教学内容（表 1.13）。

表 1.13 "弱电工程综合实训"课程能力培养和教学内容

整体预设能力目标	课程教学内容	参考学时	单元教学内容		单元能力培养目标	考核要求
			项目（任务）名称	教学内容描述		
1. 现场施工、调试及验收 2. 对安装系统的维护 3. 项目的管理 4. 工程档案管理	信号传输	6	1. 传输介质 2. 模拟信号传输 3. 数字信号传输 4. 图像信号数模传输比较	1. 传输介质 2. 模拟信号传输 3. 数字信号传输 4. 图像信号数模传输比较	1. 信号传输介质类型 2. 模拟信号传输系统的组成 3. 数字信号传输系统的组成 4. 图形信号数模传输比较（设备及线路等区分）	1. 小组讨论记录、方案书和部件选型表 2. 辨别并正确使用部件
	通用设备	4	1. 前端设备 2. 线路信号处理设备 3. 终端设备 4. 中央控制处理设备	1. 前端设备 2. 线路信号处理设备 3. 终端设备 4. 中央控制处理设备	1. 前端设备的选型及应用 2. 线路信号处理设备选型及应用 3. 终端设备选型及应用 4. 中央控制处理设备选型及应用	1. 小组讨论记录、方案书和部件选型表 2. 辨别并正确使用部件
	工程系统总线	6	1. 232、485 及 422 总线 2. CAN 及 i-bus 总线 3. LonWorks 及 TCP/IP 总线 4. 通用总线连接	1. 232、485 及 422 总线 2. CAN 及 i-bus 总线 3. LonWorks 及 TCP/IP 总线 4. 通用总线连接	1. 232、485 及 422 总线接口技术的选型及应用 2. CAN 及 i-bus 总线接口技术的选型及应用 3. LonWorks、TCP/IP 总线技术的选型及应用 4. 通用总线接口技术的选型、应用及安装	1. 小组讨论记录、方案书和部件选型表 2. 辨别并正确使用这些总线
	工程系统供电	4	1. 直流供电 2. 交流供电 3. USP 供电	1. 直流供电 2. 交流供电 3. USP 供电	1. 直流供电选型及应用 2. 交流供电连接及应用 3. USP 供电选型及应用	1. 小组讨论记录、方案书和部件选型表 2. 辨别并正确使用部件

整体预设能力目标	课程教学内容	参考学时	单元教学内容		单元能力培养目标	考核要求
			项目（任务）名称	教学内容描述		
	工程管理	4	1. 施工管理 2. 技术管理 3. 质量管理 4. 工程文件归档整理	1. 施工管理 2. 技术管理 3. 质量管理 4. 工程文件归档整理	1. 施工管理的国家规范、标准及步骤 2. 技术管理的国家规范、标准及步骤 3. 质量管理的国家规范、标准及步骤 4. 工程文件归档整理的国家规范、标准及步骤	小组讨论记录、项目方案企划书
	工程验收	4	1. 电气线路敷设规定 2. 电源设备安装规定 3. 弱电系统接地规定	1. 电气线路敷设规定 2. 电源设备安装规定 3. 弱电系统接地规定	1. 电气线路敷设的规定、步骤及标准 2. 电源设备安装的规定、步骤及标准 3. 弱电系统接地的规定、步骤及标准	小组讨论记录、根据不同项目方案书，制订一份完整的工程验收企划书

9）"电气控制综合实训"课程能力培养和教学内容（表 1.14）。

表 1.14　"电气控制综合实训"课程能力培养和教学内容

整体预设能力目标	课程教学内容	参考学时	单元教学内容		单元能力培养目标	考核要求
			项目（任务）名称	教学内容描述		
1. 工程项目控制要求的分析归纳能力 2. 工业加工设备电气控制方案的初步设计能力 3. 低压电器和控制器的选型能力 4. 电气控制原理图和安装接线图的绘制能力	1. 根据多种液体混合机的加工工艺过程，提出控制方案 2. 绘制主电路和 PLC 的 I/O 接口电路，分配 PLC 的 I/O 地址 3. 根据控制线路列出元器件清单 4. 编写电气控制柜的安装接线工艺流程 5. 根据安装接线图连接控制器和 I/O 设备	12	制定控制系统方案	1. 布置任务 2. 分组讨论 3. 确定控制方案	能够分析归纳工程项目的控制要求，制定控制方案初稿	多种液体混合机控制方案基本正确
		16	电气绘图	1. 绘制主电路 2. 绘制 I/O 接口电路 3. 绘制安装接线图	完成主电路、两种机型的 I/O 接口电路及安装接线图的绘制	主电路、I/O 接口电路及安装接线图按时完成
		6	器件选型	列出元器件清单	学会器件选型	元器件清单正确
		6	工艺编制	编制安装接线工艺	能够编制安装接线工艺	工艺编制合理

续表

整体预设能力目标	课程教学内容	参考学时	单元教学内容		单元能力培养目标	考核要求
			项目（任务）名称	教学内容描述		
5．PLC 梯形图的编制能力 6．电气控制线路的安装及接线能力 7．电气控制线路的操作使用、性能调试和故障检修技能 8．工程项目文件的编制能力 9．电工仪器仪表的使用能力 10．团队合作的能力	6．根据控制方案的要求编写 PLC 应用软件 7．下载控制程序运行设备，修改程序的错误，完善控制功能 8．控制程序定稿，编写产品使用说明书	10	安装及接线	1．安装低压电器 2．输入电路接线和测试 3．输出电路接线	学会低压电器安装方法，正确连接输入/输出电路	电器布局合理，输入/输出电路整齐
		12	软件编程	1．编写西门子梯形图 2．编写三菱梯形图	能用两种方法及两种语言编程	梯形图简洁明了
		16	整机调试和产品验收	1．整机调试 2．交换 PLC 机型调试 3．产品验收	学会输入和调试程序，完善功能，操作规范，功能符合要求	操作规范、功能正确
		6	整理资料	1．控制程序定稿 2．编写产品使用说明书 3．整理实训报告	能够编写使用说明书	工程项目文件资料齐全，整洁、正确

10)"工业控制综合实训"课程能力培养和教学内容（表 1.15）。

表 1.15 "工业控制综合实训"课程能力培养和教学内容

整体预设能力目标	课程教学内容	参考学时	单元教学内容		单元能力培养目标	考核要求
			项目（任务）名称	教学内容描述		
1．工业控制技术类产品的系统设计能力 2．系统的电路原理图设计能力 3．根据总体方案进行器件选型的能力	系统总体方案设计	3 天	电气控制原理图草图设计	1．熟悉项目设计任务 2．了解控制要求和理解技术要求 3．小组讨论控制方案 4．绘制电气控制草图	1．掌握基本工作流程 2．简单的生产作业文件编写能力	1．在理解的基础上写出项目控制要求 2．电气控制原理图草图

续表

整体预设能力目标	课程教学内容	参考学时	单元教学内容		单元能力培养目标	考核要求
			项目（任务）名称	教学内容描述		
4.常用工具仪表及软件的使用能力 5.程序编写、调试及修改的能力 6.生产文件的编写能力 7.工作过程项目文件的编写及各类文档的归类整理能力			电气控制草图研讨修改完善	1．个人在小组内陈述电气控制草图，互评各种方案的优缺点 2．绘制电气控制方案草图	系统初步的构思能力	1．对自己控制方案的评价 2．小组最终的设计草图
			绘制电气原理图及安装接线图	绘制电气原理图	计算机软件的使用能力	电气原理图
	器件选型	1天	选择中央处理器类型及低压电器的种类和数量	1．根据性价比选用中央处理器的型号 2．根据项目的技术参数确定传感器等的型号及数量选择各种低压电器	根据总体方案进行器件选型的能力	各种器件的特性、类型和功能表及元器件清单
	软件开发	3天	按信号地址，根据技术要求编制控制程序流程图	1．列出外设地址表 2．编制控制程序流程图	程序编写能力	端口信号程序流程图
			程序编制	编写主程序及 A/D 转换子程序等	程序编写能力	程序清单
			程序编制与仿真调试	各功能子程序编写及系统仿真调试	程序编写、调试及修改的能力	调试过的程序清单
	焊接组装	1天	按技术要求准备工具并焊接连线	按设计图纸安装控制器和低压电器 按照焊接工艺标准连接控制电路	常用工具、仪表的使用能力	1．安装工具表 2．安装调试记录表
	整机调试及系统测试	1天	控制系统调试及系统参数测试	调试修改使系统的性能达到技术指标要求	初步的现场整机调试能力	1．调试记录 2．测试报告
	项目文档整理	1天	1．项目文档归类 2．整理技术资料 3．作业文件存档	1．整理项目技术参数 2．整理相关的技术图纸 3．整理保存电子资料 4．编制产品的操作使用说明书	工作过程项目文件的编写及各类文档的归类整理能力	1．项目报告书 2．使用说明书 3．实训总结

2. 专业方向课程

1）工业电气自动化（表 1.16 和表 1.17）。

表 1.16 "企业供配电综合实训"课程能力培养和教学内容

整体预设能力目标	课程教学内容	参考学时	单元教学内容		单元能力培养目标	考核要求
			项目（任务）名称	教学内容描述		
1.工程项目控制要求的分析归纳能力 2.掌握高低压设备的原理、使用、安装及操作 3.培养学生的自学能力和对新技术信息获取掌握能力 4.培养学生勇于创新、爱岗敬业的工作作风和解决问题的能力 5.培养学生在项目实施过程中的安全、环保、经济、产品质量及团队合作等意识和能力	车间变电所	2	车间变电所主接线	1. 布置任务 2. 集中讲解 3. 分组讨论	读懂主接线图	主接线图
		2	低压配电线路	1. 布置任务 2. 集中讲解 3. 分组讨论	读懂并分析配电线路	配电线路图
		2	绘制流程图	1. 布置任务 2. 集中讲解 3. 分组讨论	掌握绘制流程图的绘制	流程图
		2	低压柜的主接线草图设计	1. 布置任务 2. 集中讲解 3. 分组讨论	设计主接线	主接线草图
		2	低压柜的器件选型	1. 布置任务 2. 集中讲解 3. 分组讨论	器件选型方法	检查清单
		2	编写低压柜的安装工艺流程图	1. 布置任务 2. 集中讲解 3. 分组讨论	编写工艺流程图	工艺流程图
		2	低压柜的元器件测试和安装	1. 布置任务 2. 集中讲解 3. 分组讨论	元件测试	完成测试安装
		2	低压柜的通电调试	1. 布置任务 2. 集中讲解 3. 分组讨论	调试方法	完成调试
		2	电气设备接地	1. 布置任务 2. 集中讲解 3. 分组讨论	了解安全用电	保护接地、工作接地
		2	低压柜的验收考核	1. 布置任务 2. 集中讲解 3. 分组讨论	总结、答辩	产品的改进
	总降变电所	2	电力变压器	1. 参观熟悉实训系统 2. 分组讨论，填写操作票	1.变压器连接组别 2. 并列运行条件	变压器倒闸操作

续表

整体预设能力目标	课程教学内容	参考学时	单元教学内容		单元能力培养目标	考核要求
			项目（任务）名称	教学内容描述		
		4	高压开关设备	1. 参观熟悉实训系统 2. 分组讨论，填写操作票	高压开关设备原理及操作	高压线路倒闸操作
		4	主接线	1. 布置任务 2. 集中讲解 3. 分组讨论	读懂主接线图	主电路操作
		4	变电所倒闸操作票	1. 布置任务 2. 集中讲解 3. 分组讨论	填写倒闸操作票	操作票
		2	全所送电	1. 参观熟悉实训系统 2. 分组讨论，填写操作票	变电所送电	送电成功
		2	检修1#进线并恢复供电	1. 参观熟悉实训系统 2. 分组讨论，填写操作票	线路恢复供电	供电成功
		2	检修2#进线并恢复供电	1. 参观熟悉实训系统 2. 分组讨论，填写操作票	线路恢复供电	供电成功
		2	检修101QF断路器并恢复供电	1. 参观熟悉实训系统 2. 分组讨论，填写操作票	恢复断路器供电	供电成功
		2	检修102QF断路器并恢复供电	1. 参观熟悉实训系统 2. 分组讨论，填写操作票	恢复断路器供电	供电成功
		2	检修1#变压器并恢复供电	1. 参观熟悉实训系统 2. 分组讨论，填写操作票	恢复变压器供电	供电成功
		2	检修2#变压器并恢复供电	1. 参观熟悉实训系统 2. 分组讨论，填写操作票	恢复变压器供电	供电成功

整体预设能力目标	课程教学内容	参考学时	单元教学内容		单元能力培养目标	考核要求
			项目（任务）名称	教学内容描述		
		2	全所停电	1．参观熟悉实训系统　2．分组讨论，填写操作票	停电操作	停电成功
		2	高压配电线路	1．参观熟悉实训系统　2．分组讨论，填写操作票	读懂并初步设计高压配电线路	高压配电线路操作
	二次电路系统	4	常用保护继电器	1．参观熟悉实训系统　2．分组讨论，填写操作票	原理，接线，使用注意事项	掌握继电器的使用

表 1.17　"企业典型工业控制系统综合实训"课程能力培养和教学内容

整体预设能力目标	课程教学内容	参考学时	单元教学内容		单元能力培养目标	考核要求
			项目（任务）名称	教学内容描述		
1．工程项目控制要求的分析归纳能力　2．工业加工设备电气控制方案的初步设计能力　3．低压电器和控制器的选型能力　4．控制系统原理图和安装接线图的绘制能力　5．交流变频器控制线路的安装及接线能力	1．根据加工工艺过程，提出控制方案　2．绘制交流调速系统的主电路和控制电路　3．根据控制线路列出元器件清单　4．编写控制柜的安装接线工艺流程　5．根据安装接线图连接控制器和I/O设备　6．根据控制方案的要求设置变频器的参数	18	制定控制系统方案	1．布置任务　2．分组讨论　3．确定控制方案	能够分析归纳工程项目的控制要求，制定控制方案初稿	定尺剪切机控制方案基本正确
		16	电气绘图	1．绘制主电路　2．绘制控制电路　3．绘制安装接线图	完成主电路、控制电路及安装接线图的绘制	主电路、控制电路及安装接线图按时完成
		12	器件选型	列出元器件清单	学会器件选型	元器件清单正确

续表

整体预设能力目标	课程教学内容	参考学时	单元教学内容		单元能力培养目标	考核要求
			项目（任务）名称	教学内容描述		
6. 变频器参数的设置能力 7. 交流调速器系统的操作使用、性能调试和故障检修技能 8. 工程项目文件的编制能力 9. 团队合作的能力	7. 运行设备、修改参数及完善控制功能 8. 编写产品使用说明书	6	工艺编制	编制安装接线工艺	能够编制安装接线工艺	工艺编制合理
		14	安装、接线	1. 安装低压电器 2. 输入电路接线 3. 输出电路接线	学会低压电器安装方法，正确连接输入/输出电路	电器布局合理，输入/输出电路整齐
		18	参数设置	1. 设置交流变频器的参数 2. 编写 PLC 梯形图	正确设置变频器的参数	变频器参数设置正确
		22	整机调试和产品验收	1. 整机调试 2. 产品验收	学会修改参数，完善功能，操作规范，功能符合要求	操作规范功能正确
		6	整理资料	1. 控制方案定稿 2. 编写产品使用说明书 3. 整理实训报告	能够编写使用说明书	工程项目文件资料齐全，整洁、正确

2）楼宇自动化（表 1.18 和表 1.19）。

表 1.18 "智能楼宇综合实训"课程能力培养和教学内容

整体预设能力目标	课程教学内容	参考学时	单元教学内容		单元能力培养目标	考核要求
			项目（任务）名称	教学内容描述		
1. 工程项目控制要求的分析能力 2. 楼宇自动化控制方案的初步设计能力	1. 掌握和运用空调制冷技术、电梯控制技术、楼宇自控技术、智能抄表和供配电技术等知识 2. 熟悉目前市场上楼宇自控常用的传感器、变送器、阀门和驱动器等	14	初步设计控制系统方案	1. 布置实训任务 2. 把班级分成项目组 3. 分组讨论 4. 确定控制方案	1. 能够分析工程项目的控制要求 2. 制定控制方案初稿	楼宇自动化控制方案基本正确

续表

整体预设能力目标	课程教学内容	参考学时	单元教学内容		单元能力培养目标	考核要求
			项目（任务）名称	教学内容描述		
3. DDC 控制器和监控计算机的选型能力 4. 控制系统图和安装接线图的绘制能力 5. DDC 控制器的编程和设定能力 6. 控制线路的安装和接线能力 7. 控制系统的操作使用、性能调试和故障检修技能 8. 工程项目文件的编制能力 9. 仪器仪表的使用能力 10. 团队合作的能力	3. Honeywell 和 Siemens 等世界著名楼宇自控集成商的产品的熟悉 4. 熟悉系统构建方法、步骤和图形绘制 5. 掌握监控软件编制和系统组态 6. 了解计算机分散控制系统的发展和优缺点 7. 掌握楼宇自控系统图纸绘制方法和图形符号 8. 熟悉楼宇自控常用的国家和国际标准	16	绘图系统图	1. 绘制楼宇自动化系统图 2. 绘制安装接线图	1. 完成楼宇自动化系统图 2. 安装接线图的绘制	楼宇自动化系统图和安装接线图按时完成和基本正确
		6	设备选型	列出设备清单	学会器件选型	设备清单基本准确
		2	工程进度表编制	编制工程进度表	能够编制工程进度表	工程进度表编制基本合理，满足要求
		8	安装及接线	1. 安装现场设备 2. 系统接线	学会安装方法，正确连接设备	电器布局合理，接线准确
		16	软件编程	1. 编写控制器参数 2. 工艺过程组态画面编制	1. 能掌握控制器的参数设定方法 2. 能掌握监控软件的编制方法	1. 动态画面布局合理 2. 设备图形清晰 3. 参数设定合理
		14	联机调试	1. 联机调试 2. 检查是否符合设计要求	1. 掌握调试步骤 2. 完善系统功能 3. 操作规范 4. 功能符合要求	1. 操作符合规范 2. 功能符合设计要求
		6	整理资料	1. 整理进度表 2. 编写操作说明书 3. 撰写实训报告	能够编写操作说明书	工程项目文件资料齐全，内容基本正确

表 1.19 "楼宇安全防范工程综合实训"课程能力培养和教学内容

整体预设能力目标	课程教学内容	参考学时	单元教学内容描述		单元能力培养目标	考核要求
			项目（任务）名称	教学内容描述		
1. 工程控制系统施工图识读 2. 系统设备安装和接线技能 3. 专用仪器仪表和工具使用 4. 系统调试和验收 5. 系统故障判断和维护 6. 项目的管理 7. 工程档案管理 8. 团队合作	安全防范系统构成	1周	1. 安全防范系统构成 2. 常用设备器件认知 3. 初步设计安全防范系统方案 4. 设计要素和功能设计	1. 系统特点、分类和传输 2. 监视器、录像机、系统主机和入侵探测器等 3. 系统控制方式和选用	1. 能够分析工程项目的控制要求，制定控制方案初稿 2. 能够描述常用设备和器件用途	1. 小组讨论记录 2. 小组列出安全防范常用设备表 3. 用途辨别并正确使用部件
	熟悉安全防范常用设备器件的性能	1周	1. 工程施工识图 2. 工程施工绘图 ① 接线图 ② 系统图	1. 系统组成和特点 2. 系统控制方式和选用	1. 能够描述常用设备性能 2. 工程施工识图和绘图	1. 小组讨论记录 2. 个人完成工程施工图 3. 小组根据工程施工图讲解 4. 辨别并正确使用部件
	安全防范系统的设备选择	1周	设备选型	1. 到市场上了解安全防范设备和器件的特点 2. 学习国家安全防范文件 3. 设备选型	1. 能够分析工程项目方案，列出设备清单 2. 根据小型系统进行设备选型	1. 小组讨论记录 2. 方案书和部件选型表
	安全防范施工	1周	1. 工程施工组织设计 2. 工程进度表编制 3. 工程管线敷设 4. 工程设备安装和调试	1. 图表和进度表 2. 管线敷设规范 3. 设备安装规范	1. 能够做施工组织图和进度表 2. 设备、线路安装和调试	1. 小组讨论记录 2. 组织图和进度表 3. 小型系统的安装和调试
	工程档案管理和答辩	1周	1. 工程施工档案 2. 工程技术档案 3. 工程答辩	1. 各类档案收集装订成册 2. 小组制作PPT 3. 小组答辩	1. 整理工程档案 2. 编写操作说明书 3. 团队合作能力	1. 小组工程项目文件资料齐全，内容基本正确 2. 答辩思维清晰

3）照明自动化（表 1.20 和表 1.21）。

表 1.20 "景观照明系统综合实训"课程能力培养和教学内容

整体预设能力目标	课程教学内容	参考学时	单元教学内容		单元能力培养目标	考核要求
			项目（任务）名称	教学内容描述		
1. 学生掌握景观照明系统最基本的理论与设计方法 2. 培养学生独立工作能力与团队合作精神 3. 培养学生分析与解决工程实际问题的能力	本实训开发了"广场景观照明系统"的典型工作任务，对学生开展全过程完整的职业能力教学，内容有：1. 符合景观照明工程与实际要求的合同文件（合同签约或洽谈、委托方的需求）（任选项）2. 景观照明工程最基本的设计方法和照明设计软件的应用 3. 照明光源和照明灯具性能的基本评估与选用 4. 景观照明工程设计和安装的国家标准、行业规范、安装工艺和用电安全	1 天	广场景观照明要求研讨	1. 对外走访、查询和沟通，领会（甲方）设计要求 2. 建筑图纸读图或绘图	1. 学会与甲方沟通了解广场景观照明设计的要求 2. 会查阅或绘制建筑平面布置图	1. 正确确定景观照明方案 2. 建筑图纸读图或绘图
		2 天	景观照明方案设计	1. 照明设计方法 2. 基本照明设计方法 3. 装饰照明设计方法	1. 确定基本照明布灯方案 2. 确定装饰照明布灯方案	1. 基本照明设计方案说明 2. 装饰照明设计方案说明
		2 天	照明光源和灯具选择和照明光参数设计	1. 各种光源的种类、特点与品牌 2. 各种灯具的种类、特点与品牌	1. 正确选用光源 2. 正确选用灯具	1. 各种灯光场景数据表 2. 照明光参数的设计数据与图表
		2 天	照明配电线路设计	1. 建筑电气设计规范 2. 照明配电设计和配电器材和线缆的选用	1. 符合规范的照明配电线路设计 2. 符合规范的配电器材与线缆选用	1. 广场景观照明配电系统图 2. 照明配电系统设备材料表
		2 天	景观照明控制网络设计	1. C-Bus 智能照明控制系统原理与结构 2. C-Bus 智能照明控制系统的主要设备	1. 采用 C-Bus 安装总线构建景观照明智能控制网络 2. 绘制 C-Bus 智能照明控制系统图	1. 广场景观照明控制系统图 2. 广场景观照明控制系统设备表
		1 天	广场景观照明系统控制柜设计	1. 建筑电气设计规范 2. 控制柜设计方法	1. 绘制照明控制柜布置图 2. 绘制照明控制柜安装接线图	1. 照明控制柜布置图 2. 照明控制柜安装接线图
		2 天	设计文件汇总、检查、修改和完善	1. 设计文件的整理 2. 设计文件的校核	1. 设计图表的校核 2. 设计图表的审定	合格的广场景观照明系统设计图和表

续表

整体预设能力目标	课程教学内容	参考学时	单元教学内容		单元能力培养目标	考核要求
			项目（任务）名称	教学内容描述		
5. 景观照明工程安装、调试、检测、维修、排障和保养技能 6. 景观照明工程的技术与质量评估、工程监理及工程验收 7. 景观照明工程的现代化技术改造与节能改造，推广"绿色照明"理念，肩负节能环保的社会责任		2 天	各种器材选购和检测	1. 器材选购要点 2. 器材检测方法	1. 按设计要求及性价比选购器材 2. 按相关标准检测所选器材	1. 选购记录 2. 检测记录
		3 天	1. 照明灯具的安装 2. 控制器件的安装	照明工程施工安装规范和规程	按相关规程规范和设计图纸进行设备安装	1. 安装记录 2. 检查记录
		3 天	系统接线与检查	照明工程施工安装规范和规程	按相关规程规范设计图纸进行系统接线	1. 接线施工记录 2. 检查记录
		1 天	通电和硬件故障检修	C-Bus 智能照明控制系统技术手册硬件部分	1. 按要求进行系统通电检查 2. 参照技术手册进行硬件故障检修	1. 系统通电记录 2. 系统故障检修记录
		3 天	广场景观照明控制系统编程组态与联网调试	C-Bus 智能照明控制系统技术手册软件部分	1. 根据景观照明系统控制要求进行系统组态 2. 参照技术手册进行系统联网调试	1. 系统组态表 2. 系统联网调试记录
		1 天	项目质量评估与工程验收	项目质量评估与工程验收标准	1. 根据相关标准进行项目质量评估 2. 根据相关标准及合同要求进行工程验收	1. 广场景观照明系统照明效果与照度检测报告 2. 广场景观照明系统质量评估报告
		4 天	项目总结、答辩与评优	1. 实训项目总结报告要求 2. 实训项目答辩要求 3. 实训项目评分标准	1. 撰写实训项目总结报告 2. 现场答辩	1. 实训项目总结报告 2. 答辩文件
		1 天	项目文件归档	项目文件归档要求	1. 按"景观照明系统综合实训"要求 2. 学生学习手册要求将设计图表和过程记录整理归档	1. 项目报告书（总体方案、技术参数、图纸和元器件清单） 2. 使用说明书 3. 项目验收书 4. 项目活动有关附表

表 1.21　"智能照明控制系统综合实训"课程能力培养和教学内容

整体预设能力目标	课程教学内容	参考学时	单元教学内容		单元能力培养目标	考核要求
			项目（任务）名称	教学内容描述		
1．培养学生掌握智能照明控制系统最基本的理论与设计方法　2．学会独立设计和解决完成完整的专业职业任务的一系列工作步骤与运作方法　3．培养学生独立工作能力与团队合作精神　4．培养学生分析与解决工程实际问题的能力	本实训开发了"室内智能照明控制系统"的典型工作任务，对学生开展全过程完整的职业能力教学，内容：　1．符合智能照明控制工程与实际要求的合同文件（合同签约或洽谈、委托方的需求）（任选项）　2．智能照明控制工程最基本的设计方法和智能照明控制网络在线编程的软件的应用　3．智能照明控制网络设备的性能与选用　4．智能照明控制工程设计和安装的标准、规范、安装工艺和用电安全	1 天	场地照明要求研讨	1．对外走访、查询和沟通，领会（甲方）设计要求　2．建筑图纸读图或绘图	1．学会与甲方沟通了解场地照明设计的要求　2．会查阅或绘制建筑平面布置图	1．正确确定场地照明方案　2．建筑图纸读图或绘图
		2 天	场地照明方案设计	照明设计方法	确定场地照明布灯方案	场地照明设计方案说明
		2 天	照明光源、灯具选择与照明光参数设计	1．各种光源的种类、特点与品牌　2．各种灯具的种类、特点与品牌	1．正确选用光源　2．正确选用灯具	1．照明光参数设计数据与图表　2．灯具设备表
		2 天	照明配电线路设计	1．建筑电气设计规范　2．照明配电设计和配电器材及线缆的选用	1．符合规范的照明配电线路设计　2．符合规范的配电器材与线缆选用	1．照明配电系统图　2．照明配电系统设备材料表
		2 天	照明控制网络设计	1．EIB 智能照明控制系统原理与结构　2．EIB 智能照明控制系统主要设备	1．采用 KNX/EIB 安装总线构建室内照明智能控制网络　2．绘制 KNX/EIB 智能照明控制系统图	1．照明智能控制系统图　2．照明控制系统设备表
		1 天	智能照明控制系统控制柜设计	1．建筑电气设计规范　2．控制柜设计方法	1．绘制照明控制柜布置图　2．绘制照明控制柜安装接线图	1．照明控制柜布置图　2．照明控制柜安装接线图
		2 天	设计文件汇总、检查、修改和完善	1．设计文件的整理　2．设计文件的校核	1．设计图表的校核　2．设计图表的审定	合格的智能照明控制系统设计图和表
		2 天	各种器材选购和检测	1．器材选购要点　2．器材检测方法	1．按设计要求及性价比选购器材　2．按相关标准检测所选器材	1．选购记录　2．检测记录

续表

整体预设能力目标	课程教学内容	参考学时	单元教学内容		单元能力培养目标	考核要求
			项目（任务）名称	教学内容描述		
5. 智能照明控制工程安装、调试、检测、维修、排障和保养技能 6. 智能照明控制工程的技术与质量评估、工程监理及工程验收 7. 智能照明控制工程的现代化技术改造与节能改造，推广"绿色照明"理念，肩负节能环保的社会责任		3 天	照明灯具的安装，控制器件的安装	照明工程施工安装规范和规程	按相关规程规范和设计图纸进行设备安装	1. 安装记录 2. 检查记录
		3 天	系统接线与检查	照明工程施工安装规范和规程	按相关规程规范和设计图纸进行系统接线	1. 接线施工记录 2. 检查记录
		1 天	通电和硬件故障检修	EIB 智能照明控制系统技术手册硬件部分	1. 按要求进行系统通电检查 2. 参照技术手册进行硬件故障检修	1. 系统通电记录 2. 系统故障检修记录
		3 天	室内智能照明控制系统编程组态与联网调试	EIB 智能照明控制系统技术手册软件部分	1. 根据室内智能照明控制系统要求进行系统组态 2. 参照技术手册进行系统联网调试	1. 系统组态表 2. 系统联网调试记录
		1 天	项目质量评估与工程验收	项目质量评估与工程验收标准	1. 根据相关标准进行项目质量评估 2. 根据相关标准及合同要求进行工程验收	1. 室内智能照明控制系统照明效果与控制指标检测报告 2. 室内智能照明控制系统质量评估报告
		4 天	项目总结、答辩与评优	1. 实训项目总结报告要求 2. 实训项目答辩要求 3. 实训项目评分标准	1. 撰写实训项目总结报告 2. 现场答辩	1. 实训项目总结报告 2. 答辩文件
		1 天	项目文件归档	项目文件归档要求	按《智能照明控制系统综合实训》学生学习手册要求将设计图表和过程记录整理归档	1. 项目报告书 2. （总体方案、技术参数、图纸和元器件清单） 3. 使用说明书 4. 项目验收书 5. 项目活动有关附表

（五）专业教学策略的研究

职业教育教学的目的是帮助学生形成职业特质和职业能力，而职业特质与职业能力的形成除教学内容之外，主要取决于教学的策略。

为了培养电气自动化技术专业学生，依据工作任务，严格把握并执行工作程序、工作规范、工艺文件和安全操作规程，做到用严格的工作程序、工作规范和操作标准保证操作结果符合质量要求的意识与素质，形成电气自动化技术高级技能型人才的职业特质。在过程导向、情景导向和效果导向三种教学策略中，电气自动化技术专业教学策略的设计，应根据电气自动化技术高级技能型人才职业活动主要由过程顺序和规范支配及追求标准和质量的特点，主要采用过程导向的教学策略，即在首先把握过程的情况下，为了达到任务所期望的效果，选择工作程序、工作规范、工艺文件和安全操作规程的方式和过程。

过程导向教学策略的教学过程可以设计为任务描述、任务分析、相关知识、技能训练、态度养成、完成任务和学习评价 7 个环节。[①]在这里，任务是电气自动化技术高级技能型人才职业活动中的典型任务或者项目，任务描述是对典型任务的描述，目的是让学生进入工作角色，为实现以学生为中心的教学提供前提。任务分析是在专业教师的主导下，以学生为主体，应用相关知识对完成任务的工作程序、工作规范、工艺文件和安全操作规程进行分析，提出工作方案。相关知识、技能训练和态度养成是对任务进行分析，并完成任务的相关知识的学习、技能的训练和态度的养成过程。完成任务是学生独立或者分组完成任务，并通过完成任务环节，形成严格工作程序、工作规范和操作标准，保证操作结果质量要求的意识与素质的整合环节。在任务分析时，可以选用头脑风暴法、思维导图法和卡片展示法等；在技能训练时，可选用演示教学法；完成任务时，可选用项目教学法和任务驱动教学法等。学习评价是对学生完成任务情况进行点评并提出改进意见。

（六）专业教师团队的配备

为保证电气自动化技术专业教学整体解决方案的有效实施，专业教师团队配备应达到如下标准：专业带头人 1 人，各核心课程负责人各 1 人，双师型教师占专业教师团队的比例不低于 60%，外聘兼职专业教师（行业企业技术骨干）占专业教师团队总数的 50%。同时，不断加强师资队伍建设，采用"外引内培"的方式，通过与企业合作开展科研项目、提供技术服务和邀请国内外访问学者，使有关各方参与专业建设和教学改革，培养专业带头人；通过参与技术服务和技术改

---

① 邓泽民，2016. 职业教育教学设计[M]. 4 版. 北京：中国铁道出版社.

造等多种形式为教师提供深入企业的机会，积累实际经验；加大培训考核力度，提升教师水平和能力，建成一支在电气自动化技术领域有较高技术造诣的、专兼结合的专业师资队伍。

1. 专业带头人的基本要求

专业带头人应具有较高的高职教育认识能力、专业发展方向把握能力、课程开发能力、教研教改能力和学术研究尤其是应用技术开发能力和组织协调能力，能带领专业建设团队构建基于工作过程的"层次化、模块化"课程体系。

2. 专任教师、兼职教师的配置与要求（按每年招 200 名学生配置）（表 1.22）

表 1.22 专任教师、兼职教师的配置与要求

序号	课程名称	专任教师		兼职教师	
		数量	要求	数量	要求
1	电气技术基础	4	双师型、理论实践一体化教学	2	理论实践一体化教学
2	电控与 PLC 应用技术	2	双师型、理论实践一体化教学	2	理论实践一体化教学
3	电气绘图与电子 CAD	2	双师型、理论实践一体化教学	1	
4	单片机与嵌入式系统	2	双师型、理论实践一体化教学	2	理论实践一体化教学
5	弱电工程技术	1	双师型、理论实践一体化教学	2	具备工程实践经验
6	检测与传感器技术	1	双师型、理论实践一体化教学	2	
7	现场总线技术	1	双师型、理论实践一体化教学	2	具备现场总线工程项目经验
8	电力电子与调速系统	2	双师型、理论实践一体化教学	2	
9	电工电子基本技能综合实训	2	双师型、理论实践一体化教学	2	理论实践一体化教学
10	电气控制综合实训	2	双师型、理论实践一体化教学	2	具备电控产品制作经验
11	工业控制综合实训	2	双师型、理论实践一体化教学	2	具备工控产品制作经验
12	企业供配电综合实训	2	双师型、理论实践一体化教学	2	具备供配电设计和运行经验
13	电力电子与调速系统综合实训	2	双师型、理论实践一体化教学	2	具备工程实践经验

（七）专业实训条件的配备

电气自动化技术专业教学整体解决方案的有效实施，需要以下几个方面的实验实训条件保障：①仿真的职场环境，为学生营造工作氛围；②选择真实的典型

工业项目或产品进行设计开发，形成具有典型工作任务完整工作过程的综合实训项目；③与企业共建具有良性运行机制的学习型生产性实训基地；④能承担电气自动化技术专业类实验实训任务和职业技能培训鉴定，为开展课外科技活动和工程实践活动提供场地；⑤支持基本技能训练、职业技能训练、真实工程背景实习和创新及创业训练的渐进式实践教学必备的设备和场所，建立健全实验实训教学文件、各项规章制度和运行保障机制。按照职业教育实训设计对实训项目分类和实训设计的基本原则和模式，对专业实验实训进行设计①。实验实训设备配置及要求如表 1.23 所示。

表 1.23 电气自动化技术专业实验实训条件基本配置及要求

序号	实验实训室名称	功能	设备、台套基本配置要求	面积/m²	备注
1	电工实验室	交直流电路实验、电工测量、磁电路的测量和电拖实验等	电工技术实验台 40 套	100	
2	电子实验室	常用电子仪器的应用、负反馈放大器和运算放大器等各种电子实验及译码器和计数器等各种数字电路实验	数电实验箱、模电实验箱、示波器、信号发生器、真空毫伏表、稳压电源、万用表和工具各 20 套	100	
3	电控实验室	直流、交流电动机性能测试和典型电气控制	DDSZ-1 型电机及电气技术实验装置 13 套	100	维修电工培训鉴定
4	PLC 实验室	典型 PLC 各种单元模块训练	西门子 PLC 实验系统和 PC 机各 40 套	150	维修电工培训鉴定
5	单片机实验室	单片机典型实验项目训练	单片机实验系统和 PC 机各 50 套	100	
6	传感器实验室	各种传感器性能应用与模拟测试	传感器实验台 10 套	100	
7	电力电子与调速系统实验实训室	电力电子/调速实验装置	电力电子与调速系统实验台 10 套，调速实训装置 5 套	150	维修电工培训鉴定
8	电工电子基本技能实训室	电工电子基本技能实训	电工、电子实训设备、测试仪器、测试仪器和工具 40 套，焊接生产线 2 条	600	
9	电控实训室	电控与 PLC 项目实训	电控设备 20 套	300	维修电工培训鉴定
10	过程控制实训室	温度、压力、流量实训，工业控制与现场总线实训	过程控制实训系统 2 套和现场总线实训系统 10 套	200	

---

① 邓泽民，韩国春，2008．职业教育实训设计[M]．北京：中国铁道出版社．

续表

序号	实验实训室名称	功能	设备、台套基本配置要求	面积/m²	备注
11	照明控制实训室	照明控制方式和照明场景实现	照明控制器 8 套，照明场景 3 种	100	
12	门禁系统实训室	消防与安防系统、门禁系统和可视对讲系统等工程项目实训	门禁系统实训装置 5 套	200	智能楼宇管理师培训鉴定
13	综合布线实训室	综合布线系统实训	综合布线实训柜 5 套、布线工具 20 套	200	智能楼宇管理师培训鉴定
14	供配电实训室	工厂变配电所高、低压柜的操作，供电微机监控系统操作	供配电实训系统 1 套	150	
15	智能楼宇实训室	空调、电梯系统操作和维修、监控系统操作实训	中央空调实训系统 1 套、电梯和控制设备 1 套和楼宇集成系统 1 套	200	智能楼宇管理师培训鉴定

五、电气自动化技术专业教学整体解决方案实施

从专业教学整体解决方案的实施情况来看，由于有了配套教材和课件等教学资源的支撑，实施新方案的阻力并没有预想的大。教师需要建立现代教学的理念和提高教学开发及组织实施的能力，为了消除教师对新方案的抵制，学校采用了引导消除抵制模式（LOC 模式），分为五个阶段实施。

（一）教师把握整体解决方案

电气自动化技术专业教学团队，向实施的教师讲解专业教学整体解决方案，使所有成员都清楚了解专业教学整体解决方案，了解课程的地位和作用，能与企业技术人员共同开发教学内容，并明确自己的角色和把握自己的任务。

（二）教师必备教学能力培训

专业教师的电气自动化技术专业教育观念转变和过程导向教学策略的学习运用是教师团队准备的主要内容。通过过程导向行动教学课件设计和过程导向行动教学比赛等途径，使教师团队掌握过程导向行动教学策略。课件设计中，注重职业教育行动教学的过程、情景和效果导向三项基本原则[①]，收到了很好的效果。通过教师必备能力培训，使所有专业团队成员都具备专业教学整体解决方案实施所需的专业教学能力，特别是专业实践教学能力。

---

① 邓泽民，马斌，2011. 职业教育课件设计[M]. 北京：中国铁道出版社.

（三）设施、材料与教材准备

对原有教室和实训室，按照情景导向教学的要求进行改造，形成了职业情景和教学情景一体化教室，与合作企业共同研究确定学生实习的职业岗位，形成校内外教学、实训和实习密切衔接的校企合作教学、实训和实习组合新模式。做好教学文件、教学资料和教学必需的设备和器材准备，确保人才培养方案的有效实施。理实一体化教材对行动教学效果影响很大，理实一体化教材应遵循职业活动逻辑、学习动机发展逻辑和能力形成心理逻辑相结合的原则[①]。

（四）方案实施的评价与激励

2007 级新生全部采用新方案进行教学，二年级按原教学计划继续开展教学，但教学策略普遍采用过程导向行动教学策略。为了保证方案实施，加强阶段性教学效果评价；为激发教师积极性，参加专业教学整体解决方案实施的教师，若教学效果达到专业教学整体解决方案的要求，课时费在原来基础上乘以系数1.5 支付。

（五）方案实施效果调查分析

为对课题设计的电气自动化技术专业教学整体解决方案的实施效果进行较为客观的评价，课题组分别对学生、企业和教师进行了调查和访谈。

1. 学生的评价

毕业生和顶岗实习学生的评价：学校实验实训设备完备，每学期都安排 1～2个月在实训基地进行综合实训，专业课程在实训中心上课，三年来，学生动手实践能力明显加强，并取得了中高级维修电工职业资格证书；学校专业教师教学水平高、操作能力强，并有外聘企业工程技术人员承担教学任务，保证了教学质量；电气自动化技术专业的所有课程都建立有数字化教学资源系统和综合实训网站，为自主学习提供了方便；毕业后能够很快适应工作岗位的要求；在校三年的学习收获颇丰。

2. 企业的评价

企业对课程改革及毕业生和顶岗实习学生的评价：学校注意到贴近企业真实环境，培养学生综合职业能力，能够完成企业的项目和任务；注意到企业生产管

---

① 邓泽民，侯金柱，2006. 职业教育课件设计[M]. 北京：中国铁道出版社.

理和工艺管理具体要求；注意到协作能力等方面的培养。从目前在企业工作的学生来看，学生严格执行工作程序、工作规范、工艺文件和安全操作规程的意识明显增强；具有高度的责任心，追求标准和卓越的创新精神明显增强；职业生涯发展方向感明显增强，从事高技能成就事业的信心明显增强。学生工作上手快，具备独立完成工作任务的能力，受到企业的欢迎。

3．教师的评价

参加专业教学整体解决方案实施的教师的评价：电气自动化技能型人才特质的提出十分关键，使教师对职业教育教学有了全新的认识。一体化技能教室的职业情景和工作过程导向的教学结构设计，完成了由以教师中心教学到以学生为中心教学的转变。学生学习的精神状态更好，学习有了方向和目标；教师教学时的心情也变了，教学效能明显提高了，并能够更积极主动参加教学改革的实践活动。

六、实践结论

1）电气自动化技术高级技能型人才的职业特质是伴随着我国产业升级和电气自动化技术发展对电气自动化技术高级技能型人才提出的必然要求。电气自动化技术专业培养方案的设计，应按产业升级和电气自动化技术发展对电气自动化技术高级技能型人才职业特质和职业能力的要求，以企业的典型工作任务为基础，开发形成课程体系。

2）电气自动化技术高级技能型人才的职业特质和职业能力的形成是专业教学过程设计的主线。把电气自动化技术高级技能型人才的职业特质和职业能力作为教学目标，打造学习型"教学工厂"，实现"教学内容项目化、教学方式工作化、教学成果产品化、教学环境职场化、组织管理企业化、过程管理流程化、组织学习规范化、团队工作无界化"，保证职业特质和职业能力教学目标的实现。

3）职业特质和职业能力的形成需要行动导向的教学策略。这对教学环境和教师队伍提出了很高的要求。教学团队由专任教师和企业兼职教师组成，要掌握行动教学的基本原则和教学策略；教学环境是与国内外知名企业，联合建设的产学结合生产性实训中心。生产性实训中心按照企业生产环境设计，安排工作岗位和功能区域，注意学生生产工艺环节和质量管理的训练，建成集培训、鉴定、技术服务和小批量生产于一体的实训基地。

汽车检测与维修技术专业教学整体解决方案研究与实践

课题编号：BJA060049-GZKT002

一、问题的提出

（一）汽车检测与维修技术相关行业发展的趋势

随着汽车迅速进入千家万户，我国汽车维修业也进入了发展的黄金时期，汽车维修业和汽车保修设备行业在市场的洗礼中开始由传统的劳动密集型向资金技术密集型、由生产型向服务型过渡，形成了利润丰厚的汽车后市场。目前，全国汽车维修行业有一、二类企业 30 多万家，从业人员近 300 万人，每年都在以 10% 左右的速度快速增长。国有、集体、股份制、私营、个体和中外合资等多种经济成分的汽车维修企业在共同发展，4S 店、特约维修服务站、综合维修厂、快修连锁店和专项维修店等多样化的经营方式各展其长，形成了一个门类齐全、品种多样、分布广泛、服务方便，能够满足不同消费层次需求的汽车维修市场体系。随着外资进入，产业国际竞争力不断提高，市场竞争日趋规范化，品牌竞争日趋激烈。细分市场中，汽车维修连锁经营市场发展潜力巨大，前景十分广阔。

（二）行业发展对汽车检测与维修技术高级技能型人才的要求

为了了解信息传输服务业发展对汽车检测与维修技术高级技能型人才的需求，课题组对中国汽车维修行业协会、河北省道路运输管理局、邢台市运输管理处，以及分布在北京、天津、河北、河南和浙江等地国内知名品牌一汽大众、上海大众、广州本田、东风雪铁龙和一汽丰田等汽车专营店，共 200 多家汽车维修企业和 50 多位企业专家进行了调查和访谈。

调研发现：抽样的一、二类维修企业中，约 30% 的人员不具备任何技术等级证书，具有故障诊断能力的技术工人不到 20%，大多数人员只能从事简单的维修和日常保养，面对日新月异的汽车技术，大多数工人难以适应。接受调查的企业普遍反映毕业生缺乏从事汽车检测与维修高级技能型人才精技术又善服务的职业特质。

二、研究内容与方法

（一）研究内容

为解决汽车检测与维修技术专业毕业生缺乏汽车检测与维修高级技能型人才精技术又善服务的职业特质的问题，本方案将首先对汽车检测与维修技术高级技能型人才的职业特质进行研究，然后研究设计出适合汽车检测与维修技术高级技能型人才职业特质和职业能力形成的教学整体解决方案，并通过工学交替、能力递进的人才培养教学整体解决方案的实施，设计实用、适用的校本教材，建设学工一体实训基地，专兼结合，能力双修，打造高水平的教学团队，探索汽车检测与维修技术专业人才培养模式和专业教育理论。

（二）研究方法

1）调查法。主要是通过现代职业分析方法对汽车检测与维修技术高级技能型人才的职业活动进行调查，并在此基础上分析汽车检测与维修技术高级技能型人才的职业活动的特点，提出汽车检测与维修技术高级技能型人才职业特质的基本内涵。

2）文献法、归纳总结法。对我国高等职业院校汽车检测与维修技术专业教学经验进行研究和总结归纳，研究设计适合汽车检测与维修技术高级技能型人才职业特质形成的教学整体解决方案。

3）实验法。通过适合汽车检测与维修技术高级技能型人才职业特质形成的教学整体解决方案的实施，对建立在汽车检测与维修技术高级技能型人才特质基础上的高等职业教育汽车检测与维修技术专业教学方案进行验证，探索汽车检测与维修技术专业教学理论方法。

三、汽车检测与维修技术高级技能型人才职业特质研究

职业特质是指从事不同职业的人所特有的职业素质，是能将工作中成就卓越与成就一般的人区别开来的深层特征[①]。总课题对于职业特质的研究，提出了可以从两个方向开展研究，一是在同一职业中发现成就卓越者，通过调查分析方法，研究他们与成就一般者不同的深层特征；二是通过分析职业活动，研究取得职业活动卓越效果的人具备的职业素质。本方案采用第二种方法。

---

① 邓泽民，2011. 职业教育教学论[M]. 北京：中国铁道出版社.

（一）汽车检测与维修技术高级技能型人才职业活动调查

1. 职业面向的调查

毕业生就业岗位一般是汽车维护保养（汽车维修中级工），近期发展岗位是汽车机电维修（汽车维修高级工），中期发展岗位是汽车故障检测维修（汽车维修技师），远期发展岗位是汽车综合故障诊断检修（汽车维修高级技师），核心工作岗位是汽车机电维修，相关工作岗位包括汽车维修业务接待、备件管理、事故汽车估损和汽车鉴定评估。

2. 职业活动的分析

为了把握高等职业院校汽车检测与维修技术专业毕业生工作中的职业活动，应用现代职业分析方法[①]，对汽车检测与维修技术高级技能型人才职业活动进行分析，提出了汽车检测与维修技术高级技能型人才职业活动表，如表 2.1 所示。

表 2.1 汽车检测与维修技术高级技能型人才职业活动表

职业活动领域	职业活动
操作车辆	驾驶车辆
	操控车辆控制系统
维护车辆	拆装和调整车辆
	首次保养车辆
	定期保养车辆
	综合保养车辆
检修汽车电路与电气系统	检修电源系统故障
	检修启动系统故障
	检修仪表指示故障
	检修照明信号系统故障
	检修停车辅助系统故障
检修汽油发动机电控系统	检修发动机故障灯亮故障
	检修发动机无法启动故障
	检修发动机怠速不良故障
	检修发动机加速不良故障
检修发动机机械系统	检修发动机机械故障
	检修发动机水温异常故障

[①] 邓泽民，郑予捷，2009. 现代职业分析手册[M]. 北京：中国铁道出版社.

续表

职业活动领域	职业活动
	检修发动机机油压力报警故障
	发动机总装
检修汽车传动系统	检修离合器故障
	更换自动变速器油
	检修自动变速器换挡冲击故障
	检修自动变速器油温过高故障
	检修自动变速器无倒挡故障
	检修自动变速器车起步无力故障
	检修机械变速器换挡冲击故障
	检修机械变速器脱挡故障
	检修自动变速器漏油故障
	检修传动轴故障
检修汽车转向、行驶与制动系统	检修 ABS 灯亮故障
	进行四轮定位作业
	检修悬架工作不良故障
	检修汽车跑偏故障
	检修转向沉重故障
	检修制动效果不良故障
	检修制动跑偏故障
	检修 SRS 灯亮故障
检修汽车安全与舒适系统	检修空调工作不良故障
	检修中控锁故障
	检修防盗系统故障
	检修音响通信不良故障
	检修电动调节功能故障
	升级汽车配置
检修车载网络系统	检修动力 CAN 系统故障
	检修舒适 CAN 系统故障
	检修 LIN 总线系统故障
	检修 MOST 总线系统故障
检修柴油发动机电控系统	检修电控燃油系统故障
	检修辅助控制系统故障
	检修电控柴油机故障

职业活动领域	职业活动
检修汽车综合故障	预检车辆
	异响诊断与排除
	车辆综合故障诊断
	检修排放超标
	养护维修设备
检验汽车维修质量	进行竣工检验作业
	检测汽油机尾气排放
	检测柴油机尾气排放
	汽车综合性能检测

（二）汽车检测与维修技术高级技能型人才职业活动特点

通过分析汽车检测与维修技术高级技能型人才职业活动发现，汽车检测与维修技术高级技能型人才职业活动是严格按照操作规程和顺序展开的，如图 2.1 所示。

	过程阶段 1	过程阶段 2	过程阶段 3	……
任务 A	活动 A1	活动 A2	活动 A3	……
任务 B	活动 B1	活动 B2	活动 B3	……
任务 C	活动 C1	活动 C2	活动 C3	……
⋮	⋮	⋮	⋮	

图 2.1　职业活动过程导向

从图 2.1 中可以看出，汽车检测与维修技术高级技能型人才采取什么行动，取决于任务的不同和所处的过程阶段的变化。任务一旦确定，操作过程和规范标准就确定了。汽车检测与维修专业人才职业活动特点是由过程顺序支配的，即汽车检测与维修技术高级技能型人才职业活动具有典型的过程导向特点。

由于汽车检测与维修技术高级技能型人才又是工作在服务业，因此，在业务接待时，汽车检测与维修技术高级技能型人才职业活动又是依据情景进行的，如图 2.2 所示。

	情景 1	情景 2	情景 3	……
客户 A	服务活动 A1	服务活动 A2	服务活动 A3	……
客户 B	服务活动 B1	服务活动 B2	服务活动 B3	……
客户 C	服务活动 C1	服务活动 C2	服务活动 C3	……
⋮	⋮	⋮	⋮	

图 2.2　业务接待活动情景导向

从图 2.2 中可以看出，汽车检测与维修技术高级技能型人才在业务接待时，采取什么活动，取决于客户的不同和情景的变化，即汽车检测与维修技术高级技能型人才业务接待活动具有典型的情景导向特点。

（三）汽车检测与维修技术高级技能型人才职业特质内涵

从上述分析，可以看出：汽车检测与维修高级技能型人才在从事技术工作时，其职业活动具有典型的过程导向特点；在业务接待时，又具有情景导向的特点。因此，汽车检测与维修技术高级技能型人才职业特质定义：在从事技术工作时，依据任务，严格把握并执行工作程序、工作规范、工艺文件和安全操作规程，做到用严格的工作程序、工作规范和操作标准，保证操作结果质量要求的意识与素质；在进行业务接待时，依据服务情景，及时把握客户的服务需求和心理预期，充分体现现代服务个性化理念，使客户获得满意并惊喜的服务的意识与素质。

四、汽车检测与维修技术专业教学整体解决方案设计

职业特质的形成取决于专业教学的各个方面和各个环节，为了发挥教学系统整体突现性原理的作用，本课题对汽车检测与维修技术专业教学进行整体解决方案设计。目前，校企合作办学主要有企业办学校、学校办企业及学校和企业合作办学 3 种形式。由于参加本课题研究的学校基本采用第三种形式办专业，下面汽车检测与维修技术专业教学进行整体解决方案设计是基于上述第三种形式。

（一）专业的职业面向分析

本专业依据对毕业生就业和企业需求的调查，分为汽车维修、汽车销售、保险公司和汽车公共 4 个方向。

（二）就业证书需求的分析

依据国家持证上岗的相关政策，并调查相关企业发现，高等职业学校汽车检测与维修专业学生就业一般要求：①基础技能，全国公共英语等级考试三级证书和全国计算机等级考试二级证书；②核心技能，汽车维修工国家职业资格证书（中级）和汽车电工中级工证书；③其他证书，机动车驾驶证（C 照）。

（三）专业培养目标的确定

本专业面向汽车售后技术服务和管理企事业单位，培养在生产和服务一线能从事汽车维修、检测和管理，服务顾问、客户服务和备件管理，车辆鉴定、评估

和理赔，车辆事故查勘等工作，德、智、体、美全面发展，具有职业生涯发展基础的应用性高级技能型专门人才。

（四）专业课程体系的构建

依据职业分析图表，采用职业教育课程体系构建的基本原则与方法，形成汽车检测与维修技术专业课程体系[1][2]，如表 2.2 所示。本着以就业为导向的原则，本专业和企业进行充分沟通后，确定以汽车常见故障的检修为载体进行实训项目设计，经过总结提炼共设计出学习领域 11 个，实训项目 53 个，如表 2.3 所示。最后形成汽车检测与维修技术专业教学环节及教学方案如表 2.4 所示。

表2.2　汽车检测与维修技术专业课程体系

序号	培养目标	课程内容	课程体系	难度等级
1	操作车辆	驾驶车辆	驾驶实习	初级技工就能解决的工作任务群
		操控车辆控制系统		
2	维护车辆	拆装和调整车辆	汽车零部件识图 汽车机械基础 汽车拆装与调整	
		首次保养车辆		
		定期保养车辆		
		综合保养车辆		
3	检修汽车电路与电气系统	检修电源系统故障	汽车电路与电气系统的检测与修复	
		检修启动系统故障		
		检修仪表指示故障		
		检修照明信号系统故障		
		检修停车辅助系统故障		
4	检修汽油发动机电控系统	检修发动机故障灯亮故障	汽油发动机电控系统的诊断与修复	中级技工才能胜任的工作任务群
		检修发动机无法启动故障		
		检修发动机怠速不良故障		
		检修发动机加速不良故障		
5	检修发动机机械系统	检修发动机机械故障	发动机机械系统的检测与修复	
		检修发动机水温异常故障		
		检修发动机机油压力报警故障		
		发动机总装		
6	检修汽车传动系统	检修离合器故障	汽车传动系统的检测与修复	
		更换自动变速器油		

① 邓泽民，陈庆合，2006．职业教育课程设计[M]．北京：中国铁道出版社．

② 邓泽民，陈庆合，2011．职业教育课程设计[M]．2 版．北京：中国铁道出版社．

序号	培养目标	课程内容	课程体系	难度等级
		检修自动变速器换挡冲击故障		
		检修自动变速器油温过高故障		
		检修自动变速器无倒挡故障		
		检修自动变速器车起步无力故障		
		检修机械变速器换挡冲击故障		
		检修机械变速器脱挡故障		
		检修自动变速器漏油故障		
		检修传动轴故障		
7	检修汽车转向、行驶与制动系统	检修 ABS 灯亮故障	汽车转向、行驶与制动系统的检测与修复	
		进行四轮定位作业		
		检修悬架工作不良故障		
		检修汽车跑偏故障		
		检修转向沉重故障		
		检修制动效果不良故障		
		检修制动跑偏故障		
		检修 SRS 灯亮故障		
8	检修汽车安全与舒适系统	检修空调工作不良故障	汽车舒适与安全系统的诊断与修复	
		检修中控锁故障		
		检修防盗系统故障		
		检修音响通信不良故障		
		检修电动调节功能故障		
		升级汽车配置		
9	检修车载网络系统	检修动力 CAN 系统故障	车载网络系统的诊断与修复	
		检修舒适 CAN 系统故障		
		检修 LIN 总线系统故障		
		检修 MOST 总线系统故障		
10	检修柴油发动机电控系统	检修电控燃油系统故障	柴油发动机电控系统的诊断与修复	
		检修辅助控制系统故障		
		检修电控柴油机故障		
11	检修汽车综合故障	预检车辆	汽车综合故障诊断	高级技工才能完成的工作任务群
		异响诊断与排除		
		车辆综合故障诊断		

续表

序号	培养目标	课程内容	课程体系	难度等级
		检修排放超标		
		养护维修设备		
12	检验汽车维修质量	进行竣工检验作业	汽车维修质量检验	
		检测汽油机尾气排放		
		检测柴油机尾气排放		
		汽车综合性能检测		

表2.3　学习领域和实训项目

学习领域	实训项目							
	实训项目1	实训项目2	实训项目3	实训项目4	实训项目5	实训项目6	实训项目7	实训项目8
汽车拆装与调整	车身附件的拆装与调整	发动机的拆装与调整	底盘的拆装与调整					
汽车电路与电气系统的检测与修复	充电指示灯常亮的故障检修	启动系统工作异常的故障检修	照明与信号灯的故障检修	组合仪表工作异常的故障检修	风窗和刮水系统不工作的故障检修	电动车窗操作失灵的故障检修	电动座椅无法调节的故障检修	中控门锁工作异常的故障检修
汽油发动机电控系统的诊断与修复	燃油供给不良的故障检修	点火异常的故障检修	进气不良的故障检修	排放超标的故障检修	综合故障的诊断与修复			
汽油发动机机械系统的检测与修复	发动机机械系统异常的分析	发动机异响的诊断与排除	发动机温度不正常的诊断与排除	发动机机油压力不正常的诊断				
汽车传动系统的检测与修复	汽车传动系统漏油的故障诊断分析	汽车挂挡困难的故障检修	自动变速器驱动无力的故障检修	自动变速器无倒挡的故障检修	自动变速器换挡冲击的故障检修	传动系统异响部位的辨别和诊断		
汽车转向和行驶与制动系统的检测与修复	汽车转向异常的故障检修	汽车行驶异常的故障检修	汽车制动异常的故障检修	汽车转向、行驶与制动系统综合故障检修				
汽车舒适与安全系统的诊断与修复	车身附件电动功能异常的诊断及修复	汽车车内温度无法调节的诊断及修复	汽车音响异常的诊断及修复	汽车不能进行防盗功能的诊断及修复	汽车安全气囊指示灯异常的诊断及修复			

续表

学习领域	实训项目							
	实训 项目 1	实训 项目 2	实训 项目 3	实训 项目 4	实训 项目 5	实训 项目 6	实训 项目 7	实训 项目 8
车载网络系统的诊断与修复	舒适CAN网络系统的故障检修	驱动CAN网络系统的故障检修	LIN网络系统的故障检修	MOST网络系统的故障检修				
柴油发动机电控系统的诊断与修复	柴油电控燃油系统的诊断与修复	柴油电控发动机辅助控制系统的诊断与修复	柴油发动机电控系统综合故障的诊断与修复					
汽车的综合故障诊断	汽车行驶无力的故障诊断	汽车不能行驶的故障诊断	汽车行驶状况异常的故障诊断	汽车过热的故障诊断	汽车异响的故障诊断	汽车渗漏与异味的故障诊断		
汽车的维修质量检验	汽车的发动机综合性能检测	汽车的安全和环保检测	汽车的四轮定位检测	汽车的车轮平衡检测	汽车的维护检验			

表 2.4　汽车检测与维修技术专业教学环节及教学方案

序号	专业教学环节	需要解决的问题	教学方案	备注
1	汽车维修初级工技能训练	认识车辆结构原理	汽车构造教学方案	校内
		驾驶操控车辆	驾驶课程教学方案	校内
		拆装和调整车辆	汽车拆装与调整课程教学方案	校内
		保养车辆	汽车拆装与维护实习课程教学方案	企业
		检修车辆电路	汽车电路与电气系统的检测与修复课程教学方案	校企
2	汽车维修中级工技能训练	检修汽油发动机电控系统	汽油发动机电控系统的诊断与修复课程教学方案	校企
		检修发动机机械系统	发动机机械系统的检测与修复课程教学方案	校企
		检修汽车传动系统	汽车传动系统的检测与修复课程教学方案	校企
		检修汽车转向、行驶与制动系统	汽车转向、行驶与制动系统的检测与修复课程教学方案	校企
		检修汽车安全与舒适系统	汽车舒适与安全系统的诊断与修复课程教学方案	校企

续表

序号	专业教学环节	需要解决的问题	教学方案	备注
		检修车载网络系统	车载网络系统的诊断与修复课程教学方案	校企
		检修柴油发动机电控系统	柴油发动机电控系统的诊断与修复课程教学方案	校企
3	汽车维修高级工技能训练	检修汽车综合故障	汽车综合故障诊断课程教学方案	校企
		检验汽车维修质量	汽车维修质量检验课程教学方案	校内

为了使实训项目起到应有的作用，达到既定的教学目的，首先要制定完善的实训方案。为此，课题组针对以上实训项目制定了详细的实训计划。实训计划将每个实训项目分解成若干个单元模块，根据学生的学习习惯，将每个模块定在合理的授课时间中完成。经过几年的建设，课题组开发出的实训项目主要包括以下内容。

1）汽车拆装与调整实训项目任务工单。

2）发动机电控系统检修实训项目任务工单。

3）汽车传动系统检测与修复实训项目任务工单。

4）汽车实用英语实训项目任务工单。

5）汽车舒适与安全系统的诊断与修复实训项目任务工单。

6）汽车转向、行驶与制动系统的检测与修复实训项目任务工单。

7）汽车电路与电气系统的检测与修复实训项目任务工单。

8）汽车综合故障诊断实训项目任务工单。

9）汽车维护实训项目任务工单。

实训设计依照职业成长和认知规律，学习难度逐步递增、教师讲授的内容逐步递减和学生自主能力逐步增强的原则，结合汽车维修流程，主要以汽车常见故障的检修为载体进行教学设计。每个实训项目均以一个企业生产一线常见故障现象或检修任务为载体，以实际工作任务为引领，设计相关知识要求和技能要求。在教学实施上，课程实训安排在校内实训基地的专业教室中进行，实现教、学、做一体化，合理采用项目教学法、任务教学法、案例教学法和引导文教学法等先进的教学方法，在每一个学习单元中都以实际工作任务来引导内容，采用一个完整的工作过程教学，体现资讯、决策、计划、实施、检查和评价六个步骤，并按企业调研得出的工作流程来组织。在实际教学过程中采用给学生发放工作页进行填写的方法，使学生每做一步都有思考、有体会、有收获。

（五）专业教学策略的研究

依据总课题对职业教育的教学理论研究，职业教育教学的目的是学生职业特质和职业能力的形成，而职业特质与职业能力的形成除教学内容之外，主要取决于教学的策略。

为了培养汽车检测与维修技术专业学生，严格把握并执行工作程序、工作规范、工艺文件和安全操作规程，做到用严格的工作程序、工作规范和操作标准保证操作结果符合质量要求的意识与素质，形成检测与维修技术高级技能型人才的职业特质。在总课题研究提出的过程导向、情景导向和效果导向三种教学策略[1]中，检测与维修技术专业教学策略的设计，应根据检测与维修技术高级技能型人才职业活动主要由过程顺序和规范支配、追求标准和质量的特点，主要采用过程导向的教学策略，即在首先把握过程的情况下，为了达到任务所期望的效果，选择工作程序、工作规范、工艺文件和安全操作规程的方式和过程。

过程导向教学策略的教学过程可以设计为任务描述、任务分析、相关知识、技能训练、态度养成、完成任务和学习评价七个环节[2][3]。任务是汽车检测与维修技术高级技能型人才职业活动中的典型任务或者项目，任务描述是对典型任务的描述，目的是让学生进入工作角色，为实现以学生为中心的教学提供前提。任务分析是在专业教师的主导下，以学生为主体，应用相关知识对完成任务的工作程序、工作规范、工艺文件和安全操作规程进行分析，提出工作方案。相关知识、技能训练和态度养成是对任务进行分析，并完成任务的相关知识的学习、技能的训练和态度的养成过程。完成任务是学生独立或者分组完成任务，并通过完成任务环节，形成严格工作程序、工作规范和操作标准，保证操作结果质量要求的意识与素质的整合环节。学习评价是对学生完成任务情况进行点评并提出改进意见。可选用的教学方法很多，比较典型的有项目教学法、任务驱动教学法、思维导图法、头脑风暴法、卡片展示法和演示教学法，可以灵活使用。例如，在任务分析时，可以选用头脑风暴法、思维导图法和卡片展示法等；在技能训练时，可选用演示教学法；完成任务时，可选用项目教学法和任务驱动教学法等。

维修案例分析是以教师主导和学生主学为特色，通过明确分析目标等六个步骤，分析、诊断和排除汽车故障的教学方法。在教学案例的选择上，要精心设计维修案例。由于现行教材内容与市场实际严重脱节，市场和网络上出现的有关汽车维修案例分析的书籍和资料由于已有车型等硬件条件限制，不适合教学直接使用，课题组将收集到的案例进行提炼，并配以大量的图片，加工出适宜教学的维修案例。良好的维修案例应具备以下条件：可以显示直观的故障现象；故障的诊断和排除过程可以通过实物现场操作；点的大小恰当，教师引导学生研讨和实施方案可以在一个教学单元内完成；必须是典型的、具有代表性的案例。通过大量

[1] 邓泽民，赵沛，2008. 职业教育教学设计[M]. 北京：中国铁道出版社.
[2] 邓泽民，赵沛，2009. 职业教育教学设计[M]. 2版. 北京：中国铁道出版社.
[3] 邓泽民，2011. 职业教育教学论[M]. 北京：中国铁道出版社.

的案例分析可以提高学生的学习兴趣，加强学生的实践能力。

为了培养汽车检测与维修技术专业学生，在业务接待和销售等职业活动中，提供个性化服务的能力和特质，教学策略的设计应采用情景导向的教学策略，即首先把握情景，选择服务策略。情景导向教学策略的教学过程可以设计为情景描述、情景分析、相关知识、技能训练、态度养成、完成任务和学习评价七个环节[①]。在这里，情景是业务接待和销售职业活动中的典型服务与管理情景，情景描述是对典型服务与管理情景的描述，目的是让学生进入服务情景，为实现以学生为中心的教学提供前提。情景分析是在专业教师的主导下，以学生为主体，应用汽车文化、服务心理与服务礼仪等相关知识对客户服务心理预期进行分析，提出各种不同的服务方案。相关知识、技能训练和态度养成是对客户的服务心理预期进行分析，并完成任务的相关知识的学习、技能的训练和态度的养成过程。完成任务是学生独立或者分组完成任务，并通过完成任务环节，形成主动服务意识和能力的整合环节。学习评价是对学生完成任务情况进行点评并提出改进意见。情景导向教学策略设计时，可选用的教学方法很多，比较典型的有角色扮演法、头脑风暴法、卡片展示法、案例教学法、项目教学法、任务驱动教学法和思维导图法，可以灵活使用。例如，在情景分析时，可以选用头脑风暴法；在完成任务时，可选用角色扮演法等。

（六）专业教师团队的配备

课题研究过程中，教学团队建设始终坚持以发展为主题，结合汽车维修行业的发展需求，积极与河北汽车贸易集团和长城汽车股份有限公司等单位合作，吸引行业、企业技术专家和能工巧匠充实到教师队伍中。根据教学需要适时聘请企业技术专家担任特聘实验员，指导学生实践。将企业的作风和做法引入课堂。根据本专业的情况，重点专业课程的师资配备如表 2.5 所示。

表 2.5　重点专业课程师资配备一览表

序号	技能项目	教师专项技能	课程体系	教师结构/数量配比
1	操作车辆	驾驶车辆	驾驶实习	驾校教练 汽车驾驶员（三级） 每班各 2 名
		操控车辆控制系统		
2	维护车辆	拆装和调整车辆	汽车零部件识图 汽车机械基础 汽车拆装与调整	理论讲授：教授 1 名，讲师 2 名
		首次保养车辆		
		定期保养车辆		实践指导：副教授 1 名，讲师 2 名，实验员 1 名（企业兼职）
		综合保养车辆		

[①] 邓泽民，2016. 职业教育教学设计[M]. 4 版. 北京：中国铁道出版社.

续表

序号	技能项目	教师专项技能	课程体系	教师结构/数量配比
3	检修汽车电路与电气系统	检修电源系统故障	汽车电路与电气系统的检测与修复	理论讲授：副教授 1 名，讲师 1 名 实践指导：副教授 1 名，讲师 2 名，实验员 1 名（企业兼职）
		检修启动系统故障		
		检修仪表指示故障		
		检修照明信号系统故障		
		检修停车辅助系统故障		
4	检修汽油发动机电控系统	检修发动机故障灯亮故障	汽油发动机电控系统的诊断与修复	理论讲授：副教授 1 名，讲师 1 名 实践指导：副教授 1 名，讲师 2 名，实验员 1 名（企业兼职）
		检修发动机无法启动故障		
		检修发动机怠速不良故障		
		检修发动机加速不良故障		
5	检修发动机机械系统	检修发动机机械故障	发动机机械系统的检测与修复	理论讲授：副教授 1 名，讲师 1 名 实践指导：副教授 1 名，讲师 2 名，实验员 1 名（企业兼职）
		检修发动机水温异常故障		
		检修发动机机油压力报警故障		
		发动机总装		
6	检修汽车传动系统	检修离合器故障	汽车传动系统的检测与修复	理论讲授：副教授 1 名，讲师 1 名 实践指导：副教授 1 名，讲师 2 名，实验员 1 名（企业兼职）
		更换自动变速器油		
		检修自动变速器换挡冲击故障		
		检修自动变速器油温过高故障		
		检修自动变速器无倒挡故障		
		检修自动变速器车起步无力故障		
		检修机械变速器换挡冲击故障		
		检修机械变速器脱挡故障		
		检修自动变速器漏油故障		
		检修传动轴故障		
7	检修汽车转向、行驶与制动系统	检修 ABS 灯亮故障	汽车转向、行驶与制动系统的检测与修复	理论讲授：副教授 1 名，讲师 1 名 实践指导：副教授 1 名，讲师 2 名，实验员 1 名（企业兼职）
		进行四轮定位作业		
		检修悬架工作不良故障		
		检修汽车跑偏故障		
		检修转向沉重故障		
		检修制动效果不良故障		
		检修制动跑偏故障		
		检修 SRS 灯亮故障		

续表

序号	技能项目	教师专项技能	课程体系	教师结构/数量配比
8	检修汽车安全与舒适系统	检修空调工作不良故障	汽车舒适与安全系统的诊断与修复	理论讲授：教授1名，讲师1名　　　实践指导：副教授1名，讲师2名，实验员1名（企业兼职）
		检修中控锁故障		
		检修防盗系统故障		
		检修音响通信不良故障		
		检修电动调节功能故障		
		升级汽车配置		
9	检修车载网络系统	检修动力CAN系统故障	车载网络系统的诊断与修复	理论讲授：副教授1名，讲师1名　　　实践指导：副教授1名，讲师2名，实验员1名
		检修舒适CAN系统故障		
		检修LIN总线系统故障		
		检修MOST总线系统故障		
10	检修柴油发动机电控系统	检修电控燃油系统故障	柴油发动机电控系统的诊断与修复	理论讲授：副教授1名，讲师1名　　　实践指导：副教授1名，讲师2名，实验员1名（企业兼职）
		检修辅助控制系统故障		
		检修电控柴油机故障		
11	检修汽车综合故障	预检车辆	汽车综合故障诊断	理论讲授：教授1名，讲师1名　　　实践指导：副教授1名，讲师2名，实验员1名（企业兼职）
		异响诊断与排除		
		车辆综合故障诊断		
		检修排放超标		
		养护维修设备		
12	检验汽车维修质量	进行竣工检验作业	汽车维修质量检验	理论讲授：副教授1名，讲师1名　　　实践指导：副教授1名，讲师2名，实验员1名（企业兼职）
		检测汽油机尾气排放		
		检测柴油机尾气排放		
		汽车综合性能检测		

　　本专业积极引进企业技术专家的同时，还非常重视一线教师的培养。经过两年的建设，目前，汽车检测与维修技术专业及专业群共有教师91人。

　　专业教师不但要有过硬的专业理论知识和较高的实践水平，还要有先进的职教理念为支撑，才能更好地搞好课程建设和改革。为此，汽车工程系狠抓教师专业能力和教学能力的培养，通过职教理论学习、职业能力培养、教学能力和专业技术提高等方面制定了行之有效的培养计划，采用多种培养途径，打造一流的师资队伍，如图2.3所示。

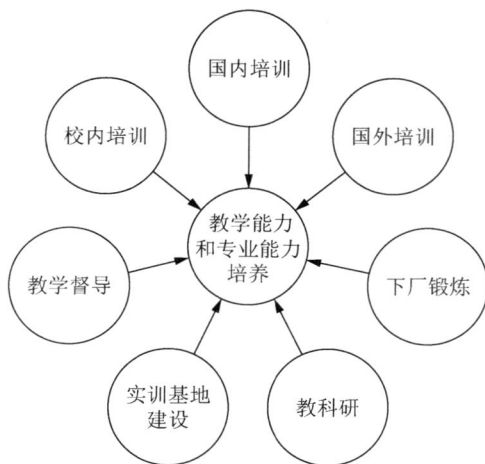

图 2.3 专业能力和教学能力的培养途径

（七）专业实训条件的配备

按照职业教育实训设计的基本原则和方法，根据不同的实训项目，营造情景导向和过程导向的实训场所[①]。通过校企深度合作与融合，在校内建成了服务于课程教学的汽车维修技术中心和满足校内生产性实训的汽车技术服务中心，在企业内建设了满足校外顶岗和轮岗实习的校外实训基地，建成的实训基地网络，如图 2.4 所示。

教学实验实训条件建设作为人才培养方案中的重要保障条件之一，按照本专业工学结合人才培养方案的整体要求，结合区域特点和本专业课程建设与实施的实际情况，在校企深度合作的基础上，建设成为满足教学要求、分工合理、资源与优势共享和可持续发展的实训基地网络。建议参数：生均面积≥5m^2。根据课程实施的需要，开发或购置必备的实物车、教学示教台和多媒体视频等设备和手段，让学生通过听、摸、看、拆和检等方法在真实和具有浓厚氛围的职业场景中，尽情地发挥主观能动性，突出了工作过程系统化职业教育的特色。建议参数：生均设备价值≥4000 元。

根据课程实施的需要配置教学设备，设备配置以训练型设备为主、演示型设备为辅。对新开设专业来说，可先建设下列表 2.6 中的 1～5 实训室，即可满足基本要求。随着专业建设的深入，可有选择性地增设 6～11 实训室。

---

① 邓泽民，韩国春，2008. 职业教育实训设计[M]. 北京：中国铁道出版社.

```
┌──────────────────────────────────────┐
│      汽车检测与维修技术专业实训基地       │
└──────────────────────────────────────┘
          │                        │
  ┌──────────────┐          ┌──────────────┐
  │  校内实训基地  │          │  校外实训基地  │
  └──────────────┘          └──────────────┘
     │          │                   │
┌──────────┐ ┌──────────────┐
│汽车维修技术中心│ │汽车技术服务中心│
└──────────┘ └──────────────┘
```

| 按照能力递进要求，分三个层次建设，和专业核心课程对应设置，引入企业文化 | 校企融合，通过引入和共建等方式建设，在满足生产性实训的同事，承担技术开发和转化任务 | 按照学工交替要求，以河北为中心，结合学生就业方向，向外扩散建设，目前已有110多家 |

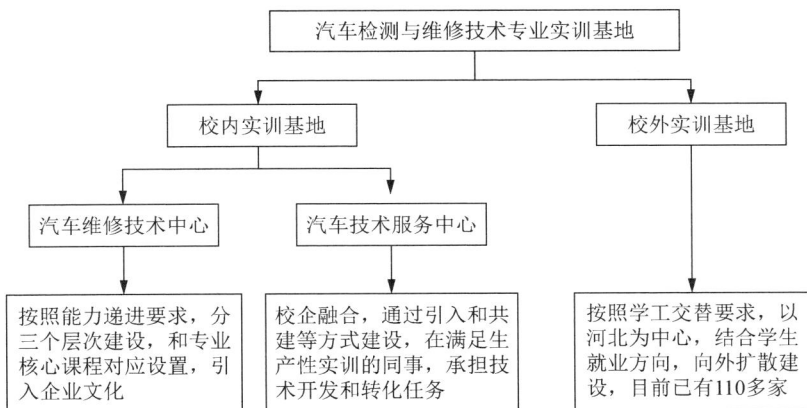

图 2.4　汽车检测与维修技术专业实训基地结构

表 2.6　校内实训教室及实训项目

序号	实训教室名称	实训项目
1	汽车拆装与调整实训室	1. 汽车总体结构分析 2. 发动机的拆装与调整 3. 汽车传动系统的拆装与调整 4. 汽车行驶系统的拆装与调整 5. 汽车转向系统的拆装与调整 6. 汽车制动系统的拆装与调整
2	汽车电路与电气系统实训室	1. 电工电子基础实验 2. 车载电源系统故障检修 3. 启动系统工作异常故障检修 4. 照明与信号系统故障检修 5. 组合仪表工作异常故障检修 6. 风窗、刮水系统不工作故障检修 7. 电动车窗操作失灵故障检修 8. 电动座椅无法调节故障检修 9. 中控门锁工作异常故障检修
3	汽油发动机电控系统实训室	1. 电控燃油喷射系统故障诊断与修复 2. 点火控制系统故障诊断与修复 3. 辅助控制系统故障诊断与修复 4. 发动机综合故障诊断与修复
4	汽车综合故障诊断实训室	1. 汽车常见故障分析 2. 汽油发动机不能启动的故障诊断 3. 汽油发动机怠速不良的故障诊断 4. 汽油发动机动力不足的故障诊断 5. 发动机冷却液温度异常的故障诊断

续表

序号	实训教室名称	实训项目
		6. 发动机机油压力异常的故障诊断 7. 发动机异响的故障诊断 8. 柴油发动机故障诊断 9. 汽车传动故障诊断 10. 汽车转向和行驶故障诊断 11. 汽车制动故障诊断 12. 汽车综合故障诊断
5	汽车发动机机械系统实训室	1. 发动机机械系统异常分析 2. 发动机异响诊断与排除 3. 发动机温度不正常诊断与排除 4. 发动机机油压力不正常诊断
6	柴油发动机电控系统实训室	1. 柴油电控燃油系统诊断与修复 2. 柴油电控发动机辅助控制系统诊断与修复 3. 柴油发动机电控系统综合故障诊断与修复
7	汽车传动系统实训室	1. 离合器故障诊断分析 2. 变速器故障诊断分析 3. 自动变速器故障诊断分析 4. 万向传动装置故障诊断分析 5. 驱动桥故障诊断分析
8	汽车转向、行驶与制动系统实训室	1. 汽车转向、行驶与制动系统的维护 2. 汽车转向、行驶与制动系统的零部件检修 3. 汽车检测站转向、行驶与制动系统的性能检测
9	汽车安全与舒适系统实训室	1. 汽车舒适操控系统（电动玻璃、电动天窗、电动座椅、电动后视镜、中控门锁、门控灯和行李箱开启等）故障检测与修复 2. 汽车空调系统故障检测与修复 3. 汽车音响和导航故障诊断及修复 4. 汽车防盗系统检测与修复 5. 汽车安全气囊/安全带系统故障检测与修复
10	车载网络系统实训室	1. 舒适 CAN 网络系统故障检修 2. 驱动 CAN 网络系统故障检修 3. LIN 网络系统故障检修 4. MOST 网络系统故障检修
11	汽车维修质量检验实训室	1. 汽车发动机综合性能检测 2. 汽车安全和环保检测 3. 汽车四轮定位检测 4. 汽车车轮平衡检测 5. 汽车修理检验

汽车检测与维修技术专业的校内实训基地建设按照培养方案"能力递进"的要求分为三个层次，满足"做中学"的要求。整个校内实训基地与课程体系对应

关系如表 2.7 所示，校内实训基地一览表如表 2.8 所示。

表 2.7　汽车检测与维修技术专业课程体系与实训基地对应关系

序号	专业核心课程、实习	对应实训基地	说明
1	汽车拆装与调整	1. 汽车拆装与调整车间 2. 发动机拆装工学站 3. 底盘拆装工学站	第一层次：让学生了解本专业基本工作内容及职业轮廓，进行专业入门教育和专业兴趣教育
2	汽车电路与电气系统的检测与修复	1. 基础电器工学站 2. 全车电气工学站	
3	驾驶实习	驾驶教练场	
4	钳工实习	整形与美容车间	
5	汽车维修职场体验	校外实训基地	
6	发动机机械系统的检测与修复	1. 发动机机械工学站 2. 汽车技术服务中心	第二层次：让学生分别对工作过程中的各个系统进行学习，获取初步的工作经验，建立职业责任感和质量意识，分系统进行专业教育
7	发动机电控系统的检测与修复	1. 电控发动机工学站 2. 汽车技术服务中心	
8	汽车维护实习	校外实训基地	
9	汽车传动系统的检测与修复	1. 自动变速器检测工学站 2. 自动变速器拆装工学站 3. 汽车技术服务中心	
10	汽车转向、行驶与制动系统的检测与修复	1. 汽车转向系统工学站 2. 整车测试工学站 3. 汽车技术服务中心	
11	汽车舒适与安全系统的诊断与修复	1. 汽车空调系统工学站 2. 汽车技术服务中心	
12	车载网络系统的检测与修复	1. 车载网络系统工学站 2. 汽车技术服务中心	
13	柴油发动机电控系统的检测与修复	1. 电控柴油机工学站 2. 汽车技术服务中心	
14	轮岗实习	校外实训基地	
15	汽车综合故障诊断	1. 汽车检测与维修车间 2. 汽车技术服务中心	第三层次：让学生接受综合工作过程系统化专业教育，实现"策略型"人才培养目标。
16	汽车维修质量检验	1. 汽车检测与维修车间 2. 汽车修理实验工厂 3. 汽车技术服务中心	
17	顶岗实习	校外实训基地	

表2.8　校内实训基地一览表

序号	专业教室名称	主要设备及说明	功能分区
1	汽车拆装与调整车间	剪式举升机4台、捷达车4辆、解剖车2辆、各种解剖总成5套、多媒体教学设施1套	拆装区
2	发动机拆装工学站	发动机拆装支架8个、工具8套	
3	底盘拆装工学站	工具4套、底盘各总成5套	
4	电控发动机工学站	电喷发动机台架6套、检测设备5套	分系统检修区
5	电控柴油机工学站	台架5套、喷油泵试验台2套、喷油器试验台4套、多媒体教学设施1套	
6	发动机机械工学站	量缸量轴5套、连杆校正6套	
7	发动机测试工学站	测功机5套、发动机台架2台	
8	发动机故障工学站	发动机台架4台	
9	自动变速器拆装工学站	自动变速器总成20套、工具6套	
10	自动变速器检测工学站	检测设备4套、专用设备5套	
11	基础电器工学站	电器试验台、启动机、发电机等	
12	车身电控工学站	防盗、门锁、气囊试验台各2套	
13	底盘电控工学站	ABS系统、电控悬架各2套	
14	汽车空调系统工学站	手动空调系统、自动空调系统各2套	
15	汽车控制器工学站	电脑49台、电子资料1套	
16	汽车转向系统工学站	试验台架4套、电动转向试验台1套	
17	全车电气系统工学站	全车电气台架4套	
18	车载网络系统工学站	宝来电器系统台架4套	
19	整车测试工学站	联网教学系统、四轮定位各1套	整车实训区
20	汽车检测与维修车间	举升机5套、车辆8台、检测线5套、维修设备5套	
21	整形基础工学站	各种整形机、焊机、钳工台、手动工具各5套	
22	汽车美容工学站	举升机2台、快修设备20套	
23	车身修复工学站	大梁校正1套、车身测量系统2套	
24	喷烤漆房	喷烤漆房1套、电子调漆系统2套	
25	涂装工艺工学站	专用设备、无尘干磨系统等各5套	
26	颜色教室工学站	调色板等5套	
27	多媒体教室	示教板、总成件、多媒体教学设施1套等	教学保障区
28	信息资料室	图书、资料、设备说明书、电子图书各5套	
29	工具材料室	各种工具、材料各5套	
30	气泵房	为整个汽车维修技术中心提供气源	
31	汽车技术服务中心	开展生产性实训、俱乐部运作、免费检测	对外服务区
32	机动车检测中心	产业化运作，进行机动车安全检测	

校外实训基地工学一体，打造学生校外实训平台。以校企合作委员会为平台，设立企业专家和专业教师共同组成的"订单班"教学指导委员会。本专业分别与邢台市华北物资贸易公司、河北某汽车贸易集团、长城汽车股份有限公司、唐山

市冀东物贸集团、中鑫之宝汽车服务有限公司、郑州宇通客车股份有限公司、博世贸易（上海）有限公司、奇瑞汽车股份有限公司和杭州腾骅汽车服务有限公司等单位深度合作，共同修订人才培养方案。为了订单式人才培养的需要，全员共同开拓校外基地和校外实训基地达 115 个。石家庄宝和汽车销售服务有限公司给本专业捐赠变速器、转向机和车门等设备，中鑫之宝汽车有限公司捐赠奔驰、宝马和奥迪发动机 3 台，杭州腾骅汽车服务有限公司捐赠自动变速器 6 台，总计折算总值 43.6 万元。

　　与校外实训基地签订的协议书内容涵盖了为学生提供校外实训场所、每年接收一定数量的毕业生进行顶岗实习和聘请企业的技术骨干作为兼职教师对本专业学生在实习期间进行管理等内容。通过拓展校外实训基地增进了学校与用人单位之间的交流和沟通，及时倾听了他们提出的对于本专业教学改革的建议。通过走访用人单位，本专业还积极与毕业生取得了联系，了解了他们的工作状况，听取了他们对本专业的一些建议。本专业还把优秀毕业生的有关信息进行了整理，作为对下一届学生进行教育的典型材料。毕业生半年顶岗实习比例达到了 96%。学生在企业实习期间，企业为学生指定了专门的企业指导教师，实习结束后，企业给学生签发"企业工作经历证书"。

五、汽车检测与维修技术专业教学整体解决方案实施

　　由于方案形成采用了行动研究法，所以方案实施过程是比较顺利的。实施过程经历了 5 个阶段。

（一）教师把握整体解决方案

　　专业教学整体解决方案研究设计团队详尽地向参与实施的教师讲解专业教学整体解决方案，使所有成员都首先认识到教学改革的必要性，然后清楚了解专业教学整体解决方案，并明确自己的工作内容和把握自己的任务。在教学实施过程中，努力做到教学过程与工作过程的对接。

（二）教师必备教学能力培训

　　为了提高教师的专业实践能力，派教师到行业和企业挂职或到学生实习企业边管理学生边学习。情景+过程的过程导向行动教学策略的学习，采用专家引领、教学展示和课件设计的方式。在课件设计中，注重职业教育行动教学的过程、情景和效果导向三项基本原则运用[①]，收到了很好的效果。

　　通过教师必备能力培训，最终使所有成员都具备专业教学整体解决方案实施

----

① 邓泽民，马斌，2011. 职业教育课件设计[M]. 北京：中国铁道出版社.

的专业教学能力。

（三）设施、材料与教材准备

校内外实训场所的建立，为方案实施提供了物质条件。对外服务，使训练用的各种材料得到了保障。遵循职业活动逻辑、学习动机发展逻辑和能力形成心理逻辑相结合的原则①，设计理实一体化教材方案的实施发挥了重要作用。

（四）方案实施的评价与激励

为更有效地培养人才，调动企业的积极性，必须找到企业参与的动力点，为此我们根据维修行业特点，跟踪汽车维修企业生产的淡旺季，将传统的 3 个学年 6 个学期，改为 3 个阶段 9 个学期，灵活安排学生，生产旺季在企业实践，服务企业生产，既锻炼了学生的能力又为企业创造效益；生产淡季在学校学习。按照这样的培养模式，学生 3 个学年都有顶岗实习，都有核心内容。经过几年的探索，我系总结开发出了旺工淡学、能力递进"342"人才培养模式，如图 2.5 所示；"342"订单式人才培养模式实施节点，如图 2.6 所示。

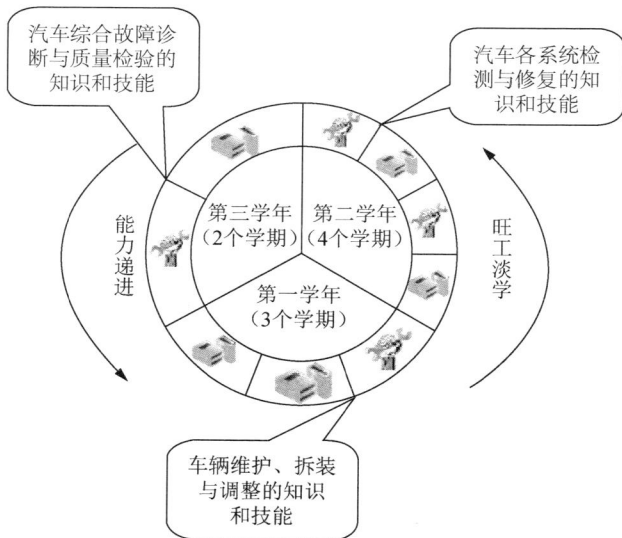

图 2.5　"旺工淡学、能力递进"的"342"人才培养模式

---

① 邓泽民，侯金柱，2006．职业教育教材设计[M]．北京：中国铁道出版社．

职业能力分段提高	学年学期	学习内容	学期	企业生产周期	学工交替	学工交替校企共赢
	第一学年 3个学期	车辆维护拆装与调整	I		校内学习	
			II		校内学习	
			III	汽车维修旺季	企业工作	
	第二学年 4个学期	汽车各系统检测与修复	IV	汽车维修淡季	校内学习	
			V	汽车维修旺季	企业工作	
			VI	汽车维修淡季	校内学习	
			VII	汽车维修旺季	企业工作	
	第三学年 2个学期	整车质量检验综合故障诊断	VIII		校内学习	
			IX	企业人才招聘	企业工作	

图 2.6 "342"订单式人才培养模式实施节点

第一学年培养学生汽车维护拆装能力，第 I、II 学期进行课堂教学，第 III 学期通过职场体验使学生了解企业运转机制和对人才需求状况，使其对本专业和对应就业岗位的工作任务有了初步认识，增加学生学习趣味性和动力。

第二学年培养学生汽车检测与修复能力，第 IV～VII 学期进行学工交替，通过汽车维护实习和轮岗实习使学生掌握基本操作能力，能够在主修工的指导下完成实际的维修作业，锻炼了学生初步解决问题的能力。

第三学年培养学生汽车故障诊断能力和维修质量检验，第 VIII、IX 学期学工交替，通过顶岗实习使学生逐渐变成企业的一员，缩短学生的岗位适应期。

三年的学工交替在时间和质量上呈递进关系，从第一年的 1 个月到第二年的 4 个月再到第三年的 6 个月，使学生的职业能力从初级到中级到高级逐步提高。

（五）方案实施效果调查分析

1. 教学质量提升

人才培养工作的成效最直接地体现在学生受益上，最根本地体现在人才培养质量的大幅提升上。学生职业认知明显改善，学习与实践兴趣浓厚，动手能力和技能操作大为提高。毕业生获取职业证书的平均比例达到 100%。自 2008 年起，邢台职业技术学院汽车工程系先后两次联合汽车维修企业举办"中鑫之宝"杯汽车维修技能大赛，效果良好，宣传了企业文化，提高了学生的动手能力。2009 年 7 月，邢台职业技术学院博世班学员参加了在北京举行的首届博世班"诊断大赛"，大赛由博世贸易（上海）有限公司、中国汽车工程学会汽车应用与服务分会、博世汽车检测设备（北京）有限公司和博世汽车检测设备（深圳）有限公司共同举办。在博世班"诊断大赛"中，邢台职业技术学院取得了"发动机管理系统故障诊断"单项第一名、团体优胜奖的好成绩。

2. 得到企业认可

学生工作更加积极投入，与员工和客户沟通良好，维修旺季弥补企业人手短缺，为公司创造经济效益，希望来公司实习或就业。2009年4月，在保定长城汽车股份有限公司生产任务突增的情况下，邢台职业技术学院急企业之所急，派汽车装配制造技术专业40名学生到公司带薪生产实习，为企业赢得了利润，为学校赢得声誉，为学生赢得了实践的机会。优秀毕业生能够很快成长为企业的技术骨干。例如，长城汽车股份有限公司推出的两款热销车型"新哈弗"和"哈弗H3"，其设计研发都出自邢台职业技术学院汽车工程系毕业生的研发团队。

3. 提升随岗就业

随着人才培养模式的改革不断深化，教学质量不断提高，学生顶岗实习的效果越来越好，企业对毕业生的认可程度不断提升，因此学生随岗就业率大幅提升。毕业生订单培养数和随岗就业率如图2.7所示。

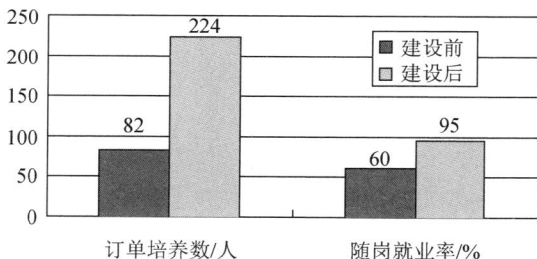

图 2.7　毕业生订单培养数和随岗就业率

4. 促发区域经济

组建邢台市汽车技术职业教育集团，提升本地区汽车职教综合实力。2009年6月4日，在南宫市职教中心举行了邢台市9大职业教育集团成立暨授牌仪式，共成立了纺织服装、汽车技术、装备制造、现代农业、钢铁冶金、煤炭化工、建筑技术、数控技术和机电技术等9个邢台市职业教育集团。其中，"邢台市汽车技术职业教育集团"由邢台职业技术学院牵头组建。邢台市目前有高职院校5所和中职院校近100所，邢台职业技术学院在发展职业教育上所取得的多项成绩在全省乃至全国都产生了一定的影响，得到了教育部和省市领导的充分肯定。邢台职业技术学院的汽车检测与维修技术专业人才培养为周边省市输送了大量高级技术人才，为周边省市的经济发展做出了贡献。

六、实践结论

1）汽车检测与维修技术高级技能型人才通过技术提供服务的职业特质是我国汽车维修业发展和实现个性化服务理念对汽车检测与维修技术高级技能型人才提出的必然要求。

2）汽车检测与维修专业教学要把高级技能型人才职业特质和职业能力形成作为教学过程设计的主线。

3）职业特质的形成需要行动导向的教学策略，汽车检测与维修技术高级技能型人才通过技术提供服务的职业特质的形成需要职业活动情景导向和职业活动过程的行动教学策略。

4）情景导向和过程导向的教学策略都需要相应的实训、实习条件和情景导向及过程导向的结构设计的教材配合。

计算机网络技术专业教学整体解决方案研究与实践

课题编号：BJA060049-GZKT003

一、问题的提出

（一）计算机网络技术相关行业发展的趋势

21 世纪的人类社会发展显现出三个新的重要特征：一是以知识为基础的社会，二是全球化的国际环境，三是可持续的发展方式。这三个新的重要特征都与现代服务业的发展息息相关。以知识为基础的现代社会要求建立功能齐全和充满活力的现代服务业体系。经济全球化在催生新兴服务业的同时，又需要现代服务业的有力支撑。为了解决能源、资源和气候变化等诸多问题，实现人类可持续发展，需要加快推进现代服务业。因此，以信息技术和网络化为基础的现代服务业，成为当今经济全球化、产业转移和结构调整的重要方向和内容，得到世界各国的高度重视和积极扶持。目前，世界主要发达国家服务业占 GDP 比例达到 71%，服务业就业比例普遍达到 70% 左右，国际大都市的服务业就业比例甚至达到 90% 左右。服务业吸收劳动力占社会劳动力的比例也逐年提高，多数国家服务业吸收劳动力人数已经超过第一、第二产业吸收劳动力的总和。服务产业的发展程度和水平，在很大程度上决定了一个国家的经济增长速度和方式、就业水平及地区经济发展的平衡程度，以及国家经济结构的调整。

现代服务业的发展使得信息和网络人才需求已经不再局限在某个行业，而是现代服务业涉及的众多行业的共同需求。根据美国劳工统计局（U.S. Bureau of Labor Statistics）的统计和预测，2008～2018 年，计算机网络和计算机系统管理员的就业增长速度达到 23%，网络系统和通信系统分析人员的就业增长速度甚至达到 53%，都远高于其他工作岗位，这些工作岗位中，只有 14% 是在计算机系统生产制造相关的 IT 企业中，多数岗位分布在电信、金融和保险等各类企业及学校和政府机构。

在"十二五"期间，我国处于经济发展"转型"的关键阶段，面临经济发展方式转变和产业结构升级问题。可持续发展的要求将使我国走上"新型工业化"

道路，主导产业将由重工业逐步过渡到服务业和信息产业。"新型工业化"道路是指以信息化带动工业化，以工业化促进信息化，走出一条科技含量高、经济效益好、资源消耗低、环境污染少和人力资源优势得到充分发挥的新型工业化道路。由此可见，信息化将成为我国经济发展实现"转型"的助推器。

（二）行业发展对计算机网络技术高级技能型人才的要求

计算机网络技术是信息化的基础，合格的计算机网络技术人才是信息化的保证。目前，我国的计算机网络技术人才资源总量保持了持续稳定增长，从业人员素质稳步提高，高学历人才比例不断增加，但是与产业"转型"的需求相比，人才供给还有巨大的差距。未来 5 年，我国从事网络建设、网络应用和网络服务的计算机网络技术人才需求将达到 100 万～135 万人，而现有符合要求的人才还不足 20 万人。

导致我国网络人才缺乏的根本原因除总量供应不足之外，还在于目前供应的网络人才中缺乏一流的高级技能型人才，无法满足用人企业的需求。一流的高级技能型人才应具备综合职业能力，更重要的是必须具有计算机网络技术高级技能型人才的职业特质。这种职业特质的缺失将直接影响产业结构的进一步调整优化和升级。

计算机网络技术广泛应用于我国国民经济的各个领域，服务于多个行业，具有很强的专业性、技术互融性和应用普遍性，这就要求本专业的学生具有较宽的知识面、思路开阔，具有创新意识和突出适应社会能力等。同时，行业对网络人才的需求结构呈现出明显的层次性，既需要具备较高学术和科研能力的高层次决策者和管理者，更需要相当数量的具有较强职业技能的管理和服务第一线的高素质技能型人才。

国外大学很少设置独立的计算机网络技术专业，通常是在计算机科学或信息技术类专业中增加相关网络课程。由于国外职业教育的体系比较健全，又有微软和思科等 IT 企业和 CompTIA 等计算机行业协会的支持，因此国外计算机网络技术专业人才，尤其是技能型计算机网络技术人才的培养主要依靠职业培训完成，有其特定的优势。

发达国家通常都有统一的技能标准，并将其作为国家职业教育与培训的目标。同时采用就业准入和职业资格认证制度，做到无证不能上岗，是一种既重视学历又重视职业资格证书和实际能力的用人制度。

高等职业教育计算机网络技术专业正是为解决该类拥有较强职业技能的应用型人才培养而设置的，但长期以来，其人才培养模式和教学方案等深受普通高校的学科体系的影响，强调专业知识的完整性、系统性和逻辑性，而忽视了与其职业岗位技术工作相关联的有关知识和技能的针对性、适应性及应用性，忽视对其综合职业能力和职业特质的培养，已不能适应行业发展的需求。

二、研究内容与方法

（一）研究内容

为解决计算机网络技术专业毕业生缺乏计算机网络技术高级技能型人才的特质问题，本方案首先对计算机网络技术高级技能型人才的职业特质进行研究，然后从人才培养目标、课程体系、教学实施、实训设计、教材设计和师资队伍建设等方面进行研究，构建一套科学、完整的，以就业为导向的，适合计算机网络技术高级技能型人才职业特质和职业能力形成的教学整体解决方案，并通过教学整体解决方案的实施，探索计算机网络技术专业人才培养模式和专业教育理论。

（二）研究方法

本方案采用的研究方法主要有以下三种。

1）调查法。采用现代职业分析方法对计算机网络技术高级技能型人才的职业活动进行调查，并在此基础上分析计算机网络技术高级技能型人才的职业活动的特点，提出计算机网络技术高级技能型人才职业特质的基本内涵。

2）文献法、总结法。对高等职业教育计算机网络技术专业教学和企业培训进行研究和总结，研究设计适合计算机网络技术高级技能型人才职业特质形成的教学整体解决方案。

3）实验法。通过适合计算机网络技术高级技能型人才职业特质形成的教学整体解决方案的实施，对建立在计算机网络技术高级技能型人才特质基础上的高等职业教育计算机网络技术专业教学方案进行验证，探索计算机网络技术专业教学理论和方法。

三、计算机网络技术高级技能型人才职业特质研究

职业特质是指从事不同职业的人所特有的职业素质，是能将工作中成就卓越与成就一般的人区别开来的深层特征[①]。总课题组对于职业特质的研究，提出了可以从两个方向开展研究：一是在同一职业中发现成就卓越者，通过调查分析方法，研究他们与成就一般者不同的深层特征；二是通过分析职业活动，研究取得职业活动卓越效果的人具备的职业素质。本方案采用第二种方法。

---

① 邓泽民，2011. 职业教育教学论[M]. 北京：中国铁道出版社.

（一）计算机网络技术高级技能型人才职业活动调查

1.　职业面向的调查

本研究通过对我院（北京财贸职业学院）约 300 名毕业生就业岗位调查，计算机网络技术专业的就业岗位有网络安装与调试、网络设计、网络系统集成、网络布线、网络工程监理、网络管理、网络安全、网络测试、网络数据库管理、网站规划设计与维护、网站编辑和网络营销等几十个岗位。

职业生涯发展方向有五大领域，即网络管理、网络安装与调试、网站规划设计与维护、系统管理、网络数据库管理。对不同类型单位调研得到的职业岗位需求的统计数据如表 3.1 所示。

表 3.1　不同类型单位的职业岗位需求

调研单位类型	需求领域	需求人数	本类型单位人才需求比例/%
制造企业（10 家）	网络管理	8	80
	网络安装与调试	3	30
	网站规划设计与维护	5	50
	系统管理	5	50
	网络数据库管理	3	30
服务业（20 家）	网络管理	20	100
	网络安装与调试	6	30
	网站规划设计与维护	18	90
	系统管理	16	80
	网络数据库管理	8	40
机关和事业单位（14 家）	网络管理	14	100
	网络安装与调试	4	29
	网站规划设计与维护	10	71
	系统管理	14	100
	网络数据库管理	10	71
IT 业（16 家）	网络管理	16	100
	网络安装与调试	16	100
	网站规划设计与维护	14	88
	系统管理	16	100
	网络数据库管理	8	63

2.　职业活动的分析

为了客观把握高职计算机网络技术专业毕业生工作中的职业活动，课题组邀请 12 位行业专家，应用现代职业分析方法①，对计算机网络技术高级技能型人才职业活动进行分析，提出了计算机网络技术高级技能型人才职业活动表，如表 3.2 所示。

表 3.2　计算机网络技术高级技能型人才职业活动表

职业活动领域	职业活动
职业共性活动领域	Internet 访问
	电子邮件收发
	即时通信
	计算机组装与维护
	应用软件管理
	多媒体技术应用
	Office 应用
	电脑周边设备的保养和维护
网络管理	用户管理
	目录服务的实现与管理
	安全与访问控制的配置与管理
	网络故障排除
	网络设计
网络安装与调试	网络设备的安装、配置与调试
	网络工程管理
	综合布线
	网络测试
	系统集成
网站规划设计与维护	网页设计与制作
	图形/图像制作与处理
	网站规划与设计
	Web 应用程序设计
系统管理	网络服务器操作系统的安装、配置与管理
	桌面系统的管理
	应用软件安装与维护
	计算机维修
	数据备份与恢复
	病毒检测与防护
网络数据库管理	数据库软件的安装、管理与性能优化
	Web 数据库设计与应用

① 邓泽民，郑予捷，2009. 现代职业分析手册[M]. 北京：中国铁道出版社.

（二）计算机网络技术高级技能型人才职业活动特点

通过分析计算机网络技术高级技能型人才职业活动发现，计算机网络技术高级技能型人才的部分职业活动是严格按照操作规程和顺序展开的。例如，操作系统的安装和线缆的搭接等，如图3.1所示。

	过程阶段1	过程阶段2	过程阶段3	……
任务A	活动A1	活动A2	活动A3	……
任务B	活动B1	活动B2	活动B3	……
任务C	活动C1	活动C2	活动C3	……
⋮	⋮	⋮	⋮	

图3.1　职业活动过程导向示意图

从图3.1中可以看出，采取什么行动，取决于任务的不同和所处的过程阶段的变化。任务一旦确定，操作过程和规范标准就确定了。职业活动特点是由过程顺序所支配的，即职业活动具有典型的过程导向特点。

计算机网络技术专业的职业活动除了由过程顺序支配，还有部分是在一定职业情景下进行，这些职业情景随机发生着各种各样的变化，而随着这些变化，从事职业活动的人员需要针对已经变化的职业情景，调整职业活动的先后顺序或增减职业活动。例如，网络故障排除等，如图3.2所示。

	故障情景1	故障情景2	故障情景3	……
网络A	活动A1	活动A2	活动A3	……
网络B	活动B1	活动B2	活动B3	……
网络C	活动C1	活动C2	活动C3	……
⋮	⋮	⋮	⋮	

图3.2　职业活动情景导向示意图

（三）计算机网络技术高级技能型人才职业特质内涵

国内有关计算机网络技术高级技能型人才特质研究，没有发现相关的文献。通过职业调查获得的网络技能型人才特征：掌握计算机网络专业知识和社会经济学常识；能够严格按照操作规程使用软件、仪器和设备等工具；具有较强的逻辑分析、推理能力、较强的学习能力和良好的沟通能力；有团队协作精神、高度的责任心和服务意识；能准确理解工作任务；能严格按照工作程序、工作规范和工作进度要求，按时完成工作任务；能够及时完成数据的收集、分类和整理。

那么，具有什么职业特质的人才能在工作中表现出上述职业胜任特征？本课题依据计算机网络技术高级技能型人才职业活动具有典型的过程导向特点，分析提出计算机网络技术高级技能型人才特质的内涵。

上述胜任特征，虽然由多个特征单元构成，但其核心是能严格按照工作程序、工作规范和工作进度要求，按时和按量完成工作任务。因为只有做到了这一点，才能在保证工作安全的前提下，使工程施工和维护维修达到要求的标准。因此，计算机网络技术专业人才特质的职业特质定义为依据任务，严格按照工作程序、工作规范和工作进度要求，按时完成工作任务，做到用严格的工作程序、工作规范和进度要求，保证操作结果符合质量要求的意识与素质。

四、计算机网络技术专业教学整体解决方案设计

职业特质的形成取决于专业教学的各个方面和各个环节，为了发挥教学系统整体突现性原理的作用，课题组对计算机网络技术专业教学进行整体解决方案设计。目前，有企业办学校、学校办企业、学校和企业合作办学三种形式。由于参加本课题研究的学校基本采用第三种形式办专业，因此，下面计算机网络技术专业教学进行整体解决方案设计是基于上述第三种形式。

（一）专业的职业面向分析

本专业依据对毕业生就业和企业需求的调查，分为网络管理、网络安装与调试、网站规划设计与维护、系统管理和网络数据库管理 5 个方向。

通过 2～5 年的锻炼、提高和深造，可以成为信息安全主管和网络系统工程师等基层领班人。毕业生的岗位目标可以分为以下三个阶段。

近期发展岗位：PC 技术工程师、桌面支持工程师、现场服务工程师、MIS 系统管理与维护、网络服务器维护工程师、IT 类产品售前/售后工程师和网络管理员等。

中期发展岗位：信息安全主管、网络系统工程师、网络运维工程师、网络设备维护工程师和网络工程技术员等。

远期发展岗位：网络工程项目监理、网络工程项目经理和 IT 类产品培训师等。

（二）就业证书需求的分析

依据国家持证上岗的相关政策，并调查相关企业发现，高等职业学校计算机网络技术专业学生就业一般要求：①基础技能，全国英语应用能力考试证书、全国计算机等级考试合格证书和实用语文证书；②核心技能，全国计算机等级考试合格证书（二级）、全国计算机应用技术证书（NIT）；③岗位（群）技能，微软公司 MCSE 证书[选考]和 Cisco 公司 CCNA 证书[选考]。

（三）专业培养目标的确定

课题组邀请 12 位不同企业的行业专家，应用现代职业分析方法，对计算机网络技术专业高级技能型人才的职业活动进行过程分析，开发出表达准确、清晰、专业术语准确规范和适合高职层次的计算机网络技术专业职业能力表，如表 3.3 所示。

表 3.3　计算机网络技术专业职业能力表

职责	单项能力							
A 维护桌面系统	A1 识别硬件	A2 装配与连接硬件	A3 硬盘初始化设置	A4 安装操作系统	A5 清洁计算机	A6 硬件基本测试	A7 安装驱动程序	A8 安装应用软件
	A9 配置网络协议	A10 排除 PC 基本故障						
B 实施网络基础架构	B1 基础架构需求评估	B2 现场勘查与确认	B3 解读图纸	B4 识别线缆	B5 选择工具	B6 铺设电缆槽和桥架	B7 安装机柜和配线架	B8 装配电话线缆系统
	B9 装配 RJ-45 双绞线缆系统	B10 装配光纤系统	B11 工程测试和验收	B12 排除布线系统故障				
C 维护网络互联设备	C1 评估网络需求	C2 配置路由器	C3 配置交换机	C4 配置无线 AP	C5 配置 VLAN	C6 更新/升级设备	C7 排除网络设备故障	C8 维护 UPS 设备
	C9 配置网络打印机/复印机	C10 维护 Modem						
D 维护网络服务器	D1 评估服务器需求	D2 安装服务器操作系统	D3 配置基本网络服务（DNS、DHCP 等）	D4 管理活动目录	D5 维护用户账户	D6 管理文件	D7 管理磁盘	D8 进行服务器升级/更新
	D9 检查服务器日志	D10 管理 Web 和 FTP 服务器	D11 安装配置邮件服务器	D12 使用组策略管理用户和软件	D13 管理活动目录基础结构			
E 维护网络安全	E1 评估网络风险	E2 安装配置防火墙	E3 管理访问列表/过滤	E4 配置加密	E5 配置 VPN	E6 管理权限/密码	E7 配置入侵检测设备	E8 检查系统日志
	E9 安装安全更新	E10 管理套接字（协议、端口和 IP）	E11 执行防病毒策略					

续表

职责	单项能力							
F 数据备份	F1 制定备份/恢复策略	F2 执行定期备份	F3 核查备份日志	F4 验证备份完整性	F5 保护备份介质	F6 从备份介质中恢复数据		
G 监控网络活动	G1 部署监控设备	G2 安装网络监控工具	G3 监测带宽使用	G4 监控数据流向	G5 监控设备负载	G6 排查网络应用故障	G7 撰写网络综合分析报告	G8 分析网络状态
H 管理数据库	H1 创建与管理数据库	H2 创建与管理数据表	H3 查询数据	H4 更新数据	H5 管理数据库权限			
I 网站建设	I1 设计网页	I2 素材准备	I3 制作网页	I4 设置DIV与CSS	I5 搭建开发环境	I6 管理项目文档	I7 需求分析	I8 原型设计
	I9 制作网站主题	I10 开发网站代码	I11 测试网站	I12 发布网站				
J 维护网络文档	J1 维护网络装备详细列表	J2 维护网络图	J3 维护地址表（IP和MAC地址等）	J4 维护密码表	J5 维护日志（服务、维修和更新等）	J6 跟踪服务协议/保修	J7 维护网络软件许可证详细列表	
K 可持续职业发展	K1 参加培训	K2 研究在线资源	K3 阅读专业出版物	K4 与其他专业人员交流	K5 参加专业会议	K6 参加专业组织	K7 获得技术认证	
L 执行管理任务	L1 与供应商书面交流	L2 面对面交流	L3 提供培训和技术支持	L4 执行预防性维护	L5 制定网络使用政策	L6 提出技术采购建议	L7 进行市场调查	L8 制定项目计划
	L9 管理项目成本	L10 管理项目进度	L11 管理项目质量					

由此，确定本专业的培养目标：培养适应地区经济和社会发展需要的，具备良好计算机网络技术和管理职业素质，具有良好的职业道德，掌握计算机网络技术基本理论知识，具有较强办公室 IT 事务及网络管理技能，以及中小企业计算机网络系统组建、管理和维护等职业技能，能够满足企业网站建设与运营、网络组建与管理、网络安全维护及信息技术服务等岗位能力要求，在未来职业生涯发展中能够成长为基层领班人的高级技能型人才。

（四）专业课程体系的构建

公共基础课程按照国家统一要求安排，专业课程按照计算机网络技术专业毕业生就业岗位和职业生涯发展领域分为技术平台课程和专业方向课程，形成基础平台和职业生涯发展方向的课程体系结构。运用职业教育课程体系构建的基本原则与方法[1][2]，构建的课程体系结构如图 3.3 所示。为了保证计算机网络技术高级技能型人才职业特质和职业能力的形成，专业必修课程和专业选修课程类型以职业活动课程为主，辅以知识课程和技术课程。

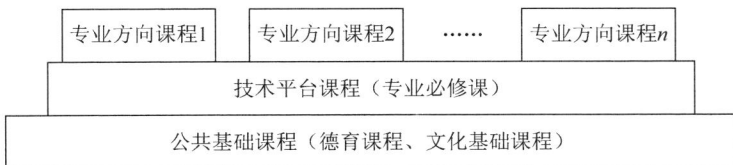

专业方向课程1	专业方向课程2	……	专业方向课程n

技术平台课程（专业必修课）

公共基础课程（德育课程、文化基础课程）

图 3.3 计算机网络技术专业课程体系结构

1. 能力目标的分析

为了实现能力目标，课题组采用能力/素质分析方法，对能力与品性的形成要素进行分析。限于篇幅，表 3.4 给出了"C 维护网络互联设备"的能力领域分析，其他能力领域的分析表已经分别置于各职业核心课程的教学方案中。

表 3.4 "C 维护网络互联设备"的能力领域分析

项目	内容
编码	C1
能力目标	评估网络需求
描述	能够针对校园网的实际情况和用户需求提出网络地址规划方案，并进行 VLAN 和路由设计，为今后交换机和路由器等设备的配置工作提供原始文档依据
技能	能够规划和设计局域网与校园网的连接方案，并绘制网络拓扑图
	能够根据用户需求规划网络 IP 地址，并进行简单的子网划分
	能够识别主要网络设备，并了解其主要功能和基本连接方法
	能够选择路由协议
理论知识	TCP/IP 协议
	IP 地址及子网的划分
	交换机和路由器等网络设备的作用
	几种主要路由选择协议的区别
态度、素质	撰写和维护文档的能力
	承受挫折的能力
	阅读中、英文技术文档和专业出版物的能力
	与其他专业人员交流及自我学习的能力
	规划与组织的能力

---

① 邓泽民，陈庆合，2006. 职业教育课程设计[M]. 北京：中国铁道出版社.

② 邓泽民，陈庆合，2011. 职业教育课程设计[M]. 2 版. 北京：中国铁道出版社.

续表

项目	内容
资源	PC 机
	Microsoft Office
	Microsoft Visio
考核标准	是否能够识别交换机、路由器和无线 AP 等网络设备及其连接线
	是否能够按照要求进行 IP 地址的规划和子网划分
	是否能够设计并规划路由选择协议
	是否能够绘制网络拓扑图
	是否能够根据模板编写网络需求评估报告
编码	C2
能力目标	配置路由器
描述	在路由器上熟练完成各种基本配置，并能够实现不同网段间的互联互通
技能	认识路由器硬件组成和安装路由器
	能够进行路由器本地配置工作（通过本地 Console 端口）
	能够通过 Telnet 终端访问路由器（通过局域网）
	能够进行路由器系统基本配置与管理（查看路由系统信息、配置路由器名称、设置时钟和重启路由器等）
	能够配置路由器的端口及进行静态路由和动态路由协议的设置
	维护和更新配置文件
理论知识	路由器工作原理和路由算法
	路由器的工作模式、树型窗口视图结构、系统视图和用户视图的功能
	路由器管理控制命令
	静态路由和动态路由协议（RIP 协议和 OSPF 协议）
态度、素质	撰写和维护文档的能力
	承受挫折的能力
	阅读中、英文技术文档和专业出版物的能力
	与其他专业人员交流及自我学习的能力
资源	两台路由器
	两台交换机
	多台 PC 机
	相关缆线（反转线和双绞线）
考核标准	是否能够正确连接计算机、交换机和路由器
	是否能够正确进行路由器的基本配置
	实现不同类型端口不同网段的互联互通
	是否能够正确撰写实验报告

续表

项目	内容
编码	C3
能力目标	配置交换机
描述	掌握交换机的硬件结构并能够针对主流交换机产品进行基本的配置工作
技能	安装交换机和配置仿真终端
	本地配置交换机（用户数、权限和交换机 IP 等）
	远程登录交换机
	交换机端口配置
	维护和更新配置文件
理论知识	IEEE802.3 协议、TCP/IP 协议和以太网工作原理
	交换机的工作模式、树型窗口视图结构及系统视图和用户视图的功能
	交换机管理控制命令
	广播域和虚拟局域网
态度、素质	认真负责
	阅读中、英文技术文档和专业出版物的能力
	与其他专业人员交流及自我学习的能力
资源	安装了超级终端软件的电脑（作为连接到交换机的终端）
	交换机两台
	相关缆线（反转线和双绞线）
	若干台计算机
考核标准	能够识别硬件标志并进行硬件基本测试
	通过仿真终端和 Console 线缆对交换机进行基本设置
	是否能够通过 Telnet 方式登录到交换机进行端口设置
	是否能够通过交换机实现相同网段计算机的互联互通
编码	C4
能力目标	配置无线 AP
描述	掌握无线 AP 的安装、配置及组建无线局域网的方法
技能	安装无线 AP
	通过超级终端配置无线 AP 的主要工作参数
	配置两台 AP 互为备份和自动漫游
	通过浏览器配置无线 AP 的主要工作参数
	添加客户端设备到无线局域网
理论知识	无线局域网的传输介质、传输协议及其架构
	无线局域网的 WEP 加密技术
	无线局域网构建的一般方法

续表

项目	内容
态度、素质	认真负责
	能够提供相关技术支持
	阅读中、英文技术文档和专业出版物的能力
	与其他专业人员交流及自我学习的能力
资源	无线 AP 两个
	交换机一台
	相关缆线（反转线和双绞线）
	PC 计算机两台
考核标准	能够识别硬件标志并进行硬件基本测试
	是否能够正确安装无线 AP
	是否能够正确连接无线 AP、交换机和计算机
	是否能够通过计算机的超级终端访问并设置无线 AP
	是否能够通过计算机的浏览器访问并设置无线 AP
	是否能够配置两台无线 AP 达到互为备份和自动漫游
	是否能够将客户端设备加入无线 AP 所在的无线局域网
编码	C5
能力目标	配置 VLAN
描述	掌握虚拟局域网的相关概念，能够创建和配置 VLAN 并实现 VLAN 间的路由
技能	在单交换机中创建和配置 VLAN
	在多交换机中创建和配置 VLAN
	配置 FTP 服务器
	配置单臂路由
理论知识	冲突域、广播域和共享式以太网
	虚拟局域网 VLAN 及 VLAN Trunk
	ISL 协议、IEEE802.1Q 协议
	VLAN 中继协议 VTP 和 STP 生成树协议
	单臂路由
态度、素质	认真负责
	能够提供相关技术支持
	阅读中、英文技术文档和专业出版物的能力
	与其他专业人员交流及自我学习的能力
资源	二层交换机两台
	路由器一台
	PC 机多台

项目	内容
	相关缆线
考核标准	是否能够在交换机上配置生成树协议
	是否能够在单交换机上创建和配置 VLAN
	是否能够在多交换机上创建和配置 VLAN
	是否能够在交换机和路由器上配置 VLAN Trunk
	是否能够实现不同 VLAN 间的通信
编码	C6
能力目标	更新/升级网络设备
描述	掌握网络主要设备（交换机、路由器）的升级方法
技能	交换机 IOS 升级
	路由器 IOS 升级
理论知识	TCP/IP 协议和以太网工作原理
	交换机的工作模式、树型窗口视图结构及系统视图和用户视图的功能
	交换机管理控制命令
	路由器的工作模式、树型窗口视图结构及系统视图和用户视图的功能
	路由器管理控制命令
态度、素质	认真负责
	能够提供相关技术支持
	阅读中、英文技术文档和专业出版物的能力
资源	交换机和路由器各一台
	PC 机或笔记本电脑一台
	相关缆线（直通线和串口线各一根）
	TFTP 软件
考核标准	是否能够备份交换机 IOS
	是否能够通过 TFTP 方式升级交换机 IOS
	是否能够完成交换机 IOS 升级失败的恢复工作
	是否能够备份路由器 IOS
	是否能够通过 TFTP 方式升级路由器 IOS
	是否能够完成路由器 IOS 升级失败的恢复工作
	是否能够维护日志文件
编码	C7
能力目标	排除网络设备故障
描述	掌握网络主要设备（交换机和路由器）的故障排除方法

续表

项目	内容
技能	收集故障信息，正确描述故障现象
	常用排查工具的使用
	分层和分块故障排除法
	交换机和路由器常用管理控制命令
	故障处理过程文档化
理论知识	TCP/IP 协议和以太网工作原理
	网络故障常用处理方法
态度、素质	认真负责
	能够提供相关技术支持
	阅读中、英文技术文档和专业出版物的能力
	与其他专业人员交流及自我学习的能力
资源	交换机和路由器各三台
	PC 机或笔记本电脑若干台
	相关缆线若干
考核标准	是否能够收集网络故障信息并正确描述网络故障
	是否能够按照分层故障排除法进行故障检测和排除
	是否能够书写和完善故障排除文档
编码	C8
能力目标	维护 UPS 设备
描述	掌握 UPS 的日常维护方法
技能	掌握 UPS 开关机顺序
	了解 UPS 的各种指示和告警信号
	紧急情况处理
	UPS 电池维护
理论知识	UPS 的种类和工作原理
	UPS 的性能指标
	UPS 电池的充电模式
态度、素质	认真负责
	能够提供相关技术支持
	阅读中、英文技术文档和专业出版物的能力
	与其他专业人员交流及自我学习的能力
资源	UPS
	相关电缆线
考核标准	是否能够正确开关 UPS 电源

续表

项目	内容
	是否能够识别 UPS 的指示灯和告警信号
	是否能够正确连接 UPS 主机、电池及其他设备
	是否能够进行紧急情况下的处理
	是否能够进行合理的电池维护
编码	C9
能力目标	配置网络打印机/复印机
描述	掌握网络打印机/复印机的配置方法
技能	掌握局域网内网络打印机/复印机的连接方法
	正确配置网络打印机/复印机的 IP 地址、子网掩码和网关等网络属性
	能够安装网络打印机/复印机的驱动程序并进行相关配置
理论知识	网络打印机/复印机的工作原理
	TCP/IP 协议及以太网工作原理
态度、素质	认真负责
	能够提供相关技术支持
	阅读中、英文技术文档和专业出版物的能力
	与其他专业人员交流及自我学习的能力
资源	带有网络接口的打印机或复印机一台、PC 机两台、交换机各一台
	相关缆线
考核标准	是否能够正确连接网络打印机/复印机、计算机和其他设备
	是否能够识别网络打印机/复印机的指示灯并掌握其基本使用方法
	是否能够安装网络打印机/复印机的驱动程序并进行 IP 设置
	是否能够利用网络打印机进行打印输出或利用网络复印机进行复印
编码	C10
能力目标	维护 Modem
描述	掌握 Modem 的日常维护方法
技能	掌握 Modem、计算机和路由器等设备的连接方法
	了解 Modem 的各种指示灯
	掌握 Modem 常规硬件维护方法
	掌握 Modem 常规软件维护方法
	Modem 常规故障诊断与排除
理论知识	Modem 的种类和工作原理
	Modem 的性能指标
	Modem 与其他设备的连接方法
态度、素质	认真负责
	能够提供相关技术支持

项目	内容
	阅读中、英文技术文档和专业出版物
	与其他专业人员交流及自我学习能力
资源	外置 Modem 一台、路由器一台和 PC 机一台
	相关缆线
考核标准	是否能够正确连接 Modem、计算机和其他设备
	是否能够识别 Modem 的指示灯
	是否能够进行 Modem 的防尘和防雷击等常规维护
	是否能够进行 Modem 驱动程序安装与更新
	是否能够排除 Modem 的常规故障

2. 课程内容的选择

理论知识、技术方法和职业活动课程的内容选择，采用职业教育课程开发中理论知识体系、技术方法体系和职业活动体系选择的方法，如图 3.4～图 3.6 所示。

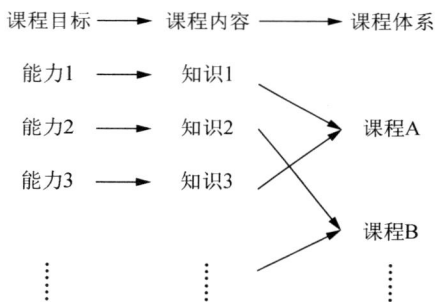

图 3.4　理论知识体系课程选择

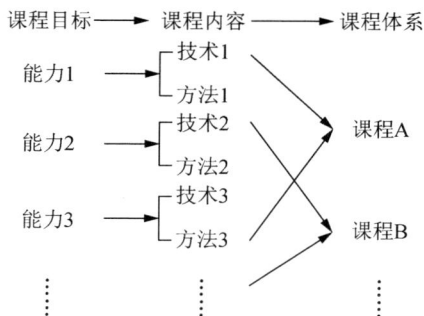

图 3.5　技术方法体系课程选择

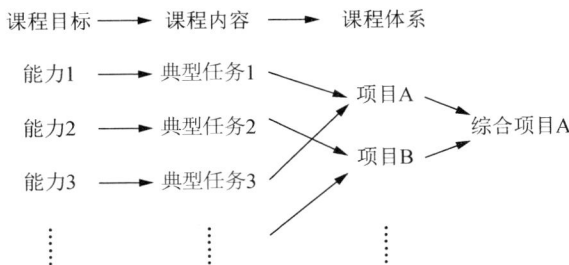

图 3.6　职业活动体系课程选择

　　运用上述方法，依据计算机网络技术专业职业能力表，由具有丰富教学经验的院校专职教师和行业专家，按照课程内容组织的职业问题取向、逻辑顺序服务服从心理、符合动机与能力发展规律和系统优化等原则①，将知识点、技能点与态度点组织起来，确定课程内容，得到了职业能力与专业课程对照表，如表 3.5 所示。

表 3.5　职业能力与专业课程对照表

单项能力编号	课程（或项目）名称
A1，A2，A3，A4，A5，A6，A7，A8，A9，A10，E9，E11	计算机硬件组装与维护
A7，A9，B11，D2，D3，D6，D7，D8，D9，D10，D11	计算机系统维护与互联
H1，H2，H3，H4，H5，F1，F2，F3，F4，F5，F6	网络数据库应用
I5，I6，I7，I8，H3，H4	MIS 系统应用
L1，L2，L6，L7，L8，L9，L10，L11，L12	项目管理
I1，I2，I3，I4，D10，I12	静态网站建设
D3，D4，D5，D10，D12，D13	Windows 网络服务配置与管理
A4，D4，D5，D11，F1	企业级邮件服务器实施
I5，I6，I7，I8，I9，I10，I11	动态网站建设
B1，B2，B3，B4，B5，B6，B7，B8，B9，B10，B11，B12	综合布线技术与施工
C1，C2，C3，C4，C5，C6，C7，C8，C10	网络设备互联与维护
E1，E2，E3，E4，E5，E6，E7，E8，E9，E10	网络安全环境搭建与维护
G1，G2，G3，G4，G5，G6，G7，G8，B15，C7	网络故障分析与排除
C1，C7，D1，B1，B2，B5，B11，B12，J1，J2，J3	系统集成
B1，C1，D1，E1，J1，J2，J3，J4，J5，J6，J7，L3，L4，L5	网络规划与管理实训
K1，K2，K3，K4，K5，K6，K7	职业资格认证

3. 课程体系的形成

　　为了保证计算机网络技术高级技能型人才职业特质和职业能力的形成，专业

---

① 邓泽民，陈庆合，2006. 职业教育课程设计[M]. 北京：中国铁道出版社.

必修课的课程类型以技术课程为主，专业选修课的课程类型以职业活动课程为主，辅以知识课程，如表 3.6 所示。

表 3.6　计算机网络技术专业课程体系

课程分类	能力	课程内容（或课程目标）	课程体系
公共基础课程	职业素养	政治素养	毛泽东思想和中国特色社会主义理论体系概论、思想道德修养和法律基础等
		中、英文技术文档阅读能力	大学语文、实用英语和英语口语等
		办公软件应用能力	应用数学和计算机应用基础等
		良好的沟通与合作能力	体育、军事理论与训练和文化选修课等
专业必修课	职业通用能力	办公室 IT 事务管理能力	办公信息处理与应用、计算机硬件组装与维护和项目管理等
		办公室网络维护能力	计算机网络技术基础、计算机系统维护与互联和英文网络环境维护等
		数据库应用能力	网络数据库应用和 MIS 系统应用等
专业选修课	职业核心能力	建网能力	综合布线技术与施工、网络设备互联与维护和系统集成等
		管网能力	Windows 网络服务配置与管理、网络安全环境搭建与维护和网络故障分析与排除等
		用网能力	静态网站建设、动态网站建设和企业级邮件服务器实施等
	职业延展能力	创新能力和适应能力	网络设计与实施和顶岗实习等
		可持续发展能力	计算机网络技能大赛与职业资格认证和毕业设计与职业能力展示等

（五）专业教学策略的研究

依据总课题对于职业教育教学理论的研究，职业教育教学的目的是学生职业特质和职业能力的形成，而职业特质与职业能力的形成除教学内容之外，主要取决于教学的策略。

为了培养计算机网络技术专业学生依据任务，严格按照工作程序、工作规范和工作进度要求，按时完成工作任务，做到用严格的工作程序、工作规范和进度要求保证操作结果符合质量要求和时限的意识与素质，形成计算机网络技术高级技能型人才的职业特质。在总课题研究提出的过程导向、情景导向和效果导向三种教学策略[①]中，计算机网络技术专业教学策略的设计，应根据计算机网络技术高

---

① 邓泽民，2016. 职业教育教学设计[M]. 4 版. 北京：中国铁道出版社.

级技能型人才职业活动主要由过程顺序和规范支配、追求标准和质量的特点与部分职业活动受情景支配、追求效果和过程，服务服从于效果的特点，主要采用过程导向的教学策略，即在首先把握过程的情况下，为了达到任务所期望的效果，选择工作程序、工作规范、工艺文件和安全操作规程的方式和过程；部分采用情景导向的教学策略，即在首先把握情景的情况下，为了达到此情景下所期望的效果，选择服务与管理的方式和过程。

过程导向教学策略的教学过程可以设计为任务描述、任务分析、相关知识、技能训练、态度养成、完成任务和学习评价七个环节[①]。在这里，任务是计算机网络技术高级技能型人才职业活动中的典型任务或者项目，任务描述是对典型任务的描述，目的是让学生进入工作角色，为实现学生为中心的教学提供前提。任务分析是在专业教师的主导下，以学生为主体，应用相关知识对完成任务的工作程序、工作规范、进度要求和安全操作规程进行分析，提出工作方案。相关知识、技能训练和态度养成是对任务进行分析，并完成任务的相关知识的学习、技能的训练和态度的养成过程。完成任务是学生独立或者分组完成服务，并通过完成任务环节，形成严格工作程序、工作规范和进度要求，保证操作结果质量要求和时限的意识与素质的整合环节。学习评价是对学生完成任务情况进行点评并提出改进意见。

情景导向教学策略的教学过程可以设计为情景描述、情景分析、相关知识、技能训练、态度养成、完成项目和学习评价七个环节。在这里，情景是计算机网络技术高级技能型人才职业活动中的项目情景，情景描述是对典型情景的描述，目的是让学生进入工作情景，为实现以学生为中心的教学提供前提。情景分析是在专业教师的主导下，以学生为主体，应用相关知识对完成情景所需要的工作步骤进行选择和分析，提出项目执行方案。相关知识、技能训练和态度养成是对情景进行分析，并完成情景的相关知识的学习、技能的训练和态度的养成的过程。完成项目是学生独立或者分组完成项目，并通过完成项目环节，形成项目结果质量要求和时限的意识与素质的整合环节。学习评价是对学生完成任务情况进行点评并提出改进意见。

计算机网络技术专业各课程教学团队要根据职业能力对应的典型工作任务或情景，对项目（或任务）中的关键节点进行剖析，进行课程的总体设计和单元教学设计，采用基于工作过程系统化教学方法，如咨询、计划、决策、实施、检测和评价等方法，并借助现代教育技术与配置的教学资源，营造一个学习情景，让学生在生动直观的教学情景中，积极思考、主动参与和动手动脑，综合实训项目开发要提炼专业面向典型工作任务，形成工学结合的实训体系，结合企业典型产

---

① 邓泽民，2011. 职业教育教学论[M]. 北京：中国铁道出版社.

品，设计层次递进的综合实训项目，构建工学结合的人才培养体系，真正形成活动导向和情景导向的教学模式。

教学方法有很多选择，比较典型的有项目教学法、任务驱动教学法、思维导图法、头脑风暴法、卡片展示法和演示教学法，可以灵活使用。例如，在任务或情景分析时，可以选用头脑风暴法、思维导图法和卡片展示法等；在技能训练时，可选用演示教学法；完成任务时，可选用项目教学法和任务驱动教学法等。

依据总课题对职业教育的教学理论研究，教学设计在运用职业能力形成和学习动机发展的心理逻辑规律的同时，还要充分考虑职业活动逻辑顺序。

表 3.7 给出了"网络综合布线"的教学设计方案，表 3.8 给出了"Windows 网络服务配置与管理"的教学设计方案。

表 3.7　职业活动过程导向的教学设计方案——网络综合布线

序号	学习任务	学习活动	教学方法	要求	学时/分钟
1	解读图纸	打开并浏览图纸	讲授、个人实践	1. 学习使用 AutoCAD 软件浏览工程图文件 2. 学习认识和理解系统图和工程施工图的图纸信息，并能转化为具体的施工任务	60
		识读系统图			60
		识读工程图			60
2	了解线缆性能	了解各种线缆性能	讲授、演示	识别各种线缆并了解它们的主要特点、应用场合、主要参数和安装标准	180
		识别电话线缆			60
		识别双绞线线缆			60
		识别光纤			60
3	电话线缆施工	线缆铺设	演示、分组实践	每组学生铺设一条用户面板到交换机接口的电话网络系统，包括线路铺设、面板、分线盒、配线架和跳线	90
		分线盒打线			60
		配线架打线			60
		制作电话跳线			60
		打印标签并编写报告			60
4	双绞线施工	线缆铺设	演示、分组实践	每组学生铺设两条用户面板到交换机接口的双绞线网络系统，包括线路铺设、面板、配线架和跳线（直连和交叉）	90
		配线架打线			120
		制作直连和交叉跳线			90
		打印标签并编写报告			90
5	光纤施工	线缆铺设	演示、分组实践	每组学生铺设一条室外到交换机接口的光纤网络系统，包括线路铺设、室外连接盒、配线架和尾纤	90
		配线架熔接			120
		室外线缆熔接			90
		熔接制作尾纤			90

续表

序号	学习任务	学习活动	教学方法	要求	学时/分钟
		打印标签并编写报告			90
6	线槽和桥架施工	制作并安装带拐角的 PVC 线槽	演示、分组实践	1．安装一条带拐角的 PVC 线槽及面板 2．安装一条直金属桥架 3．安装一组吊篮	240
		安装一段直金属桥架			240
		连接吊篮并安装			60
7	工程测试和验收	测试电话线系统	演示、分组实践	1．测试电话系统 2．测试双绞线系统 3．测试光纤系统 4．编写测试报告 5．模拟用户验收流程	90
		测试双绞线系统			90
		测试光纤系统			90
		导出数据并编写测试报告			90
		模拟用户验收流程			60

表 3.8　职业活动情景导向的教学设计方案——Windows 网络服务配置与管理

序号	学习任务	学习活动	教学方法	要求	学时/分钟
1	配置 DHCP 服务	张敏是 Cotest 公司的新任网络管理员，她的第一个任务是使公司同事的计算机能够自动从服务器获得 IP 地址。她需要完成以下操作。 1．在一台安装 Windows Server 2003 的计算机中创建 DHCP 服务器并配置作用域 2．将客户端计算机配置为自动获取 IP 地址	借助虚拟机软件，构建中小规模网络，搭建实践环境。以每一个具体的任务为导向，通过教师启发讲解和关键步骤演示，以学生独立完成任务和教师总结提高为主线，完成教学任务。完成教、学和做的整个流程	1．理解 DHCP 协议 2．安装 DHCP 服务 3．创建和配置作用域 4．定义 DHCP 参数 5．在路由网络中配置 DHCP	180
2	配置 DNS 服务	为了让公司同事的计算机能够使用公司内部域名来访问服务器，张敏需要完成以下操作。 1．公司已有 cotest.msft DNS 域，安装 DNS 服务，并配置成 cotest.msft 的子域 2．对该子域授权，并创建正向和反向查找区域	借助虚拟机软件，构建中小规模网络，搭建实践环境。以每一个具体的任务为导向，通过教师启发讲解和关键步骤演示，以学生独立完成任务和教师总结提高为主线，完成教学任务。完成教、学和做的整个流程	1．理解 DNS 工作过程 2．安装 DNS 服务 3．创建和配置区域 4．对 DNS 集成 DHCP 5．对 DNS 服务维护和排错	270

序号	学习任务	学习活动	教学方法	要求	学时/分钟
		3．集成 DNS 和 DHCP，从而允许 DHCP 服务器和客户计算机自动更新 DNS 记录，从而降低网络管理员的工作负荷 4．监控 DNS 服务器的工作状态，利用 nslookup 和 DNS 服务器事件日志及时发现 DNS 故障，排除名称解析问题，排除区域传输问题			
3	配置 WINS 服务	公司有部分应用程序需要使用 NetBIOS 名称建立与服务器的连接。为了保证所有的计算机能够解析 NetBIOS 名称，张敏需要完成以下操作。 1．在服务器中安装 WINS 服务 2．启用 WINS 服务器复制功能，并保证 WINS 服务器间数据库的完整性 3．压缩、备份和恢复 WINS 数据库	借助虚拟机软件，构建中小规模网络，搭建实践环境。以每一个具体的任务为导向，通过教师启发讲解和关键步骤演示，以学生独立完成任务和教师总结提高为主线，完成教学任务。完成教、学和做的整个流程	1．理解 NetBIOS 网络和 WINS 解析过程 2．配置 WINS 服务和客户端 3．维护 WINS 数据库	180
4	配置 Web 服务	公司有许多内部资料提供给员工使用，为了使员工能够通过 Web 浏览器方便地访问这些资料，张敏需要完成以下操作。 1．为公司创建一个 Intranet Web 站点 2．配置 Web 站点的安全性，只允许有授权的人员访问	借助虚拟机软件，构建中小规模网络，搭建实践环境。以每一个具体的任务为导向，通过教师启发讲解和关键步骤演示，以学生独立完成任务和教师总结提高为主线，完成教学任务。完成教、学和做的整个流程	1．安装应用程序服务 2．配置和管理 Web 站点	90

序号	学习任务	学习活动	教学方法	要求	学时/分钟
5	利用 DNS 支持活动目录	为了下一步创建公司的活动目录，张敏需要在 DNS 中创建与活动目录名称相同的查找区域，并使之支持动态更新	借助虚拟机软件，构建中小规模网络，搭建实践环境。以每一个具体的任务为导向，通过教师启发讲解和关键步骤演示，以学生独立完成任务和教师总结提高为主线，完成教学任务。完成教、学和做的整个流程	1．理解 DNS 在活动目录网络中的作用 2．理解 DNS 名称空间与活动目录名字空间的差异 3．为活动目录设计域名服务系统 4．安装和配置 DNS 以支持活动目录的安装	90
6	创建 Windows Server 2003 域	为了在公司的网络中采用域模式方便高效地管理用户账户和网络资源，张敏需要规划并实施活动目录。 1．为某公司安装活动目录服务，创建第一个域控制器 2．在该域控制器中创建四个组织单元：生产部、销售部、后勤部和人力资源部 3．将标准的基本 DNS 区域转换成活动目录集成区域 4．排除 DNS 或 NetBIOS 名称不唯一故障	借助虚拟机软件，构建中小规模网络，搭建实践环境。以每一个具体的任务为导向，通过教师启发讲解和关键步骤演示，以学生独立完成任务和教师总结提高为主线，完成教学任务。完成教、学和做的整个流程	1．理解活动目录和规划域 2．安装活动目录创建域 3．创建组织单元	270
7	设置和管理域环境下的用户和组	在已经创建好的域中，张敏需要为公司的所有员工创建用户账号并采用 OU 来管理这些用户。 1．以公司的网络管理员身份登录网络，用成批导入的方法在生产部、销售部、后勤部和人力资源部的 OU 中创建带有后缀的多个域用户账户并对账户进行管理 2．为各个部门的经理创建全局组，将该全局组嵌套到人力资源部门的全局组中，并实现推荐的组策略	借助虚拟机软件，构建中小规模网络，搭建实践环境。以每一个具体的任务为导向，通过教师启发讲解和关键步骤演示，以学生独立完成任务和教师总结提高为主线，完成教学任务。完成教、学和做的整个流程	1．理解用户和组 2．规划域用户账户和组 3．设置和管理用户和组 4．创建多个域用户账户 5．使用安全组	180

序号	学习任务	学习活动	教学方法	要求	学时/分钟
8	实现组策略	为了使用 GPO 进行进一步的组策略管理，张敏需要完成以下操作。 1．给不同 OU 赋予一些标准的组策略设置后，还需要为不同 OU 创建不同的 GPO，并使用这些 GPO 委派组策略管理 2．使用 Netdiag.exe 和 Rplmon.exe 工具排除 GPO 权限、继承性冲突、复制、域之间的 GPO 连接等问题	借助虚拟机软件，构建中小规模网络，搭建实践环境。以每一个具体的任务为导向，通过教师启发讲解和关键步骤演示，以学生独立完成任务和教师总结提高为主线，完成教学任务。完成教、学和做的整个流程	1．理解组策略结构 2．使用组策略简化网络管理 3．创建和连接组策略结果集 4．修改组策略继承 5．处理组策略冲突	180
9	利用组策略管理用户环境	为使公司员工的计算机环境保持一致，张敏需要完成以下操作。 1．为公司的临时员工创建 GPO，从而为他们配置合适的用户环境，以临时员工身份登录验证用户环境 2．为销售人员分配脚本，使他们在登录时配置桌面环境和专用软件，退出时实行清理任务。验证脚本的正确运行	借助虚拟机软件，构建中小规模网络，搭建实践环境。以每一个具体的任务为导向，通过教师启发讲解和关键步骤演示，以学生独立完成任务和教师总结提高为主线，完成教学任务。完成教、学和做的整个流程	1．理解组策略如何简化用户环境管理 2．配置管理模板来管理 3．用户和计算机环境 4．用组策略分配脚本 5．应用安全策略到用户环境	180
10	利用组策略管理软件	使用组策略，张敏能够快速地为公司的计算机统一并自动化地安装、升级和删除软件 1．为公司的客户端计算机指派 Support Tools 工具 2．为公司发布网络监视器程序，并允许用户选择安装 3．对已发布和指派的软件进行升级 4．删除不再需要的软件	借助虚拟机软件，构建中小规模网络，搭建实践环境。以每一个具体的任务为导向，通过教师启发讲解和关键步骤演示，以学生独立完成任务和教师总结提高为主线，完成教学任务。完成教、学和做的整个流程	1．使用组策略派发和指派软件 2．使用组策略维护软件 3．将 Windows 安装程序用于软件派发和指派	180

续表

序号	学习任务	学习活动	教学方法	要求	学时/分钟
11	创建和管理目录树和目录林	随着公司运营规模的扩大，公司的分支办公机构也在增多，为了更好地管理不同办公地点的计算机，张敏需要完成以下工作。 1．为公司设计并创建目录林根域及所有子域，为保证一定的容错性，需要配置两台域控制器。 2．验证每个子域能正常工作，同时保持与父域信任正常工作 3．在每个子域中创建"财务"全局组，创建"总部财务"通用组 4．将所有子域中的"财务"都添加到"总部财务"通用组中	借助虚拟机软件，构建中小规模网络，搭建实践环境。以每一个具体的任务为导向，通过教师启发讲解和关键步骤演示，以学生独立完成任务和教师总结提高为主线，完成教学任务。完成教、学和做的整个流程	1．理解目录树和目录林 2．创建和管理目录树和目录林 3．使用信任关系 4．利用全局目录登录域 5．使用组策略访问目录树和目录林中的资源	180
12	管理活动目录复制	为节约公司的广域网带宽，张敏需要采用站点管理来优化活动目录。 1．在活动目录中区分广域网连接和局域网连接，建立 IP 子网和站点对象，并将子网连接到站点对象，从而优化复制，减少广域网带宽的占用 2．使用 Repadmin 工具检查目录复制的情况，排除复制无法结束、复制缓慢和复制客户接收的响应慢等问题	借助虚拟机软件，构建中小规模网络，搭建实践环境。以每一个具体的任务为导向，通过教师启发讲解和关键步骤演示，以学生独立完成任务和教师总结提高为主线，完成教学任务。完成教、学和做的整个流程	1．理解目录复制的重要性 2．理解复制拓扑 3．使用站点管理目录复制 4．监控并改善复制性能	180

续表

序号	学习任务	学习活动	教学方法	要求	学时/分钟
13	维护活动目录数据库	为了保证公司活动目录的安全，预防由服务器失效而引起的损失，张敏需要定期备份活动目录数据库。同时还要定期整理活动目录数据库，从而保证活动目录的高效运行。 1. 对公司的活动目录进行备份，然后进行相应的测试。执行活动目录恢复操作 2. 确定哪些域控制器作为全局目录服务器，其余的作为域控制器。然后制定计划，让域控制器脱机，执行脱机碎片整理和数据库维护检查	借助虚拟机软件，构建中小规模网络，搭建实践环境。以每一个具体的任务为导向，通过教师启发讲解和关键步骤演示，以学生独立完成任务和教师总结提高为主线，完成教学任务。完成教、学和做的整个流程	1. 备份系统状态数据 2. 恢复活动目录 3. 移动活动目录数据库 4. 整理活动活动目录数据库	180
14	实现活动目录基础结构	随着网络管理工作的不断深入，张敏对活动目录的管理有了比较全面的认识。一家贸易公司为了升级公司的内部网络，并全面采用域模式管理网络资源，邀请张敏为该公司设计活动目录基础架构。张敏需要完成以下工作。 1. 描述公司的基础结构，明确其商业需求 2. 根据商业需求设计所需活动目录基础结构 3. 实现并优化该活动目录基础结构	教师讲解，学生完成项目设计文档	1. 明确需要实现活动目录基础结构的商业需求 2. 设计并实现活动目录基础结构	360

（六）专业教师团队的配备

从专业带头人、骨干教师和青年教师培养与企业兼职教师队伍建设四个方面进行师资建设。通过国外考察、高校进修、企业锻炼和行业培训等途径全方位实施。具体师资建设模式如图 3.7 所示。

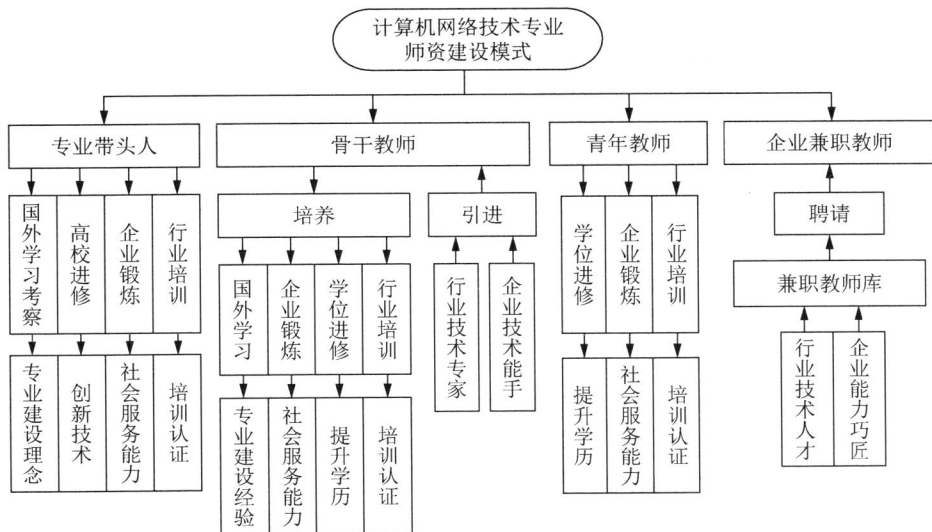

图 3.7　师资建设模式

1. 专业带头人

至少培养一到两名双师型的专业带头人。专业带头人每年至少有两篇文章在市级以上刊物交流发表，能在各级评优或竞赛中获奖，在学科教学中起带头作用，每年上好一次以上示范课或观摩课，完成一到两项省级课题研究，到企业兼职，参与企业项目研发一到两项。

2. 骨干教师

通过培养，骨干教师能领略专业带头人的专业规划建设战略思想，开展专业岗位建设，能跟踪专业技术发展动态，提高其专业教学能力及技术服务能力。培养四名骨干教师，每人每年至少有一篇文章在市级以上学术会议交流发表，能在各级评优或竞赛中获奖，在学科教学中起带头作用，每人每年上好一次以上示范课或观摩课，共完成三项课题研究，到企业兼职，共参与企业项目研发三项。

3. 青年教师

加强学历培训，鼓励青年教师在职攻读硕士学位，使获得硕士学位以上的教师达 80%以上。加强双师素质的教师队伍建设，继续实施访问工程师制度，有计划地选送教师，到 IT 企业进行挂职锻炼或参与企业的项目开发，使青年教师中的双师素质教师达到 70%以上。

4. 企业兼职教师

有计划地聘请企业技术人员担任兼职教师，建立稳定的兼职教师队伍，使兼职教师与专任教师的比例不低于1∶1。

（七）专业实训条件的配备

计算机网络技术专业的职业能力必须转化成典型的工作任务，融入相关实训项目中，通过工作过程的完整训练来强化综合技术能力的培养。通过以工作任务为目标的实践操作，使学生的计算机网络应用能力、计算机网络管理能力和计算机网络设计能力达到一定的水平。

1. 校内实训基地

校内实训基地，应能完成所承担的实践教学任务，包括完成教学计划规定的能力训练；按照职业技术技能的规范开展职业技术技能训练；按照职业活动环境的实际要求来规范学生的行为准则；制定各种规章制度（安全、操作和管理等），对学生进行职业素质训练。同时能进行专业研究开发、生产及新技术的推广应用工作。本专业校内实训基地如表3.9所示。

表 3.9　校内实训基地一览表

实训室名称	实训课程	社会化考试	社会服务功能
基础实训室	计算机应用基础 办公信息处理与应用 静态网站建设 网络数据库应用 MIS 系统应用	1. 全国计算机等级考试 2. NIT 考试 3. 会计电算化考试	对社会承接计算机等级考试培训
计算机组装与维护实训室	计算机硬件组装与维护 局域网组建	国家职业资格计算机维修中级工、高级工考试	对社会承接计算机安装与维护技能培训等
网络专业实训室	计算机网络技术基础 计算机系统维护与互联 网络安全环境搭建与维护 专业选修课	1. 国家职业资格网络中级工、高级工考试 2. 华为工程师系列认证考试	对社会承接网络设备管理技术培训和安全技术培训等
综合布线实训室	项目管理 网络设备互联与维护 综合布线技术与施工	华为工程师系列认证考试	对社会承接网络工程技术培训
操作系统实训室	Windows 网络服务配置与管理 专业选修课 企业级邮件服务器实施 动态网站建设	1. 微软 MCSE 认证 2. Linux 认证	对社会承接 Windows 和 Linux 操作系统技术培训

续表

实训室名称	实训课程	社会化考试	社会服务功能
创业、创新工作室	计算机网络技能大赛 职业资格认证 学生创建公司		对外承接项目
生产性实训中心 （示范性人才培养 实训中心）	网络故障分析与排除 系统集成 网络设计与实施		引进中小型企业落户 学院，为学生提供工作 机会

2. 校外实训基地

校外实训基地是对学生进行实践能力训练和培养职业素质的重要场所，是实现专业培养目标的重要条件之一。校外实训基地按照统筹规划、互惠互利、合理设置、全面开放和资源共享的原则，尽可能争取和专业有关的企业合作，使学生在实际的职业环境中顶岗实习，培养学生解决生产实践和工程项目中实际问题的技术及管理能力，取得实际工作经验，培养团队协作精神、群体沟通技巧、组织管理能力和领导艺术才能等个人综合素质，为学生今后从事各项工作打下基础。

为满足办公室 IT 事务管理、建网、管网和用网等能力岗位顶岗实习的要求，充分利用行业企业资源，广泛联系地区的各类、各级别计算机网络技术应用公司和信息化建设领先的企事业单位，创新运行管理机制，建立互惠互助的校企长效合作机制，建立相对稳定的实训基地，做到教学、实训与社会实践相结合，反映计算机网络技术专业最新成果和发展方向，提供专业教师技能实训，满足学生专业实训、顶岗实习和实践锻炼的需要。部分校外实习实训基地如表 3.10 所示。

表 3.10 校外实习实训基地一览表

序号	实训基地名称	实训项目	类型
1	神州数码实习实训基地（专家单位）	网络管理和网络维护、网络产品售前/售后服务及工程现场服务	紧密型基地
2	北京市东城区统计局（专家单位）	办公室 IT 事务管理、网络维护及MIS 系统维护	
3	北京西单友谊集团（专家单位）	办公室 IT 事务管理、网络维护、MIS系统维护、网站建设及网络维护	
4	北京金三元实习实训基地（专家单位）	办公室 IT 事务管理、网络维护及MIS 系统维护	
5	燕莎友谊商城——金源店（专家单位）	办公室 IT 事务管理、网络维护、MIS系统维护及网络维护	
6	中国移动实习实训基地	网络管理和网络维护及宽带现场服务工程师	松散型基地
7	中电飞华	网络管理和网络维护及宽带现场服务工程师	
8	顺鑫物流实习实训基地	办公室IT 事务管理及办公室网络维护	

序号	实训基地名称	实训项目	类型
9	北京环京物流实习实训基地	办公室 IT 事务管理及办公室网络维护 MIS 系统维护	松散型基地
10	北京东方信捷实习实训基地	MIS 系统使用及维护	
11	北京日月星云科技发展有限公司	系统集成	紧密型基地
12	北京先锋时代数码科技有限公司	系统集成	
13	北京德利得物流实习实训基地	办公室 IT 事务管理、办公室网络维护及 MIS 系统维护	松散型基地
14	敦煌网实习实训基地	网络管理和网络维护及网站后台管理	
15	五洲在线实习实训基地	网络管理和网络维护及网站后台管理	紧密型基地
16	钟篱南山实习实训基地	网络管理和网络维护及网站运营管理	松散型基地
17	北京东来顺集团实习实训基地	MIS 系统维护及网络管理和维护	紧密型基地
……	……	……	……

顶岗实习与毕业设计是人才培养计划中关键性的实践教学环节，是对学生三年学习情况的综合考核。做好学生的顶岗实习和毕业设计工作，是推行以就业为导向的、工学结合的人才培养模式的迫切需要。依据《国务院关于大力发展职业教育的决定》和《教育部关于全面提高高等职业教育教学质量的若干意见》《教育部关于加快高等职业教育改革 促进高等职业院校毕业生就业的通知》，高职学生顶岗实习时间不应少于半年，并对高职教育提出了校企结合和工学结合的改革要求。顶岗实习正是在这一国家教育方针政策的指引下及社会对应用型技能人才的大力需求的基础上产生的。毕业设计是提高顶岗实习课程教学质量的关键，是学生专业能力和职业能力培养的关键环节。有关顶岗实习与毕业设计工作的指导思想主要遵从以下三点。

1）精心组织、规范管理，切实落实顶岗实习和毕业设计环节的教学要求，增强学生的就业能力和岗位适应性。

2）强化对顶岗实习的过程管理和监控，探索和完善"学习与工作过程相结合"的教学模式与管理模式。

3）重视顶岗实习中的企业参与程度，加大企业方面评定成绩在顶岗实习总成绩中所占的比例，把实习过程和最后的成绩评定有机结合起来。

顶岗实习时间安排如表 3.11 所示。部分学生顶岗实习文件，如《北京财贸职业学院学生顶岗实习管理细则》《顶岗实习课程教师指导手册》等。

表 3.11　毕业生顶岗实习课程学习计划

课程名称		授课时间																														
		第五学期第13~20周（共8周）								寒假（共4周）				第六学期1~18周（共18周）																		
		第1周	第2周	第3周	第4周	第5周	第6周	第7周	第8周	第9周	第10周	第11周	第12周	第13周	第14周	第15周	第16周	第17周	第18周	第19周	第20周	第21周	第22周	第23周	第24周	第25周	第26周	第27周	第28周	第29周	第30周
企业认知	企业认知课程学习	■	■																												
	阶段考核笔试				■	■																									
岗位业务	岗位业务课程学习								▨	▨	▨	▨	▨	▨	▨	▨	▨	▨	▨	▨	▨	▨	▨	▨	▨						
	阶段考核																		■	■				■							
	技能竞赛										■					■										■					
	顶岗实习演讲		░				░														░										
毕业设计	毕业设计选题			░																											
	毕业设计开题						░													░											
	毕业设计初期检查													░											░						
	毕业设计中期检查														░																
	毕业设计定稿																									░					
	毕业设计答辩																										░				
职业能力展示	班级展示																											░			
	系部展示																												░	░	
	学院展示																													░	■

五、计算机网络技术专业教学整体解决方案实施

为了建设和完善计算机网络技术专业人才培养模式，全面设计和实施教学整体改革方案，本专业成立计算机网络技术专业教学改革指导委员会。其任务之一是分析行业产业、工作领域、技术领域和职业能力等要素，建立专业培养目标动态调整机制，优化课程体系。该小组成员应包括基础课教师及专业教师和用人单位的人事主管、行业专家及生产一线的技术人员，以及政府部门的相关人员等。教学指导委员会组织如图 3.8 所示。

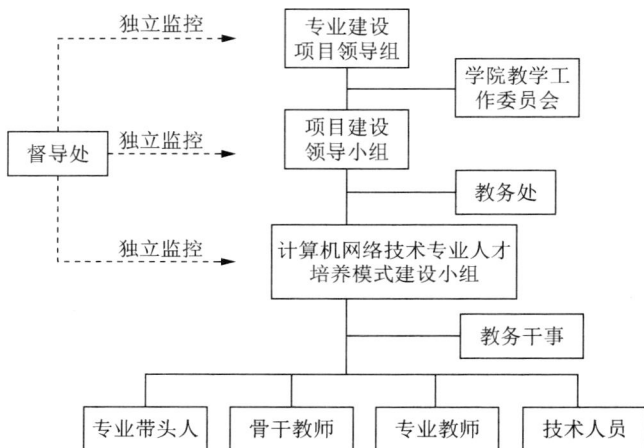

图 3.8　教学改革指导委员会组织

由于有了配套教材和课件等教学资源的支撑，实施新方案的阻力并没有预想的大。教师需要建立现代教学的理念，提高教学开发和组织实施的能力，为了消除教师对新方案的抵制，学校都采用了引导消除抵制模式（LOC 模式），分为五个阶段实施。

（一）教师把握整体解决方案

计算机网络技术专业教学团队，向实施的教师讲解专业教学整体解决方案，使所有成员都清楚了解专业教学整体解决方案，了解课程的地位和作用，并能与企业技术人员共同开发教学内容，并明确自己的角色和把握自己的任务。

（二）教师必备教学能力培训

专业教师的计算机网络技术专业教育观念转变及过程导向和情景导向教学策略的学习运用是人员准备的主要内容。

通过专家讲座和观摩教学促使教师教育观念转变；通过专家过程导向行动教学展示、教学设计和课件设计学习掌握过程导向行动教学的策略。职业教育课件设计活动对教师系统掌握职业教育教学理论、教育技术和专业实践能力十分有效[①]。

教师设计课程单元中认知、实践和讨论等学习情景，并按照全新的教育教学理念，革新教学方法，依托校内外的实训基地，全面实施教学活动。

通过参与国家、地区及院级的教师实践教学竞赛、课堂教学企业调研案例制作大赛和教师教学设计大赛等大赛形式，积极引导教师下企业，全面推动教师工学结合教学设计能力和教学改革水平的提高。

通过教师必备能力培训，使所有成员都具备专业教学整体解决方案实施的专业实践教学能力。

（三）设施、材料与教材准备

对原有教室和实训室，按照过程导向和情景导向教学的要求进行改造，形成了职业情景和教学情景一体化教室，与合作企业一起研究确定学生实习的职业岗位，形成校内外教学、实训和实习密切衔接的校企合作教学、实训和实习组合新模式。

按照实际的工作任务、工作过程和工作情景组织课程，形成围绕工作需求的新型教学项目。根据方案实施需要，开发了理实一体化教材。在教材设计时，遵循职业活动逻辑、学习动机发展逻辑和能力形成心理逻辑统一的基本原则，设计教材结构[②]。重视立体化教材的建设，将教材、教学参考书、学习指导书、实验课教材、实践课教材和专业课程教材配套建设，加强计算机辅助教学软件、多媒体软件、电子教案和教学资源库的配套建设。

结合课题组与美国计算机协会合作，出版了 CompTIA Strata 工程师系列国际认证官方指定教材《计算机硬件组装维护与操作系统》《SQL Server 数据库程序设计》和《中文 Flash CS3 案例教程（第二版）》等，被评为普通高等教育国家级精品教材、普通高等教育"十一五"国家级规划教材和高职高专计算机规划教材·案例教程系列。另外，还编写了《北京财贸职业学院顶岗实习教程》这类的院内自编实习实训教材。

（四）方案实施的评价与激励

新生全部用新方案进行教学，二年级按原教学计划继续开展教学，但教学策

[①] 邓泽民，马斌，2011. 职业教育课件设计[M]. 北京：中国铁道出版社.

[②] 邓泽民，侯金柱，2006. 职业教育教材设计[M]. 北京：中国铁道出版社.

略普遍采用过程导向教学策略。为了保证方案实施，加强阶段性教学效果评价；为激发教师积极性，参加专业教学整体解决方案实施的教师，若教学符合专业教学整体解决方案的要求，课时费在原来基础上乘以系数 1.5 支付。

（五）方案实施效果调查分析

计算机网络技术专业教育教学改革的实施，将使本专业特色和优势更加明显，教学基础能力加强，办学水平提高，管理水平提升。通过人才培养模式建设、课程体系模式建设、实习实训基地建设和师资队伍建设，在全国高职院校同类专业中起到良好的示范作用，更好地发挥了服务行业和企业的重要作用。

1）对计算机网络技术专业的人才培养起示范作用。明确了人才培养目标，研究了人才培养方案。提高了高等职业教育改革的理论水平，总结出一套专业建设的理论和成果。以校企合作和工学结合为核心的人才培养模式改革方面，为同类专业教学改革提供经验。在课程体系、培养方法、课程建设、实训室建设和师资队伍建设等方面对同类专业起示范作用。

2）通过核心课程的建设，提高教学质量。通过基于工作岗位的课程体系的建设，以及基于工作任务的核心课程的开发和设计，使企业的要求与学校的教育紧密结合，使学生在校的学习与未来企业的工作紧密相关，大大地提升教学效果，促进学生专业技能的提高。

3）通过校内外实训基地建设，提升学生的专业技能。现代化的实训基地建设，真实企业工作场景的实训室建设，将为高级技能型人才培训提供先进和可靠的硬件条件。可以开展区域内职业资格的培训与鉴定服务，为本地区岗前人员培训，为再就业人员上岗及转岗培训，为企业提供专业领域的技术服务。

4）通过师资队伍建设，全面提高教师的综合能力。通过在国内外学习，培养专业带头人和骨干教师，引进工程型人才，教师下企业实践，校企合作工程项目开发和吸纳企业能工巧匠等手段，双师素质的教学团队综合能力将会得到全面提高。

5）发挥特色与优势，服务社会。发挥硬件与软件方面的特色优势，使计算机网络技术专业成为区域内专业教学指导中心、实训实习中心、师资培训中心、职业资格鉴定培训中心及相关行业企业的研发中心，对同类专业在人才培养模式、专业建设和就业指导等方面进行指导和示范。

六、实践结论

1）计算机网络技术专业人才的职业特质伴随着我国经济发展面临"转型"和计算机网络技术发展对人才提出的必然要求。在课程体系构建和人才培养模式的创新过程中，要依据人才职业特质的要求，以适应人才培养的总体要求。

2）高等职业教育专业教学要把人才职业特质和职业能力的形成作为教学过程的中心。

3）计算机网络技术专业职业特质的形成需要行动导向和情景导向的教学策略，师资队伍的水平对策略执行的成败起着决定性的作用。

软件技术专业教学整体解决方案研究与实践

课题编号：BJA060049-GZKT004

一、问题的提出

（一）软件行业发展的趋势

软件产业是信息产业的灵魂，是 21 世纪的朝阳产业。软件产业的发展水平已经成为信息时代衡量一个国家综合国力的重要指标，越来越多的国家将软件产业作为信息业的中枢和国家经济发展的重要组成部分。目前美国软件产业处于世界软件产业链的最上游位置，是软件产业技术的主要创新者和核心技术的掌握者。西欧、北欧、北美（不包括美国）、亚洲的印度和日本等国家和地区处于软件产业链的中游位置，有一定的自主核心技术或依赖美国的核心技术做一些二次开发，在世界软件市场占有一定的份额，大多为美国的大型软件公司做一些外围的开发或技术支持等技术含量较低的工作。而南美、东欧、南欧、亚洲（除印度和日本外）、拉丁美洲和非洲则处于软件产业链的末端，缺乏自主核心技术，技术上严重依赖上游厂商，主要做一些文档编写或使用上游厂商的开发工具做一些技术含量低的低端通用软件，依靠价格优势在低端市场上同高级厂商竞争。

1. 国外部分国家发展情况

进入 21 世纪，软件业已经成为美国最大的产业，其软件产品的销售额占全球软件市场的 60% 以上，几乎垄断了全世界的操作系统及数据库市场。美国政府不仅制定各种优惠政策，为软件发展创造良好的外部环境，而且非常重视基础设施建设。至今，美国政府已累计投资近 4000 亿美元发展电信和计算机技术。另外，美国力主政府部门采购国产软件技术产品，对软件行业的发展作用重大，有力地支持了本土软件企业的生存与发展。

日本软件行业发展仅次于美国，与软件相关的营业收入居世界第二，其 GDP 收入 61.6% 以上与软件行业有关。日本制定了《软件生产开发事业推进临时措施法》，对软件产业实施一系列减免税政策。

印度与我国同属发展中国家，但其软件产品的出口却居世界第二，产品远销91 个国家，65%以上的软件公司具备承接大型国际软件开发项目的能力。印度政府早在 20 世纪 80 年代就提出了"用电子革命把印度带入 21 世纪"的口号。1986年印度政府相继制定和颁布《计算机软件出口、软件开发和培训政策》《软件技术园计划》等一系列扶持政策。印度政府还组建了以国家总理为组长的"国家信息技术特别工作组"，制定了"印度信息技术行动计划"。该计划对软件企业提供多达 108 项的政策支持，旨在提高印度软件行业的整体水平，拉近与美国的差距，并试图在不久的将来超越美国。20 世纪 90 年代初，印度就在其著名的科技中心——班加罗尔建立了全国第一个计算机软件技术园区。中央政府为园区投入5000 万卢比资金用于信息基础设施建设，使园区具备最先进的高速数据通信设施，并提供各种优惠政策，如外资投资自动获得批准，在企业运营最初 8 年内有 5 年免税期等。此后，印度政府又将软件技术园区由南向北推进，形成全国软件技术网络。并在全国先后建立了 20 多个软件技术园区，注册公司接近 1000个，软件园区的出口已经占印度软件总出口的 70%以上。近几年，印度软件产业的年均增长率一直保持在 50%以上，而世界软件行业年均增长率只有 20%。目前，印度的软件业产值达到约 870 亿美元，年出口总额达到 500 亿美元。

各国都为保护软件产品的知识产权做出了很大的努力，不断制定与知识产权保护有关的法律法规。印度早在 1957 年就制定了《版权法》。为了适应软件行业发展的新形势，又于 1994 年对《版权法》做了较大的修改和补充，明确规定版权所有者的权利、对软件出租者的态度、用户备份软件的权利和对侵犯版权的惩处和罚款。目前，印度已经成为国际上软件知识产权保护法极严厉的国家之一。

综上所述，美国、日本和印度等软件业发展较快的国家，尽管各自经济技术发展水平不同，但都有一个共同的特点，即软件产业的发展都离不开各国政府的支持，尤其是发展中国家，如印度，政府作用更为明显。各国政府通过制定系列优惠政策、兴建软件园区和建立知识产权保护制度等措施为软件行业的发展创造了良好的外部环境，这些可以为我国软件行业的发展起到很好的借鉴作用。

2. 我国软件行业发展分析

长期以来，软件行业的发展一直受到国家的重视。从 2006 年开始，国家产业政策的新动向开始转为更加注重扶植优秀的软件企业，鼓励本土大企业进行自主创新和国际化。为此，原信息产业部先后出台相关政策，对部分软件企业的国际化经营和研究开发予以特殊政策扶持。在这一政策的带动下，以东软和用友为代表的一批本土软件公司得到了发展和壮大。同时，也推动我国的软件行业向国际一流的行业标准看齐。

（二）行业发展对软件技术高级技能型人才的要求

在欧美发达国家，软件行业主要需要软件研究和项目管理的人才。因此，软件技术人才培养重点在高端。美国软件技术人才培养模式，大体上分三个层次：基础教育、系统理论和企业培训。其中，基础教育的任务主要由美国的高等院校和社区学院承担，主要为软件企业培养开发与设计方面的人才；而系统理论的任务主要由高校的研究生教育承担，主要培养从事软件研究和项目管理的人才；企业培训则主要包括企业的内训、企业与学校联办的培训项目和企业举办的培训项目等，主要是根据企业的需求培养各个层面的动手能力强的编程人员。由于在软件技术人才的培养过程中，实践是最重要的环节，所以美国软件技术人才的继续教育发展得非常快，多数美国的软件行业从业人员都在工作的同时，通过各种方式修习一些课程。

在印度，软件企业完全是工厂式的运作，动辄上千人的软件工厂，生产实行分工协作，每一个人都只进行一个独立单元的编程作业，多个人协作形成一个团队，共同完成大型项目的设计编程，这样可以缩短工期，提高效率，大大降低成本。在印度的软件企业，雇员规模平均为 340 人，远远高于我国 75 人的规模，印度最大的软件公司 ICS 有 15000 人，而中国的软件公司大一点的也只有 100～200人。支持印度软件工业发展的人才基础是它独特的人才培养模式。印度的软件技术人才培养，与美国的培养模式大不相同，印度 70% 的软件技术人才来自于产业化的职业教育培训。在印度政府的引导下，民间资本和外资大量地投入计算机教育，形成了产业化的 IT 职业教育。在印度全国各大中型城市遍布计算机职业教育培训机构，每家机构的学员都在 800 人以上，这些机构必须具有政府或政府授权的专业机构颁发的培训许可证。印度拥有完善而发达的职业教育，这使印度软件产业比中国多出来一大批学历不高但动手能力却很强的编程"工人"。

中国的软件企业还停留在小作坊式的发展阶段，凭借几个人的智慧，形成不了气候，而且发展到一定程度，就会出现另立山头的情形。人才是软件企业也是软件产业的重要战略资源，与印度相比，我国软件技术人才方面不仅有规模问题，而且还存在结构问题。软件产业化就意味着规模化，大量低成本的劳动力是必需的。任何一个工程都需要多个层次的软件技术人才，就像一个金字塔的结构：最上层是系统分析员和产品设计经理；中间是软件工程师做详细设计；最下面是初级程序员，按照文档的要求把软件设计出来。构建软件工厂，就需要大量初级的软件从业人员，否则没有产业化的人力资源，软件的产业化发展也无从谈起。印度的经验使我们认识到，普通高等教育是要培养具有扎实理论基础的科研创新型人才，培养社会需要的顶尖级人才；职业教育则培养企业大量需要的动手能力强的基础技能型人才。初级人才是软件产业发展的基础，没有这个基础，软件产业就谈不上健康持久地发展。

我国高等职业教育软件技术专业在高等职业教育发展的大环境中不断尝试，积极探索，在改革和实践中也积累了许多宝贵经验。但是，存在的问题依然不少，主要问题如下。

1）培养目标不适应岗位能力要求。高职院校软件技术专业培养的学生要具备软件行业的专业技术知识，而不是只能参与项目的某个技术环节的工人。因此，在理论教学和实践教学中如何突出学生的软件技术职业素质和能力培养，成为一个重要的研究课题。

2）教材及教学内容滞后。目前软件技术平均 18 个月更新换代一次，而高职院校教学使用的软件技术专业教材一般需要 2～3 年才能更新一次，软件业最新技术与传统教材更新难以同步。另外，在职业技能培养方面，如职业性法律法规、国际和国家标准、文档规范、安全性措施和维护管理经验等重要内容基本上没有编入教材。这些问题导致培养出的软件技术人才知识结构不完整。

3）职业认证具有盲目性。现在许多院校都积极引进软件技术方面的认证，这无疑对培养学生的实际动手能力有很大的好处。但软件认证内容缺乏针对性，有些认证与学生专业方向及所学知识严重脱节，造成许多学生手头虽然有很多职业资格证书，但并不能切实提升学生实际工作能力，收效甚微。

4）理论教学不够深入，实践环节缺乏对学生创新能力的培养。大部分学生的学习仅停留在"学会"知识，而没有达到"会学"和"创新"能力的提升。教师教学往往忽略知识深入挖掘与技能创新的引导和培养；学生思维肤浅，知识结构和实践技能需求难以融合。

5）教师知识陈旧且缺乏实际项目经验。软件技术是一个不断创新的领域，软件行业是一个技术导向的行业。掌握最新的软件开发技术既可以充分满足客户的现实需求，也可以提高软件开发速度，降低开发成本。软件行业对新技术的特殊需求，反映到软件教育上，就是要求课程设置能紧跟技术发展步伐，教师能够更快更新自己的知识和技术，以培养出能够运用最新技术进行开发的软件技术人才。但目前很多高职院校缺乏有效的激励机制，致使部分教师知识陈旧，很多新课程无法开设，不能满足软件行业对人才技能的要求。

二、研究内容与方法

（一）研究内容

课题组首先对软件技术高级技能型人才的职业特质进行研究，然后研究设计出适合软件技术高级技能型人才职业特质和职业能力形成的教学整体解决方案，并通过教学整体解决方案的实施，探索软件技术专业人才培养模式，进而总结职业教育教学理论。

教学整体解决方案按照"以服务为宗旨，以就业为导向，以教学和专业建设为中心，走产学结合发展道路"的方针，从北京中低端软件技术人才需求出发，聘请软件企业技术人员进行职业能力分析，深化课程改革，构建工学结合的课程体系；改革教学方法，实施任务驱动教学法；强化师资队伍建设，形成高水平的教学团队；加大实训基地建设力度，建成"师资一流、设备一流、管理运作模式一流"的开放性的校内外融通生产性实训基地；加强教学资源建设，开发特色精品教材，开通资源共享网站；增强技术研发及培训能力，提高社会服务功能；依托北京市职业院校信息类专业教师培训基地，辐射带动北京职业院校相关专业的发展，相互促进，共同提高，形成具有高职特色的软件技术人才培养模式，从而起到促进教学改革、提高教学质量的作用。

（二）研究方法

1）调查分析法。运用现代职业分析方法对软件技术高级技能型人才的职业活动进行调查，并在此基础上分析软件技术高级技能型人才的职业活动的特点，提出软件技术高级技能型人才职业特质的基本内涵。

2）个案研究法。对实施软件技术专业人才培养方案的班级或学生进行个案研究，对教学效果做全面、深入的考察和分析，从而提出积极有效的改进对策，找出解决问题的办法。

3）文献研究法。通过文献资料，了解掌握国内外相关领域的研究现状和趋势，研究设计适合软件技术高级技能型人才职业特质形成的教学整体解决方案。

4）实验研究法。对通过适合软件技术高级技能型人才职业特质和职业能力形成的教学整体解决方案的实施进行验证，探索软件技术专业教学理论方法。

三、软件技术高级技能型人才职业特质研究

职业特质是指从事不同职业的人所特有的职业素质，是能将工作中成就卓越

与成就一般的人区别开来的深层特征[1]。总课题对于职业特质的研究提出，可以从两个方向开展研究，一是在同一职业中发现成就卓越者，通过调查分析方法，研究他们与成就一般者不同的深层特征；二是通过分析职业活动，研究取得职业活动卓越效果的人才具备的职业素质。本方案采用第二种方法。

（一）软件技术高级技能型人才职业活动调查

1. 职业面向的调查

课题组成员利用近两年的时间，先后走访了全国30多家（以北京为主）软件企业和软件技术研发基地，其中包括上海浦东软件园、中关村软件园、昆山软件园、苏州软件园和用友网络科技股份有限公司等国内软件行业巨头。通过对软件产业结构的进一步分析得出，高等职业教育软件技术专业所对应的岗位主要针对软件产品项目研发和软件服务外包业务。软件技术专业人才面向的岗位工作范围包括三大领域：软件编程、软件测试和软件技术支持，如表4.1所示。

表4.1 软件技术专业人才面向的岗位工作范围

序号	职业领域或方向	典型岗位（职业）
1	软件编程	软件企业的程序编码，嵌入式软件模块开发。岗位：（嵌入式软件开发）程序员、（嵌入式软件开发）工程师
2	软件测试	软件企业的软件系统测试，嵌入式系统测试。岗位：软件测试员、软件测试工程师
3	软件技术支持	软件企业的产品技术支持，软件系统维护，数据维护。岗位：软件维护工程师

2. 职业活动的分析

在本课题的研究过程中，课题组成员不断对从企业获得的调研结果进行汇总、对比和分析，并邀请了行业和企业专家召开研讨会。应用现代职业分析方法[2]，结合调研成果，对软件技术行业高级技能型人才的职业活动进行分析，总结提炼出了能够反映软件技术专业高级技能型人才的就业岗位和成长趋向的职业活动领域。将这些职业活动领域归结成一组最具职业岗位代表性的、具有职业能力培养意义的职业活动，为进一步完善软件技术专业人才培养的整体解决方案奠定了基础。软件技术高级技能型人才职业活动如表4.2所示。

---

[1] 邓泽民，2011. 职业教育教学论[M]. 北京：中国铁道出版社.

[2] 邓泽民，郑予捷，2009. 现代职业分析手册[M]. 北京：中国铁道出版社.

表 4.2   软件技术高级技能型人才职业活动表

职业活动领域	职业活动
软件编程	配置、安装和使用软件开发环境和工具
	阅读和编写软件开发文档
	按照软件设计要求实现数据库管理功能
	按照软件设计要求进行编程，实现软件系统功能
软件测试	设计和实施测试用例
	测试软件系统
	记录测试过程
	撰写软件测试报告
软件技术支持	使用指定商业软件或客户定制项目系统
	对客户进行培训（向客户介绍软件功能、特点及使用）
	解决客户使用软件过程中出现的技术问题
	与客户沟通，发现需求的新变化
	编制软件技术支持工作报告

（二）软件技术高级技能型人才职业活动特点

由于编制的软件要服务于不同的用户，而这些用户对软件的要求又是千差万别的，这往往需要与用户进行充分的沟通与协作，才能够完成软件的编制和应用。因此，软件技术高级技能型人才的职业活动首先是依据情景进行的，如图 4.1 所示。

	情景 1	情景 2	情景 3	……
用户 A	服务活动 A1	服务活动 A2	服务活动 A3	……
用户 B	服务活动 B1	服务活动 B2	服务活动 B3	……
用户 C	服务活动 C1	服务活动 C2	服务活动 C3	……
⋮	⋮	⋮	⋮	

图 4.1   业务服务活动情景导向

从图 4.1 中可以看出，软件技术高级技能型人才在业务接待时，采取什么活动，取决于用户的不同和情景的变化，即软件技术高级技能型人才业务接待活动具有典型的情景导向特点。

但是，软件编制是用计算机编制，工作程序又是固定的。这样，软件技术高级技能型人才职业活动大都是严格按照程序展开的，如图 4.2 所示。

	过程阶段 1	过程阶段 2	过程阶段 3	……
任务 A	活动 A1	活动 A2	活动 A3	……
任务 B	活动 B1	活动 B2	活动 B3	……
任务 C	活动 C1	活动 C2	活动 C3	……
⋮	⋮	⋮	⋮	

图 4.2　职业活动过程导向

从图 4.2 中可以看出，软件技术高级技能型人才采取什么行动，取决于任务的不同和所处的过程阶段的变化。任务一旦确定，操作过程和规范标准就确定了。软件技术高级技能型人才职业活动特点是由过程顺序支配的，即软件技术高级技能型人才职业活动具有典型的过程导向特点。

（三）软件技术高级技能型人才职业特质内涵

上述职业活动的特点可以看出，软件技术职业活动具有一定的复杂性，职业活动具有情景+过程导向的特点，即依据任务，要建立和用户良好的沟通关系，并严格把握和执行管理流程、工作程序、工作规范和操作规程。因此，软件技术高级技能型人才的职业特质定义：在进行业务接待时，依据服务情景，及时把握用户需求的心理预期，使用户满意的服务意识与素质；在从事技术工作时，依据任务，严格把握并执行工作程序和工作规范，思维严谨，诚实负责，做到用严格的工作程序、工作规范和操作标准，保证操作结果符合质量要求的意识与素质，具体包括五个方面。

1. 严谨的逻辑思维

思维逻辑严谨是软件技术人才的基本特质，因为计算机在运行程序时是根据程序，即软件开发者的逻辑来运行的，如果软件开发人员逻辑混乱，计算机就无法执行程序。编码工作是软件开发的最基础工作，所以要求软件编码人员要具有严谨的逻辑思维能力，同样，软件测试人员也要具备这种严谨的逻辑思维能力才能做好工作。

2. 较强的数据敏感性

优秀的软件技术高级技能型人才对数据是比较敏感的，他们需要考虑数据的边界值和典型值，他们需要考虑数据例外，还需要考虑数据的安全性等。对数据和数据值不敏感的人不适合做软件编码人员和软件测试人员。

3. 准确的理解能力

出色的软件技术人才要有很强的理解力，尤其是对事物的结构性特点和逻辑关系要有很好的理解，对软件项目目标或系统开发目标也要有很好的理解，对用户需求、架构设计和详细设计文档等都有正确的理解和准确的把握。

4. 对目标执着地追求

执着是软件技术人才的另一种特质，他们对目标执着追求，具有耐力和耐心，另外乐于沟通和协作也是不可缺少的优秀品质。往往这份执着，会给他们带来成功。

5. 职业活动规范化

软件技术人才必须按照软件工程规范开展工作，无规无矩的人不适合该类职业。所以软件技术人员要遵守规范，严格执行工作程序，爱护设备和工具；要有自我评估、自我调节和时间管理能力；具备良好的职业道德、质量意识、安全意识和环保意识；还要具备一定技术分析能力、决策能力和创新能力。这就要求软件从业人员在严格执行工作程序和工作规范的同时，充分利用各种工具，发挥个人的自主创新能力。只有这样，才能使开发的软件产品或提供的服务满足用户需求。

另外，通过对软件技术高级技能型人才职业活动的分析还发现，软件编程往往需要发挥集体的智慧，通过团队合作的方式才能完成。软件编程的职业活动要求对业务逻辑关系与系统目标的理解力很高，团队成员要据此相互配合，按照软件开发周期的顺序开展工作。开发过程中的各项任务具有关联性，要求执行任务的团队成员明确所从事的工作与其他任务之间的关系。在遵守软件开发过程中各项规范的同时，要充分发挥个人的创新能力。软件测试的职业活动也要通过团队合作的方式来完成，要遵守测试工作规范，按照用例设计、测试实施和测试结果收集的软件测试过程和设计要求严格执行操作。在工作中，还特别要求英语语言能力。

综上所述，软件技术专业高级技能型人才的五个职业特质：严谨的逻辑思维、较强的数据敏感性、准确的理解力、对目标执着地追求和职业活动的规范性是成为出色的软件技术人才的必要条件，这也将成为软件技术专业招生和确定教学目标的重要依据。

四、软件技术专业教学整体解决方案设计

职业特质和职业能力的形成取决于专业教学的各个方面和各个环节，为了发

挥教学系统整体突现性原理的作用，课题组对软件技术专业教学进行整体解决方案设计。目前，世界上有企业办学校、学校办企业、学校和企业合作办学三种形式。由于参加本课题研究的学校基本采用第三种形式办专业，因此，下面软件技术专业教学进行整体解决方案设计是基于上述第三种形式。

（一）专业的职业面向分析

通过与多家软件企业管理层人员（如项目经理、部门经理和公司技术总监）、人力资源管理人员（如人力资源部门经理）和一线工作人员（如软件程序员、测试员和文档管理员）等各层次专家的研讨，课题组总结出高等职业教育软件技术专业毕业生所面向的各阶段职业方向和可能的就业岗位，其具体内容如下。

1. 就业岗位的职业方向

毕业生就业岗位的职业方向为软件编程与测试、软件产品技术支持，其可能的就业岗位包括初级代码工程师、初级测试工程师和软件技术支持。其技术特点要求将一门技术或一个产品工具钻研得很深入，如 Java、.NET、某一类数据库（Oracle 等）、某一类主机（Unix 等）甚至网络产品（Cisco 等）。该职业方向的主要工作任务包括按照软件设计要求进行数据库的实现；按照软件设计要求进行编程，实现软件系统功能；测试软件系统；编写软件文档；设计和实施测试用例；编制软件测试报告；使用指定商业软件；向客户介绍软件功能和特点；解决客户在使用软件过程中出现的问题；编制软件技术支持报告。

该岗位群的优点为相比其他行业的起薪高。缺点为工作强度较高，很辛苦，而且多数情况下需要花费较高的代价考取专门的职业资格证书，就业成本相对较高。对应的职业资格证书包括软件程序员和计算机软件产品（高级）检验师（以上证书均为人力资源和社会保障部、工业和信息化部认证）。

2. 职业方向发展的过程

职业方向的初期发展为软件程序员、软件测试员、软件维护技术员及软件营销员，主要工作任务包括软件编程与测试、产品技术支持和软件营销等，其技术特点是要求将一门技术或一个产品工具掌握比较熟练。对应的职业资格证书包括软件程序员和计算机软件产品检验员（以上证书均为人力资源和社会保障部、工业和信息化部认证）。

中期发展职业方向为软件设计工程师、软件测试工程师、软件技术支持工程师、软件销售工程师、技术主管和技术经理等，主要工作任务包括：根据软件需求和系统架构设计进行详细设计，按照软件需求进行数据库的设计、编写软件文档、制定软件测试方案、解决开发环境的技术问题、监测软件项目的质量、编制软件测试报告和实施营销方案等。其技术特点及要求包括全面了解技术细节，如编程语言、界面设计、数据库设计和架构设计等，还需要丰富的项目经验。对应的职业资格证书包括高级软件程序员和计算机软件产品（高级）检验师（以上证书均为人力资源和社会保障部、工业和信息化部认证）。

远期发展职业方向为软件项目经理、软件架构师、系统分析员、技术总监、业务总监、副总经理和总经理，主要工作任务包括：获得软件项目，对软件项目进行可行性分析，与客户共同确定软件需求，确定项目组人员构成，监控软件项目的质量、进度和成本；制定策略，编写软件产品营销计划，评价员工业绩，制定并执行员工奖惩条例；制定中期及长期工作计划，制定企业发展战略。其技术特点及要求包括需要精通项目实施的各个重要环节，如财务管理、合同管理和成本管理等，能够将技术应用于多个领域，如实施 IT 各个领域的项目和综合性的项目等。对应的职业资格证书包括高级软件程序员、系统分析员和计算机软件产品高级检验师（以上证书均为人力资源和社会保障部、工业和信息化部认证）。

（二）就业证书需求的分析

软件程序员、软件测试员、软件维护技术员及软件营销员，要求的职业资格证书包括软件程序员、计算机软件产品检验员（以上证书均为人力资源和社会保障部、工业和信息化部认证）。

软件设计工程师、软件测试工程师、软件技术支持工程师、软件销售工程师、技术主管和技术经理等，要求的职业资格证书包括高级软件程序员、计算机软件产品（高级）检验师（以上证书均为人力资源和社会保障部、工业和信息化部认证）。

软件项目经理、软件架构师、系统分析员、技术总监、业务总监、副总经理和总经理要求的职业资格证书包括高级软件程序员、系统分析员、计算机软件产品（高级）检验师（以上证书均为人力资源和社会保障部、工业和信息化部认证）。

（三）专业培养目标的确定

高等职业教育软件技术专业面向软件企业的软件编码和测试等相关工作岗位，培养思想品德优秀、身体健康灵活、心理素质良好、专业知识扎实和技能精准熟练的，能够在第一线从事软件系统设计和编程、测试与维护、技术支持与软件产品营销等相关职业的高素质和高技能技术型人才。如果学生的基础较好，具备明显的综合能力优势，还可以培养其具备一定技术分析能力、决策能力、管理能力和创新能力，以满足其未来发展的需要。

能力一：能够对任务进行一定深度和广度的分析

（1）知识学习内容

1）掌握计算机软件基础及程序设计和网络程序设计知识。

2）具备阅读英文文档的能力。

3）熟悉基本数学和物理知识并具备必要的数学运算和物理知识运用能力。

（2）应具备素质

1）树立正确的世界观、人生观和价值观，正确认识社会，树立法律意识。

2）诚实、耐心、善于协作和乐于接受批评。

3）有一定的抽象思维能力和空间想象能力，初步形成严谨的逻辑思维习惯。

（3）对应课程

1）UML 系统分析与设计（专业限选课）。

2）数学（公共必修课）。

3）计算机系统基础（专业限选课）。

4）软件职业英语（专业拓展类公共任选课）。

能力二：能够针对不同的任务进行与开发有关的准备工作

（1）知识学习内容

1）掌握 J2EE 企业级的开发方法。

2）掌握.NET 平台下程序开发技术。

3）具有熟练使用 Linux 操作系统的能力。

4）具有熟练操作和管理常见中小型数据库的能力。

（2）应具备素质

1）诚实、耐心、善于协作和乐于接受批评。

2）有较强的信息搜集和处理能力，能用多种方式进行沟通。

（3）对应课程

1）C#软件开发技术（核心技术课）。

2）ASP.NET 软件开发技术（核心技术课）。

3）Java 企业级应用开发（专业限选课）。

4）生产性实训（实习实训课）。

5）Oracle 数据库应用开发（专业限选课）。

6）数据库应用技术（专业限选课）。

7）计算机系统基础（专业限选课）。

8）Linux 平台及应用（专业限选课）。

能力三：能够按照任务需求进行设计程序的工作

（1）知识学习内容

1）掌握计算机软件基础及程序设计和网络程序设计知识。

2）掌握 J2EE 企业级的开发方法。

3）掌握.NET 平台下程序开发技术。

4）具有熟练操作和管理常见中小型数据库的能力。

（2）应具备素质

1）具备一定技术分析能力、决策能力和创新能力。

2）具备本行业新技术和新知识的自学和总结能力。

（3）对应课程

1）Java 小程序开发（核心技术课）。

2）C#软件开发技术（核心技术课）。

3）ASP.NET 软件开发技术（核心技术课）。

4）Java Web 应用开发（核心技术课）。

5）Java 应用软件开发（核心技术课）。

6）数据库应用技术（专业限选课）。

7）生产性实训（实习实训课）。

8）计算机系统基础（专业限选课）。

能力四：能够按照程序设计文档编写程序

（1）知识学习内容

1）熟悉软件开发流程和国际流行的软件开发规范。

2）掌握 Java 面向对象软件开发语言。

3）掌握 Java Web 开发技术。

4）掌握 J2EE 企业级的开发方法。

5）掌握.NET 平台下程序开发技术。

6）具有熟练操作和管理常见中小型数据库的能力。

（2）应具备素质

1）具备本行业新技术和新知识的自学和总结能力。

2）友善、忠诚和勇于承担责任。

3）有自我评估、自我调节和时间管理能力。

4）遵守规范、爱护设备和工具，具备熟练使用工具的能力。

（3）对应课程

1）Java 小程序开发（核心技术课）。

2）C#软件开发技术（核心技术课）。

3）ASP.NET 软件开发技术（核心技术课）。

4）Java Web 应用开发（核心技术课）。

5）Java 应用软件开发（核心技术课）。

6）UML 系统分析与设计（专业限选课）。

7）Oracle 数据库应用开发（专业限选课）。

8）数据库应用技术（专业限选课）。

能力五：能够按照任务的测试计划测试程序

（1）知识学习内容

1）具有熟练使用 Linux 操作系统的能力。

2）掌握 J2EE 企业级的开发方法。

3）掌握.NET 平台下程序开发技术。

4）具有熟练操作和管理常见中小型数据库的能力。

（2）应具备素质

1）树立正确的职业观，有良好的职业道德、质量意识、安全意识和环保意识。

2）具备一定技术分析能力、决策能力和创新能力。

3）有一定的抽象思维能力和空间想象能力，初步形成严谨的逻辑思维习惯。

（3）对应课程

1）C#软件开发技术（核心技术课）。

2）ASP.NET 软件开发技术（核心技术课）。

3）软件测试（核心技术课）。

4）Linux 平台及应用（专业限选课）。

5）Java 企业级应用开发（专业限选课）。

6）数据库应用技术（专业限选课）。

7）Oracle 数据库应用开发（专业限选课）。

能力六：能够完成部署程序的工作

（1）知识学习内容

1）具有熟练使用 Linux 操作系统的能力。

2）具有熟练操作和管理常见中小型数据库的能力。

（2）应具备素质

1）树立正确的职业观，有良好的职业道德、质量意识、安全意识和环保意识。

2）遵守规范和爱护设备和工具，具备熟练使用工具的能力。

3）诚实、耐心、善于协作和乐于接受批评。

（3）对应课程

1）Oracle 数据库应用开发（专业限选课）。

2）数据库技术（核心技术课）。

3）Linux 平台及应用（专业限选课）。

4）计算机系统基础（专业限选课）。

能力七：能够完成维护程序的工作

（1）知识学习内容

1）具有熟练使用 Linux 操作系统的能力。

2）掌握.NET 平台下程序开发技术。

3）掌握 J2EE 企业级的开发方法。

4）具有熟练操作和管理常见中小型数据库的能力。

（2）应具备素质

1）具备本行业新技术和新知识的自学和总结能力。

2）有较强的信息搜集和处理能力，能用多种方式进行沟通。

3）树立正确的职业观，有良好的职业道德、质量意识、安全意识和环保意识。

4）诚实、耐心、善于协作和乐于接受批评。

（3）对应课程

1）Java 企业级应用开发（专业限选课）。

2）C#软件开发技术（核心技术课）。

3）ASP.NET 软件开发技术（核心技术课）。

4）Linux 平台及应用（专业限选课）。

5）数据库应用技术（专业限选课）。

6）Oracle 数据库应用开发（专业限选课）。

7）计算机系统基础（专业限选课）。

（四）专业课程体系的构建

2007～2008 年以北京信息职业技术学院软件技术专业教师为主的开发团队，结合企业调研的成果，多次组织软件企业专家研讨会，采用 DACUM 职业分析方法，针对软件行业开展职业能力分析，制成了软件技术专业能力图表，并由此层层分解形成各个能力解析表。在软件技术能力图表的基础上筛选相应的教学内容，然后再按课程规律对相关教学内容进行处理，构建成课程模块，最终形成了软件技术专业的课程体系，如图 4.3 所示。

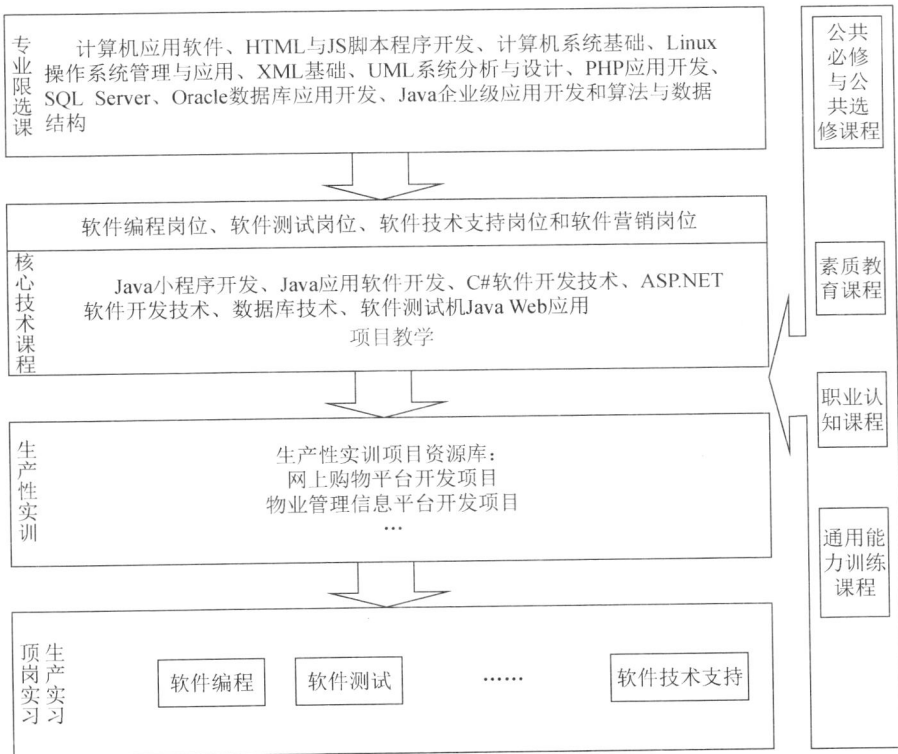

专业限选课	计算机应用软件、HTML与JS脚本程序开发、计算机系统基础、Linux操作系统管理与应用、XML基础、UML系统分析与设计、PHP应用开发、SQL Server、Oracle数据库应用开发、Java企业级应用开发和算法与数据结构

核心技术课程	软件编程岗位、软件测试岗位、软件技术支持岗位和软件营销岗位 Java小程序开发、Java应用软件开发、C#软件开发技术、ASP.NET软件开发技术、数据库技术、软件测试机Java Web应用 项目教学

生产性实训	生产性实训项目资源库： 网上购物平台开发项目 物业管理信息平台开发项目 …

顶岗实习 生产实习	软件编程　　软件测试　　……　　软件技术支持

公共必修与公共选修课程

素质教育课程

职业认知课程

通用能力训练课程

图 4.3　软件技术专业课程体系

利用 DACUM 职业分析方法进行课程体系设计的过程主要包括四个步骤。

1. 专业教学目标设计——把职业能力要求转化成专业教学目标

（1）确定软件专业的人才规格

遵循以就业为导向的原则，课题组多次组织软件企业专家召开 DACUM 研讨会。考虑到高职学生的特点，与会人员均来自中小型软件企业，包括项目经理、技术总监、一线程序员和测试员等。他们业务精湛，都是本企业各层次职位的骨干，并且对软件行业职业领域的工作非常熟悉，了解软件行业的发展趋势；同时，都是全日制从业人员；此外，其交流和群体合作等方面的能力也较为突出。

在研讨产生专业能力图表的过程中，专家首先对所研讨的软件编程和软件测试等职业岗位进行讨论，明确职业岗位名称，填写 DACUM 图表，并讨论出与本职业相关的工作岗位。然后确定能力领域，运用头脑风暴法，使专家充分发表个人意见，当能力领域提出后，再对提出的能力领域进行修改与合并。接下来确定各项能力领域中的技能，并对技能附加可操作内容。在技能讨论时，还要讨论学生应掌握哪些知识，能做什么及其要求的素质和态度等。最后再次检查和定义能力领域和技能，通过增删、合并技能和能力领域，进一步完善专业能力图表，并对能力领域和技能进行排序，制作出了软件技术专业能力图表。

在此基础上，课题组组织专家对专业能力图表层层分解，形成具体、明确的能力解析表。每个能力解析表包含对该项能力的具体描述，以及该项能力的全部操作步骤，所需的工具与设备，相关的理论知识基础，应具备的态度、素质等，最终形成了软件技术专业的人才规格描述。

（2）确定专业教学目标设计

在明确了职业岗位对职业能力、职业素质和专业知识的具体、准确要求之后。课题组结合企业调研成果，经过数次研讨，确定了本专业人才的培养规格要求（包括知识要求、素质要求和能力要求），形成了人才能力体系，以此作为软件技术专业的教学目标。

2. 课程体系的开发——将能力体系转化为课程体系

（1）课程体系的开发

有了专业教学目标，课题组下一步的工作就是在专业能力图表的基础上筛选相应的教学内容，然后按照教育规律对相关教学内容进行梳理，形成课程模块，最终构成软件技术专业的课程体系。

课题组组织专业教师和企业的一线专家等组成分析小组，在课程设计专家的指导下，采用能力/素质分析的方法，根据能力解析表和专业教学目标，提出课程的教学目标及考核评价标准，通过这种方式筛选出课程内容和课程体系。

该课程体系的具体构成包含公共必修课、核心技术课、专业限选课、实习实训课和公共选修课（由通用平台公共任选课和专业拓展类公共任选课两部分组成）五个模块。

软件技术专业人才的培养规格中包括知识、素质和能力三方面要求。而能力要求是最为核心的内容，是完成职业任务所应具备的基本职业技术，主要体现在掌握软件行业的主流技术，并运用这种技术来完成工作过程中的各项任务。专业培养目标的核心，即是培养运用技术完成工作任务的能力，而这一目标，必须通过一定时间和强度的训练才可能实现，其目的在于使教学贴近职业的需要和就业的要求。课程体系中核心课程的设置主要就是为了达成专业培养目标，解决人才规格中能力培养的问题，同时包含了核心专业知识的教授和相关素质的培养内容。事实上，对于职业能力的培养应贯穿始终，根据专业人才能力的培养形成课程系列，在修业年限内从入学开始接触职业内容，职业能力随学习时间逐渐递增，到毕业时达到专业培养的职业能力要求。职业综合素质的培养主要通过课程体系全过程来实现，因此在专业课程设计中包括了综合素质培养的设计[1][2]。

（2）课程体系说明

构建的课程体系编织成教学计划表如附表所示。该课程体系的特点：以构建工学结合的专业课程体系为核心思想，以软件开发工作过程为导向，以职业方向为依据，以建设优质核心课程为重点，依托软件技术专业生产性实训基地，确立以"项目教学""教学做一体化"为核心的教学模式。该课程体系由公共必修课、核心技术课、专业限选课、实习实训课和公共选修课等五大模块组成。公共必修课是大学生必须修习的公共基础课，是培养学生基本素质和形成学生继续学习能力的基础课程，包括数学、科学思维训练、管理能力训练、公共英语、体育、思想道德修养与法律基础、毛泽东思想概论、邓小平理论和"三个代表"重要思想概论、职业生涯准备、心理健康教育、职业沟通和国防教育等课程。该模块课程来自学院的通用平台（GP），由平台课教师和企业专家共同负责授课任务。

核心技术课包括 Java 小程序开发、Java 应用软件开发、C#软件开发技术、ASP.NET 软件开发技术、数据库技术、软件测试及 Java Web 应用开发，共计七门课程。面向软件编程、软件测试和软件技术支持等职业方向，完成主要专业知识的教授和核心专业能力培养的任务，同时兼顾素质方面的形成性培养。该模块课程均采用项目教学法，突出"教学做一体化"的教学模式，主要由专业课教师担任授课任务（也可根据具体情况聘请企业专家授课）。该课程模块的所有课程，均已遵循工学结合的思想完成课程标准的开发工作。

专业限选课，是在核心技术课的基础上开设的职业方向拓展课程，其目的是面向软件编程、软件测试和软件技术支持等职业方向，拓展专业知识和进一步强化专业能力训练，包括计算机应用软件、算法与数据结构、HTML 与 JS 脚本程序

---

① 邓泽民，陈庆合，2006. 职业教育课程设计[M]. 北京：中国铁道出版社.

② 邓泽民，陈庆合，2011. 职业教育课程设计[M]. 2版. 北京：中国铁道出版社.

开发、计算机系统基础、Linux 操作系统管理与应用、XML 基础、UML 系统分析与设计、PHP 应用开发、Oracle 数据库应用开发和 Java 企业级应用开发十门课程。该模块课程同样突出"教学做一体化"的教学模式，主要由专业课教师负责授课。

实习实训课，是在前两类课程模块的基础上开设的综合项目课程模块，是对学生知识、能力和素质培养的综合性课程，包含生产性实训、生产实习、顶岗实习与毕业设计四门课程，是学生的学习过程向就业过程过渡的实践性课程阶段。该模块的生产性实训课程内容均源自企业真实项目，实施过程中均有企业专家部分或全程参与。生产实习和顶岗实习均为在企业完成的授课内容，由企业专家负责。

公共选修课，是进一步拓展专业知识、强化专业能力训练和素质培养的辅助性课程，由通用平台公共任选课和专业拓展类公共任选课两部分组成。通用平台公共任选课由平台课教师负责，专业拓展类公共任选课由专业教师或企业专家负责。

（五）专业教学策略的研究

高等职业教育是面向生产、建设、服务和管理第一线培养高素质高技能人才，其培养目标应为培养满足某技术类行业第一线职业岗位需要的综合职业能力。综合职业能力的内涵主要包含两个方面：一是职业能力，指从事职业岗位活动所需要的知识和技能，它是劳动者胜任职业工作和赖以生存的核心能力；二是通用能力（也称关键能力），指那些与具体的职业和专业无直接关系，但对于一个人在现代社会中的生存和发展起着关键作用的能力。为此，我院（北京信息职业技术学院）在"十一五"期间提出构建"通用平台+技术中心"（GPTC）人才培养模式方案。通过搭建通用平台（GP）实施素质教育与通用能力培养，通过建设技术中心（TC）实施专业技能训练与职业能力培养。因此，北京信息职业技术学院各专业的学生教育活动、课程教学和实践活动等均纳入 GPTC 框架内，按照 GPTC 的统一要求，实施各项教育教学工作。

通用平台（General Platform，GP），是贯穿于整个教育教学过程中的学生素质教育和通用能力培养的系统方案。通用平台通过思想教育活动、通用能力训练、素质教育课程和专业教育课程等途径，实现学生的思想品德教育、人文精神熏陶、思维能力培养、沟通合作训练、身心健康教育和职业素养形成等教育功能，形成学院统一的素质教育与通用能力培养方案。

技术中心（Technology Center，TC），是学院为实现高级技能型人才培养目标，依据信息产业的技术领域和生产组织的特点，搭建的具有较高科技含量的多功能教学环境。北京信息职业技术学院的技术中心承载了实训基地的全部功能：

1）在各专业技术中心建设综合化的教学环境，力争再现企业的真实工作环境，或模仿企业的真实工作环境。

2）在教学内容上，将企业的技术标准或工程规范引入课程，使课程内容紧密联系企业工作的实际。

3）在教学方法上，依托技术中心的教学环境，实施理论实践一体化教学。

4）在实训基地管理上，借鉴现代企业管理方法，为学生的课程学习营造出企业现场或真实工作的氛围。

依托学院的 GPTC 人才培养模式，结合软件专业课程体系，软件技术专业创新团队设计了软件技术专业的人才培养方案，在职业分析的基础上，将工作与教学深度融合，建立四阶段多元化工学结合人才教育过程，如图 4.4 所示。

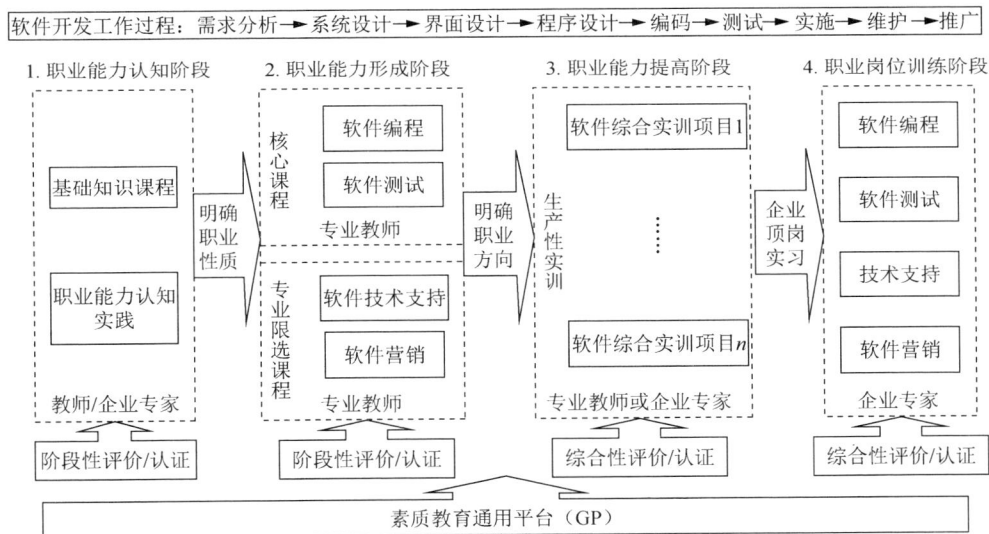

图 4.4　软件技术专业人才培养方案

1. 各阶段教学方案说明

1）职业能力认知阶段。通过基础知识课程教学与职业能力认知实践的结合，体现教学活动的多元化。

2）职业能力形成阶段。通过工作分析与学生兴趣相结合，确定软件编程、软件测试、软件技术支持、软件营销 4 个培养方向，体现岗位能力的多元化。学生以深钻一个岗位能力、兼顾其他的原则，选择自己所喜欢的岗位类别。

3）职业能力提高阶段。软件项目开发生产性实训的实施，需要整合不同岗位类别的成员，体现项目成员和岗位能力的多元化；岗位能力、方法能力与社会能力的结合，体现综合职业能力的多元化。

4）职业岗位训练阶段。通过到企业参加不同岗位的顶岗实习工作，体现人才培养成果的多元化。学生在企业进行为期半年以上的顶岗工作，由企业的软件工程师组织其参与公司的软件项目开发，目的是提升学生的职业岗位任职能力，使其成为高素质高技能的软件技术人才。

2. 基于项目实施的人才培养过程

基于四阶段多元化人才培养过程，以教学项目全过程实施为主线，细化各阶段的"教学做一体化"内涵，形成工学结合的人才培养模式。

1）职业能力认知阶段。此阶段教学集中在第 1 学期。首先，学生加入项目招标组，成为项目组成员，参与软件开发项目招标活动，包括阅读可行性分析报告、理解标书内容及聆听技术答辩，使其了解和体验软件项目招标过程；其次，进行需求分析，在双师型教师讲授需求分析方法之后，学生向软件用户了解其需求，并通过参观软件公司和查询资料等形式调研项目开发所需的技术，发现自己的兴趣方向，了解岗位类别及特点，为下一阶段选择岗位方向奠定基础；再次，制作原型，在教师讲授项目所需编程语言、操作系统、数据库及界面设计的基础上，学生把用户需求设计为项目原型，为用户演示并交付其审核，学生根据用户反馈进行原型修改。教学方法以教基础和学基础为主，边学边练，教学地点在教室。每个阶段，教师根据提交的文档对学生的工作进行点评，包括软件项目招标认识报告、需求分析报告和项目原型文件；同时，学生根据所了解的软件技术人员岗位应具备的职业能力及兴趣，选择第二阶段所学核心课程。

2）职业能力形成阶段。此阶段教学集中在第 2、3 学期。首先，双师型教师组建项目实施小组并做程序范例培训；其次，学生开始实施项目的模块开发，以自主学习为主，自行设计、编码和测试，教师答疑并收集学生在开发过程中出现的问题；再次，根据项目模块的验收成果，教师对学生的工作进行讲评，找出存在的问题，确定每个岗位需要掌握的知识和技能，根据项目需要并结合具体问题讲授核心课程，实现学做合一。通过教学项目的实施，学生能够从错误中发现不足，认识自己所应掌握的知识和技能，培养自主学习能力，锻炼人际交往和沟通能力。按照教实例、学实例、做软件项目模块，以做为主、以学为辅的原则实施项目教学法，实施岗位能力的训练，培养学生软件编程、测试和系统安装与部署等岗位的职业能力，教学地点主要在实训基地。教师根据项目验收成果、课程考核成绩及学生间互评结果，对学生进行综合评价。

3）职业能力提高阶段。此阶段教学集中在第 4、5 学期。学生在双师型教师的指导下，按照教规范、学规范、开发项目为主线、以做为主的原则，组织学生按照软件开发标准和企业规范，对第二阶段所开发的项目按照企业目前流行的软件技术架构重新进行设计、编写代码和测试；软件测试通过后，进行部署和维护，为客户提供技术支持服务，同时参与项目的推广与销售工作。教学地点主要在软件园及软件用户所在地。教师根据项目每个阶段的验收成果、客户的评价及学生间互评结果，对学生进行综合评价。

4）职业岗位训练阶段。此阶段教学集中在第 6 学期。学生到企业顶岗实习，通过企业标准及项目的短期培训，参与项目实施工作，经企业工程师评价合格后，成为合格员工。

与上述软件技术专业人才培养模式配合，我们制定了如下教学策略：以教、学、做一体化的实践教学为主，以专项技能训练、生产性综合训练和顶岗实战内容为教学重点，以各种实训为主要教学手段。

（六）专业教师团队的配备

软件技术专业的师资队伍建设，本着以全面提高教师素质为中心，坚持把师资队伍的规模与质量建设作为工作重点；坚持把调整生师比、职称结构和学历结构作为工作主线；坚持把提高师资队伍素质作为师资工作的基本出发点，建设高层次人才梯队，聘用和培养专业带头人与骨干教师，建设专兼结合的双师结构师资队伍，对教师进行分层次培养。目前已经拥有了一支结构合理、实力雄厚、具有软件工程背景的、专兼结合的专业教学团队。北京信息职业技术学院软件技术专业现有专任教师 25 人，其中专业带头人 2 人；中青年骨干教师 6 人；博士 1人，硕士 13 人；副高级及以上职称 8 人（含教授、副教授和高级工程师）；双师型教师 20 人，占专任教师数的 80%；3 人被评为北京市中青年骨干教师。

在培养专业带头人方面，北京信息职业技术学院安排专业带头人到国内外著名软件企业进行为期半年以上的培训与实习，更新专业建设理念，提高专业技术服务能力，成为业内有较大影响的专家。学院还派教师到国外学习职业教育理论，学习国外先进的软件技术专业办学模式及课程开发理念，成为软件技术职教专家。

为培养骨干教师，北京信息职业技术学院还鼓励专任教师继续深造，积极推荐优秀教师到国内著名高校进修访学和参加国际会议等，为在职高层次人才搭建施展才华的舞台，近两年先后有 8 位教师出国深造，有 10 多人次与其他院校从事合作研究，参加学术会议或访问。

为提高教师教学能力，北京信息职业技术学院举办了各类与专业相关的师资培训；为保证青年教师的教学质量，聘请教学经验丰富的校外专家定期进行听课、监督，教学督导部门每学期对教师的教学质量进行测评，请学生对任课教师进行测评，从教学内容、教学方法及手段、教学态度、教学效果等多方面了解学生对教师的评价，以便有针对性地指导任课教师对各个教学环节进行改进。学院还要求教师每学期听其他教师的课，以便相互学习，不断提高教学水平。

在双师素质的专业教学团队建设方面，学院为教师的成长提供了有效的途径，有计划地安排有经验的专业教师参与或承担公司的技术研发。目前北京信息职业技术学院已经选拔了 6 名具有副教授职称或具有硕士学位的双师型教师，分期分批到软件公司挂职锻炼半年以上，拓宽教师视野，更新教育理念，提高教师的实践动手能力和技术研发能力，成为软件开发的技术骨干。学院从软件企业引进 2 名具有丰富实践经验的、既熟悉软件技术又精通软件工程的技术人员作为该专业的骨干教师。计划在 3 年内安排 10 名专业骨干教师以企业挂职、技术服务项目开发和企业实习等方式参加企业锻炼，不断积累专业教师的软件工程经验，提高专业教师的实践能力。

企业兼职教师方面，采取有效措施，加大引进学科、专业建设急需人才的力度，广开渠道，招才纳贤，打破人才所有制和地域限制，充分利用企业人才资源，有计划、有重点地引进高水平学术骨干和高层次人才，补充到教师队伍中来，建立起兼职教师备选库。在兼职教师备选库中选派一批企业工程技术人员担任专业兼职教师，参加课堂及实训教学、举办技术讲座或指导学生毕业设计等，发挥他们具有丰富企业实践经验、熟练运用行业企业现行技术标准与技术规范的优势，为教师和学生开设科技文化学术讲座，使学术氛围更浓郁。目前已从北京用友软件股份有限公司、北京蓝波今朝科技有限公司和北京兆维科技股份有限公司等企业中聘请了具有丰富实践经验的软件技术人员（工程师、高级工程师和项目经理）17 人作为兼职教师，形成了具有较强软件开发能力和职业素质的专兼结合的教学团队，取得了较好的效果。

通过以上措施，不仅提高了教师职业教育的理论水平，而且使他们具有了较强的项目开发及科研能力，建立了一支满足教学质量需要、适应专业建设需要、结构更趋合理的高水平的师资队伍。

专任教师、兼任教师的配置与要求如表 4.3 所示。

表 4.3　专任教师、兼职教师的配置与要求一览表

序号	能力结构要求	专任教师要求	数量	兼职教师要求	数量
1	掌握.NET 平台开发技术	具备一定的.NET 项目开发经验和丰富的教学经验	2 人	具备丰富的.NET 项目开发经验和一定的教学经验	2 人

续表

序号	能力结构要求	专任教师要求	数量	兼职教师要求	数量
2	掌握 Java 平台开发技术	具备一定的 Java 项目开发经验和丰富的教学经验	2 人	具备丰富的 Java 项目开发经验和一定的教学经验	2 人
3	掌握软件工程原理、软件测试技术和项目管理技术	具备一定的系统分析、系统设计和项目管理经验及丰富的教学经验	2 人	具备丰富的系统分析、系统设计和项目管理经验及一定的教学经验	2 人

（七）专业实训条件的配备

软件技术专业紧紧围绕中低端软件人才需求进行实训方案设计，以培养学生的职业能力为目标，根据软件技术专业能力分析图表，结合软件技术专业教学标准，联合知名企业共建校内外生产性实训基地，聘请经验丰富的企业专家共同确立整体实训方案。所有的实训课程全部在校内实训基地或校外实训基地完成，学生在前 4 个学期进行职业能力认知和职业能力形成阶段的实训，在软件开发实训室完成网页脚本程序开发实训、Java 系列课程实训和.NET 系列课程实训等软件开发课程实训；并在软件测试实训室完成软件测试实训项目，以及 Linux 测试实训项目。在第 5、6 学期完成职业能力提高和职业岗位训练阶段的实训：学生在第 5 学期进入软件开发综合实训室、北信软件园进行软件开发生产性实训，生产性实训成绩合格后，即可在第 6 学期进入校企合作研发中心和软件企业参与生产实习和企业顶岗实习并完成实习任务。具体设计方案如图 4.5 所示。

1. 主要实训模式

（1）生产性实训

在生产性实训课程中，学生扮演项目开发团队中不同的角色，与团队其他成员共同完成实战项目，模拟真实的开发环境。经过 12 周的实训，培养了学生初步系统分析与设计能力，撰写文档能力，规范化、专业化的编码与测试能力，软件过程管理能力，与客户、项目组成员和上级的良好沟通能力，团队合作精神，以及冲突协商能力，使学生今后无论在任何行业、任何岗位都能轻松胜任工作，游刃有余。软件项目开发生产性实训的实施，有效地整合了不同岗位类别的成员，体现了项目成员和岗位能力的多元化；体现了岗位能力、方法能力与社会能力的结合；体现了综合职业能力的多元化。在生产性实训实施过程中强调学生自我学习和自我评价，教师是学习过程中的管理者和指导者，负责按专业能力分析图表所列各项能力提供学习资源，编出模块式的学习指南；学生要对自己的学习负责，按学习指南的要求，根据自己的实际情况制订学习计划，完成学习后，先进行自我评价，达到要求后，再由教师进行考核评定。

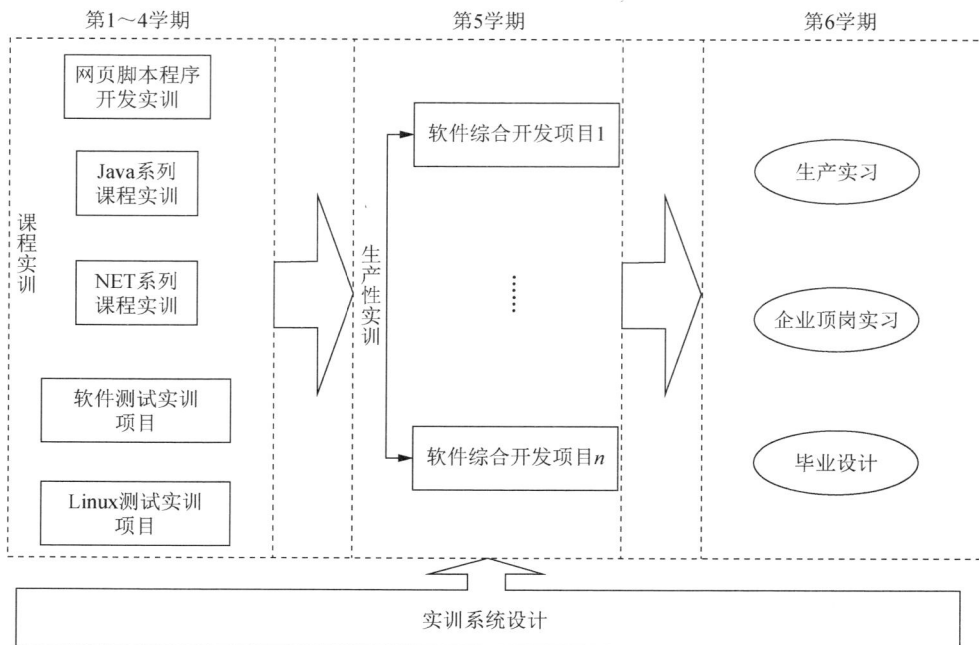

图 4.5 实训设计方案

（2）生产实习

生产实习是将学生派到电子信息产业的生产企业或科研单位参加岗位实践，使学生了解社会，体验生产岗位的工作流程，初步了解企业文化。学生在第 6 学期参与生产实习，更深刻和真实地体验工作环境，进一步提高学生的自我约束力、职业适应力与实际项目的开发能力。

（3）顶岗实习

顶岗实习是高等职业教育坚持以服务为宗旨、以就业为导向、走产学研相结合的改革发展之路的具体体现。将学生派到软件开发与测试相关企业或科研单位参加岗位实践，使学生了解社会、体验软件开发相关岗位的工作流程。通过到企业参加不同岗位的顶岗实习工作，体现人才培养成果的多元化。学生在企业进行为期半年以上的顶岗工作，由企业的软件工程师组织其参与公司的软件项目开发和测试，目的是提升学生的职业岗位任职能力，使其成为高素质高技能的软件技术人才。

（4）毕业设计

毕业设计是高职教学过程的最后一个环节，着重培养学生运用所学知识，独立完成应用设计的能力，为今后从事软件编程与测试技术的相关工作打下良好的基础。毕业设计的任务包括选题、查阅文献数据、方案设计、测试方案的实施和测试报告的编写等。毕业设计鼓励学生到企业参加实际设计任务。毕业设计完成后，要提交毕业设计论文，并进行毕业答辩。

2. 实训基地建设

（1）校内实训基地建设

北京信息职业技术学院按照实践技能和职业素质培养相结合、实习实训实施全过程管理的原则建设软件技术专业实训基地——北信软件园和软件技术中心。校内实训基地承担着培养学生和教师实践技能和职业素质的功能。学生在校内实训基地从事软件项目研发过程中，首先是训练其交流、沟通、合作、敬业等方面的职业素质，培养其质量及规范意识；其次是业务能力的训练，学生主要完成生产性实训、顶岗实习任务，实现实践教学与工作过程的结合。教师则重点完成软件开发生产任务，并进行工作过程分析、把实际项目转化为实训项目，为实践教学提供资源。同时，校内实训基地还承担着为校内外单位开发软件产品、提供技术支持、为社会人员培训软件开发技能、为西部院校培养软件技术专业教师等社会服务功能。

1）北信软件园。北信软件园由北京信息职业技术学院于 2008 年 8 月创建，建筑面积达 5200 平方米。软件园区域布局合理，按照企业工作模式，划分为应用软件开发区、数字艺术产品研发制作区、嵌入式软件开发区、新技术实验区（Sun Java/Solaris 联合实验室）、计算机技术应用研究所和合作企业办公区，学习工作环境优越，提供 655 个工位，12 间研讨室，3 间会议室，1 个中央机房及多间办公室；设备设施先进，配备了 655 台先进的台式计算机和图形工作站、20 多台服务器和交换机，设备资产达 2200 多万元，可以进行各种大型应用系统开发、嵌入式系统开发和高端系统研发。北信软件园学生实训布局如图 4.6 所示。

北信软件园完全仿照公司的生产开发环境设计，如图 4.7 所示。在软件园开展的生产性实训符合"三真"原则，即学生在真实的工作环境下工作、完成真实的项目和具有真实的企业工作身份。指导学生工作的项目经理，都是经过培训具备项目开发及管理经验的优秀教师。

在生产性实训教学过程中，采用典型工作任务导向的教学方式。典型工作任务导向，简单说就是以实际工程项目为主线，基于典型工作任务开展教学，将理论知识穿插于操作实践中，让学生能消化理论知识的点点滴滴，并能在实战中进行锻炼提高。在此教学思想基础上，还模拟了软件开发工厂教学实践环境，如

图 4.8 所示，运用商业化软件开发流程的方式为学生定位，在充分熟悉每一个开发环节的基础上，根据不同学生的不同特长及潜质特征，为其确定重点培养方向，从而为学生谋求一个精确的未来职业发展方向。

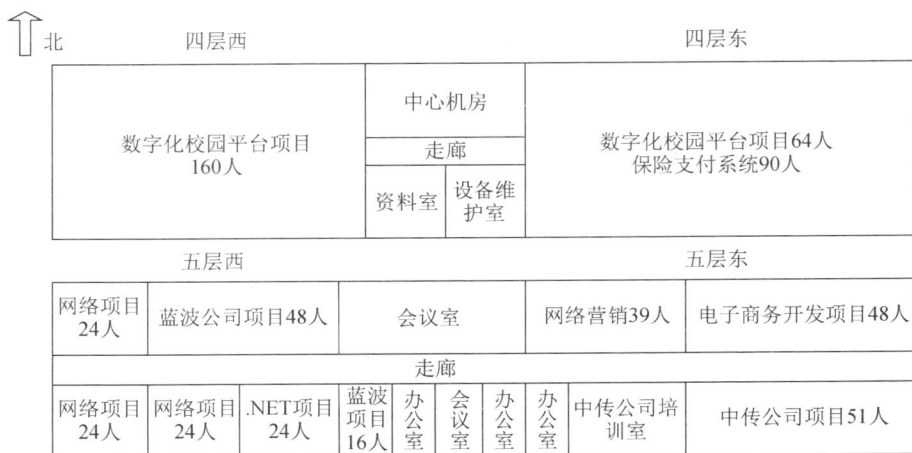

北　四层西						四层东	
数字化校园平台项目 160人		中心机房			数字化校园平台项目64人 保险支付系统90人		
		走廊					
		资料室	设备维护室				

五层西						五层东	
网络项目 24人	蓝波公司项目48人		会议室		网络营销39人	电子商务开发项目48人	
走廊							
网络项目 24人	网络项目 24人	.NET项目 24人	蓝波项目 16人	办公室	会议室	办公室	办公室	中传公司培训室	中传公司项目51人

图 4.6　北信软件园学生实训布局

图 4.7　北信软件园

图 4.8　工厂化软件开发

　　软件园的管理机制模拟企业的运营模式，并把企业文化引入软件园，让学生感受到企业氛围和企业管理方式，缩短学生与企业岗位员工的差距，提高学生的就业竞争力。由于采用了真实环境模拟，双师型教师全程辅导、管理和监督的教学方式，因此学生能够身临其境，深刻感受企业的工作制度，体验软件开发的真实过程。很多学生反映，通过生产性实训，他们真正体会了工作的艰辛与遵守制度的重要，成功地实现了由学生到职场员工的角色演变，为学生参加工作、适应各种激烈竞争环境打下了基础。

　　2）软件技术中心。软件技术中心是学生完成课程实训和毕业设计的主要场所，如图 4.9 所示。北京信息职业技术学院基于教学要求及实训目标选配了不同的软硬件环境，目前已经建设并完善了专业核心课程学做合一的实训室 15 个，其中软件测试实训室能够在多种平台上进行软件测试，包括 Windows、Linux 和 Solaris 等多种系统版本平台上的软件测试，以及系统联机和软硬件兼容性测试等；嵌入式软件实训室和软件开发综合实训室通过仿真项目实训，使学生充分掌握软件开发技术，精通多种软件的应用，独立完成软件项目的设计与开发。北京信息职业技术学院已在 2010 年完成软件开发的多种专项实训室——大型数据库实训室、系统部署与维护实训室的建设，按照企业运行模式将软件技术支持人员在为用户安装、部署和维护软件系统的过程中所需要的环境进行建设，使学生掌握相关技能。

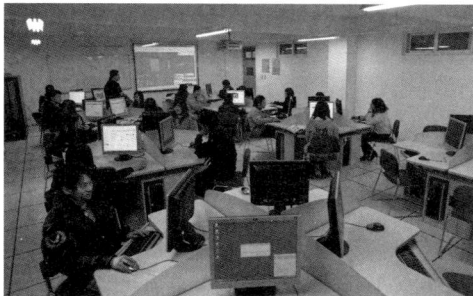

图 4.9　软件技术中心

（2）校外实训基地建设

北京信息职业技术学院充分利用北京的资源优势，创建校企技术联合体。校企技术联合体是工学结合、校企深度融合的最佳体现，可以实现用教育理念影响企业，用企业理念改造教育。学院通过多种形式与多家公司成立校企技术联合体。企业技术、管理人员在学院及校企技术联合体内担任职务并经常请企业专家来学院讲学，将企业生产一线最先进的技术和企业文化融入学院的教学实践和教育管理中。同时，教师也在企业及校企技术联合体内任职。形成校企互相渗透、融合的新机制，实现校企利益和资源共享。

目前，北京信息职业技术学院已经与企业联合成立以嵌入式软件开发为主项的、以软件开发为主项的、以软件外包为主项的、以信息系统设计为主项的和以软件测试外包为主项的校企合作实训基地近 10 个。通过这些基地，学生和老师深入企业内部，参与整个项目的开发与维护。学生在企业中既是工程师又是学生，在项目实战中得到公司技术人员及指导教师有针对性的辅导，既锻炼了技能又加强了信心；教师在企业中既是项目的管理者又是学习者，学习企业中先进的管理理念及技术，同时又负责实训学生的辅导工作。这些基地为实验实训实习提供了方便、真实和良好的环境，加强了学生的技能，丰富了教师的实战经验与管理经验，为学校的专业建设奠定了坚实的基础。学院还聘请公司的专家和技术骨干参加软件技术专业指导委员会，引入企业标准，共同制定适应社会需求的人才培养计划，聘请公司技术人员和管理人员为兼职教师，直接参与学院教学工作。

各校外实训基地建成以来，已实现接收在校生进入企业完成生产实习及企业顶岗实习达二百余人次，众多的实习生因表现优秀而直接受聘于顶岗实习单位。

3. 实训教学质量监控

生产性实训，由校内指导教师（项目经理）负责指导。学生经过培训，熟悉实训规定和技术规范。通过实习实训信息管理网络平台，指导教师下达某个模块的工单，分配开发任务，学生执行任务，当学生提交代码和测试报告后，指导教师对学生的开发工作进行评审。在全部开发工作结束后，学生以项目组为单位对实训进行总结，教师根据学生提交的实训报告及各阶段的评审结果，进行综合评价并给出成绩。

校外顶岗实习，由学校指导教师和企业指导教师共同指导。学校指导教师制订实习计划，学生学习学院相关的实习规章制度，企业指导教师制订工作计划并实施培训。学生掌握技术规范后，企业指导老师向学生下达开发任务，当完成任务后，企业指导教师对学生的工作情况进行评审。学生通过登录学院的实习实训信息管理网络平台，填写实习记录并提交实习报告；学校指导教师不定期到企业指导学生，进行中期和后期检查，并在实习实训信息管理网络平台上提交检查结果。在全部开发工作结束后，企业指导教师根据代码评审结果、实习报告等做出实习工作评价；根据此评价结果及中、后期检查结果，学校指导教师对学生的实习做出综合评价，并给出成绩。

真实或仿真的职业环境及企业文化，可以让学生感觉到置身于软件企业氛围中，真实体验软件开发的过程，同时感受到一种工作压力和紧迫感，激发其求知欲和上进心，培养其团队合作精神，养成耐心、细致的工作作风。在此环境下的实习实训，不仅可以提高学生的技术能力，还能够增强其职业素养。

学生通过参与多方面、多层次的实习实训教学过程，在毕业前已经能够初步适应企业工作环境和基本工作制度，对软件项目开发的实际过程有了深刻了解，这无疑为提高学生就业率和为学生创造更多、更好的就业机会创造了必要条件。

4. 实训设备、软件等条件准备

教育部在《教育部关于全面提高高等职业教育教学质量的若干意见》（教高〔2006〕16 号）中明确提出：高等职业院校要按照教育规律和市场规则，本着建设主体多元化的原则多渠道、多形式筹措资金；要紧密联系行业企业，厂校合作，不断改善实训、实习基地条件。要积极探索校内实训基地建设的校企组合新模式。北京信息职业技术学院结合自身条件和所处环境等因素，选择以学校主导筑巢引凤与校企共建相结合的原则，进行校内实训基地的建设。在合作企业办公区中，吸引了北京蓝波今朝科技有限公司、北京中传映画文化传播有限公司、上海双实科技有限公司和北京科德西普科技有限公司 4 家高科技公司入园，实现更紧密的校企合作。在软件园中进行的软件开发活动完全是以就业为导向的。因为，软件园是完全依照公司的生产开发环境设计的，日常管理机制完全按企业的运营管理模式进行。一方面让学生亲身体验和感受企业氛围和企业管理方式，缩短学生与企业员工的差距，实现零距离就业；另一方面，学生通过半年到一年的时间在软件园完成一个或多个真实软件项目，其技能和工程经验将有很大提高，实训结束后，学生可以带着自己的作品或成果找工作，应聘的成功率将会显著提高，以此提升他们的就业竞争力。北信软件园的建立，为校企合作，探索更加合理的软件人才培养模式，为软件技术专业教学整体解决方案的实施提供了有利的硬件支持。

5. 实训教学资料准备和实训制度文件准备

实训教学资料准备包括项目任务书、实训指导书、设备工具使用说明书、实践实训记录手册、参考案例及其他教学参考资料。

实训制度性文件是实训有效实施的重要保证。这些文件主要包括《实训基地学员管理规定》《实训基地实训流程》《实训基地管理规定》《实训基地研讨室、会议室管理规定》和《实训基地网络安全管理规定》等。

《实训基地学员管理规定》规定了参加实训的人员的管理方式，实训人员的行为准则，实训室的管理规定和人员的奖惩制度等方面的内容；《实训基地实训流程》主要说明了学员"阅读实训项目介绍和文档→选择项目→实训申请→面试→实训准备→开始实训→考核评价→结束"的整个实训过程；《实训基地管理规定》主要说明了生产性实训基地内的规章制度；《实训基地研讨室、会议室管理规定》主要规定了生产性实训基地的研讨室、会议室的使用方法和规章制度；《实训基地网络安全管理规定》说明了网络安全维护、硬件设备维护和信息管理等方面的规章制度。

五、软件技术专业教学整体解决方案实施

从参加课题的各学校专业教学整体解决方案实施分析，由于有了配套教材和课件等教学资源的支撑，实施新方案的阻力并没有预想的大。学校都采用了引导消除抵制模式（LOC 模式），分为 5 个阶段实施。

（一）教师把握整体解决方案

按照工学结合的思想，以人才培养模式→工作任务→技能标准→课程设置→教材及资料建设为思路进行准备。实施计划包括选择试点班、制订教学计划表、分解学期任务和课程任务及绘出甘特图。

按照 GPTC 人才培养模式 4 个阶段，制订了整体方案实施计划，如表 4.4 所示。

表 4.4　GPTC 人才培养模式 4 个阶段的实施准备情况（2007 级软件技术专业）

序号	任务名称	开始时间	完成时间	2007		2008				2009				2010		
				Qtr3	Qtr4	Qtr1	Qtr2	Qtr3	Qtr4	Qtr1	Qtr2	Qtr3	Qtr4	Qtr1	Qtr2	Qtr3
1	职业能力认知阶段	2007年9月3日	2008年2月1日													
2	职业能力形成阶段	2008年3月4日	2009年1月30日													
3	职业能力提高阶段	2009年3月2日	2010年2月1日													
4	职业岗位训练阶段	2010年3月1日	2010年7月15日													

（二）教师必备教学能力培训

教师的教学能力包括教师的专业实践能力和专业教学能力。根据本专业教学整体解决方案对教师教学能力的要求，通过企业实训，训练专业实践能力；通过教案、课件设计；训练教师的教学实践能力。

（三）设施、材料与教材准备

根据软件技术专业的教学模式，课程资料准备分为以下两类：①实施项目教学的课程，要进行课程项目资料的准备；②实施案例教学的课程，要进行课程案例集的准备。

为满足学生自主学习和教师教学经验交流的需要，我们搭建了基于网络的课程教学资源网站，提供课程定位描述、课程标准（教学大纲）、课程学习资源（如整门课程的教学视频资料、演示文稿、项目资料或案例资料，以及辅助学生学习的其他资源）、实训环境与实训项目（包括实训要求、操作指导和效果演示等）、自我测试题（有评阅功能）与作业题（支持网络提交功能）和参考文献等内容。

针对软件技术专业高职学生的特点进行教材建设是十分必要的。教材设计的主导思想：首先，树立素质教育观念，以培养学生素质为宗旨；其次，坚持一切从实际出发，既考虑到高职学生的实际接受能力及他们的特点，同时也考虑软件技术的特点及社会对软件人才的需求。软件技术专业的教材定位在面向软件技术应用方面，突出学生技术应用能力的培养。教材的各项功能，必须遵循学习动机发展、学习兴趣诱发和能力有效形成三大规律，保证实现较高的教学效能。[①]教材要以实用、适用和够用为目标，应为项目驱动、案例分析类型的教材，强调理论与实践的结合，便于实现教、学、做三位一体。在教材设计中，坚持以下基本原则。

1）以人为本：以学生能够学会、到社会中有用为第一原则，注意提高学生兴趣，在教学中突出学生的主体地位，强化学生独立完成工作能力、自主学习能力的培养，有利于学生综合素质的提高。

2）以工作过程为导向：使学生提前进入工作角色，案例采用实际工作中的例子，贴近真实工作情景，并根据学生接受情况，考虑个体差异，适度选择难度。每一个例子不宜太大。

3）案例引领：可以采用案例教学或项目教学。案例应与知识相结合，要保证知识的相对完整性。

案例引领具体表现：①通过实例介绍知识点和操作技巧（编程技巧），将案例与知识有机地结合；②项目驱动、任务驱动或案例教学是一种教学形式，它有利于实现技能本位和能力本位的教育思想；③在保证一定的知识系统性和知识完整性的情况下，不过分追求知识的完整性和系统性，在写作的过程中把握好必须和足够这两个度；④兴趣是能力产生的源泉，因此教材要在兴趣的培养方面下功夫，案例的选择适当，是培养学生兴趣的一个要素；⑤提倡教师与工程技术人员联合编写教材，注重实用性，适量介绍有关业内的专业知识和实例，使学生学习后可以尽快胜任实际工作；⑥可以在每本教材的第1章开始介绍软件的基本知识、工作环境和基本操作（可以通过一个或几个实例完成），使学生对该软件有一个总体的了解，规范基本操作的叙述方法，掌握基本操作的方法，这样可以使以后操作步骤的介绍更简洁明了。

通过一系列的学习与研究，我们陆续出版了一系列针对软件技术专业高职学生的教材，如《Java 程序设计基础》《Java 软件开发技术》《C#程序设计案例教程》《计算机系统基础》和《数据结构与算法》等，其中有 3 部教材被评选为北京高等教育精品教材。目前，我们拟根据新的课程体系编写新的专业教材。这套教材的

---

① 邓泽民，侯金柱，2006．职业教育教材设计[M]．北京：中国铁道出版社．

设计除符合实践性和主流技术的原则之外，其主要思路是按软件职业能力培养分两个方向——Java 方向和 C#方向进行教材编写。将一种程序设计语言由浅入深贯穿于 2~4 个学期学习，有利于学生更牢固地掌握软件开发的基本知识和基本技能，把程序设计语言学深、学透。几个学期的内容衔接要求层次分明，便于教师和学生使用。最后一个学期还提供软件开发技术实训教材，进行综合职业技能的培养。

1. Java 方向系列教材

Java 方向系列教材分为 4 册——《Java 程序设计基础》《Java 应用软件开发》《Java Web 开发》和《Java 企业级应用开发》。

（1）《Java 程序设计基础》

"Java 程序设计基础"是软件技术专业的入门课程。《Java 程序设计基础》主要介绍 Java 的基本程序结构、编程基本方法及 Java 开发环境的使用，Java 的基本数据类型、常量、变量、运算符与表达式，Java 中分支与循环的语法及简单应用，Java 中的异常处理和面向对象的基本概念等知识。

教材中的实例都取自真实的企业开发项目，通过大量的编程实践练习和实例分析，帮助学生牢固掌握 Java 程序设计的相关知识和技能，并积累一定的实际软件开发经验。

（2）《Java 应用软件开发》

"Java 应用软件开发"是软件技术专业的一门核心技术课程。按照原有的教学模式，大多数学生并不能真正具备职业所需的开发能力，缺乏动手实践能力，缺乏学习主动性。由于高职学生的特点是抽象思维能力较差、动手能力相对较强，而当前的学科式教学模式正是以培养学生逻辑思维能力为主，对于动手能力的培养不足。因此，进行该课程教材建设的目的是要改变当前的教与学的状况，让学生成为教学过程中的主体，贯彻实施学习的内容是工作，通过工作实现学习的理念，提高学生学习兴趣，提高教学质量，并为后续的其他相关课程的改革奠定基础。

《Java 应用软件开发》按照行动导向教学过程的要求，围绕项目开发展开，计划安排两个项目，第 1 个项目是学籍管理系统设计与实现，主要是让学生进行项目体验，教材给出完整的项目设计文档，学生可在教材引导下完成一个完整的项目开发；第 2 个项目是打蜜蜂游戏的设计与实现，给出部分项目设计文档，由学生自己根据虚拟客户要求编写详细需求，进行软件的设计和编码、测试和安装调试，独立完成项目。

（3）《Java Web 开发》

《Java Web 开发》一书的最大特色是所有的程序均来自课堂和工程实践，注重知识的系统性、连贯性和规范性，对 B/S 架构的 JSP 编程做了系统介绍。

全书从体系上分为 4 个部分，共 10 章。第 1 部分为 Web 编程基础与环境配置，介绍架构编程体系、JSP 运行环境的配置、Web 编程技术及 Java 程序设计基础。第 2 部分为 JSP 程序设计基础，详细介绍了 JSP 的页面元素、内容对象、Service 编程技术、JavaBean 组件开发技术及 JSP 设计模式。第 3 部分为 JSP 数据库程序设计，详细介绍 JDBC 的结构，常用操作数据库的基本格式，分页显示，JDBC 访问 Oracle 数据库及使用 DOM、SAX 和 JDOM 操作 XML 文件。第 4 部分为软件工程实践，介绍 OOAD 的概念、UML 进行系统分析和设计的方法，并从软件工程的角度介绍了一个企业信息管理系统的开发。

（4）《Java 企业级应用开发》

《Java 企业级应用开发》一书将 Java 基本语法、Java 语言的特性及 Java 的基本编程技术等内容与 Java Web 编程和 Web 数据库访问等实用技术相融合，并在书中加入企业中常用的实用技术，如 MVC 开发模式和 Struts2+Spring+Hibernate（SSH 框架）等，以来源于生产性实训的项目作为主体，结合部分知识的案例讲解，将整个教材中的知识贯穿起来。书中介绍常用开发工具的使用，如 MyEclipse、PowerDesigner 和 Navicat 的使用等。全书强调软件系统开发实用技术内容，注重对学生工程化实践能力的培养。

2．C#方向系列教材

以 C#语言为基础，阐述在 Visual Studio 2008 环境中，运用 ASP.NET 技术开发 Windows 应用程序和 Web 应用程序的过程。重在充分利用 Windows 和 ASP.NET 丰富的控件，实现 Windows 应用程序及结合 Web 2.0 技术实现 Web 程序的界面制作和编程。

C#方向教材分两册：《C#应用软件开发》《ASP.NET 程序开发》。

（1）《C#应用软件开发》

《C#应用软件开发》共有 12 章，主要介绍 C#语法和 Windows 应用程序的设计与实现。第 1 章概述 C#语言和 Visual Studio 2008 环境的安装及使用；第 2 章介绍 C#语法基础；第 3 章介绍流程控制语句、基本输入与输出和典型 Windows 控件应用；第 4 章介绍面向对象编程技术，涉及类、类的成员，以及继承和多态等基本概念；第 5 章包含接口、结构与枚举；第 6 章包含数组与自定义类型，包含控件数组的讲解；第 7 章包含菜单、工具栏、状态栏和对话框；第 8 章介绍鼠标和键盘事件；第 9 章包含 ActiveX 控件；第 10 章介绍 C#的高级特性，包括命名空间、指代、重载、异常处理、类型与转换等内容；第 11 章介绍了创建一个数据库 Windows 应用程序的方法；第 12 章介绍 Windows 程序的部署。

《C#应用软件开发》以可视化程序设计为主线，采用案例驱动的方式，立足基本语法的讲解和应用，避免深奥的术语。针对高职学生的特点，程序设计过程的表述详尽，代码注释完整，力求通俗易懂。

（2）《ASP.NET 程序开发》

《ASP.NET 程序开发》包括 10 章。第 1 章包含 Visual Studio 2005 环境中网站项目的开发环境、设置和概要性介绍；第 2 章讲述了设计并创建一个站点的完整过程；第 3 章讲述了 ADO.NET 数据库访问技术；第 4 章结合样式、主题和母版页介绍了网站风格的设置；第 5 章结合成员关系和身份验证介绍了登录页面的制作；第 6 章介绍了 ADO.NET 内置对象及其应用；第 7 章介绍错误处理和性能设计；第 8 章介绍了 Web 服务；第 9 章介绍了站点的部署；第 10 章在前边章节的基础上实现了一个较完整的电子商务网站。

《ASP.NET 程序开发》以网上购物平台项目为主要线索形成各个章节案例，该项目来源于软件公司用于员工培训的真实项目资料。依据教学规律，同时考虑到高职学生的特点和接受能力，作者在企业项目的基础上对其进行了加工和改造，使其更符合高职院校教学的要求，具有易用和好学等特点。该书经过了高职院校软件技术专业的教学实践，并运用在高职院校软件技术专业生产性实训中，收到了良好效果。

（四）方案实施的评价与激励

1. 方案实施的 4 个阶段

（1）职业能力认知阶段

第 1 学期主要是职业能力认知阶段。这一阶段的主要目标就是对学生进行基础知识课程教学和基本职业素质培养，并通过学生角色的转换达到对职业能力的认知。学生在此阶段要以软件开发人员的角色进行学习。按照软件开发的过程，专业教师团队首先准备了软件项目相关的招投标规程文件，如《软件项目招标投标管理办法》《软件项目招标投标流程》《软件项目招标投标规范》等，同时安排相应课程对这些文件进行学习体会。除此之外，还提供了相关软件项目的可行性分析报告和项目招投标书，供学生学习理解。

在学生学习软件需求分析之前，教师为学生准备各种典型项目的需求分析说明书，使学生通过对不同类型软件需求说明书的学习，学会阅读需求文档。教师与软件公司联系，为学生提供参观软件公司、实地进行需求分析的机会，并准备软件公司相关岗位的说明性文件，使学生能够区分软件公司的不同及其特点。

在职业能力认知阶段，教师主要准备 4 方面的课程：编程语言方面，如 Java 小程序开发；操作系统方面，如计算机系统基础；数据库方面，如计算机应用软件；界面设计方面，如 HTML 与 JS 脚本程序开发。

职业能力认知阶段主要是基础教学，所以教学场地主要是教室。学生的座次安排依据项目和教学内容的实际需要进行合理调整。

针对教学过程中学生的学习活动，教师实施了不同的考核方案。这些考核方案分别适用于对学生的招标认识报告、需求分析报告和项目原型文件的考核评价。

（2）职业能力形成阶段

在第 2、3 学期是职业能力形成阶段。在这一阶段，教师要准备软件编程、软件测试、技术支持和软件营销 4 个岗位的说明性文件，并准备项目的任务书、指导书、需求分析说明书和设计说明书，并提供测试报告范本，供学生进行软件测试时采用。

在这一阶段的课程准备中，编程语言方面，加入了 Java 应用软件开发和 C# 软件开发技术；操作系统方面，加入了 Linux 平台及应用；界面设计方面，加入了 Java Web 应用开发；除此之外，还要准备软件辅助开发方面的课程，如 UML 系统分析与设计和 XML 基础等。

职业能力形成阶段的主要教学任务，是引导学生进行实践学习。因此，将实训基地作为学生进行软件开发和学习的主要场所。实训基地为学生提供相应开发平台、工具和软件。

在这一阶段的考核中，教师制作项目验收成果考核表和学生互评表等表格，主要针对学生的项目开发成果、学习成果、工作态度及岗位职责执行情况进行考核。

（3）职业能力提高阶段

第 4、5 学期是职业能力提高阶段。在这一阶段的教学中，将教学内容融入项目开发中，学生以做为主。教师要为学生准备软件开发的标准文件，并准备具有代表性的软件公司的软件开发规范性文档。同时，要准备软件测试报告范本和软件维护文档等文件，供学生使用。在这个阶段的教学中，学生要掌握涵盖当前软件开发中广泛采用的最新技术和软件开发模式等方面的内容，如 Java 企业级开发、ASP.NET 应用开发、软件测试技术、PHP 应用开发和 Oracle 数据库应用开发等。

职业能力提高阶段的实施场地应选择在软件园。除软件开发环境外，北京信息职业技术学院还为学生准备了研究室、讨论会议室。

这一阶段的考核，主要集中在验收成果、客户的评价及学生间互评方面。教师要为此准备项目验收成果考核表、客户评价表和学生互评表等表格，主要针对学生项目开发成果、客户对项目满意度、学生工作态度和岗位职责执行情况进行考核。

（4）职业岗位训练阶段

职业岗位训练在第 6 学期。学生直接到企业顶岗实习，所有活动按企业标准及项目要求进行。考核方法和标准也按企业要求进行，因此教师只需要准备学生企业顶岗学习反馈调查表，供学生填写。

2. 方案的课程教学实施过程

下面以软件技术专业的核心技术课程"Java 应用软件开发"为例来说明方案的课程教学实施过程。

该课程在 GPTC 人才培养模式的第 2 阶段开设，即职业能力形成阶段。该门课程针对上述的两个能力，即能够按照任务需求进行设计程序的工作（能力三）和能够按照程序设计文档编写程序（能力四）。围绕这两个能力目标，课程以项目教学法开展，依次安排两个项目：学籍管理系统的设计与实现、打蜜蜂游戏的设计与实现。第 1 个项目主要是让学生进行项目体验，教师给出完整的项目设计文档，学生可在教师引导下完成一个完整的项目开发；第 2 个项目给出部分项目设计文档，由学生自己根据虚拟客户要求编写详细需求，进行软件的设计和编码、测试与安装调试，独立完成项目。

在教学实施前，实施本门课程的教师要集中进行两个项目的培训。培训内容为这两个软件开发项目的环境搭建、软件开发方法和成果考核方式。

针对"Java 应用软件开发"课程，配备了《课程总体方案设计》《学习活动方案设计》《学习任务设计方案》等文档。这些文档为课程的教学起到指导作用，也是参与本门课教学的教师培训时要学习的内容。培训的目的是要达到教学效果的一致性和实现最后成果的可比性。

以上提到的两个项目分别有各自的项目指导书。在项目指导书中，将项目开发分成若干任务，每项任务中规定学生的学习目标、工作步骤和学习成果及评价标准。在任务中，明确教学的组织形式和工具的使用情况。针对每个任务，准备相应的参考资料供学生使用。在项目开发过程中，针对不同阶段准备相应的阶段总结性文件，如××阶段性总结。项目中的每个任务都针对一个或多个能力目标。考核中要针对这些能力目标的实现情况进行考核，考核的成果会体现在××阶段性总结文件中。

（1）项目教学

下面就以"Java 应用软件开发"课程中学生信息管理系统的设计与实现项目为例描述项目教学的实施。

学生信息管理系统的设计与实现项目来源于北京信息职业技术学院学生处，为便于学生信息管理，学生处委托软件工程系学生开发一个学生信息管理系统。该系统应具备学生信息的增、删、改、查功能，界面操作简单，可管理 8000～10 000 名学生，项目预算应控制在 10 000 元以内。

针对该项目实施了项目教学，以分组教学方式进行，每组 5～6 人。这一阶段，按照项目教学法，学生要完成一个项目，要按照需求分析、概要设计、详细设计、编写代码、测试和调试及项目评估的次序进行。

首先采用行动导向的教学理念，以学生为中心的教学过程，在教学方法上除对必要的知识进行课堂讲授外，教师的任务是对学生的独立学习起咨询和辅导作用，采用项目教学法，以实际项目为背景，从软件工程的角度对项目进行分解，流程中的每个阶段确定为一个学习任务，每个任务形成一个任务书。

完成工作任务的 6 个步骤：

1）了解信息：明确项目任务，把握必要的工作内容。教师提供项目任务书和相关资料，使学生把握必要信息。

2）制订计划方案：学习小组根据任务书进行小组讨论，共同制订项目计划方案，完成人员分工，进一步确定计划是否可行，师生共同探讨相关计划和任务中所涉及的知识内容。

3）进行决策：在多个可行方案中选择并确定最优方案，通过展示、讨论方案，按照某种标准分析各个方案。

4）实施计划方案：根据小组人员分工，学生按照计划规定的时间、内容、方法和步骤各自完成自己的任务。小组交流、讨论与协作贯穿整个计划实施阶段。

5）项目控制：教师对小组实施项目计划步骤进行监控，与由学生组成的验收小组成员对每个任务的完成情况进行验收。

6）质量评估：小组成果自我展示，教师、学生进行讨论、评价。

学生在课程一开始就进行了分组，每个小组就是一个开发团队，小组长即项目经理。根据项目的开发流程，学生在不同阶段扮演不同的角色：在系统分析阶段，学生们是分析人员；在程序开发阶段，学生们担当了程序员的角色；在测试阶段，学生们又是软件测试员。

（2）项目教学的成果

根据任课教师的安排，在项目教学结束后，各项目组应提交各自的开发成果并形成技术文档。项目教学的主要成果资料在实训过程中产生，主要分为 3 个阶段：实训前期资料、实训中期资料和实训后期资料。

实训前期资料，主要是为了记录学生入训情况，让学生了解入训流程和项目整体情况。这方面的资料包括《面试记录单》《入训流程说明》《软件开发任务书》。

实训中期资料，主要是指导学生进行项目开发，并记录学生的项目开发的情况和成果，同时记录学生对岗位责任执行情况。这方面的资料包括软件开发各阶段的文档范本，如《某系统需求说明书》《某系统设计说明书》《日常检查记录表》《实训员工日考评表》《实训员工周评价表》等。

实训后期资料，主要是学生的实训总结。这方面的资料主要有《学生实训报告》。《学生实训报告》中涵盖了项目知识与技能的准备情况、参加技术培训和职业素质培训的情况、项目环境搭建的过程等内容，还包括学生在项目中承担的角色、完成的具体工作、项目相关方案、成果的具体内容、专业技能提高的具体内容和职业素质提高的具体内容等，以及学生在技能方面、专业知识方面和职业素质方面的收获等内容。《学生实训报告》是评价学生实训效果的重要依据。项目教学的考核方案如表 4.5 所示。

表 4.5　项目教学的考核方案

序号	教学任务（编号）	考核标准	考核方式	证据材料
1	任务 1	1. 日志内容真实详细 2. 项目组分工明确 3. 各软件能够正常使用	项目制作	工作日志
2	任务 2	1. 工作日志内容详细真实 2. 需求分析文档具有完整性、一致性、可修改性和可追踪性	项目制作	工作日志和需求分析文档
3	任务 3	1. 工作日志内容详细真实 2. 概要设计文档中包含完整的 UML 类图	项目制作	工作日志和概要设计文档
4	任务 4	1. 工作日志内容详细真实 2. 详细设计文档中包含完整详细的用例实现描述，以及详细的类属性和方法的描述	项目制作	工作日志和详细设计文档
5	任务 5	1. 工作日志内容详细真实 2. 源程序代码能够实现各个模块功能和界面 3. 代码符合 Java 语言编程规范	项目制作	工作日志和源程序
6	任务 6	1. 工作日志内容详细真实 2. 测试用例编写详细 3. 测试报告单填写规范	项目制作	工作日志和测试报告
7	任务 7	1. 工作日志内容详细真实 2. 总结报告客观、详细	项目制作	工作日志和总结报告

3. 方案实施的基本效果

在近几年的高职学生就业调研中，以就业为导向的高等职业教育软件技术专业人才培养模式效果显著。在众多高校面对学生就业纷纷喊难的时候，软件技术专业毕业生一次就业率达到 99% 以上，签约率达到 90% 以上。即便是受国际金融危机影响的 2009 年，本专业毕业生就业率依然达到 99.12%，签约率达到 89.58%。2009 年，学院被教育部授予全国普通高校毕业生就业工作先进集体称号。学生毕业后主要的就业岗位有软件操作员、软件营销人员、软件测试员、系统维护员、数据分析员和软件开发人员等，就业对口率达到 80%。2009 年用人单位对毕业生业务能力的反馈中，基础理论与专业水平达到较好的为 93% 以上，计算机水平、工作技能水平、学习能力及组织管理社交能力达到较好的为 89% 以上。

（五）方案实施效果调查分析

1. 学生的评价

分小组学习对我们提升相互合作能力很有帮助，而且在此次小组编程中，小组成员充分发挥出每个人的实力，对促进我们学习程序设计帮助很大，提升了我们对编程的兴趣。

在学习的过程中我们知道了合作的重要性，同时知道了自己的不足。通过做项目更牢固地掌握了程序设计理论知识与实际的结合。希望自己在以后的编程中能有更大的提高与进步，也希望得到老师和同学的帮助，在这里也要谢谢老师在项目中给予我的帮助与鼓励。

通过这学期的小班教学，我觉得这种方式很利于我们学习编程。我认为 Java 是所有课程中较难学的科目，这种小班教学能让老师更多地接触每一个同学，使每一个同学都有更深刻的认识，希望下学期中能有更多的学习机会，也能多一些与同学互相交流、互相讨论的机会。

在这个项目中我负责删除页面制作及后期的调试和连接，在制作过程中遇到了许多困难。例如，前期制作界面时，由于许多基础语句还没掌握，导致制作过程很不顺利，平时上课时学到的知识不能灵活地应用到实际项目中，许多问题需要从头看书了解。但在重新回顾的过程中也巩固了之前的知识，虽然项目做得并不出色，可是自己在制作的过程中得到了提高，有所收获。

在这个学期我的 Java 似乎是入门了，懂得了一些基础的东西，虽然太难的东西我还是不会弄，但是基本点还都能说出个一二三来。我们的老师很和蔼，遇到问题都会给我们热心地、孜孜不倦地讲解，是一个称职的好老师，肯耐心地回答我们的各种各样的问题，但是我希望老师能再严厉些。

2. 企业的评价

经过两年教学整体解决方案设计和项目教学的教学模式运作，进一步密切了教学与研发的对接，切实强化了实践教学环节，实现了理论功底厚、综合素质高和专业技能强的培养目标。

从专业对口方面看，软件技术专业的毕业生专业对口的单位占 76.35%，与专业对口的岗位占到 80%。比较知名的就业单位有北京蓝波今朝科技有限公司、用友网络科技股份有限公司、北京趣拿软件科技有限公司、中铁十六局集团第四工程有限公司、圆融咨询（北京）有限公司、北京百思特捷迅科技有限公司、北京市平谷区广播电视中心和国家新闻出版广电视总局等。

从用人单位性质看，到机关事业单位工作的占 3%，到企业单位工作的占 92%，其他类别占 5%，如图 4.10 所示。

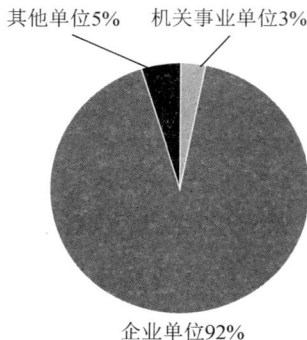

图 4.10 软件技术专业毕业生就业分布

根据调查，本专业毕业生的实习工资一般在 600～1000 元人民币，转正后工资能达到 1500 元以上，对于保险等方面的待遇，用人单位能够依照法律规定执行。例如，本专业 3 名自主招生学生，在毕业前几个月发起并组织研发了车酷儿网站，经过 4 个月的不懈努力，这些学生因该网站的运营成果，以有工作经验的业内人士身份在 IT 方向（软件产品策划和 SEO 等）成功就业，起薪均在 2500 元以上，现在工资可达 5000 元以上；另外，本专业在中搜在线工作的学生，专业功底深厚，受到公司重用，工资达 2500 元以上；除此之外，本专业有 1 名学生在中国科学院遥感与数字地球研究所下属的气象台工作，现在每月薪金最高可达 4000 元。学生转正后的月收入情况如图 4.11 所示。

3. 教师的评价

在备课方面，教师用了比平常课程多几倍的时间进行教学设计及课程资料的准备；上课时，作为课堂的组织者，除了进行必要的讲解，教师还要不断地对学生进行个性化辅导，提供帮助，同时注意把握课堂进度；课后对当天教学中出现的问题进行分析和总结，为下次取得更好的教学效果做准备。实践证明，采用教、学、做一体化的思想进行教学设计并实施能够取得良好的教学效果。同时，在教师团队合作方面有待加强。

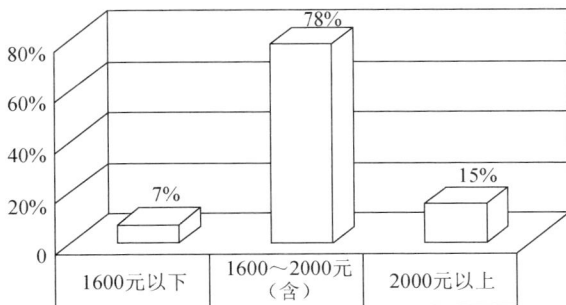

图 4.11　毕业生月收入情况

　　德国教育专家、罗斯托克大学技术教育研究院院长艾克教授对北京信息职业技术学院课程项目开发的评价如下：①在项目教学中，教师首先给学生一个从工作中推导出来的任务，这是值得肯定的；②没有看到教师满堂讲课，而是做个性化辅导；③最好的一点是能借助任务作为载体，边做任务边学知识；④项目任务书对学生要做什么产品描述得很清楚，按真正顾客的要求提交给学生；⑤学生拿到项目任务书后，能以小组的形式讨论需求，得到需求报告；⑥课程中的软件开发项目选得较好，学生调查客户需求时，可以很方便地去找教务处询问需求，而不像企业中的项目，需求很难确定；⑦课堂以小组形式进行，每个小组的解决方案不同，各个小组之间可以得到启发；⑧教师在每个阶段进行总结，为下次课提供指导，把小组评价作为课程考核的一部分；⑨总体评价，课程设计把握了学习领域课程设计的思想——在工作中学习，在学习中工作，以产品设计为导向。

六、实践结论

　　1）软件技术高级技能型人才的职业特质是我国软件业发展和软件技术发展对软件技人才提出的必然要求。软件技术专业教学整体解决方案做到了以服务情景为导向，以工作过程为主线，以软件开发为工作任务，以理论知识为辅助支撑，以行业标准和职业规范为基本要求，以典型工作任务为基础，开发形成课程体系。与印度软件职业教育相比，以就业为导向的软件职业教育人才培养模式存在着明显的优势：首先，印度软件职业教育更注重"做"，而不强调掌握系统的计算机理论及计算机科学研究，原因是印度的软件行业主要做欧美软件外包，而我国的软件行业既做软件外包又做软件的自主开发，为了适应我国的软件行业发展，我们培养的软件人才不仅需要有娴熟的软件开发操作技能，也要具备过硬的理论知识，所以需要以我国的软件行业领域就业为导向，避免学生培养时存在的技术片面性的问题。其次，印度的软件教育更强调"软件蓝领"的培养。"软件蓝领"之所以大量存在，是因为在印度，软件已经被软件设计策划人才设计出来，软件的结构在编写代码之前已经被分成很多单一的模块。许多"软件蓝领"基本上是进行体力编码，这在一定程度上限制了"软件蓝领"的创造性和发展空间。以就业为导向的软件职业教育人才培养不仅培养"软件蓝领"，而且注重培养软件企业需要的各种层次的软件人才，如程序员、软件应用人员（如数据库分析设计师）和软件销售人员等。因此，就业导向既强调市场，也强调知识对个人职业发展的作用，注重与行业企业的技术沟通，注重学生基础知识能力与技术实操能力的共同发展，不仅促进学生顺利就业，更为其稳步发展奠定基础。

2）软件技术高级技能型人才的职业特质和职业能力形成是专业教学过程设计的主线。把软件技术高级技能型人才的职业特质和职业能力作为教学目标，充分利用北京信息职业技术学院隶属行业，在校企合作方面得天独厚的条件。上级单位北京电子控股有限责任公司在学院成立了校企合作理事会。在理事会的支持和帮助下，学院定期选送教师去企业工作，企业派专业技术人员来校指导学生，形成企业与学校互惠互利的良性循环局面。经过多年校企合作，北京信息职业技术学院与多家企业建立了稳定的合作关系，共同建设了北信软件园，尤其是建立了校企合作例会机制，经常性的企业沟通使教学内容更新与行业发展同步，使教学设计突出了职业特质和职业能力的培养。

3）职业特质和职业能力的形成需要行动导向的教学策略。这对教学环境和教师队伍提出了很高的要求。北京信息职业技术学院与企业深度合作的结晶——北信软件园引入了北京蓝波今朝科技有限公司、北京中传映画公司、上海双实科技公司和北京西普科技有限公司等多家高科技公司入园，形成了校企合作、具有"三真"特色的生产性实训基地，为本专业的教学提供了优越的实训条件。打造学习型教学工厂，实现教学内容项目化、教学方式工作化、教学成果产品化、教学环境职场化、组织管理企业化、过程管理流程化、组织学习规范化、团队工作无界化，保证职业特质和职业能力教学目标的实现。

计算机信息管理专业（ERP方向）教学整体解决方案研究与实践

课题编号：BJA060049-GZKT005

一、问题的提出

（一）ERP行业发展的趋势

ERP（Enterprise Resource Planning，企业资源计划），是指建立在信息技术基础上，以系统化的管理思想为企业决策层及员工提供决策运行手段的管理平台，是针对企业物资资源管理（物流）、人力资源管理（人流）、财务资源管理（财流）和信息资源管理（信息流）集成一体化的企业管理软件。

ERP把企业的物流、资金流和信息流统一起来进行管理，以求最大限度地利用企业现有资源，实现企业经济效益的最大化。ERP的核心管理思想就是实现对整个供应链的有效管理，主要体现在以下3个方面：①对整个供应链资源进行管理的思想；②精益生产、同步工程和敏捷制造思想；③事先计划与事中控制的思想。

ERP的实施被证明是提升企业效率、降低成本和提高管理水平的有效手段。据统计，ERP能给企业带来的直接经济效益：降低库存10%～40%，库存盘点误差＜5%，缩小装配使用面积10%～30%，减少加班工时5%～50%，提高生产率5%～15%，交货期准确率100%，采购计划有序性95%。

在西方，管理软件的应用是从20世纪80年代的中后期开始。欧美发达国家ERP的应用已经有30多年的历史，在高端和低端市场都有很大的发展。

据国家发展和改革委员会、工业和信息化部和国务院信息化工作办公室发布的报告显示，全国仅有4.8%的中小企业使用了ERP，而在欧洲的使用率则为70%。我国的ERP市场发展空间非常大。

（二）行业发展对 ERP 高级技能型人才的要求

ERP 专业人才是指从事 ERP 开发、维护或项目实施，使 ERP 产品在企业经营管理中得以成功应用的相关人才。他们不但要懂 IT，还要会管理，熟悉行业。从工作性质看，ERP 专业人才可分为 ERP 实施顾问和 ERP 应用人才。

全国有 2600 万家企业，假设未来 5 年需要实施 ERP 的企业有 800 万家，一个用户平均需要 8 个星期去实施，而每个实施顾问一年的工作时间只有 50 个星期，因此至少需要 ERP 实施顾问 25 万人。据一份人才需求调查报告显示，中国目前至少缺少 500 万各类 ERP 专业人才。而据权威部门统计，目前国内合格的 ERP 实施顾问不过千人。用友、金蝶等知名公司 ERP 顾问的缺口长期存在；毕博信息技术（上海）有限公司、英特尔公司、上海贝尔阿尔卡特股份有限公司等一批企业需要不时招聘内部 ERP 项目经理；宇泰软件开发公司曾开出百万元年薪寻找优秀的 ERP 实施顾问……

面对如此紧缺的人才需求，目前国内高等教育还没有完善的 ERP 专业，无法为企业供应足够的合适人才，给我国 ERP 的进一步深入应用带来了诸多困难，严重束缚了我国企业信息化的发展。

为此，我们提出了"如何建设以就业为导向的计算机信息管理专业（ERP 方向）的教学改革与实施方案"课题，试图破解 ERP 人才培养周期长、难度大，不能适应社会需求的问题。

二、研究内容与方法

（一）研究内容

为解决 ERP 专业毕业生缺乏 ERP 高级技能型人才的职业特质和职业能力问题，课题组将首先研究 ERP 高级技能型人才的职业特质和职业能力，然后设计出适合 ERP 高级技能型人才职业特质和职业能力形成的教学整体解决方案，并通过实施教学整体解决方案，探索高等职业教育 ERP 专业教学理论。

（二）研究方法

1）运用调查法，特别是现代职业分析方法对 ERP 高级技能型人才的职业活动进行调查，并在此基础上分析 ERP 高级技能型人才的职业活动的特点，提出 ERP 高级技能型人才职业特质的基本内涵。

2）运用文献法、总结法对高职院校 ERP 专业教学和大型企业培训进行研究和总结，研究设计适合 ERP 高级技能型人才职业特质和职业能力形成的教学整体解决方案。

3）运用实验法，通过适合 ERP 高级技能型人才职业特质形成的教学整体解决方案的实施，对建立在 ERP 高级技能型人才特质基础上的高等职业教育 ERP 专业教学方案进行验证，探索 ERP 专业教学理论方法。

三、ERP 高级技能型人才的职业特质研究

职业特质是指从事不同职业的人所特有的职业素质，是能将工作中成就卓越与成就一般的人区别开来的深层特征[①]。总课题对于职业特质的研究，提出了可以从两个方向开展研究，一是在同一职业中发现成就卓越者，通过调查分析方法，研究他们与成就一般者不同的深层特征；二是通过分析职业活动，研究取得职业活动卓越效果的人具备的职业素质。本方案采用第二种方法。

（一）ERP 高级技能型人才职业活动调查

1. 职业面向的调查

ERP 专业人才可从 3 个不同层次的人才技能需求进行归类：ERP 的高级人才，包括研发人才和企业的 CIO（首席信息官）等，一方面，必须对 ERP 技术熟练地掌握；另一方面，还必须有丰富的管理经验，能够把技术和管理紧密结合，能够把常规的管理技术与公司特点有机结合。ERP 实施顾问，是技术和管理的复合型人才，只有深刻理解企业的需求，才能提供真正为企业发展带来新动力的信息技术解决方案。低端的 ERP 应用人才，必须懂得 ERP 的基本原理，能够熟练操作 ERP 的相关工具。

结合计算机信息管理专业（ERP方向）近两年毕业生就业岗位调查发现，ERP 专业的主要就业岗位为 ERP 软件开发和服务商，从事售前咨询顾问、销售顾问、培训讲师、维护支持工程师、实施顾问、开发工程师和测试工程师等岗位，也能在使用 ERP 系统的企事业单位从事 ERP 系统的应用操作、技术维护和实施等岗位。就业企业类型和岗位工作统计数据如表 5.1 所示。

表 5.1　计算机信息管理专业（ERP方向）毕业生就业企业类型和岗位工作统计表

就业企业类型	人数	岗位类型及工作
ERP 软件开发和服务商	36	1. 售前咨询顾问、销售顾问 2. 培训讲师

---

① 邓泽民，2011. 职业教育教学论[M]. 北京：中国铁道出版社.

续表

就业企业类型	人数	岗位类型及工作
		3. 维护支持工程师
		4. 实施顾问
		5. 开发工程师
		6. 测试工程师
使用 ERP 系统的企事业单位	32	1. ERP 系统应用操作
		2. ERP 系统技术维护
		3. ERP 系统的实施
其他 IT 企业	22	1. 计算机系统维护
		2. 网站设计与开发
		3. 软件开发
其他	16	与专业无关的岗位

2. 职业活动的分析

为了客观把握高职计算机信息管理专业（ERP 方向）毕业生工作中的主要职业活动，课题组邀请 9 位行业专家，应用现代职业分析方法[①]，对 ERP 人才职业活动进行分析，提出了 ERP 专业人才主要职业活动表，如表 5.2 所示。

表 5.2　ERP 高级技能型人才主要职业活动表

项目		职业活动
职业活动领域	职业共性活动领域（ERP 软件应用）	财务会计
		ERP 财务管理软件的使用
		ERP 供应链管理软件的使用
职业方向活动领域	ERP 系统实施和维护	网络系统安装和管理
		ERP 系统的安装、维护和实施
		ERP 财务会计系统维护应用
		ERP 供应链系统维护应用
	ERP 二次开发	SQL Server 数据库的使用和管理
		Windows 编程技术
		管理信息系统软件设计与开发
		基于大型 ERP 厂商二次开发平台的 ERP 系统二次开发

---

① 邓泽民，郑予捷，2009. 现代职业分析手册[M]. 北京：中国铁道出版社.

（二）ERP 高级技能型人才职业活动特点

由于每个企业的管理方法和流程既有共性，又有区别，往往需要 ERP 高级技能型人才通过与企业人员的沟通协作，才能够有效地完成 ERP 实施和应用。因此，ERP 高级技能型人才的职业活动首先是依据情景进行的。可以用图 5.1 描述。

	情景 1	情景 2	情景 3	⋯⋯
用户 A	服务活动 A1	服务活动 A2	服务活动 A3	⋯⋯
用户 B	服务活动 B1	服务活动 B2	服务活动 B3	⋯⋯
用户 C	服务活动 C1	服务活动 C2	服务活动 C3	⋯⋯

图 5.1　业务服务活动情景导向

从图 5.1 中可以看出，ERP 高级技能型人才在业务接待时，采取什么活动，取决于用户的不同和情景的变化。即 ERP 高级技能型人才业务接待活动具有典型的情景导向特点。

通过分析 ERP 高级技能型人才职业活动发现，因为企业管理非常强调流程和顺序，ERP 也都是按照特定流程来进行操作，因此 ERP 高级技能型人才职业活动大多都是严格按照操作规程和顺序展开的，包括 ERP 系统实施。可以用图 5.2 描述。

	过程阶段 1	过程阶段 2	过程阶段 3	⋯⋯
任务 A	活动 A1	活动 A2	活动 A3	⋯⋯
任务 B	活动 B1	活动 B2	活动 B3	⋯⋯
任务 C	活动 C1	活动 C2	活动 C3	⋯⋯

图 5.2　职业活动过程导向

从图 5.2 中可以看出，ERP 专业人才采取什么行动，取决于任务的不同和所处的过程阶段的变化。任务一旦确定，操作过程和规范标准就确定了。ERP 专业人才职业活动特点是由过程顺序所支配的，即 ERP 高级技能型人才职业活动具有典型的过程导向特点。

（三）ERP 高级技能型人才职业特质内涵

从上述职业活动的特点可以看出，ERP 高级技能型人才职业活动具有情景+过程导向的特点。即依据任务，要建立和用户良好的沟通关系，并严格把握和执行管理流程、工作程序、工作规范和操作规程。因此，ERP 专业人才的主要职业特质定义：在进行业务接待时，依据服务情景，及时把握用户需求的心理预期，使用户满意的服务意识与素质；在从事技术工作时，依据任务，严格把握并执行工作程序、工作规范，做到用严格的工作程序、工作规范和操作标准，保证操作结果符合质量要求的意识与素质。

四、计算机信息管理专业（ERP 方向）教学整体解决方案设计

（一）专业的职业面向分析

本专业主要就业岗位包括 ERP 实施技术员、ERP 二次开发程序员、.NET 程序员和企业信息主管 CIO 等。

其他就业岗位有软件咨询与销售顾问、信息处理技术员和高级文员等。

（二）就业证书需求的分析

对企业的调查发现，本专业毕业生就业需要参加计算机技术与软件专业技术资格（水平）考试、信息处理技术员或程序员考试，并还获得相应证书；参加全国计算机信息高新技术考试相应模块的考试，取得合格成绩。

（三）专业培养目标的确定

本专业培养德、智、体、美全面发展，具有良好的职业素质、实践能力和创新创业意识，具有 ERP 专业人才职业特质和职业能力，即具有 ERP 应用能力、ERP 实施能力和 ERP 开发能力（二次开发），能在 ERP 厂商和使用 ERP 的企事业单位从事 ERP 系统的应用、操作、技术维护、实施、开发和测试等相关工作的应用型技术人才。职业核心能力目标如表 5.3 所示。

表 5.3　职业核心能力目标

工作岗位	主要工作任务	职业能力
计算机系统维护	计算机硬件组装	1. 计算机硬件性能了解 2. 计算机硬件设备安装维护
	计算机软件安装	1. 软件系统安装 2. 软件系统维护
	计算机网络构建	1. 局域网络构建 2. 局域网络管理
	Office 软件应用	1. Word 高级应用 2. Excel 高级应用 3. PowerPoint 高级应用
	网页设计与制作	1. 静态网页设计与制作 2. 网页设计工具软件应用

续表

工作岗位	主要工作任务	职业能力
信息系统 安全管理	计算机安全管理	1. 信息安全技术 2. 操作系统安全配置 3. 数据库系统安全技术
	网络安全管理	1. 计算机安全防护措施了解 2. 计算机病毒防护 3. 入侵检测技术
信息系统软件开发、 ERP 二次开发	软件需求分析	1. 需求调研 2. 书写需求说明书
	软件概要设计	1. 概要设计 2. 书写概要设计说明书
	软件详细设计	1. 详细设计 2. 书写详细设计说明书
	软件编码	1. 程序设计分析 2. 程序设计代码开发 3. 程序设计代码调试
	软件测试	1. 功能测试 2. 性能测试 3. 自动测试
	软件部署实施	1. 软件安装 2. 软件系统部署 3. 软件应用维护
ERP 软件实施	项目准备	1. ERP 实施项目立项 2. 项目调研 3. 制定实施方案 4. 项目启动 5. ERP 软件安装
	项目蓝图规划	1. 项目核心小组成员培训 2. 制定基础资料管理规范 3. 基础资料准备 4. 流程整理
	项目系统实现	1. 初始化数据准备 2. 最终用户培训 3. 系统初始化 4. 日常业务指导
	项目系统交付	1. 书写项目实施验收报告 2. 书写实施交付服务确认单 3. 项目交接备忘录 4. 项目总结报告
	项目确认	1. 蓝图设计完成确认 2. 软件安装完成确认 3. 系统实现完成确认

续表

工作岗位	主要工作任务	职业能力
软件营销	软件产品熟悉	1. 销售软件技术支持 2. 售后软件维护跟进
	制定软件营销策略	1. 所属区域的信息采集 2. 制定市场推广方案
	用户培训	1. 语言表达 2. 软件操作
Web 编程	静态网站开发	1. HTML、CSS 语言 2. Dreamweaver 网站开发工具 3. Photoshop 图像处理工具 4. Flash 动画设计工具
	动态网站开发	1. ASP.NET 语言 2. SQL Server 数据库
	网站架构	1. 网站管理 2. 网站设计规划

（四）专业课程体系的构建

根据计算机信息管理专业（ERP 方向）培养目标、采用职业教育课程体系构建原则和方法，形成课程体系。对每门课程的教学目标、教学内容和教学设计做出明确规定，具体内容如表 5.4～表 5.7 所示。

表 5.4　职业基本素质课程描述表

课程	职业基本素质	学期	第 1～5 学期	学时/学分	893/48.5
教学目标	1. 了解和掌握马克思主义中国化的进程和基本原理；培养学生良好的思想道德修养和法律素质，使其树立正确的世界观、人生观和价值观；提高学生人文素养，树立正确的审美观念 2. 掌握一定的数学技术和数学文化，培养数学应用能力；熟练掌握计算机应用及信息获取与处理的基本技能；培养学生自主学习能力，使其适应信息化社会和未来职业发展的需要 3. 掌握一定的英语语言基础知识，培养学生的听、说、读、写、译等英语综合应用能力 4. 掌握基本的体育与健康知识和一定的体育运动技能，培养良好的运动兴趣和习惯，使学生增强体质、提高体能 5. 培养学生职业生涯规划能力，使其树立正确的就业观，增强就业竞争能力 6. 培养学生口头和书面表达能力及人际沟通、团队协作能力，使其具有较强的社会责任感和创新精神，养成健康的心理素质和良好的职业素养				
教学内容	1. 思想道德修养与法律基础，毛泽东思想、邓小平理论和"三个代表"重要思想概论，当前国际国内形势和国家相关政策的宣传教育 2. 集合与函数、微分学、积分学、常微分方程、无穷级数与拉普拉斯变换、矩阵及其应用、计算机数学初步、数学实验和数学建模简介 3. 2500～3400 个英语单词及常用词组，基本的英语语法，一般的日常交际活动英语，一般题材的英文资料阅读、翻译，模拟套写简短的英语应用文 4. 武术、体操、田径、篮球、排球、足球、羽毛球、网球和乒乓球等基本动作要领及训练				

5．大学生心理与健康基本常识，大学生学习特点及常见心理问题分析，人际交往心理概述、原则、技巧与艺术

6．计算机应用及组装维护基础知识，Windows XP 操作系统，Word、Excel 和 PowerPoint 办公软件，计算机组装、维护和安全管理等

7．美术欣赏、音乐欣赏、公益劳动和社团活动

8．职业发展规划与求职过程指导、职业适应与发展教育和创业教育

表5.5　职业核心素质课程描述表

课程	程序设计基础	学期	第 1～2 学期	学时/学分	192/10.0
教学目标	1．熟练掌握 C 语言的数据类型（基本类型、构造类型和指针类型等）和各类运算符，能正确使用表达式实现各种数据的简单加工 2．熟练掌握 C 程序的 3 种基本结构（顺序结构、选择结构和循环结构）的特点，能使用相关语句完成这 3 种基本结构的程序设计任务 3．掌握 C 语言的常用库函数使用，以及用户函数的定义、调试和参数传递等方法 4．掌握典型算法分析与设计 5．掌握常用数据结构应用				
教学内容	1．数据类型和表达式 2．输入输出函数 3．结构化编程思想入门，设计流程图 4．顺序结构、选择结构和循环结构 5．数组、指针和函数 6．经典算法				
教学设计	课程教学以引导文教学法和项目教学法为主，以学生成绩管理系统为载体，学习程序设计的基本原理和基本方法，初步掌握程序的开发与调试技术				
课程	数据库技术	学期	第 2 学期	学时/学分	102/5.0
教学目标	1．掌握数据库基本理论知识 2．熟悉规范的数据库设计过程 3．了解数据库管理系统（DBMS）的功能 4．掌握 SQL Server 数据库管理系统的综合应用 5．掌握 SQL 语言				
教学内容	1．基于项目学生管理信息系统的数据模型设计 2．基于项目图书管理系统的数据完整性、快速检索实现 3．基于项目网上考试系统的数据库安全管理				
教学设计	通过示范项目中的数据库应用开发与管理，使学生经历数据库应用系统开发的全过程；在专用的软件实训室使用多媒体网络教学软件进行广播授课，实训与授课同步进行				
课程	网页设计	学期	第 2 学期	学时/学分	72/4.0
教学目标	1．熟悉建立网站及发布网站的步骤和过程 2．掌握使用可视化网页制作工具 Dreamweaver 建立网站、制作网页的方法 3．熟悉基本的图像处理和动画制作技术				

续表

教学内容	1．网页元素的基本操作 2．网页图像、表格和框架设计 3．Flash 动画技术				
教学设计	依据项目导向、案例驱动、突出实践、关注过程的教学理念，通过项目和案例，介绍 Dreamweaver 文本、图片、表格、层、超链接、表单、CSS 及行为和事件的使用方法，最终完成一个专题网站的设计与制作				
课程	Windows 程序设计	学期	第 2 学期	学时/学分	90/5.0
教学目标	1．熟悉 Visual Studio.NET 集成开发工具 2．掌握 Windows 常用控件的使用 3．掌握面向对象程序设计的方法 4．初步掌握 ADO.NET 数据库编程技术 5．初步熟悉软件开发过程				
教学内容	1．可视化实现用户登录界面等基本功能模块 2．基于学生管理系统的实战式软件开发 3．桌面秀等实用小软件的商业式软件开发 4．连接 SQL 的数据库接口编程				
教学设计	在专用的软件实训室使用多媒体网络教学软件进行广播授课，实训与授课同步进行；创建软件工作室，真实模拟企业环境，学生分组进行软件项目开发，增强动手能力、团队合作意识				
课程	管理信息系统设计与开发	学期	第 3 学期	学时/学分	102/5.5
教学目标	1．掌握软件开发流程 2．熟悉管理信息系统软件设计的方法 3．具有管理信息系统软件需求分析的能力 4．具有管理信息系统软件概要设计、详细设计的能力 5．具有管理信息系统软件编程能力 6．具有管理信息系统软件调试测试能力				
教学内容	1．学院教务管理系统软件开发流程 2．学院教务管理系统需求调研 3．学院教务管理系统概要设计 4．学院教务管理系统详细设计 5．学院教务管理系统编码 6．学院教务管理系统调试与测试				
教学设计	在专用的软件实训室使用多媒体网络教学软件进行广播授课，实训与授课同步进行；结合前驱课程程序设计基础和 Windows 程序设计（C#）进行纵向综合式实训项目开发				
课程	软件工程	学期	第 3 学期	学时/学分	34/2.0
教学目标	1．熟悉软件开发的工作流程 2．掌握过程式开发模式 3．掌握面向对象式开发模式 4．掌握 Rational Rose 等建模工具的使用 5．熟悉软件开发各阶段文档的编写规范				

教学内容	1．档案管理系统模型绘制与工作流程描述 2．自动柜员机（ATM）系统模型设计与系统模块划分 3．BBS 论坛系统综合建模与开发文档编制			
教学设计	为学生提供了 3 个完整、真实的项目背景；从解决实际问题出发，强调技能训练和项目实战相结合，理论联系实际；项目的设计与开发贯穿课程始终，在项目实践中学习课程			
课程	企业管理与 ERP 沙盘	学期	第 3 学期	学时/学分　34/2.0
教学目标	1．了解企业管理概况 2．了解企业管理和经营本质 3．了解 ERP 核心理念 4．掌握生产管理与成本控制 5．掌握 ERP 沙盘应用			
教学内容	1．以制造型企业为代表分析企业管理概貌 2．以制造型企业为代表分析市场规则 3．以制造型企业为代表分析企业生存之道 4．以 ERP 沙盘模拟企业财务管理 5．以 ERP 沙盘模拟企业营销管理 6．以 ERP 沙盘模拟企业生存管理			
教学设计	把教学内容融入典型载体中，通过教师采用案例教学法、引导文教学法指导学生在 ERP 模拟沙盘上掌握经营管理企业的基本思想和方法，为后续标准 ERP 应用、实施和二次开发打下必要的企业管理知识基础			
课程	标准 ERP 应用	学期	第 3 学期	学时/学分　68/4.0
教学目标	1．掌握 ERP 软件的核心理念 2．了解 ERP 软件的总体概况 3．掌握主流 ERP 产品的应用流程 4．掌握主流 ERP 产品的财务管理 5．掌握主流 ERP 产品的供应链管理			
教学内容	1．以诚信电子公司实施的 ERP 产品为载体，了解 ERP 软件的总体概况 2．以诚信电子公司实施的 ERP 产品为载体，进行 ERP 系统管理 3．以诚信电子公司实施的 ERP 产品为载体，进行 ERP 标准财务管理 4．以诚信电子公司实施的 ERP 产品为载体，进行 ERP 供应链管理 5．全面总结 ERP 软件在企业管理中的应用 6．全面体会 ERP 软件在企业管理中的作用和成效			
教学设计	采用任务驱动、项目导向的教、学、做一体化情景教学模式，以诚信电子公司为案例，构建师生互动的课堂，以达到全面了解和掌握当前主流 ERP 产品的标准模块应用技术			
课程	实用网络技术	学期	第 3 学期	学时/学分　68/4.0
教学目标	1．掌握组建和管理小型局域网的基本技能 2．掌握网络服务配置及应用的基本知识 3．熟悉维护网络系统安全的常用手段 4．了解网络规划的工作流程			

续表

教学内容	1．以小组为单位组建局域网 2．以校园网为例进行网络的规划与设计 3．网络防火墙技术、网络软件管理与远程控制				
教学设计	以规划校园网为线索，从解决实际问题出发，在项目实践中学习课程				
课程	Web 应用程序设计	学期	第 4 学期	学时/学分	102/5.5
教学目标	1．熟悉动态网站规划与设计的工作流程 2．掌握网站页面美工设计的常用技巧 3．掌握后台支撑程序设计的典型算法 4．掌握网站的部署、发布和配置方法				
教学内容	1．搭建 ASP.NET 开发平台，进行电子购物网站的规划与设计 2．详细设计商品管理、购物支付等功能模块 3．编程实现 IP 访问量等统计模块 4．为登录注册等模块添加权限设定和身份验证功能				
教学设计	在专用的软件实训室使用多媒体网络教学软件进行广播授课，实训与授课同步进行；结合前驱课程程序设计基础和 Windows 程序设计（C#）进行横向对比式教学，结合前驱课程网页设计进行纵向综合式实训项目开发				
课程	软件文档编写规范	学期	第 4 学期	学时/学分	34/2.0
教学目标	1．了解软件企业文档编写的重要性 2．了解软件企业标准文档的规范 3．掌握需求说明书的编写规范 4．掌握概要设计说明书的编写规范 5．掌握详细设计说明书的编写规范 6．掌握测试文档的编写规范 7．掌握软件用户手册的编写规范				
教学内容	1．编写电子购物网站项目的需求说明书 2．编写电子购物网站项目的概要设计说明书 3．编写电子购物网站项目的详细设计说明书 4．编写电子购物网站项目的测试文档 5．编写电子购物网站项目的用户使用手册				
教学设计	在专用的软件实训室使用多媒体网络教学软件进行广播授课，实训与授课同步进行；结合 Web 应用程序设计课程进行横向对比式教学，以软件企业规范化文档资料整理为任务，实践软件企业项目文档规范化管理				
课程	ERP 实施	学期	第 4 学期	学时/学分	68/4.0
教学目标	1．了解分析 ERP 市场 2．了解 ERP 项目实施的一般方法 3．掌握 ERP 系统项目管理 4．掌握 ERP 系统实施流程				

续表

教学内容	1．ERP实施项目市场调研 2．ERP实施项目的需求定义 3．ERP实施项目的供应商选择 4．ERP项目实施 5．ERP项目上线后的流程改善				
教学设计	以工作过程为导向，以某个企业实施的ERP项目为驱动设计学习情境，按照每个学习情景组织教学；教学中以学生为主体，以能力培养为目标				
课程	ERP二次开发	学期	第4学期	学时/学分	68/4.0
教学目标	1．了解当前主流ERP二次开发平台 2．掌握ERP二次开发的无代码开发技术 3．掌握ERP二次开发的代码开发技术 4．掌握ERP二次开发项目的部署、发布和配置方法				
教学内容	1．ERP二次开发平台概述 2．需求分析和业务抽象 3．基础资料定义 4．单据定义 5．多级审核流程定义 6．业务流程定义 7．插件开发 8．打包和部署				
教学设计	以ERP项目二次开发工作过程为导向，以某企业ERP二次开发项目为驱动设计学习情景，按照每个学习情景组织教学；教学中以学生为主体，以能力培养为目标，基于工作过程实施教、学、作为一体的动态教学模式				

表5.6　职业能力拓展课程描述表

课程	信息安全技术	学期	第5学期	学时/学分	96/5.5
教学目标	1．了解当前信息安全的防护体系 2．了解密码技术和密码算法 3．了解当前主要信息安全技术 4．掌握入侵检测系统的部署 5．了解当前主流的防病毒技术 6．掌握操作系统安全配置 7．掌握数据库安全体系				
教学内容	1．以校园网安全保障为任务，设计网络安全防护体系 2．以校园网安全保障为任务，进行操作系统安全配置 3．以校园网安全保障为任务，实施主流的防病毒技术 4．以校园网安全保障为任务，实施入侵检测系统的部署 5．以校园网安全保障为任务，分析信息安全体系的整体构建				

续表

教学设计	以网络安全保障工作过程为导向，以校园网安全体系构建项目为驱动设计学习情景，按照每个学习情景组织教学；教学中以学生为主体，以能力培养为目标，基于工作过程实施集教、学、做于一体的动态教学模式				
课程	软件测试技术	学期	第 5 学期	学时/学分	96/5.5
教学目标	1．熟悉软件测试流程 2．熟练掌握黑盒测试技术与白盒测试技术的应用 3．理解并初步掌握软件自动化测试工具的运用 4．理解并初步掌握测试脚本的实现 5．为综合实训和顶岗实习等课程奠定良好的软件测试理论基础				
教学内容	1．基于项目的软件测试流程 VS 软件开发过程 2．黑盒测试用例技术案例 3．白盒测试用例技术案例 4．利用 QTP 工具实现 Flight 界面的功能测试 5．利用 QTP 工具实现某登录界面的参数化测试 6．利用 QTP 工具实现对 Web 对象的测试				
教学设计	在专用的测试实训室使用多媒体网络教学软件进行广播授课，实训与授课同步进行；为学生提供完整、真实的项目进行实战测试；真实模拟企业环境，增强动手能力、团队合作意识				
课程	企业项目案例	学期	第 5 学期	学时/学分	128/7.0
教学目标	1．熟悉企业项目开发工作流程 2．掌握常见企业项目的数据库设计方案 3．进一步掌握面向对象程序设计的方法 4．进一步实践软件测试方法				
教学内容	1．餐饮管理系统的设计与实现 2．企业人事管理系统的设计与实现 3．超市进销存管理系统的设计与实现				
教学设计	将企业的成熟产品和项目带进来，进行分解、提炼和整合，作为课程教学内容实施的载体；把教学的平台延伸到软件开发企业，把企业最需要的职业能力的培养融入具体的工作任务之中				

表 5.7　职业综合技能课程描述表

课程	综合项目 1 课设	学期	第 3 学期	学时/学分	120/4.0
教学目标	1．了解软件企业项目开发的流程 2．掌握需求调研的方法 3．掌握软件项目概要设计与详细设计方法 4．掌握软件项目编码 5．掌握软件项目调试与测试				
教学内容	1．以一个中等规模、成熟的 C/S 架构管理信息系统软件项目为蓝本，进行项目开发流程设计 2．针对成熟项目，编写软件项目需求说明书 3．编写软件项目概要设计说明书 4．编写软件项目详细设计说明书 5．编写软件项目代码 6．实施软件项目测试 7．软件项目交付使用				

教学设计	围绕一个来自企业的真实 C/S 架构管理信息系统软件项目的工程化管理流程，采用讲述法介绍项目开发流程，采用项目教学法、实训教学法等完成软件工程各阶段的分析、设计、调试及交付使用的实训过程				
课程	综合项目 2 课设	学期	第 4 学期	学时/学分	120/4.0
教学目标	1．了解软件企业项目开发的流程 2．掌握需求调研的方法 3．掌握软件项目概要设计与详细设计方法 4．掌握软件项目编码 5．掌握软件项目调试与测试				
教学内容	1．以一个中大规模、成熟的 B/S 架构"电子商务"软件项目为蓝本，进行项目开发流程设计 2．针对成熟项目，编写软件项目需求说明书 3．编写软件项目概要设计说明书 4．编写软件项目详细设计说明书 5．编写软件项目代码 6．实施软件项目测试 7．软件项目交付使用				
教学设计	围绕一个来自企业的真实 B/S 架构电子商务软件项目的工程化管理流程，采用讲述法介绍项目开发流程，采用项目教学法和实训教学法等完成软件工程各阶段的分析、设计、调试及交付使用的实训过程				
课程	岗前模拟实训	学期	第 5 学期	学时/学分	180/6.0
教学目标	1．强化软件开发（需求分析、概要设计、详细设计、编码实现、测试安装和实施维护）建模、编程、测试技能 2．树立工程意识，具有良好的职业道德和职业素质，能适应真实岗位工作要求 3．建立 IT 职业礼仪，为即将到来的顶岗实习做好充分的准备				
教学内容	1．软件公司开发环境配置和部门职能划分等 2．软件公司各个部门的团队组织方式及工作流程 3．学习并编制软件建模文件和相关技术文档				
教学设计	充分利用软件公司设备和项目资源，采用案例分析法、现场教学法和实践操作法等多种教学方法，让学生在真实的职场氛围中，进一步强化软件开发职业技能				
课程	顶岗实习	学期	第 6 学期	学时/学分	300/8.0
教学目标	1．了解实习单位的概况，熟悉职业岗位工作内容和能力要求 2．参与程序员、软件测试员和技术实施等岗位的顶岗实习 3．通过参与公司项目开发，应用专业知识与技能完成任务 4．适应工作环境，正确处理工作环境中的人际关系 5．通过真实环境、真实工作的锻炼，培养良好的职业道德和团队合作精神				
教学内容	1．针对软件编程开发、软件测试和技术实施实行现场技术指导和专项实习、轮岗实习 2．按企业员工要求，完成本职工作				
教学设计	按照准员工的培养目标，采用分析法、任务教学法、现场教学法和实践操作法等教学方法，在顶岗实习所在的软件公司，对软件开发流程和软件建模图纸进行学习。参与公司项目，应用专业知识和技能，完成任务，能够较好地适应真实的工作环境，顺利完成顶岗实习任务				

本专业毕业最低学分要求为 146.5 学分，其中职业基本素质课程 48.5 学分，职业核心素质课程 57.0 学分，职业能力拓展课程 18.0 学分，职业综合技能课程

22.0 学分，形势与政策 1.0 学分。

（五）专业教学策略的研究

为了培养计算机信息管理（ERP 方向）专业学生，形成计算机信息管理（ERP 方向）高级技能型人才的职业特质。在总课题研究提出的过程导向、情景导向和效果导向 3 种教学策略[1]中，计算机信息管理（ERP 方向），以先锋软件集团公司、九江鹤问网络科技有限公司、广州市小聪软件产业股份有限公司、金蝶软件（中国）有限公司南昌分公司和校内生产性实训基地为依托，实施职业情境+项目主导的产、学、研高级技能型人才培养模式，如图 5.3 所示。

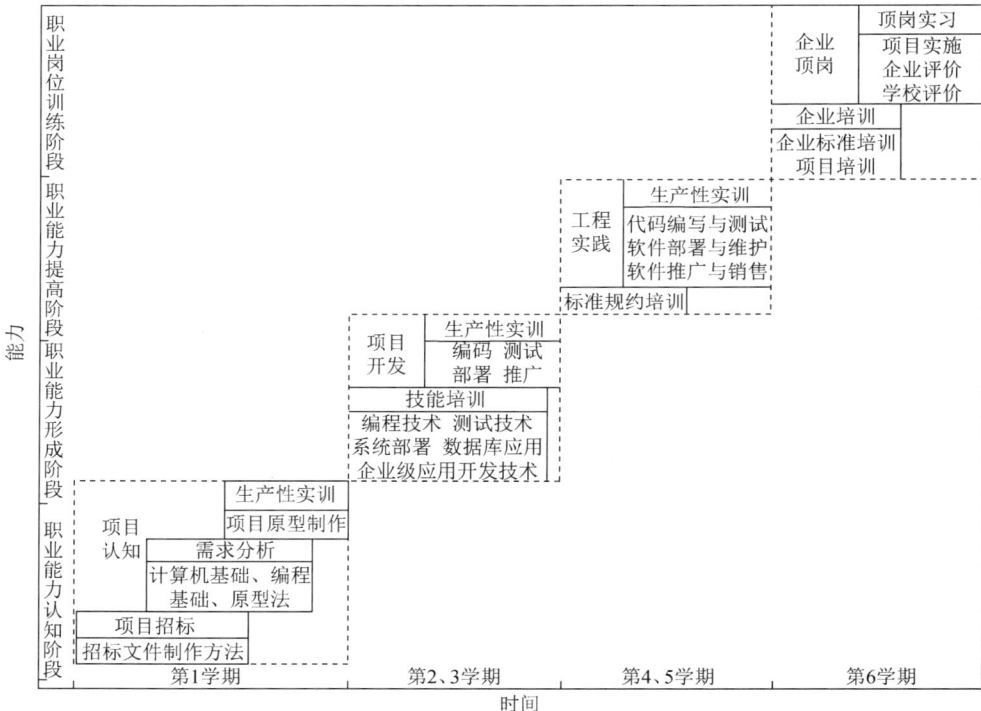

图 5.3 职业情境+项目主导的产、学、研人才培养

通过分析计算机信息管理专业（ERP 方向）主要职业岗位典型工作任务，按照工作任务由简单到复杂、由单一到综合的递进关系，选取具有代表性的管理信息系统软件项目开发及企业信息化项目实施、应用和改造的教学项目，按照系统

---

[1] 邓泽民，2016. 职业教育教学设计[M]. 4 版. 北京：中国铁道出版社.

化工作过程，校企共同实施人才培养，把项目放在校内实训中心、专业实训室和校外实训基地进行。通过教室与实训室一体化、教师与程序员一体化、作品与产品一体化实行教、学、做合一，校企共同实施考核从而实现人才培养，达到教学过程与岗位工作任务零距离对接。同时把校企合作企业文化融入职业教育人才培养的全过程，培养学生了解 IT 行业、向往 IT 行业和热爱 IT 行业的职业素养。

为了实现多角度、全方位的校企合作，本专业建立了鹤问软件研发部、企业信息化技术服务部等校企联合技术服务工作室，选取具有代表性的软件产品，开发相应的教学项目。将企业产品引入课堂教学，由学生根据企业的要求在各教学阶段分别围绕项目学习和训练。将职业能力培养分以下 4 个阶段实施。

第一阶段（第 1 学期）：职业能力认知阶段。选取和制作毕业生求职简历、毕业论文编排、学生成绩管理系统、打字软件、五子棋游戏和班级网站等典型产品，开发相应教学项目，培养学生对于计算机相应岗位初级技能。主要完成常用工具软件应用、计算机软件硬维护；.NET（C#）开发平台初级使用；SQL 数据库管理系统进行数据全面管理，使用网页设计实用软件进行动态网站开发设计等能力的培养，建立对本专业主要职业岗位基本能力的认识，并初步培养形成一定的专业能力。教学主要在本系专业机房完成。

第二阶段（第 2、3 学期）：职业能力形成阶段。选取图书馆管理系统、校园网构和某公司 ERP 系统应用等典型产品，开发教学项目，培养学生针对本专业岗位应达到的中级技能，达到培养利用.NET（C#）进行小型企业管理信息系统软件开发，利用当前主流 ERP 软件进行企业运营管理，利用网络设备进行局域网构建与维护等专业能力的目标。教学场地主要在企业信息化建设实训中心和软件工程中心等。

第三阶段（第 4、5 学期）：职业能力提高阶段。选取工商管理信息网、网上考试系统、电子购物网站、公司 ERP 系统实施和公司 ERP 系统二次开发改造等典型产品，开发教学项目。主要培养利用.NET（ASP.NET C#）进行中大规模电子商务、电子政务系统设计开发；利用当前主流 ERP 软件进行企业 ERP 项目实施及二次开发改造等高级专业技能。教学场地主要在企业信息化建设实训中心和软件工程中心等。

第四阶段（第 6 学期）：职业能力拓展阶段。选取校园网络安全防护体系构建和电子商务网站系统测试等企业级的成熟项目，开发教学项目。培养学生针对当前网络安全管理、信息系统功能性能等测试、上岗前 IT 职业岗位体验及职业礼仪等的拓展能力。教学场地主要在校内软件开发工作室和校外实训基地等。

（六）专业教师团队的配备

专业教师团队应具备专业带头人和专业各核心课程负责人，双师型教师占教师总数的 60%以上。教师团队应具有教育观念新、教学水平高、实践能力强、师德高尚、爱岗敬业、专兼结合和双师型结构的特点。其中，专业带头人至少 1 名，专业骨干教师至少 2 名，专职教师与兼职教师人数比应为 1∶1，具有双师资格的教师应占教师总数的 80%以上，具有高级考评员资格的教师应占教师总数的 60%以上，教师的年龄结构和职称结构应科学合理。

1. 专业带头人

能够掌握行业企业最新技术动态，把握专业技术发展方向，在同行业有一定影响，有较强的生产、科研能力，且具有相应技能证书的高级技术人员。其具有先进的高职教育理念、较强的教学设计能力、丰富的教学经验和较强的组织和管理能力；具有主持教学、培训及实训基地项目建设能力，能够解决企业实际生产问题和对企业提供技术支持。

2. 骨干教师队伍

具备本专业本科或研究生以上学历，扎实的理论基础和较强发展潜力；具有严谨的治学态度和良好的团结协作精神，具有一定的组织能力和领导能力；具有创新性思维、教学思路和教学方法，能参与人才培养方案的制订或修改，担任专业的核心课程教学，主持或参与核心课程建设和特色教材的开发，参与对行业、企业的技术开发、技术服务和技术培训工作。

3. 兼职教师队伍

在专业技术领域或职业岗位有 5 年以上的工作经历，热爱职业教育，了解目前专业技术发展趋势，具有较强的专业技术应用或很强的实践操作能力，能够指导校内实践教学、企业生产实习、顶岗实习、职业技能培训和考评鉴定；能够参与专业人才培养方案及职业能力标准的制定、实验实训室建设方案的评审和论证、课程建设和教学改革，以及教材编审等工作；具有良好的沟通与表达能力和一定的教学能力，胜任专业课程教学工作。

（七）专业实训条件配备

1. 校内实训场地

校内实训场地应按照完成专业核心课程教学、满足教、学、做一体化教学需要进行配置。专业实训室应建设成集教学、生产、培训、技术服务和职业技能鉴定五位一体的综合性教学生产基地，如表 5.8 所示。

表 5.8　校内实训场地建设情况

实训场地名称	主要功能	合作企业
软件开发工作室	主要用于 Web 开发及网页设计方面的教学实训，也可进行网站综合实训	先锋软件集团
企业信息化实训室	主要用于基于金蝶 ERP 实施、应用及二次开发的实训，同时可用于课程实训及综合技能训练	金蝶软件（中国）有限公司南昌分公司
游戏软件开发工作室	主要用于基于.NET 平台的游戏项目开发，同时可用于课程实训及综合技能训练	广州市小聪软件产业股份有限公司
软件测试实训室	主要用于软件测试技术相关实训，同时可用于课程实训及综合技能训练	IBM 服务外包教育集团
ERP 技术服务部	主要用于国内主流 ERP 产品的技术服务工作，同时可用于课程实训及综合技能训练	金蝶软件（中国）有限公司南昌分公司
鹤问网络技术研发部	九江鹤问网络科技有限公司与本专业联合项目技术研发工作及对外软件技术支持服务	九江鹤问网络科技有限公司

2. 校外实习场地

校外实习场地的选择上依据专业对口、地域上辐射周边的原则，选择九江及周边城市以研发管理信息系统软件为主的 IT 企业，如表 5.9 所示。

表 5.9　校外实习场地建设情况

校外实习场地企业名称	创建时间	主要功能
先锋软件有限公司	2009 年 1 月	IBM 服务外包实训、学生就业
金蝶软件（中国）有限公司南昌分公司	2008 年 5 月	订单式人才培养、师资培养、学生实习和学生就业
湖南青果软件有限公司	2009 年 5 月	联合技术服务、学生实习学生就业
贝谷科技股份有限公司	2008 年 12 月	联合技术服务、学生实习和学生就业
广州市小聪软件产业股份有限公司	2008 年 3 月	学生校外实习基地、学生就业
九江鹤问网络科技有限公司	2009 年 12 月	联合软件开发、学生实习和学生就业
得实信息科技（深圳）有限公司	2008 年 8 月	联合技术服务、学生实习和学生就业

五、计算机信息管理专业（ERP 方向）教学整体解决方案实施

从参加课题的各学校专业教学整体解决方案实施分析，由于有了配套教材和课件等教学资源的支撑，实施新方案的阻力并没有预想的大。教师需要建立现代教学的理念和提高教学开发和组织实施的能力，为了消除教师对新方案的抵制，学校都采用了引导消除抵制模式（LOC 模式），分为 5 个阶段实施。

（一）教师把握整体解决方案

计算机信息管理专业（ERP 方向）教学整体解决方案由课程教学平台和实训教学平台构成，每一平台由若干课程模块组成。课程教学平台是指在各学期组织开展的教学活动，包括通用技能、专业技能和拓展技能 3 个模块。实训教学平台是指在集中组织学生进行有针对性的，面向就业的职业技能训练的教学活动，包括职业能力认识、职业能力形成、职业能力提高和职业岗位训练 4 个阶段。

计算机信息管理专业（ERP 方向）教学团队，向实施的教师讲解专业教学整体解决方案，使所有成员都清楚了解专业教学整体解决方案，了解课程的地位和作用，并能与企业技术人员共同开发教学内容，明确自己的角色，把握自己的任务。

（二）教师必备教学能力培训

专业教师的计算机信息管理专业（ERP 方向）教育观念转变和过程导向教学策略的学习运用是教学人员准备的主要内容。

计算机信息管理专业（ERP 方向）教育观念转变主要通过专家讲座、观摩过程导向教学等形式完成。过程导向教学策略的学习运用通过专家过程导向行动教学展示、教学设计和课件设计，以及过程导向教学比赛比较有效。尤其是职业教育课件设计活动对教师系统掌握职业教育教学理论、教育技术和专业实践能力十分有效[①]。

通过教师必备能力培训，使所有成员都具备专业教学整体解决方案实施的专业教学能力，主要是专业实践教学能力。

（三）设施、材料与教材准备

对原有教室和实训室，按照情景导向教学的要求进行改造，形成了职业情景和教学情景一体化教室，与合作企业探讨，研究确定学生实习的职业岗位，形成校内外教学、实训和实习密切衔接的校企合作教学、实训和实习组合新模式。

为了提高专业教学的开放性和充分利用专业优质教学资源，应将专业核心课程建成网络课程，网络课程含有电子教材、电子教案、题库、在线测试和师生互动等内容。专业教材设计需要遵循职业活动逻辑、学习动机发展逻辑和职业能力形成逻辑相统一的原则，构建理实一体的专业教材结构[②]。开发形式多样、与课程相配套的多媒体课件，供教师授课使用并方便学生自主学习，建立视频动画库，

---

① 邓泽民，马斌，2011. 职业教育课件设计[M]. 北京：中国铁道出版社.

② 邓泽民，侯金柱，2006. 职业教育教材设计[M]. 北京：中国铁道出版社.

收录专业核心课程及相关的视频资料，包括教师授课、学生实训和技术服务等。动画资料包括二维动画和三维动画，主要有电子产品生产过程，设备安装、调试和维修，常用电子仪器的使用操作方法等。建立与应用电子技术专业相关的电子文献、杂志和参考书籍等资料库；将相关的行业标准、生产工艺规程等资料分类整理、提供链接，实现资源共享。

（四）方案实施的评价与激励

为了保证计算机信息管理专业（ERP 方向）教学整体解决方案的顺利实施，指导小组将给予充足的经费支持，每年从全系经费中单列。九江职业技术学院还建立了教学方案实施质量监控体系，由学院、系部和学生构成三级监控，在不同层面上对方案实施质量控制，方案实施保障制度一览表如表 5.10 所示。

表 5.10 方案实施保障制度一览表

实施内容	制度保障
校企合作	《专业指导委员会工作条例》《九江职业技术学院关于进一步加强校企合作的实施意见》
专业建设	《专业建设暂行办法》《专业指导委员会工作条例》
课程建设	《课程建设管理办法》《课程建设质量评估指标体系》
师资建设	《教学团队建设实施意见》《双师型教师队伍建设暂行办法》《外聘兼职教师管理暂行办法》《教师进修培训管理暂行办法》《专业带头人和中青年骨干教师评选办法》
教材建设	《教材建设委员会工作条例》
教学组织	《课程教学质量标准》《教学质量督导工作条例》《期中教学质量检查制度》《教学事故认定与处理办法》《考试管理工作规则》
实习实训	《实习实训管理办法》《关于顶岗实习管理办法》《关于实习实训基地建设管理办法》
学生管理	《学生管理实施细则》《毕业生毕业资格审查管理办法》《学生考勤制度》《学生违纪处分实施细则》

1. 学院教学质量监控

院长对质量监控工作负总责，分管副院长协助院长，领导教务处、学工处、人事处和督导组等职能部门做好质量监控工作的规划、部署、监督和协调等具体工作。具体工作：①实施宏观管理，即导向性的管理，负责制定全院教学质量监控与评价工作计划，组织引导系（部、中心）的教学质量监控与评价工作；②组织对学院教学质量进行全方位的、多层次的、多种方式的动态监控。包括课程标准的制定与执行、授课计划的审查与执行和教材的选定与考核等教学环节的贯彻和落实情况；③对实验、实习、课程设计和毕业设计（论文）等实践教学环节进行评价；④参与学院的专业建设、课程建设的验收工作，深入教学第一线，了解教学状态，为学院的教学计划和教学基本文件的修改等提供意见和建议；⑤参与学院的教学改革工作，为学院的重大教改措施提供决策咨询；⑥组织专家代表学院对教师教学质量进行专家评价，并及时反馈评价意见；⑦掌握全院教学质量动态，按月提交"学院教学质量监控与评价月报表"，为领导及有关部门提供参考；⑧组织召开全院的期中教学质量调查学生座谈会，并提交座谈会的情况分析与总结；⑨开展全院教学质量学生信息反馈工作。

2. 系部教学质量监控

系部是实施质量管理的实体，按照学院的统一安排，具体负责专业和课程建设、各主要教学环节和教学常规管理等各监控目标中所涉及的所有监控环节的监控实施，落实各项监控措施。具体工作：①根据学院下达的教学评估文件和工作部署做出本单位的评估计划，依据学院的教学质量监控体系及评估标准，开展评教、评管和评学工作，也可依据学院的质量监控体系、评估标准，制定符合本单位专业等特点的指标体系及评估标准，创造性地开展工作；②依据学院制定的监控体系，负责对本单位教学工作进行自评，以及优秀教学单位的申报；③负责对本单位教师教学质量的监控，自行完成教学质量等级的初步确定；④负责组织对学生学习状态与效果的评估；⑤对本单位评估中发现的问题进行分析研究，提出整改与建设措施，实现以评促改、以评促建、以评促管、评建结合、重在建设的目标；⑥接受学院对教学工作的检查与指导。

3. 学生教学质量监控

学生是对教学效果进行综合评定的最终层面，是教学质量监控的重要组成部分。学院成立学生教学质量监控与评价执行委员会，设委员会主任、副主任各 1 人，分别由学院学生会学习部的正、副部长担任，委员会成员由各班级教学质量信息员组成。由学生教学质量监控与评价执行委员会负责对教师、教学部门工作的测评和学生考勤、教师上课考勤等。具体工作：①选出覆盖全系各专业的学生信息员，协助院督导组收集有关的教学质量监控与评价的信息，及时反映教学质量监控与评价过程中的意见和建议；②按照院督导组的统一安排，组织开展完全由学生参与的学期教学质量评价，并做好相关的组织、实施和管理等工作，发放、收集和整理教学质量评价资料；③协调各系教学督导组做好教学质量信息反馈工作。

（五）方案实施效果调查分析

本方案自 2007 级实施以来，效果显著，取得了一系列的教学成果，受到校内学生、用人企业领导的一致肯定和好评，在江西省起到了一定的示范作用。

1. 学生的评价

毕业生和顶岗实习学生的评价：认识到我们所从事的是服务性和技术性都比较强的行业。因此，在学习过程中，我们不但重视技术的学习，而且重视服务意识培养，对于成为优秀的计算机信息管理（ERP 方向）专业技能型人才，有了方向和信心。

2. 企业的评价

接待 2010 届毕业生顶岗实习的金蝶软件（中国）有限公司、广州市小聪软件产业股份公司等认为：学生从事 ERP 技术维护支持服务、ERP 服务工程师等岗位的实践能力明显增强，很快能适应企业的管理制度。在与学校合作教学的同时，提供技术支持服务产品，因其技术的先进性、维护的及时性及服务队伍的稳定性，有很多产品被校企双方共同推向行业的广泛应用。

3. 教师的评价

参加专业教学整体解决方案实施的教师的评价：计算机信息管理（ERP 方向）专业高级技能型人才特质内涵和职业能力的提出，使我们对职业教育教学有了全新的认识；职业情景+项目工作过程导向的教学设计，完成了由以教师为中心教学到以学生为中心教学的转变，学生学习的精神状态变了，学习有了方向和目标，教学效能明显提高了。自实施本教学整体解决方案以来，2009 届和 2010 届计算机信息管理专业（ERP 方向）毕业生就业率均高达 98%以上，其中每年为社会输送人才 200 多人，包括为订单式合作企业输送人才 50 人，专业对口率高达 87%以上。寻求与学校合作及订单式培养的企业有了大幅的增加。

六、实践结论

1）计算机信息管理（ERP 方向）高级技能型人才通过信息管理提供服务的职业特质是我国软件业服务业发展，实现个性化服务理念对计算机信息管理（ERP 方向）高技能型人才的提出的必然要求。

2）计算机信息管理（ERP 方向）高级技能型人才职业特质和职业能力形成是本专业教学的中心。

3）计算机信息管理（ERP 方向）高级技能型人才职业特质和职业能力的形成需要行动导向的教学策略。计算机信息管理（ERP 方向）高级技能型人才通过技术提供服务职业特质的形成需要职业活动情景导向和职业活动过程的行动教学策略。

4）情景导向和过程导向的教学策略都需要相应的实训、实习条件和情景导向和过程导向的结构设计的教材的配合。

环境工程技术专业教学整体解决方案研究与实践

课题编号：BJA060049-GZKT006

一、问题的提出

（一）环境保护行业发展的趋势

环境保护是我国的一项基本国策。随着经济社会的高速发展，我国的环境问题从来没有像今天这样严峻，以至于维系生存的基本条件——水、空气、土壤和食物等时常发出受到严重威胁的警报。未来 15 年，我国人口将继续增加，经济总量将再翻两倍，资源、能源消耗持续增长，环境保护面临的压力越来越大。"能源资源消耗多，环境污染重"是我国当前经济发展所面临的主要困难和挑战。在我国，解决环境问题从来没有像今天这样迫切。

（二）行业发展对环境工程技术高级技能型人才的要求

据不完全统计，在全国 67 万个缴纳排污费的企业中，从事环境保护工作的人员 201 万；年产值 200 万元以上的环境保护产业单位 16 000 余家，从事环境保护工作的人员约 160 万人；按年补充率 5% 计算，每年企业和产业技能型环保人才的需求量达 18 万，按接受环境保护高职教育人数占 50% 的比例计算，需要环境保护高职毕业生 9 万人。不但环境保护行业发展对高级技能型人才的数量提出了要求，而且随着环境问题的日益严重和环境科学技术的发展，对环境保护高技能人才提出了越来越高的要求。为了培养一流的环境工程技术高级技能型人才，需要开展环境工程技术高级技能型人才职业特质的研究和培养。

二、研究内容与方法

（一）研究内容

课题组将首先对环境工程技术高级技能型人才的职业特质进行研究，然后研究设计出适合环境工程技术高级技能型人才职业特质和职业能力形成的教学整体解决方案，并通过教学整体解决方案实施，探索环境工程技术专业人才培养模式和专业教学教育理论。

（二）研究方法

1）调查法、访谈法。课题组运用现代职业分析方法对环境工程技术高级技能型人才的职业活动进行调查，并通过深入访谈优秀企业员工的手段，把握环境工程技术高级技能型人才的职业活动的特点，提出环境工程技术高级技能型人才职业特质的基本内涵。

2）文献研究法。课题组运用文献研究法，对环境工程技术高级技能型人才专业教学进行研究，借鉴国内外经验，设计适合环境工程技术高级技能型人才职业特质形成的专业教学整体解决方案。

3）实验法。通过高等职业教育环境工程技术专业教学整体解决方案的实施，对建立在环境工程技术高级技能型人才特质基础上的专业教学方案进行验证，探索环境工程技术专业教学理论方法。

三、环境工程技术高级技能型人才职业特质研究

职业特质是指从事不同职业的人所特有的职业素质，是能将工作中成就卓越与成就一般的人区别开来的深层特征[①]。总课题对于职业特质的研究，提出了可以从两个方向开展研究，一是在同一职业中发现成就卓越者，通过调查分析方法，研究他们与成就一般者不同的深层特征；二是通过分析职业活动，研究取得职业活动卓越效果的人具备的职业素质。本方案采用第二种方法。

（一）环境工程技术高级技能型人才职业活动调查

1. 职业面向的调查

通过对长沙环境保护职业技术学院近 5 年 600 名毕业生的就业岗位调查，环境工程技术专业毕业生就业岗位多达 150 多个，职业生涯发展方向有三大领域，涉及环境工程技术、环境监测和环境管理与监察。采用职业分析方法[②]，对专业就业企业、就业工作岗位和职业能力分析如表 6.1 和表 6.2 所示。

---

① 邓泽民，2011. 职业教育教学论[M]. 北京：中国铁道出版社.

② 邓泽民，郑予捷，2009. 现代职业分析手册[M]. 北京：中国铁道出版社.

表 6.1　环境工程技术专业群毕业生就业岗位

序号	工作岗位	岗位描述	职业能力要求及素质
1	环境工程设计员	从事水、大气、噪声和固体废物（危险废物）治理工程的设计	1．熟悉环境工程设计相关规范 2．会踏勘现场、搜集资料、并能根据环境功能和投资情况等，确定合理的初步设计方案 3．能选择适当的治理工艺，并进行简单处理构筑物及环保设备的设计计算 4．能熟练使用 AutoCAD 辅助设计软件进行工程图纸的总平面图、工艺流程图和高程图及单体构筑物的平、立、剖面的绘制，以及相关环保设备的工艺图的绘制 5．明确设计步骤、要求，能进行方案文本编制 6．会撰写方案设计说明书，并会基本的排版和装订 7．善于将自己的设计思想和表现图纸圆满地讲解出来，并能吸收专家、领导和甲方单位的意见，进行完善和深化
2	环境工程绘图员	从事工程图纸的绘制工作	1．具备计算机辅助设计的基本知识和基本操作技能 2．熟悉工程图纸的绘制要求，掌握基本图形的绘制 3．能利用 CAD 完成一定的工程设计
3	工程概预算	从事工程造价计算工作	1．熟悉工程建设程序及工程造价的构成 2．熟悉工程概预算的各项法规及与工程造价有关的定额 3．能进行施工图识别和施工现场勘查，会消化设计图纸，明确工程范围、规模、项目内容和材料规格 4．明确施工技术标准、质量标准和设计特色等 5．熟悉工程构造与材料，了解工程施工工艺，能进行工程的概预算 6．能进行工程造价和合同管理等工作 7．熟悉招投标工作程序，能针对招标有关文件，做出相应的应对措施，参与投标报价 8．能对所有资料进行整理，编制概预算文件
4	施工管理员	在环境工程施工现场履行专业施工指令，完成单项施工任务。负责组织对所承担的工程项目进行检查，进行分项、分部工程检查和评定。及时处理施工中的质量问题和其他难题	1．会查找和运用环保工程施工的各项法规与规范 2．能进行施工图识别和施工现场勘查，并熟悉图纸会审程式与主要内容；会消化设计图纸，明确工程范围、规模、项目内容和材料规格 3．明确施工技术标准、质量标准和设计特色等 4．熟悉工程构造与材料，能看懂施工图，并会按图施工及采取相应的安全和维护措施 5．了解工程施工工艺，会规范、安全地使用常见施工机具，能进行施工现场管理工作 6．能对所有原始资料进行定期整理，会对项目范围内的图纸、文件和竣工等各类资料的整理，并装订成册，归档、保管

续表

序号	工作岗位	岗位描述	职业能力要求及素质
5	工程监理员助理	参加施工项目工程质量检查，参加工程质量事故的处理；负责做工程项目的质量总结和统计报表工作；检查工程材料质量，制止使用不合格材料	1．了解招标投标法、合同法等法律法规 2．具有工程施工组织管理能力，熟悉工程质量、进度、成本、安全和材料（工料、机具）等方面的管理工作，熟练掌握各项施工规范和技术措施 3．协助监理工程师合理安排施工工期进度、编制施工方案，能编制施工组织设计文件 4．熟悉工程概预算，能进行工程造价和合同管理等 5．掌握编写监理日志、监理资料的收集整理的能力
6	污染治理设施调试、操作与管理人员	主要从事污染治理设施的调试、运营操作及常见故障的排除，企业环境管理工作	1．具备水、气、声和固体废物污染防治的基础理论知识和专业综合技能，能够操作和管理各类工程设施（设备） 2．熟悉各处理设备、设施的安装、调试和日常维护及运行管理的有关规定 3．掌握各处理设备、设施的运行参数，熟悉从班前准备、开机启动、巡检维护、故障排除和停机交班等一系列操作环节规定 4．高级工应对处理设施进行工艺设计、设备选型设计和控制系统设计，能够承担工程建设和工程改造的现场管理，能够指挥开车和运行调试
7	水环境监测人员	操作水质采样器，采集水样并使用监测分析仪器进行样品分析和数据处理的人员	熟悉水和废水监测技术规范，并根据技术规范熟练完成： 1．确定水、废水和降水的采样点位与采样时间频率 2．正确选用采样器材，完成采样前的其他准备工作，正确采集水、废水和降水样品，对样品进行保存、运输和预处理 3．开展现场监测项目及样品分析 4．进行监测信息、数据统计处理与分析，编写水质监测报告
8	大气环境监测人员	操作气体采样装置、监测分析仪器和遥感测试仪器，采集气体样品、大气物理参数并进行样品分析和数据处理的人员	熟悉气和废气监测技术规范，并根据技术规范熟练完成： 1．确定环境空气和污染源的采样点位 2．正确选用采样设备，完成采样前的其他准备工作，正确采集气和废气样品，对样品进行处理、保存 3．开展现场监测项目及样品分析 4．进行监测信息、数据统计处理与分析，编写大气监测报告
9	噪声与振动监测人员	操作噪声及振动测量仪器，采集噪声及振动监测数据并进行数据分析的人员	1．依据技术规范确定采样点位 2．采集环境噪声及振动数据 3．对噪声、振动监测数据进行计算分析 4．编写噪声、振动监测报告
10	土壤环境监测人员	操作土壤采样品，采集土壤样品并使用监测分析仪器进行样品分析和数据处理的人员	1．依据技术规范确定采样点位和断面，将土壤进行分筛 2．采集土壤样品，对样品进行保存、预处理 3．进行土壤样品分析 4．整理监测数据，完成土壤监测报告的编写

序号	工作岗位	岗位描述	职业能力要求及素质
11	固体废物环境监测人员	操作固体废物采样工具，采集固体废物及相关污染物样品并使用监测仪器进行固体废物有害实验及分析的人员	1. 采集固体废物样品并进行预处理、保存 2. 进行固体废物样品分析 3. 整理监测数据，完成固体废物监测报告的编写
12	环境生物监测人员	操作生物采样器，采集生物样品并使用监测分析仪器进行样品分析和数据处理的人员	1. 采集生物样品并进行处理和保存 2. 进行生物样品分析 3. 整理监测数据，完成生物监测报告的编写
13	环境辐射监测人员	操作放射性监测仪器，对环境样品进行辐射监测的人员	1. 对辐射源和放射性污染源及外围环境进行监测 2. 采集放射性物质样品，并进行制备、保存及处理 3. 进行放化分析 4. 整理监测数据，完成辐射监测报告的编写
14	企业环境管理人员	根据国家相关标准及企业生产工艺对企业排放的废水、废气及废渣等的处理进行监督管理	1. 熟悉国家相关废水、废气及废渣的排放规定 2. 熟悉本企业生产工艺流程、主要废水（气、渣）种类及排污量 3. 掌握企业基本的环境管理流程
15	其他行业分析测试人员	根据相关行业标准，对本企业生产过程中的原料、半成品和成品进行分析测试	1. 熟悉行业相关分析测试及产品验收标准 2. 掌握分析仪器的测定原理，并能熟练借助仪器说明书操作分析仪器，操作规范 3. 熟悉实验室质量管理体系相关知识，能对分析工作进行全过程的质量保证/控制 4. 能编写分析测试报告

表 6.2　600 名毕业生就业单位类型及人数比例

序号	企业类型	毕业生人数	所占比例/%
1	环保工程公司	148	24.67
2	工矿企业	92	15.34
3	生产企业	56	9.33
4	建筑公司	16	2.67
5	污废水处理厂及自来水厂	122	20.33
6	环境监测站	136	22.67
7	环境监测公司	6	1
8	危险废物处理中心	11	1.83
9	环境科学研究机构	5	0.83
10	环境评价与咨询机构	8	1.33

2. 职业活动的分析

为了把握高职环境工程技术专业毕业生工作中的职业活动，课题组邀请 12 位行业专家，应用现代职业分析方法[①]，对环境工程技术高级技能型人才职业活动进行分析，提出了环境工程技术高级技能型人才职业活动表，如表 6.3 所示。

表 6.3　环境工程技术高级技能型人才职业活动表

职业活动领域	职业活动
职业共性活动领域（环境工程技术）	典型环境工程（土建、给排水、暖通和工艺）读图识图
	环境工程（土建、暖通和工艺）方案设计
	典型环境工程（土建、暖通和工艺）概预算
	工程材料统计、工程造价
	环境工程 CAD 绘图
	单体构筑物的施工图设计
	环保设备设计计算
	环保设备加工制作
	环保（土建、给排水和工艺）设备设施安装与工程施工管理
	环保设施操作与运行管理
	环境工程监理
	企业环境监测
	企业环境管理组织
	石化工业工程分析、清洁生产审核和污染控制技术
	造纸工业工程分析、清洁生产审核和污染控制技术
	钢铁工业工程分析、清洁生产审核和污染控制技术
	水泥工业工程分析、清洁生产审核和污染控制技术
	食品工业工程分析、清洁生产审核和污染控制技术
	纺织印染工业工程分析、清洁生产审核和污染控制技术
	制革工业工程分析、清洁生产审核和污染控制技术
	电力工业工程分析、清洁生产审核和污染控制技术
	有色冶金工业工程分析、清洁生产审核和污染控制技术
污水处理工艺设计	造纸废水工艺流程设计
	印染废水工艺流程设计
	电镀废水工艺流程设计
	生活污水工艺流程设计
污水处理系统运营	格栅的安装、运行与维护
	曝气设备的安装、运行与维护
	吸刮泥设备的安装、运行与维护

[①] 邓泽民，郑予捷，2009. 现代职业分析手册[M]. 北京：中国铁道出版社.

续表

职业活动领域	职业活动
	压滤机的安装、运行与维护
	污水处理系统全套设备的规范开启
	沉淀池的调试、运行与维护
	生化反应池的调试、运行与维护
	气浮系统的调试、运行与维护
	混凝系统的调试、运行与维护
	各类消毒设备的调试、运行与维护
废气处理工艺流程设计	水泥厂粉尘处理工艺流程设计
	火电厂脱硫除尘工艺流程设计
	陶瓷工艺烟气治理技术
	电解铝工艺烟气治理技术
	钢铁工业烟气治理技术
废气处理系统运营	废气处理系统电控设备的规范开启
	重力除尘设备的调试、运行与维护
	惯性除尘设备的调试、运行与维护
	电除尘设备的调试、运行与维护
	袋式除尘设备的调试、运行与维护
	吸收设备的调试、运行与维护
	吸附设备的调试、运行与维护
	冷凝设备的调试、运行与维护
固体废物资源利用	钢铁工业固体废物资源化利用技术
	冶金工业固体废物资源化利用技术
	电子工业固体废物资源化利用技术
	电力工业固体废物资源化利用技术
	化工工业固体废物资源化利用技术
固体废物处理处置	固体废物填埋场工艺流程设计
	固体废物填埋场施工与环境监理技术
	固体废物填埋场运营管理
	固体废物焚烧厂工艺流程设计
	固体废物焚烧厂施工与环境监理技术
	固体废物焚烧厂运营管理
噪声控制工艺设计	娱乐场所噪声控制工艺设计
	建筑施工噪声控制工艺设计
	工业企业噪声控制工艺设计
噪声控制设备维护	隔声、吸声和消声设备的检修
	隔振设备的检修

续表

职业活动领域	职业活动
污染物治理设施的建造与安装	地基与基础工程施工管理
	砌筑工程施工管理
	钢筋混凝土工程施工管理
	防水、防腐蚀工程施工管理
	管道、管件及阀门设备的安装、运行与维护
	水泵、风机的安装、运行与维护

（二）环境工程技术专业高级技能型人才职业活动特点

通过分析环境工程技术高级技能型人才的职业活动可以发现，环境工程技术高级技能型人才职业活动都是严格按照操作规程、顺序展开的，如图 6.1 所示。

	过程阶段 1	过程阶段 2	过程阶段 3	……
任务 A	活动 A1	活动 A2	活动 A3	……
任务 B	活动 B1	活动 B2	活动 B3	……
任务 C	活动 C1	活动 C2	活动 C3	……
⋮	⋮	⋮	⋮	

图 6.1　职业活动过程导向

从图 6.1 中可以看出，环境保护工程技术专业人才采取什么行动，取决于任务的不同和所处的过程阶段的变化。任务一旦确定，操作过程和规范标准就确定了。环境工程技术专业人才职业活动特点是由过程顺序支配的，即环境工程技术高级技能型人才职业活动具有典型的过程导向特点。

（三）环境工程技术专业高级技能型人才职业特质内涵

国内有关环境工程技术高级技能型人才特质研究，没有发现有关的文献，但在国家职业资格标准中对于工程技术人才有相关的描述。例如，严格执行工作程序、工作规范、工艺文件和安全操作规程，具有高度的责任心，团结协作，爱护设备及工具、夹具、刀具和量具。那么，具有什么职业特质的人才能在工作中表现出上述职业特征？课题组依据环境工程技术高级技能型人才职业活动具有典型的过程导向特点分析提出环境工程技术高级技能型人才特质的内涵。

上述特征的核心是对环境保护法律法规的准确理解和运用，对工作程序、工艺文件和操作规程的把握。因为只有这样，工作时才能表现出高度的责任心，严格执行工作程序，遵守安全操作规程，保证工作结果达到要求的标准和精度。因此，环境工程技术高级技能型人才特质定义：充分体现环境保护理念，准确把握环境保护法律法规，依据工作过程，做到严格执行工作程序，遵守安全操作规程，使工作结果达到要求的标准和精度的责任意识与素质。

四、环境工程技术专业教学整体解决方案设计

（一）专业的职业面向分析

本专业依据对毕业生就业和企业需求的调查，分为环境工程技术（水、气、声污染控制技术）和固体废物资源化与处理处置两个方向，如表6.4所示。

表6.4 环境工程技术专业的职业面向分析表

职业岗位	专业（方向）	专业群名称	对应岗位的职业资格证书
1. 环境工程设计部 2. 企业安环部 3. 环境工程监理 4. 环保产品销售服务	方向一：环境工程技术（水、气、声污染控制技术）	环境工程技术	污水（废水）处理工职业资格证书 水环境监测工 ISO14000 内审员 清洁生产审核员 电工 预算员 绘图员
1. 水质检验 2. 工艺控制操作 3. 设备运行维护	专业一：污水处理运营与管理		废水处理中高级工 环境监测工 ISO14000 内审员 清洁生产审核员 电工 绘图员
1. 工程施工管理 2. 企业设计部 3. 企业生产部 4. 企业销售部	专业二：环保设备设计、制造、销售		废水处理中高级工 预算员 环境监测工 ISO14000 内审员 清洁生产审核员 电工 绘图员
1. 企业安环部环境管理员 2. 城建局所属垃圾填埋场或焚烧场技术员、管理人员 3. 环境工程监理	方向二：固体废物资源化与处理处理处置		废水处理中高级工 环境监测工 ISO14000 内审员 清洁生产审核员 电工 绘图员

（二）就业证书需求的分析

依据国家持证上岗的相关政策，并调查相关企业发现，高等职业技术学院环境工程技术专业学生就业一般要求：①基础技能，英语应用能力证书、全国计算机等级考试合格证书和实用语文单项技能证书；②核心技能，污水（废水）处理工职业资格证书（中高级）、电工职业资格证书（高级）[选考]；③岗位（群）技能，污水处理工证书、预算员[选考]、ISO14000 内审员[选考]和电工证[选考]。

（三）专业培养目标的确定

环境工程技术专业主要面向环保行业，按照环保行业职业岗位对人才培养的要求确定培养目标、课程体系，培养适应社会主义现代化建设事业的需要，遵守国家法律法规，掌握环境工程技术必需的基础知识和基本技能，能够从事城镇及工矿企业环境保护与污染治理工作，从事环保工程施工、环境保护设施的操作与维护和服务于环保第一线的，德、智、体、美等方面全面发展的，具有较强实践能力和良好职业道德与创新精神的，具有良好的职业生涯发展基础的高技能应用型专门人才。

环境工程技术方向在具备环境工程基本知识、技术方法、专业思维和职业素养的基础上，重点培养具有环境工程设计基本知识，掌握环境工程方案设计、环境工程施工图设计技术，具备计算机辅助及手工绘制各类环境工程图样等专业技能的人才。可进一步细分为水、气、噪声、固体废物及危险废物污染治理工程设计方向。

固体废物资源利用与处理方向在具备环境工程基本知识、技术方法、专业思维和职业素养的基础上，重点掌握重点行业物资源化利用的知识、技术方法，以及资源化利用的工程方案设计及施工技术。

环保设备专业在具备环境工程基本知识技术方法、专业思维和职业素养的基础上，掌握环保设备制造与应用方面必备的基础理论和专门知识，具有从事本专业实际工作的综合职业能力和全面素质，重点掌握主要环保设备的设计与制造的基本原理，具备环保设备运行与管理的专业技能，适应环保设备生产、售后服务和运行管理第一线需要的高等技术应用型专门人才。专业核心能力为掌握环境污染治理工程的基本技术，具备各类环境污染治理设备的工作原理与结构、施工操作、运行管理及维护服务等基本技能。

污水处理运营与管理方向在具备环境工程基本知识、技术方法、专业思维和职业素养的基础上，具备从事城市水净化技术工作、环保工程建设与施工和环境保护设施运营与管理维护及城建与环保管理服务的一线岗位需要的德、智、体、美等方面全面发展的高等技术应用性专门人才。专业核心能力为环境工程工艺局部设计能力和环境保护设备设施的操作、运行管理和维修维护的能力。

（四）专业课程体系的构建

公共基础课程按照国家统一要求安排，专业课程按照环境工程技术专业毕业生就业岗位和职业生涯发展领域分为技术平台课程和专业方向课程，形成基础平台和职业生涯发展方向的课程体系结构。运用职业教育课程体系构建基本模式[1][2]，

①邓泽民，陈庆合，2006. 职业教育课程设计[M]. 北京：中国铁道出版社.

②邓泽民，陈庆合，2011. 职业教育课程设计[M]. 2版. 北京：中国铁道出版社.

构建的课程体系结构如图 6.2 所示。为了保证环境工程技术专业技能型人才职业特质和职业能力的形成，专业必修课程和专业选修课程类型以职业活动课程为主，辅以知识课程和技术课程。

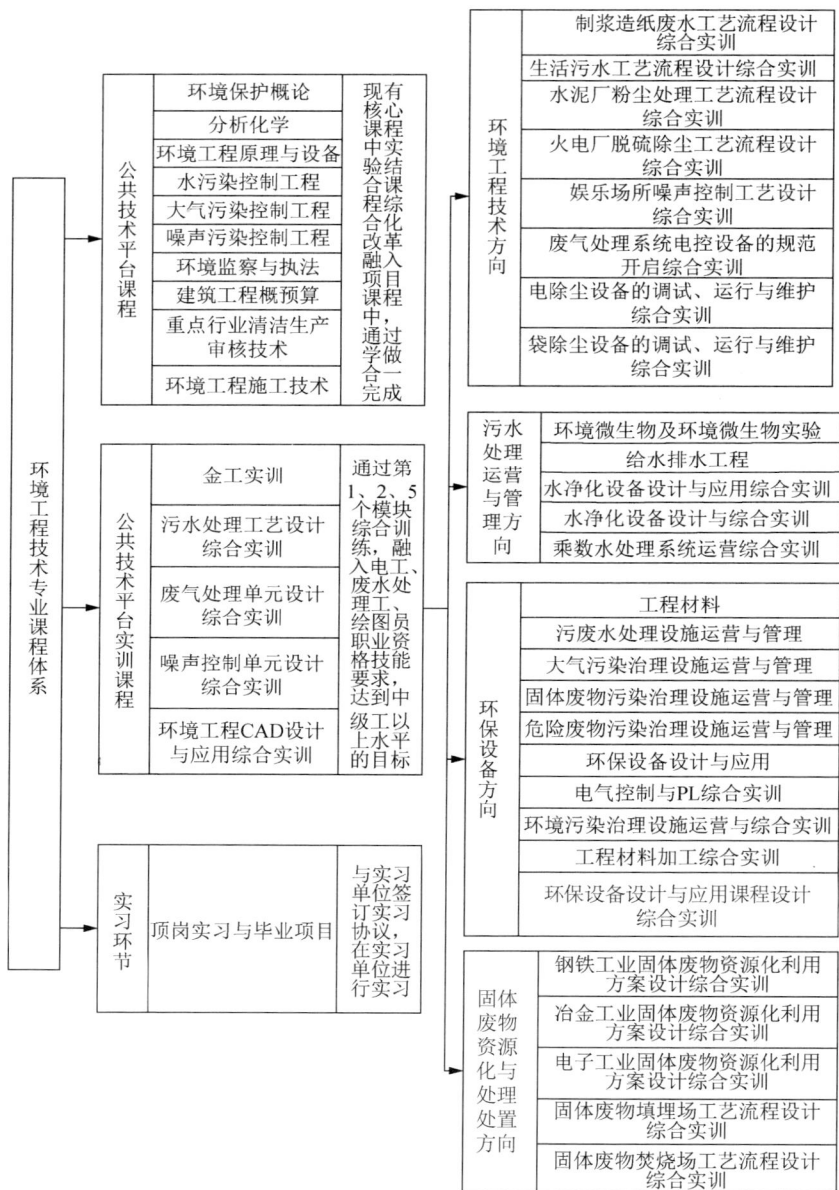

图 6.2 环境保护技术专业群课程体系

1. 技术平台课程

1）"分析化学"课程能力培养和教学内容（表 6.5）。

表 6.5 "分析化学"课程能力培养和教学内容

教学单元	能力目标	驱动任务	教学内容描述	参考学时	单元能力培养目标	考核要求
一	1. 玻璃器皿的选择 2. 化学试剂的特点与应用 3. 指示剂的变色原理 4. 酸碱滴定分析法及其应用	水中氨氮的测定（酸碱滴定法）	1. 常用玻璃量器的名称、规格、用途和洗涤常识；玻璃量器气密性的检查方法 2. 各类化学试剂的特点及用途 3. 不同水的采样及保存方法 4. 酸碱滴定分析的操作规程 5. 指示剂的变色原理 6. 酸碱滴定分析方法 7. 原始数据的记录及处理 8. 分析检测报告的书写规程 9. 分析数据的评价，提出解决问题的方案	16	1. 玻璃器皿的选择 2. 化学试剂的特点与应用 3. 指示剂的变色原理	理论与技能考核相结合
二	1. 天平的使用及其维护 2. 标准溶液的配制与标定 3. 分步滴定分析方法及其应用	工业烧碱的分析（酸碱滴定法）	1. 天平和其他辅助设备的结构、性能、操作方法及注意事项 2. 标准溶液的配制与标定 3. 工业烧碱的样品预处理方法 4. 分步滴定分析方法 5. 原始数据处理方法 分析数据的评价，提出解决问题的方案	12	1. 天平的使用及其维护 2. 标准溶液的配制与标定	理论与技能考核相结合
三	1. 缓冲溶液的配制方法 2. EDTA 标准溶液的配制与标定	水硬度的测定（配位滴定法）	1. 工业用水总硬度的测定原理（配位滴定法） 2. 水的硬度的表示方法 3. 缓冲溶液的配制方法 4. EDTA 标准溶液的配制与标定 5. 干扰及其消除方法 6. 配位滴定法测定水中总硬度 7. 原始数据的处理方法 8. 分析数据的评价，提出解决问题的方案	8	工业用水总硬度的测定原理（配位滴定法）	理论与技能考核相结合

续表

教学单元	能力目标	驱动任务	教学内容描述	参考学时	单元能力培养目标	考核要求
四	配位滴定法基本原理及其应用	过氧化氢含量的分析（配位滴定法）	1. 高锰酸钾法的基本原理 2. 高锰酸钾法标准溶液的配制和标定 3. 能斯特公式 4. 氧化还原指示剂的变色原理 5. 过氧化氢样品的测定 6. 原始数据的记录及处理 7. 分析检测报告的书写规程 8. 分析数据的评价，提出解决问题的方案	6	1. 高锰酸钾法的基本原理 2. 高锰酸钾法标准溶液的配制和标定 3. 氧化还原指示剂变色原理	理论与技能考核相结合
五	沉淀滴定法基本原理及其应用	自来水氯离子含量的测定（沉淀滴定法）	1. 沉淀滴定法的原理 2. 银量法滴定终点的确定及滴定条件 3. 自来水中氯离子含量的测定 4. 原始数据的处理方法 5. 分析数据的评价，提出解决问题的方案	6	1. 银量法滴定终点的确定及滴定条件 2. 自来水中氯离子含量的测定	理论与技能考核
六	氧化还原法基本原理及其应用	铁矿石的分析（氧化还原法）	1. 铁矿石样品预处理方法 2. 重铬酸钾法测定铁矿石的基本原理 3. 铁矿石样品的测定 4. 原始数据的处理方法 5. 分析数据的评价，提出解决问题的方案	6	1. 铁矿石样品预处理方法 2. 重铬酸钾法测定铁矿石的基本原理	电路仿真技能
七	重量法基本原理及其应用	水中矿化度分析（重量分析）	1. 重量分析法的特点及分类 2. 重量分析法的原理及常见问题 3. 矿化度分析 4. 原始数据的处理方法 5. 分析数据的评价，提出解决问题的方案	4	矿化度分析	
八	紫外分光光度法基本原理及其应用	水中矿物油的测定（紫外分光光度计）	1. 朗伯-比尔定律物理意义 2. 紫外可见分光光度法的基本原理 3. 分光光度计的结构 4. 显色剂选择的原则、影响显色反应的因素 5. 测量条件选择的原则及方法 6. 消除干扰的方法 7. 定量分析方法 8. 原始数据的处理方法分析数据的评价，提出解决问题的方案	6	1. 分光光度计的结构 2. 显色剂选择的原则、影响显色反应的因素 3. 测量条件选择的原则及方法 4. 消除干扰的方法 5. 定量分析方法	

教学单元	能力目标	驱动任务	教学内容描述	参考学时	单元能力培养目标	考核要求
九	原子吸收法基本原理及其应用	食盐中铁、锌、铜含量的测定（原子吸收仪）	1．食盐样品的预处理方法 2．原子吸收分光光度法的原理 3．原子吸收仪的结构 4．铁、锌、铜含量测定条件选择的原则及方法 5．干扰的消除方法 6．定量分析方法 7．铁、锌、铜含量测定 8．原始数据的处理方法分析数据的评价，提出解决问题的方案	6	1．原子吸收仪的结构 2．铁、锌、铜含量测定条件选择的原则及方法 3．干扰的消除方法 4．定量分析方法	

2）"环境工程原理与设备"课程能力培养和教学内容（表6.6）。

表6.6　"环境工程原理与设备"课程能力培养和教学内容

学时	单元教学内容		单元能力培养目标	考核要求
	模块名称	教学内容描述		
14	管路基础	1．流体的基本物理量 2．静力学方程及应用（压力测量压差计液面测定及液封高度的确定） 3．管路基础（管材的选择、管件与阀件、管子选择与连接、管路布置） 4．流动系统动力性方程及其应用（确定输送设备的有效功率、确定设备间的相对位置、确定管道中流体流量和确定管路中流体压力）	1．判断流体流动类型 2．能应用各种压差计流量计 3．熟悉管路计算、管路布置 4．输送设备的有效功率确定 5．确定设备间的相对位置 6．确定管道中流体流量、确定管路中流体压力	理论与技能考核相结合
18	流体机械输送	1．流体机械输送的相关知识 2．液体输送机械：①离心泵工作压力与构造、性能、类型、选用、安装与操作和实验；②其他类型泵，往复式泵（往复泵、计量泵和隔膜泵）、旋转泵（齿轮泵、螺杆泵）、旋涡泵和流体作用泵（酸蛋泵、真空输送泵和喷射泵） 3．气体输送机械：①离心式通风机结构、工作原理性能及选用；②往复式压缩机结构、工作原理性能及选用；③罗茨鼓风机结构原理、液环压缩机结构；④往复式真空泵、旋转式真空泵	1．能拆装各种类型的泵，掌握其内部结构 2．能测定离心泵的特性曲线，掌握离心泵的开停车操作技术、流量调节技术及离心泵常见故障排除技术	

学时	单元教学内容		单元能力培养目标	考核要求
	模块名称	教学内容描述		
6	非均相物系分离	1．非均相物系的性质、分离方法 2．沉降设备在环境中的应用 3．过滤设备在环境中的应用 4．气体净化的其他方法 5．沉降室沉降槽结构及性能 6．旋风分离器的结构及主要性能 7．过滤操作所用设备结构 8．沉降与过滤设备的应用及其相关知识	掌握各种沉降和过滤设备的基本结构、操作要点及常见故障排除	
10	吸收应用及其相关知识	1．工业吸收过程中，不同类型吸收设备特点 2．掌握吸收在环境工程治理中的应用 3．吸收速率及方程的计算，吸收剂用量的确定 4．吸收原理及吸收剂选择原则和常见的吸收剂	1．吸收双膜理论 2．气体溶解度的影响因素 3．吸收操作中的问题排除 4．计算吸收设备的尺寸	
6	吸附操作	1．吸附原理：物理吸附、化学吸附 2．基本理论：表面张力、润湿角、吸附平衡和吸附速率控制 3．吸附方式：接触吸附、固定床吸附、流化床吸附、模拟移动床吸附和变压吸附 4．吸附剂的选择与再生	1．物理吸附与化学吸附的异同 2．吸附剂的再生方法 3．影响吸附与解吸附的因素	
6	萃取及其他分离技术	1．萃取：原理、萃取剂选择、萃取应用和萃取计算 2．气浮：原理、工艺和应用 3．离子交换：离子交换树脂的选择、交换能力的影响因素、设备和离子交换应用	1．能利用三角形相图进行萃取计算 2．熟练选择萃取剂 3．能分析气浮和离子交换的工作原理	

3）"水污染控制工程"课程能力培养和教学内容（表 6.7）。

表 6.7　　"水污染控制工程"课程能力培养和教学内容

整体预设能力目标	参考学时	单元教学内容		单元能力培养目标	考核要求
		模块名称	教学内容描述		
1．掌握大气污染防治的基本概念、基本原理、主要设备和典型工艺	6	废水的物理处理	1．格栅和网筛种类及其选用 2．均衡调节原理及其调节容积计算 3．沉砂池选用 4．气浮原理及其系统组成废水预处理工艺设计	1．掌握自由沉淀实验操作 2．掌握气浮系统操作 3．废水预处理工艺设计	废水预处理工艺设计

整体预设能力目标	参考学时	单元教学内容		单元能力培养目标	考核要求
		模块名称	教学内容描述		
2．水污染治理的基本知识及设备的作用 3．掌握水污染治理系统的设计思路、开发过程，具备水污染技术管理能力 4．培养学生独立工作能力与团队合作意识 5．拓展学生专业视野，培养学生创新思维与自学能力	12	废水的生物处理	1．活性污泥法基本原理 2．活性污泥法设计参数计算及选程方式 3．活性污泥处理系统设计 4．生物膜法原理 5．厌氧处理系统设计	1．生物处理方法设计思路 2．活性污泥处理系统设计 3．厌氧处理基本方法	厌氧处理系统设计
	14	废水的化学处理及深度处理	1．化学处理基本原理 2．中和剂性能及选用 3．混凝剂性能及选用 4．中和设备基本结构 5．混凝设备基本结构 6．膜分离技术基本方法	1．工业废水中和处理方案设计 2．工业废水混凝处理方案设计	工业废水混凝处理方案设计
	8	污泥处理与处置	1．污泥的性质 2．污泥处理与处置方法 3．污泥处理的基本指标	1．掌握污泥浓缩方法 2．掌握污泥机械脱水主要方法	污泥处理方法选择分组讨论（5人一组）
	10	典型污水处理设备设计与运行	1．废水处理设备 2．水处理设备应用 3．水处理设备设计原理、参数选择、设计过程和运行调试	1．水处理设备相关设计参数及其选择应用 2．水处理设备调试与运行管理	水处理设备设计
	8	典型污水生物处理设备设计与运行	1．生物处理常见构筑物、设备设计及其应用 2．曝气设备选择 3．污泥回流处理设计、参数选择和运行调试 4．活性污泥法处理系统运行管理 5．生物膜法处理系统运行管理	1．生物曝气池结构设计 2．生物滤池结构设计 3．废水生物处理设备调试、运行管理	生物曝气池结构设计
	6	水处理通用机械设备	1．废水处理通用机械设备类型、性能 2．废水处理通用机械设备参数选择、运行调试	具有废水处理通用机械设备参数选择、运行调试能力	
	6	水处理厂常用电气与仪表	1．污水处理厂电力系统的基本构成 2．大气设备的基本知识 3．污水处理厂自动控制系统的基本原理 4．污水处理厂常用水质控制、水质检测仪表原理、结构和使用方法	1．能够掌握污水处理厂电力系统操作运行及其常见故障处理 2．熟悉污水处理厂电力自动控制系统并能操作运行及其常见故障处理	

续表

整体预设能力目标	参考学时	单元教学内容		单元能力培养目标	考核要求
		模块名称	教学内容描述		
	6	污水处理厂（站）调试与运行管理	1. 污水处理厂调试程序 2. 污水处理厂运行管理 3. 污水处理厂水质控制指标 4. 污水处理厂安全运行管理要求	具备污水处理厂调试运行及其管理能力	

4）"大气污染控制工程"课程能力培养和教学内容（表6.8）。

表6.8 "大气污染控制工程"课程能力培养和教学内容

整体预设能力目标	课程教学内容	参考学时	单元教学内容		单元能力培养目标	考核要求
			模块（任务）名称	教学内容描述		
1. 掌握大气污染防治的基本概念、基本原理、主要设备和典型工艺 2. 大气污染治理、净化的基本知识及除尘和净化设备的作用 3. 掌握烟囱高度的设计计算及常用的除尘和净化设备的设计计算方法 4. 掌握选择大气污染治理和净化的流程，会自己设计除尘和净化流程，并会对一些除尘和净化设备进行简单的维护管理	探索项目引导、任务驱动式课程模式。将该课程分成5个基础项目模块、多个单片机应用任务，通过在计算机上硬、软件的设计和仿真调试，使学生提高学习兴趣，挖掘自学潜力，掌握单片机产品开发过程	12	燃烧与大气污染	1. 燃烧技术 2. 影响大气污染扩散的因素 3. 烟气扩散计算 4. 烟囱设计	1. 燃烧中污染物排放量计算 2. 利用高斯扩散模式计算大气中污染物浓度 3. 掌握烟囱设计方法	烟囱设计方案
		12	颗粒污染物控制技术	1. 粉尘性质 2. 粉尘粒径分布 3. 除尘器性能 4. 除尘器分类 5. 除尘机理	1. 掌握除尘器除尘机理及其性能 2. 掌握粉尘性质、粒度的测定方法 3. 掌握含尘浓度测定方法	除尘器设计
		18	颗粒污染物控制设备	1. 机械除尘器设计及相关知识 2. 湿式除尘器设计及相关知识 3. 过滤除尘器设计及相关知识 4. 电除尘器设计及相关知识 5. 除尘器选择 6. 除尘器安装、运行和维护管理	1. 能提出粉尘污染控制方案 2. 净化方法选择 3. 除尘设备设计计算 4. 处理除尘设备运行操作中常见问题	

续表

整体预设能力目标	课程教学内容	参考学时	单元教学内容		单元能力培养目标	考核要求
			模块（任务）名称	教学内容描述		
5．掌握大气污染治理系统的设计思路、开发过程，具备大气污染技术管理能力 6．培养学生独立工作能力与团队合作意识 7．拓展学生专业视野，培养学生创新思维与自学能力		4	气态污染物净化	1．吸收法 2．吸附法 3．催化法 4．燃烧法	能正确选择净化方法	设计气态污染物净化方案
		12	气态污染物控制设备	1．吸收设备选择、设计计算和运行管理 2．吸附设备选择、设计计算和运行管理 3．气固催化反应器分类、设计计算和运行管理 4．燃烧设备种类及其特点	1．正确选择净化设备并进行设计计算 2．能进行气态污染物净化方案设计	
		14	大气污染控制典型工艺	1．锅炉除尘工艺流程、设备结构、技术性能、设计尺寸和运行维护 2．烟气脱硫工艺选择、典型系统构成、工艺控制参数、工艺布置方式、工艺特点和运行维护管理 3．烟气脱硝原理、工艺流程选择 4．汽车排气净化技术	1．掌握典型进化工艺流程 2．对典型控制设备进行工艺设计计算、选型和评价 3．对典型污染物提出净化方案	设计锅炉烟气处理方案

2．**专业方向课程**

污水处理运营与管理方向如表 6.9 和表 6.10 所示。

表6.9　学习领域描述

学习领域	污水处理系统的运营与管理	第4学期
		建议学时：96学时

学习目标：

1．能够对污水的各项指标（BOD、COD、SS、TN和TP）进行检测

2．操作格栅、刮油板、沉降池、气池及生化水处理设备和活性炭吸附及消毒等设备对城市污水、工业废水进行分级处理

3．对沉降污泥、活性污泥进行脱水等处理

4．配制水处理药剂，完成相关的絮凝、沉淀和消毒等单元水处理操作

5．对医院废水及特殊工业废水，按特殊处理工艺进行无害化处理

6．维护保养设备（风机、管件、阀门和泵组等）

7．培养学生的团队合作与沟通能力

学习内容：

1．城市污水处理的一般方法

2．城市污水处理工艺流程和技术经济指标

3．污水厂污水量的测量方法及仪器的使用

4．格栅的安装、运行与维护

5．曝气设备的安装、运行与维护

6．吸刮泥设备的安装、运行与维护

7．压滤机的安装、运行与维护

8．污水处理系统全套设备的规范开启

9．沉淀池的调试、运行与维护

10．生化反应池的调试、运行与维护

11．气浮系统的调试、运行与维护

12．混凝系统的调试、运行与维护

13．各类消毒设备的调试、运行与维护

14．各类风机、管件、阀门和泵组的构造与维修

表6.10　环境监测与治理技术学习情景描述方式

学习领域	污水处理系统运营		
学习情景	生化反应池的调试、运行与维护	学时	32

学习目标：

1．理解污水的生物化学处理法的目的及方法

2．会选择活性污泥法工艺流程的控制参数

3．能对生化反应池进行规范操作

4．能够进行活性污泥的培养

5．能识别和排除生化反应池的常见问题及故障

6．能利用各种手段搜集信息，用专业术语阐述生化反应池的调试、运行与维护方法，制定相关计划

7．在充分考虑卫生环境条件下，自觉地承担生化反应池的调试、运行与维护工作任务

学习内容： 　1. 生物化学处理法 　2. 活性污泥法工艺流程的控制参数 　3. 活性污泥的运行鉴定标准 　4. 活性污泥培养 　5. 生化反应池实际操作 　6. 生化反应池常见问题、故障及解决方法（结合实际操作） 　7. 信息搜集和整理			教学方法建议： 　1. 讲授法 　2. 实操法 　3. 案例法 考核与评价： 　1. 过程考核 　2. 运行结果考核
教学材料： 　1. 多媒体课件 　2. 电脑 　3. 学院水处理平台 　4. 城市污水处理厂 　5. 生化反应池调试、运行与维护案例	学生知识与能力准备： 　1. 能利用各种手段获取生化法相关资讯 　2. 了解废水的生化处理的各种工艺及设备 　3. 具备良好的心态、较强的团队合作意识和与人沟通相处的能力	教师知识与能力要求： 　1. 熟悉生物化学法的新工艺、新技术和新要求 　2. 能熟练操作生化反应设备 　3. 能全面、正确识别及处理生化反应池的常见故障	备注： 　课后教学效果反馈

（五）专业教学策略的研究

职业教育教学的目的是学生职业特质和职业能力的形成，而职业特质与职业能力的形成除教学内容之外，主要取决于教学的策略。

为了培养环境工程技术专业学生，依据教学任务，严格把握并执行工作程序、工作规范、工艺文件和安全操作规程，做到用严格的工作程序、工作规范和操作标准，保证操作结果符合质量要求的意识与素质，形成环境工程技术高级技能型人才的职业特质。在总课题研究提出的过程导向、情景导向和效果导向 3 种教学策略中，环境工程技术专业教学策略的设计，应根据环境工程技术高级技能型人才职业活动主要由过程顺序和规范支配、追求标准和质量的特点，主要采用过程导向的教学策略，即在首先把握过程的情况下，为了达到任务所期望的效果，选择工作程序、工作规范、工艺文件和安全操作规程的方式和过程。

依据总课题，过程导向教学策略的教学过程可以设计为任务描述、任务分析、相关知识、技能训练、态度养成、完成任务和学习评价 7 个环节[①]。在这里，任务是环境工程技术高级技能型人才职业活动中的典型任务或者项目，任务描述是对典型任务的描述，目的是让学生进入工作角色，为实现以学生为中心的教学提供

---

① 邓泽民，2016. 职业教育教学设计[M]. 4 版. 北京：中国铁道出版社.

前提。任务分析是在专业教师的主导下，以学生为主体，应用相关知识对完成任务的工作程序、工作规范、工艺文件和安全操作规程进行分析，提出工作方案。相关知识、技能训练、态度养成是对任务进行分析，并完成任务相关知识的学习、技能的训练和态度的养成过程。完成任务是学生独立或者分组完成服务，并通过完成任务环节，形成严格工作程序、工作规范和操作标准，保证操作结果质量要求的意识与素质的整合环节。学习评价是对学生完成任务情况进行点评并提出改进意见。

在环境工程技术专业过程导向教学策略设计时，专业各课程教学团队要根据职业能力和职业特质培养的要求，采用过程导向的行动教学方法教学，营造学习情景，让学生积极思考，主动参与，动手动脑。可选用的教学方法很多，比较典型有项目教学法、任务驱动教学法、思维导图法、头脑风暴法、卡片展示法和演示教学法，可以灵活使用。例如，在任务分析时，可以选用头脑风暴法、思维导图法和卡片展示法等；在技能训练时，可选用演示教学法；完成任务时，可选用项目教学法、任务驱动教学法等。

（六）专业教师团队的配备

专业教师团队应配备专业带头人和专业各核心课程负责人，双师型教师占教师总数的 60%以上。采用外引内培的方法，通过与企业合作开展科研项目、技术服务和国内外访问学者，参与专业建设和教学改革，培养专业带头人；通过多种形式使教师深入企业，参与技术服务和技术改造，积累工程方面的实际经验；加大培训考核力度，提升教师水平和能力；建成一支既有高技能水平，又在环境工程技术领域有较高技术造诣的专兼结合师资队伍。

1. 专业带头人的基本要求

专业带头人应具有较高的高职教育认识能力、专业发展方向把握能力、课程开发能力、教研教改能力、学术研究尤其是应用技术开发能力和组织协调能力。能带领专业建设团队构建基于工作过程的层次化、模块化课程体系。

2. 专任教师、兼职教师的配置与要求（表 6.11）

表 6.11　专任教师、兼职教师的配置与要求（按每年招 200 名学生配置）

序号	课程名称	专任教师		兼职教师	
		数量	要求	数量	要求
1	分析化学	4	双师型、理论实践一体化教学	2	理论实践一体化教学
2	环境工程原理与设备	2	双师型、理论实践一体化教学	2	理论实践一体化教学
3	水污染控制工程	2	双师型、理论实践一体化教学	1	

续表

序号	课程名称	专任教师		兼职教师	
		数量	要求	数量	要求
4	大气污染控制工程	2	双师型、理论实践一体化教学	2	理论实践一体化教学
5	噪声污染控制工程	1	双师型、理论实践一体化教学	2	具备工程实践经验
6	环境监察与执法	1	双师型、理论实践一体化教学	2	
7	建筑工程概预算	1	双师型、理论实践一体化教学	2	具备现场总线工程项目经验
8	重点行业清洁生产审核技术	2	双师型、理论实践一体化教学	2	
9	环境保护概论	2	双师型、理论实践一体化教学	2	理论教学

（七）专业实训条件配备

仿真的职场环境为学生的项目训练与综合职业能力培养营造实际职场的工作氛围；以选择的真实典型工业项目或产品进行设计开发，形成具有典型工作任务完整工作过程的综合实训项目；与企业共建形成具有良性运行机制的学习型生产性实训基地。能承担环境工程技术专业类实验实训任务和职业技能培训鉴定，供大学生开展课外科技和工程实践活动，拥有基本技能训练、职业技能训练、真实工程背景实习和创新和创业训练的渐进式实践教学必备的设备和场所，建立健全实验实训教学文件、各项规章制度和运行保障机制。实验实训设备配置及要求如表 6.12 所示，专业实验实训室具体内容如表 6.13 所示。建立了具备与综合实训项目完整工作过程相配套的实训软硬件条件。

表 6.12　实验实训室一览表（分析实验室，学校公用）

实验实训基地名称	数量/间	实训项目	可同时容纳学生人数
无机化学实验室	1	无机化学基础实验项目	40
有机化学实验室	1	有机化学基础实验项目	40
化学分析实训室 1	4	化学分析基本操作	160
化学分析实训室 2		水体监测-化学分析项目	40
电化学分析实训室	1	电化学分析项目	20
分光光度计分析实训室	3	分光光度法分析项目	60
原子吸收分析实训室	1	原子吸收仪分析项目	20
气相色谱分析实训室	1	气相色谱仪分析项目	20
离子色谱分析实训室	1	离子色谱仪分析项目	20
紫外分光分析实训室	1	紫外分光仪分析项目	20
大气监测实训室	1	采样准备、样品处理	40

续表

实验实训基地名称	数量/间	实训项目	可同时容纳学生人数
生物监测实训室	1	BOD、细菌等	40
物理监测实训室	1	噪声、放射性等	40
大气自动在线监测实训室	1	大气自动在线监测项目	40
水质自动在线监测实训室	1	水质自动在线监测项目	40

表 6.13 专业实验实训室一览表

实验实训基地名称	数量/间	实训项目	可同时容纳学生人数
污、废水处理与运营综合实训中心 1	1	废水处理基础实验	40
污、废水处理与运营综合实训中心 2	1	废水处理综合实训（常规二级处理）	40
污、废水处理与运营综合实训中心 3	1	废水处理综合实训（深度处理）	40
污、废水处理与运营综合实训中心 4	1	管道、阀门和设备维护实训	40
大气污染控制综合实训中心 1	1	烟气除尘实训	40
大气污染控制综合实训中心 2	1	烟气脱硫实训	40
大气污染控制综合实训中心 3	1	废气吸收、吸附等实训	40
固体废物处理与处置实训中心 1	1	危险废物浸出、固体废物破碎压缩实训	40
固体废物处理与处置实训中心 2	1	固体废物处理与土壤监测实验实训	40
固体废物处理与处置实训中心 3	1	危险废弃物焚烧处理实验实训	40
噪声污染控制综合实训中心	1	噪声检测实验实训、噪声治理实验实训	40
环保设备加工与制作综合实训中心 1	1	焊接技能实训	40
环保设备加工与制作综合实训中心 2	1	钳工、管工技能实训	40
工程制图及课程设计实训室 1	1	手工制图实训	40
工程制图及课程设计实训室 2	1	课程设计实训	40
环境工程 CAD 设计实训中心 1	1	环境工程 CAD 设计课程实训	80
环境工程 CAD 设计实训中心 2	1	中高级绘图员培训	80

五、环境工程技术专业教学整体解决方案实施

从参加课题的各学校专业教学整体解决方案实施分析，由于有了配套教材和课件等教学资源的支撑，实施新方案的阻力并没有预想的大。教师需要建立现代教学的理念和提高教学开发与组织实施的能力，为了消除教师对新方案的抵制，学校都采用了引导消除抵制模式（LOC 模式），分为 5 个阶段实施。

（一）教师把握整体解决方案

环境工程技术专业教学团队，向实施的教师讲解专业教学整体解决方案，使

所有成员都清楚了解专业教学整体解决方案，了解课程的地位和作用，并能与企业技术人员共同开发教学内容，并明确自己的角色，把握自己的任务。

（二）教师必备教学能力培训

专业教师的环境工程技术专业教育观念转变和过程导向教学策略的学习运用是人员准备的主要内容。

环境工程技术专业教育观念转变主要通过专家讲座、观摩过程导向教学等形式完成；过程导向教学策略的学习运用通过专家过程导向教学展示、课件设计和过程导向教学比赛取得了很好的效果。职业教育课件设计对于教师综合运用职业教育教学理论、教育技术，以及训练教师的专业实践能力是一种一举多得的手段[①]。

通过教师必备能力培训，使所有成员都具备专业教学整体解决方案实施的专业教学能力，主要是专业实践教学能力。

（三）设施、材料与教材准备

对原有教室和实训室，按照情景导向教学的要求进行改造，形成了职业情景和教学情景一体化教室，与合作企业一起，研究确定学生实习的职业岗位，形成校内外教学、实训和实习密切衔接的校企合作教学、实训和实习组合新模式。

过程导向行动教学的专业教材多方案的实施十分必要。专业教材设计需要遵循职业活动逻辑、学习动机发展逻辑和职业能力形成逻辑相统一的原则，构建理实一体的专业教材结构[②]。

（四）方案实施的评价与激励

2007 级新生全部用新方案进行教学，二年级按原教学计划继续开展教学，但教学策略普遍采用过程导向教学策略。为了保证方案实施，加强阶段性教学效果评价；为激发教师积极性，参加专业教学整体解决方案实施的教师，若教学符合专业教学整体解决方案的要求，课时费在原来基础上乘以系数 1.5 支付。

（五）方案实施效果调查分析

通过调查的全国 12 所高等职业学校环境工程技术专业 3 年的教学实践，为对环境工程技术专业教学整体解决方案进行较为客观的评价，课题组分别对学生、企业和教师进行了调查。

---

① 邓泽民，马斌，2011. 职业教育课件设计[M]. 北京：中国铁道出版社.
② 邓泽民，侯金柱，2006. 职业教育教材设计[M]. 北京：中国铁道出版社.

1. 学生的评价

毕业生和顶岗实习学生的评价：经过在学校三年的学习，学校实验实训设备完备，每学期都安排 1～2 个月在实训基地进行综合实训，专业课程都在实验示范中心上课，我们动手实践能力明显加强。学校专业教师教学水平高、操作能力强，经常外聘企业工程技术人员担任上课任务，保证了我们教学质量。环境工程技术专业所有课程都有数字化教学资源系统和综合实训网站，为我们自主学习提供了方便。我们毕业后在工作岗位上适应工作很快，这和在学校期间的学习提高是分不开的。

2. 企业的评价

企业对课程改革及毕业生和顶岗实习学生的评价：环境工程技术专业教学整体解决方案能培养出适应企业需求的高职人才，学校注意到贴近企业真实环境，培养学生综合职业能力，能够完成企业的项目和任务，注意到行业发展及其环保产业、企业级公司具体要求，注意到协作能力等方面的培养。从目前在企业工作的学生来看，学生严格执行工作程序、工作规范、工艺文件和安全操作规程意识明显增强；具有高度的责任心，追求标准、卓越的创新精神明显增强；职业生涯发展方向感明显增强，从事高技能成就事业的信心明显增强。学生工作上手快，具备独立完成工作任务的能力，受到行业、企业和社会的欢迎。

3. 教师的评价

参加专业教学整体解决方案实施的教师的评价：环境工程技术高级技能型人才特质内涵的提出十分关键，使我们对职业教育教学有了全新的认识；一体化技能教室的职业情景和工作过程导向的教学结构设计，能完成了由以教师为中心教学到以学生为中心教学的转变；学生学习的精神状态变了，学习有了方向和目标，教师教学时的心情也变了，教学效能明显提高了，并更积极主动参加教学改革的实践活动。

六、实践结论

1）环境工程技术高级技能型人才的职业特质是伴随着我国环境工程技术发展对人才的提出的必然要求。

2）高等职业教育专业教学要把人才职业特质和职业能力形成作为教学过程的主线。教学内容项目化、教学方式工作化、教学成果产品化、教学环境职场化、组织管理企业化、过程管理流程化、组织学习规范化和团队工作无界化，为人才

职业特质和职业能力形成提供了良好的环境。

3）环境工程技术高级技能型人才的职业特质和职业能力形成需要过程导向的行动教学策略。实施过程导向的行动教学策略对师资队伍提出了较高的要求。教师带着项目下企业，参加技术改造和技术服务，是培训教师形成行动导向教学能力有效手段。

4）过程导向的行动教学策略实施，需要过程导向的一体化技能教室和过程导向结构设计的教材的配合。

畜牧兽医专业教学整体解决方案研究与实践

课题编号：BJA060049-GZKT007

一、问题的提出

（一）畜牧兽医相关行业发展的趋势

进入 21 世纪，随着工业化和城市化进程的加快，我国畜牧兽医领域发生了巨大的变化。畜牧业生产方式由过去的户有户养转向规模化标准化养殖，畜产品供给由过去的初级产品转向深层次加工多元化供给，畜产品市场销售由国内化转向国际化，畜牧业增长方式由过去的资源依赖型转向以科技进步为主的轨道，畜牧业的地位由过去的家庭副业发展成为支撑农村经济发展的大产业。但与欧美等畜牧业发达国家相比，我国在生态环保、产品质量和科技水平等方面还有较大差距。

今后畜牧业的发展必须依托现有基础，抓住发展机遇，整合发展力量，转变发展模式，大力发展现代畜牧业，抓生产水平提高，抓产品质量提高，抓生态畜牧业发展，建立特色畜牧业，发展特色产品，推进畜牧业向资源节约、环境友好、质量安全和持续高效发展。

（二）行业发展对畜牧兽医高级技能型人才的要求

富有潜力和活力的畜牧行业正日益成为国内外投资者关注的热点。国内外资本开始大量涌入中国畜牧行业，掀起新一轮畜牧投资热。美国高盛集团近期斥资 2 亿～3 亿美元，在我国湖南、福建一带全资收购了十余家专业养猪场。德意志银行股份公司也开始大规模布局中国的养殖业，还涉及农业各个领域。泰国正大集团将在沈阳沈北新区投资 35 亿元，利用 3 年时间建立 36 个养殖基地，饲养种猪、商品猪、肉鸡和蛋鸡。另外，国内的一些大企业也纷纷涉足畜牧行业，这些企业和资金的注入，将引发畜牧行业生产方式的大变革，加速畜牧业设施现代化进程，畜牧业主体将逐步由过去的农民化走向企业化、规模化和集团化。同时，畜产品安全市场体系建设将也将全面推进，今后我国的畜产品要向无公害、绿色、有机和营养保健方向发展。

畜牧业生产方式和消费方式的变革，对畜牧兽医行业高级技能型人才提出了更高的要求。课题组对天津宝迪农业科技股份有限公司、东光县宝丰养殖有限责任公司、河北鲲鹏饲料有限公司、河北万雉园农牧科技有限公司和河北绿奥乳业有限公司等多家相关企业调查发现，我国在动物营养、品种改良、环境调控和产品质量等方面与发达国家还有一定距离；同时，畜牧兽医类毕业生缺乏爱岗敬业、诚实守信、吃苦耐劳的精神和社会责任感等。面对当前我国畜牧业成本压力上升、疾病控制风险加大、环保与生态任务加重和食品安全频发等问题，高职院校必须培养畜牧兽医岗位群所需要的一流的高级技能型人才，除应具备综合职业能力外，更重要的是具备畜牧兽医高级技能型人才的职业特质。

二、研究内容和方法

（一）研究内容

为培养满足社会需求的畜牧兽医高级技能型人才，课题组首先开展广泛而深入的调研活动，并对从事畜牧兽医相关行业工作的各职业岗位群的职业道德、职业能力和职业素质进行分析，进而开展对畜牧兽医高级技能型人才的职业特质的研究，然后研究设计出适合畜牧兽医高级技能型人才职业特质和职业能力形成的教学整体解决方案，并通过教学整体解决方案的实施，探索畜牧兽医专业人才培养模式和专业教育理论。

（二）研究方法

1）运用调查法，特别是现代职业分析方法对畜牧兽医专业高级技能型人才的职业活动进行调查，并在此基础上分析畜牧兽医高级技能型人才的职业活动特点，提出畜牧兽医高级技能型人才职业特质的基本内涵。

2）运用文献法、总结法对职业院校畜牧兽医专业教学和畜牧业企业培训进行研究和总结，研究设计适合畜牧兽医高级技能型人才职业特质形成的教学整体解决方案。

3）运用实验法，通过畜牧兽医高级技能型人才职业特质形成的教学整体解决的实施，对建立在畜牧兽医高级技能型人才特质基础上的高等职业教育畜牧兽医专业教学方案进行验证，探索畜牧兽医专业教学理论方法。

三、畜牧兽医高级技能型人才的职业特质研究

职业特质是指从事不同职业的人所特有的职业素质，是能将工作中成就卓越与成就一般的人区别开来的深层特征。总课题对于职业特质的研究，提出了可以从两个方向开展研究，一是在同一职业中发现成就卓越者，通过调查分析方法，

研究他们与成就一般者不同的深层特征；二是通过分析职业活动，研究取得职业活动卓越效果的人具备的职业素质。本方案采用第二种方法。

（一）畜牧兽医高级技能型人才职业活动调查

1. 职业面向调查

高职院校畜牧兽医专业毕业生的就业情况如何？他们的职业活动主要面向哪些领域？有哪些岗位？就此问题课题组开展了毕业生职业面向的调查。为了使调查结果更具代表性，覆盖范围更广，本专业联合兄弟院校相同专业，针对近 5 年毕业的 650 名毕业生开展了此项调查活动。通过调查，课题组发现，畜牧兽医类专业毕业生就业岗位类型多达 20 多个，职业生涯的发展方向主要有养殖技术型、兽医技术型、动物防疫检疫技术型和饲料与动物营养技术型四大领域。就业的企业类型和岗位工作统计数据汇总后，如表 7.1 所示。

表 7.1　畜牧兽医专业群毕业生就业企业类型和岗位工作统计表

就业企业类型		人数	就业岗位类型及工作
饲料企业		47	1. 饲料分析及配方设计 2. 饲料生产加工 3. 饲料营销工作 4. 饲料售后技术服务工作
养殖场	养猪场	114	1. 饲养员 2. 种畜禽品种改良员 3. 疫病防治员 4. 动物检疫检验员 5. 饲料供应 6. 环境监测 7. 畜产品销售
	养牛场	52	
	养鸡场	63	
	养羊场	10	
	养兔场	16	
	其他养殖场	22	
兽药企业		77	1. 兽药生产研发 2. 兽药营销 3. 兽药售后及技术服务
兽医院及宠物医院		46	1. 兽医门诊医生 2. 宠物养护与美容 3. 宠物疾病防治
肉联厂、屠宰场和肉品加工厂		12	1. 动物检疫 2. 肉品检验 3. 肉、蛋、奶和毛皮制品检验
自主创业		65	1. 养殖项目 2. 畜产品营销 3. 饲料、兽药销售
其他（非畜牧行业）		126	非畜牧业行业工作

通过对以上就业企业岗位分析可以看出，毕业生大部分从事畜牧兽医行业工作，这些岗位涵盖畜牧兽医企业的产前、产中和产后各环节。其中，产前环节主要是饲料和兽药生产企业的相关工作，产中环节主要在畜牧业养殖企业的生产过程中的各个岗位，产后环节主要是销售领域、畜产品加工企业等相关工作。从学生就业工作确定后的职业生涯发展过程来看，主要经历了岗位见习培训阶段、岗位实际操作熟练阶段、岗位业务骨干阶段、岗位管理阶段和企业中层管理等阶段，个别学生进入企业高级管理岗位。同时，从学生就业反馈信息来看，在校期间的专业课程学习和基本素质的培养对学生的职业面向及职业生涯发展起到了决定性的作用。

2. 职业活动分析

根据课题研究需要，在开展毕业生职业面向和就业岗位调查的同时，采用现代职业分析方法[①]，也对畜牧兽医专业高级技能型人才的职业活动进行了分析，提出了畜牧兽医高级技能型人才职业活动表，如表 7.2 所示。

表 7.2　畜牧兽医高级技能型人才职业活动表

职业活动领域		职业活动
职业共性活动领域		畜禽剖解及各组织器官和功能的解读
		各种常见药品的识别及临床应用
		机体正常组织器官及病变组织器官的鉴别
		猪常见品种的识别与性能解读
		家禽品种的识别与性能解读
		奶牛和肉牛常见品种的识别与性能解读
		绵山羊品种的识别与性能解读
		各种常见经济动物的识别与性能解读
		各种畜禽的配种、妊娠诊断、接产和助产
		饲料原料的识别及饲料分析与化验
职业方向活动领域	畜牧兽医技术	种公猪、空怀母猪、妊娠母猪、哺乳母猪、仔猪和肥育猪的饲养与管理
		奶牛、肉牛的饲养与管理
		蛋鸡、肉鸡的饲养与管理
		绵羊、山羊的饲养与管理
		经济动物的饲养与管理
	兽医技术	兽医法规的实施
		兽药生产工艺操作、销售及技术服务

① 邓泽民，郑予捷，2009. 现代职业分析手册[M]. 北京：中国铁道出版社.

职业活动领域	职业活动
	畜禽内外产科疾病的诊断与治疗
	畜禽传染病的诊断与治疗
	畜禽寄生虫病的诊断与治疗
动物防疫检疫技术	防疫计划与防治应急预案的制订
	重大疫情的监测与防控
	人畜共患疫病及急性、烈性动物疫病的检疫
饲料与动物营养技术	饲料原料、添加剂、预混料、浓缩料和全价饲料的分析与化验
	各种饲料配方的设计与实施
	饲料生产、销售与技术服务

（二）畜牧兽医高级技能型人才职业活动特点

通过分析畜牧兽医高级技能型人才职业活动发现，畜牧兽医高级技能型人才职业活动都是紧紧围绕工作任务展开的，如图 7.1 所示。

	过程阶段 1	过程阶段 2	过程阶段 3	……
任务 A	活动 A1	活动 A2	活动 A3	……
任务 B	活动 B1	活动 B2	活动 B3	……
任务 C	活动 C1	活动 C2	活动 C3	……

图 7.1　职业活动过程导向

从图 7.1 中可以看出，畜牧兽医高级技能型人才采取什么行动，取决于任务的不同和所处的过程阶段的变化。任务一旦确定，操作过程和规范标准就确定了。畜牧兽医高级技能型人才职业活动特点是由过程顺序支配的，即畜牧兽医高级技能型人才职业活动具有典型的过程导向特点。

（三）畜牧兽医高级技能型人才职业特质内涵

畜牧兽医专业高级技能型人才职业特质是指从事畜牧兽医职业的人所特有的职业素质。国内有关畜牧兽医高级技能型人才特质研究，没有发现有关的文献，在国家职业资格标准中对大农业类的工种也没有相关描述。那么，具有什么职业特质的人才能胜任畜牧兽医专业群岗位需要呢？课题组依据畜牧兽医高级技能型人才职业活动特点分析提出畜牧兽医专业群高级技能型人才特质的内涵。

畜牧兽医专业高级技能型人才的职业特质定义：依据工作任务，严格把握并执行畜禽饲养标准、兽医防治规范和食品安全条例，具有诚实守信、爱岗敬业和不怕脏累的优秀品格，具有认真负责、科学严谨的工作态度，以及与人沟通能力特别是与农民养殖户的沟通技巧。最重要的一点是富有爱心，悉心呵护畜禽。

四、畜牧兽医专业教学整体解决方案设计

职业特质的形成取决于专业教学的各个方面和各个环节，为了发挥教学系统整体突现性原理的作用，本课题对畜牧兽医类专业教学进行整体解决方案的设计。目前，世界上有企业办学校、学校办企业、学校和企业合作办学三种形式。由于参加本课题研究的学校基本采用第三种形式办专业，因此畜牧兽医技术类专业教学进行整体解决方案设计是基于上述第三种形式。

（一）专业的职业面向分析

本专业依据对毕业生就业和企业需求的调查，分为畜牧兽医、兽医、动物防疫与检疫和饲料与动物营养四个方向（表 7.3）。

表 7.3　专业职业面向分析

职业岗位	专业方向	专业群名称	对应岗位的职业资格证书
1. 饲料配方技术员 2. 兽医防治员 3. 繁殖技术员 4. 饲养管理技术员	方向一：畜牧兽医	畜牧兽医类技术	家畜饲养工、兽医防治员高级工和家畜繁殖工
1. 养殖场专职兽医 2. 兽医院坐诊医师 3. 个体兽医站医师 4. 兽药厂实验室技术员	方向二：兽医		兽医防治员高级工
1. 屠宰厂检疫检验员 2. 动物检疫站防疫检疫员 3. 大型养殖场防疫员	方向三：动物防疫与检疫		动物检疫检验员高级工
1. 饲料销售业务员 2. 饲料售后技术员 3. 饲料厂饲料分析化验员	方向四：饲料与动物营养		饲料检验化验员高级工

（二）就业证书需求的分析

依据国家持证上岗的相关政策，并调查相关企业发现，高等职业学校畜牧兽医类专业学生就业一般要求：①基础技能，全国英语应用能力考试证书、全国计

算机等级考试合格证书；②核心技能，兽医防治员职业资格证书（高级）、动物检疫检验员职业资格证书（高级）；③岗位（群）技能，家畜饲养工技能等级证书、家禽饲养工技能等级证书（选考）、家畜繁殖工技能等级证书（选考）和饲料检验化验工技能等级证书（选考）。

（三）专业培养目标的确定

畜牧兽医专业的培养目标定位：主要为河北省及周边地区培养拥护党的基本路线，适应畜牧业规模化生产和社会主义新农村生产、建设、管理和服务需要的，德、智、体、美等方面全面发展的，具有良好职业道德、创业精神和创新能力，适应畜牧业一线需要，掌握畜牧兽医基本知识和基本理论，能从事畜禽生产、临床诊疗、防疫检疫和宠物诊治，以及畜牧业技术推广、服务和管理等工作的高级技能型人才。

兽医专业的培养目标定位：主要为河北省及周边地区培养拥护党的基本路线，适应畜牧业规模化生产和社会主义新农村生产、建设、管理和服务需要的，德、智、体、美等方面全面发展的，具有良好职业道德、创业精神和创新能力，适应畜牧业一线需要，掌握兽医基本知识和基本理论，能从事临床诊疗、防疫检疫和宠物诊治，以及兽医技术推广、服务和管理等工作的高级技能型人才。

动物防疫与检疫专业的培养目标定位：主要为河北省及周边地区培养拥护党的基本路线，适应畜牧业规模化生产和社会主义新农村生产、建设、管理和服务需要的，德、智、体、美等方面全面发展的，具有良好职业道德、创业精神和创新能力，适应动物防疫与检疫一线需要，掌握动物防疫与检疫基本知识和基本理论，能从事动物防疫与检疫和临床诊疗，以及动物防疫与检疫技术推广、服务和管理等工作的高级技能型人才。

饲料与动物营养专业的培养目标定位：主要为河北省及周边地区培养拥护党的基本路线，适应畜牧业规模化生产和社会主义新农村生产、建设、管理和服务需要的，德、智、体、美等方面全面发展的，具有良好职业道德、创业精神和创新能力，适应养殖业一线需要，掌握饲料与动物营养基本知识和基本理论，能从事动物畜禽生产、饲料配方设计、饲料分析和疫病防治，以及养殖技术推广、服务和管理等工作的高级技能型人才。

（四）专业课程体系的构建

公共基础课程按照国家统一要求安排，专业课程按照畜牧兽医专业毕业生就业岗位和职业生涯发展领域分为技术平台课程和专业方向课程，形成基础平台和职业生涯发展方向的课程体系结构。应用职业教育技术类课程体系构建的方法[①②]，构建课程体系结构如图 7.2 所示。为了保证畜牧兽医高级技能型人才职业特质和职业能力的形成，专业必修课程和专业选修课程类型以职业活动课程为主，辅以知识课程和技术课程。畜牧兽医专业群课程体系如图 7.3 所示。

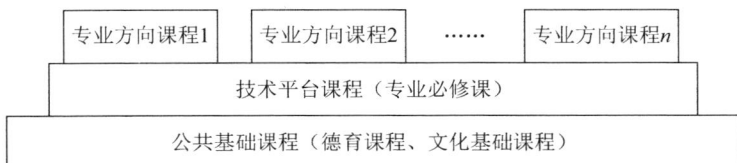

专业方向课程1	专业方向课程2	……	专业方向课程n
技术平台课程（专业必修课）			
公共基础课程（德育课程、文化基础课程）			

图 7.2　畜牧兽医技术专业课程体系结构

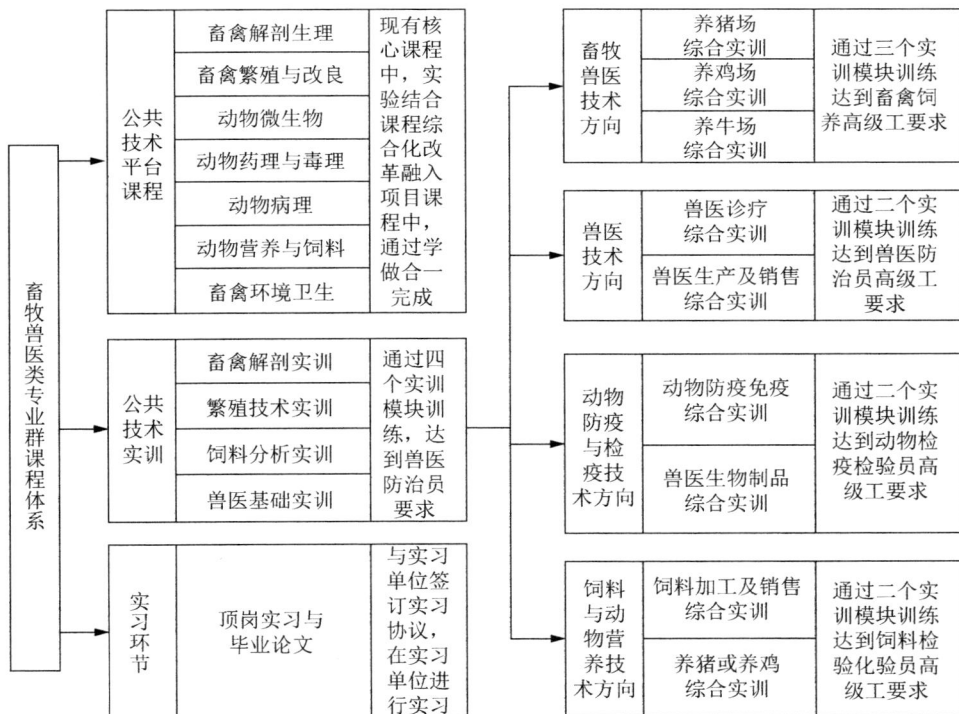

图 7.3　畜牧兽医专业群课程体系

① 邓泽民，陈庆合，2006. 职业教育课程设计[M]. 北京：中国铁道出版社.

② 邓泽民，陈庆合，2011. 职业教育课程设计[M]. 2 版. 北京：中国铁道出版社.

1. 技术平台课程

1）"畜禽解剖生理"课程能力培养和教学内容（表7.4）。

表7.4 "畜禽解剖生理"课程能力培养和教学内容

整体预设能力目标	课程教学内容	参考学时	单元教学内容		单元能力培养目标	考核要求
			项目（任务）名称	教学内容描述		
1. 熟记常见动物体各组织、器官正常的形态、结构、位置及其相互关系 2. 熟练解剖常见动物 3. 临床听诊、触诊和叩诊部位的能力 4. 熟识常规外科手术通路的组织器官位置关系 5. 懂得常见的生命活动现象，并能灵活运用这些知识和能力解决生产中的实际问题 6. 促进学生职业能力培养和职业素质养成	动物有机体及基本结构	18	动物有机体的认识	动物体各部位名称识别，显微镜使用及常用概念术语	显微镜的操作和保养，细胞组织识别，常见动物躯体结构认知和体表方位术语学习	显微镜的认识操作和保养
	运动系统	8	活体部位和骨性肌性标志识别	动物体主要标志识别及重要部位骨和关节的组成	常见动物体表骨性标志的识别	主要部位骨和关节组成
	被皮系统	4	被皮系统认识	皮肤及皮肤衍生物构造识别	皮肤结构和机能，皮肤衍生物组成	毛的结构及机能
	内脏	34	内脏识别	常见动物内脏器官识别	常见动物消化系统呼吸系统泌尿及生殖系统各器官位置及结构	常用内脏器官体表投影
	循环与免疫	14	循环免疫系统认识	心脏、血管及血液知识，淋巴结构和位置	熟悉循环系统组成、胎儿血液循环特点和免疫系统组成	兽医常用体表淋巴及位置
	神经与内分泌	10	神经内分泌系统识别	脑、脊髓和常见大神经结构和位置，内分泌器官的结构和位置	神经系统组成，大脑及小脑结构，内分泌器官的位置	常用内分泌腺结构及位置
	家禽解剖	4	家禽解剖特点	鸡、鸭、鹅、解剖特点	常见家禽解剖特点	鸡的解剖操作
	经济动物	4	经济动物简介	兔子、狗的解剖特点	常见经济动物解剖特点	兔子的解剖操作

2）"畜禽繁殖与改良"课程能力培养和教学内容（表7.5）。

表7.5 "畜禽繁殖与改良"课程能力培养和教学内容

整体预设能力目标	课程教学内容	参考学时	单元教学内容		单元能力培养目标	考核要求
			项目（任务）名称	教学内容描述		
1. 能够根据家畜的体型外貌、体尺、系谱和生产性能等选择种畜	遗传基础	16	畜禽遗传基础	遗传物质、分离规律、自由组合规律、连锁交换规律、变异和数量性状的遗传	使学生掌握畜禽遗传基础，为学习后续内容奠定基础	理论考核，口试与笔试相结合

整体预设能力目标	课程教学内容	参考学时	单元教学内容		单元能力培养目标	考核要求
			项目（任务）名称	教学内容描述		
2．能够选择合适的公母畜进行交配，以达到一定的生产目的 3．能够采用恰当的措施保存稀缺的品种资源 4．能够从外地引入品种 5．能够通过杂交改良现有品种，以提高生产性能 6．能够进行猪、牛、羊等家畜的人工授精 7．能够进行家畜的妊娠诊断，分娩助产和难产救助 8．能够进行胚胎移植	选种选配	6	家畜体质外貌鉴定	奶牛的鉴定和体尺测定	能够根据家畜的理想型，用肉眼对家畜进行鉴定；能使用测仗、卷尺等工具进行体尺测定	测定奶牛体尺，根据操作的规范程度和结果的准确性评分
		4	系谱编制与系谱鉴定	编制一个奶牛的横式系谱和竖式系谱并进行系谱鉴定	能够编制家畜的横式系谱和竖式系谱；能够通过比较系谱，根据生产性能鉴定家畜的种用价值	系谱编制规范，系谱鉴定准确
		6	性能测定	制订种猪现场测定的方案	能够应用个体测定、同胞测定和后裔测定	方案制订合理可行性强
		4	育种值估计	根据奶牛产奶量、羊剪毛量估计育种值	能够根据种畜本身、祖先、同胞及后裔等记录中的一种资料估计育种值，能够估计复合育种值	根据不同的资料估计育种值，估计结果正确
		4	多性状选择	奶牛产奶量、乳脂率、乳蛋白率的选择	能够制订多性状选择方案，能够制订综合选择指数	多性状选择方案合理，可操作性强
		6	选配方案制订	根据奶牛系谱、生产性能制订选配方案	能够应用同质选配、异质选配和近交，能够制订个体选配方案	选配方案制订科学，可操作性强
		4	近交程度分析	根据奶牛的系谱计算近交系数	能够计算个体的近交系数，能够计算出群体的近交系数	近交系数计算结果准确
	品种资源保存及引种	6	保种方案制订	找到一个濒危的畜禽品种，论证其保种意义，并制订其保种方案	能够制订出濒危畜禽品种的保种方案，能够计算群体的有效含量	保种方案合理，可操作性强
		4	引种	选择一种适合引入到河北省的品种，制订出引种的方案	能够论证引种的可行性，能够制订引种方案	引种方案合理，可操作性强

续表

整体预设能力目标	课程教学内容	参考学时	单元教学内容		单元能力培养目标	考核要求
			项目（任务）名称	教学内容描述		
	杂交改良	4	杂种优势率估计	杜洛克猪与三江白猪的杂交试验数据和巴内本杂交组合的杂交试验数据,试计算杂种优势率	能够根据二元杂交的试验数据估计杂种优势率,能够根据三元杂交的试验数据估计杂种优势率	杂种优势率计算结果准确
		8	杂交改良方案制订	任选一地方猪种,制订经济杂交和改良方案	能够制订经济杂交方案,能够制订简单的杂交改良方案	杂交改良方案合理,可操作性强
	人工授精	10	母畜的发情鉴定	到养猪场和奶牛场进行发情鉴定	能够应用观察法、阴道检查法、试情法和直肠检查法鉴定母畜是否发情	母猪、母牛发情鉴定,要求鉴定准确,依据充分
		16	精液处理	采集公猪和公牛的精液,检查精液品质,用恰当的方法保存精液	能够用手握法、假阴道法采集精液,能够进行精液外观性状、精子活力、密度和畸形率检查,能够保存精液	猪、牛的采精、精液品质检查和精液保存,要求操作规范
		4	输精	给已经发情的奶牛和猪输精	能够给发情母畜输精	猪、牛的输精,要求操作规范
		8	妊娠诊断	观察法、直肠检查法、超声波法和实验室法	能够用返情检查法、观察法、超声波法和实验室检查法判断母畜的妊娠情况	猪、牛的妊娠诊断,要求操作规范,结果正确
	分娩助产	8	接产技术	给即将分娩的母猪和母牛接产	能够进行母畜的接产,能够进行难产的救助	接产操作规范
	胚胎工程	10	胚胎移植	用三路导管给奶牛冲胚,并移植胚胎	能够进行同期发情和超数排卵;能够冲胚、检胚、移植胚胎	操作规范

3）"动物微生物"课程能力培养和教学内容（表7.6）。

表7.6　"动物微生物"课程能力培养和教学内容

整体预设能力目标	课程教学内容	参考学时	单元教学内容		单元能力培养目标	考核要求
			项目（任务）名称	教学内容描述		
1. 显微镜油镜的使用及细菌形态观察能力 2. 常用玻璃器皿的准备能力 3. 细菌标本片的制备及染色能力 4. 常用培养基的制备能力 5. 细菌的分离培养及培养性状的观察能力 6. 细菌的药物敏感试验（纸片法）能力 7. 实验动物接种能力 8. 病毒鸡胚接种能力 9. 鸡新城疫（ND）病毒的红细胞（血凝集与凝集抑制试验（微量法）操作能力 10. 真菌的检验能力 11. 凝集试验、琼脂扩散试验操作能力 12. 协调各方面公共关系的能力和团队合作的能力	细菌	22	项目一：细菌及细菌病的实验室诊断	细菌的形态与结构，细菌的人工培养，细菌病的实验室诊断，细菌的致病作用	细菌的形态类型和结构、培养基的制作、细菌的人工培养和性状观察、镜检	显微镜的使用及细菌形态结构的观察，人工培养基的制作，实验室细菌的分离和镜检
	病毒	14	项目二：病毒及病毒病的实验室诊断	病毒概述，病毒病的实验室诊断，病毒的致病作用	病毒培养的3种方法，设计病毒病的实验室诊断方案，重点训练病毒的鸡胚接种技术和血凝试验	病毒的鸡胚接种技术，病毒的血凝及血凝抑制试验
	微生物与外界环境	10	项目三：消毒与灭菌	微生物在自然界的分布，物理、化学和生物因素对微生物的影响	一般的物理性灭菌方法，常用化学消毒剂的使用方法	细菌的药物敏感性试验
	免疫	12	项目四：免疫防治	免疫概述，免疫器官，抗原，免疫应答，抗感染免疫，特异性免疫的获得途径	中枢和外周免疫器官的识别，抗原、抗体结构的分类、功能，体液免疫和细胞免疫，非特异性免疫，防御屏障，体液中的抗微生物物质，补体系统的构成，溶菌酶的分布和作用	免疫荧光技术
	血清学实验	6	项目五：免疫诊断	血清学诊断，变态反应诊断	血清学试验，凝集试验和沉淀试验操作，补体结合试验、中和试验和免疫标记技术，各型血清学试验。各型变态反应的防治方法	凝集试验、沉淀试验、酶联免疫吸附试验和间接血凝试验

4）"动物药理与毒理"课程能力培养和教学内容（表 7.7）。

表 7.7 "动物药理与毒理"课程能力培养和教学内容

序号	任务	课程内容及教学要求	活动设计	参考课时
1	药物保管贮存与制作	学会药物保管与贮存方法，了解片剂、注射剂、胶囊剂和可溶性粉剂，掌握碘酊、软膏剂等的配制方法	通过碘酊、软膏剂等制剂的配制，学会常用制剂的配制方法	4
2	药物的作用	药物不良反应、作用的类型、治疗作用和作用机制；药物的体内过程、跨膜转运及动力学参数；影响药物作用的因素，学会常用的给药途径、处方开写	通过动物的不同剂量的给药，观察药物的不良反应	6
3	抗微生物药物的使用	抗菌药物的分类；理解青霉素等抗生素的作用与用途及使用注意事项；合成抗菌药的分类，恩诺沙星等药物作用与用途及使用注意事项；学会抗菌药物的合理应用；耐药性、抗菌药后效应等概念；抗菌药物作用机制及耐药产生机制；常用的水杨酸、制霉菌素等抗真菌药	1. 给动物注射大剂量链霉素，了解其不良反应 2. 通过药敏试验，学会筛选抗菌药物 3. 通过确诊病例，学会选用抗菌药物治疗疾病	12
4	消毒防腐药的使用	消毒防腐药的作用机制；影响消毒防腐药作用的因素；了解消毒防腐药的分类，理解含氯石灰、癸甲溴铵溶液、甲醛、氢氧化钠、甲酚、乙醇、苯扎溴铵、聚维酮碘、碘伏、过氧化氢溶液、高锰酸钾和甲紫等的作用及使用注意事项	1. 防腐消毒药的配制 2. 防腐消毒药场地消毒	2
5	抗寄生虫药物的使用	了解作用峰期、轮换用药和穿梭用药的概念；抗寄生虫药物作用机制；理想抗寄生虫的条件；抗蠕虫药的分类，掌握阿苯达唑、左旋咪唑、伊维菌素和精制敌百虫等药物的作用、用途及使用注意事项；抗原虫药的分类，掌握莫能菌素、地克珠利等的作用与用途及使用注意事项；了解杀虫药的分类，掌握二嗪农、蝇毒磷等的作用与用途及使用注意事项	1. 通过抗虫实验效果对比观察，了解不同抗虫药物的效果 2. 通过已确诊的病例，让学生学会选用抗寄生虫药物治疗疾病并观察治疗效果	4
6	调节组织代谢药物的使用	钙、磷和微量元素临床缺乏症，理解葡萄糖酸钙、磷酸二氢钠、亚硒酸钠和氯化钴等的主要作用、临床应用及注意事项；理解维生素 A、D、E、K、B1、B12、C，叶酸和氯化胆碱等临床缺乏症并掌握其主要作用、临床应用及注意事项	通过已确诊的病例，学会选用调节组织代谢药物，并了解相应的缺乏症	4

续表

序号	任务	课程内容及教学要求	活动设计	参考课时
7	补液药与电解质、酸碱平衡调节药的使用	掌握右旋糖酐、葡萄糖的作用和临床应用，掌握氯化钠、氯化钾和碳酸氢钠等药物的作用和临床应用	通过临床输液治疗疾病，了解其应用范围及常用的浓度	1
8	内脏系统药物的使用	消化系统药物作用机理，人工矿泉盐等药物的应用；呼吸系统药物作用机理，学会氯化铵等药物的应用；血液循环系统药物的作用机理，洋地黄毒苷注射液等药物的应用及使用注意事项；理解泌尿生殖系统药物基本概念及作用机理，学会呋塞米等药物的应用及使用	1. 通过泻药致泻效果的观察，了解泻药的泻下效果及应用范围 2. 通过利尿药利尿效果观察，了解利尿药的效果	10
9	中枢神经系统药物的使用	中枢兴奋药与中枢抑制药的分类，咖啡因、尼可刹米、硝酸士的宁、氯丙嗪、地西泮和苯巴比妥钠等药物的作用用途及使用注意事项；了解解热镇痛抗炎药作用机制，学会阿司匹林、对乙酰氨基酚、氨基比林、安乃近和阿尼利定注射液等药物的作用与用途及使用注意事项	1. 通过中枢兴奋药的中毒观察，了解毒剧药及中毒症状 2. 通过动物药物保定，了解保定药的作用 3. 通过全身麻醉的使用掌握其作用及麻醉状态	6
10	外周神经系统药物的使用	理解局部麻醉、表面麻醉、浸润麻醉、传导麻醉和硬膜外麻醉的概念及局部麻醉的作用机理。普鲁卡因、利多卡因等的作用与用途及使用注意事项。卡巴胆碱、毛果芸香碱、甲硫酸新斯的明和阿托品等药物的作用与用途及使用注意事项	通过局部麻醉的使用，掌握其使用方法	5
11	糖皮质激素药物的使用	了解糖皮质激素药物作用机制，掌握醋酸氟轻松、氢化可的松和地塞米松等药物的作用、应用、不良反应及注意事项	通过临床已确诊病例，让学生熟悉其作用	2
12	特异性解毒药的使用	了解有机磷、亚硝酸盐、氰化物、金属、类金属和有机氟的中毒机理，掌握氯解磷定、亚甲蓝、亚硝酸钠、硫代硫酸钠、二巯丙磺钠和乙酰胺等解毒剂的解毒机理，作用及使用注意事项	通过中毒实验，让学生了解中毒的症状及常用的解救药	4

5）"动物病理"课程能力培养和教学内容（表 7.8）。

表 7.8　"动物病理"课程能力培养和教学内容

整体预设能力目标	课程教学内容	参考学时	单元教学内容		单元能力培养目标	考核要求
			项目（任务）名称	教学内容描述		
1. 具有识记动物器官病变并进行分析的能力	职业岗位需求分析	2	职业岗位需求了解	通过分析病理相关职业岗位的需求，了解病理的课程定位，了解并学习病理课程应掌握的知识与能力的目标	了解病理相关职业岗位的需求与分类；了解各职业岗位的职责、能力和知识需求	

续表

整体预设能力目标	课程教学内容	参考学时	单元教学内容		单元能力培养目标	考核要求
			项目（任务）名称	教学内容描述		
2．具有动物尸体剖检及病料采集与送检能力	疾病概论	2	疾病的认识	理解疾病的概念及疾病的发生机理和发展规律，疾病的经过和转归	通过感冒了解疾病的特点	
3．具有收集和利用课内外图文资料及其他信息的能力 4．知道研究病理学的基本方法 5．发展学生提出问题、制定计划、实施计划、得出结论、表达和交流的科学探究能力	局部血液循环障碍	12	充血、缺血、出血等原因及症状	理解充血的原因、病理变化及常见器官充血的表现、局部缺血的原因和病理变化、出血的原因和不同部位出血的病理变化、血栓形成的过程及栓子运行的途径和梗死的病变	1．观看切片熟悉充血和瘀血 2．观看标本理解出血和梗死 3．观看幻灯片理解血栓形成的过程	
	水、钠代谢及酸碱平衡紊乱	2	水肿酸中毒的认识	理解水肿的病理变化、酸中毒的原因和病理特点及各型酸中毒的代偿过程，各型水肿的发生机理，各型脱水的原因和补液原则	通过感冒了解疾病的特点	
	细胞和组织损伤	12	细胞和组织损伤的认识	理解萎缩时机体的形态结构和功能变化，细胞肿胀和脂肪变性、透明变性、淀粉样变性和黏液样变性的病理变化。细胞坏死的发展过程及各型坏死的特点	1．观看切片熟悉充血和瘀血 2．观看标本理解出血和梗死 3．观看幻灯片理解血栓形成的过程	
	组织适应与修复	2	组织适应与修复的认识	理解代偿的概念和类型，肥大、增生和化生发生过程，各种组织的再生能力的大小及再生过程，肉芽组织的结构和功能，创伤愈合的过程，了解3种类型代偿之间的关系	展示学习目标，画图，讲解教学内容。检验学习目标的达成	
	炎症	12	炎症的认识	炎症特征及临床作用、炎症的基本病理变化、局部表现和全身反应、白细胞渗出过程及炎性细胞的种类和功能。炎症类型及各型特征，了解3种基本病理变化之间的关系、炎症的结局及对机体的影响	1．观看幻灯片了解白细胞渗出过程 2．观看切片识别炎性细胞 3．观察动物了解炎症对机体的影响	

续表

整体预设能力目标	课程教学内容	参考学时	单元教学内容		单元能力培养目标	考核要求
			项目（任务）名称	教学内容描述		
	发热	2	发热的成因、症状表现	理解发热的特点及原因、调定点学说、发热的 3 个阶段及各期的临床表现和常见疾病中的热型。了解发热和过热的区别、发热时机体物质代谢和机能的变化及发热的生物学意义	通过向动物注射过期伤寒疫苗诱发动物发热，让学生观察发热的特点	
	休克	12	休克的认识	理解休克的类型、休克各期微循环的特点、动物的临床表现及其发生机制，了解各型休克发生的原因	展示学习目标，展示图片，实验检验目标的达成	
	贫血	2	贫血的类型、成因	理解贫血的 4 种类型及各型的病理特征，了解贫血对机体的影响	展示学习目标，教师课件讲授。实验检验学习目标	
	黄疸	2	黄疸的成因及病理	掌握 3 种类型黄疸的发生原因和病理特征，了解胆色素的正常代谢	展示学习目标，教师通过幻灯片讲解。检验学习目标的达成	
	肿瘤		肿瘤的认识	临床区分良性肿瘤与恶性肿瘤，了解肿瘤细胞的来源，肿瘤与正常组织在外观、组织结构及代谢特点方面的差异性和肿瘤对机体的影响	利用标本和图片正确认识肿瘤	
	动物病理诊断常用技术	12	动物病理诊断技术	动物常见的尸体变化，尸检的准备，尸检的步骤；常见动物尸检的方法，组织器官的病理组织学检验材料、微生物检验材料、寄生虫学检验材料和中毒检验材料的采取、保存、包装和运送	展示学习目标，检验学习目标的达成	

6）"动物营养与饲料"课程能力培养和教学内容（表7.9）。

表7.9 "动物营养与饲料"课程能力培养和教学内容

整体预设能力目标	课程教学内容	参考学时	单元教学内容		单元能力培养目标	考核要求
			项目（任务）名称	教学内容描述		
1．能识别常用的饲料；学会感官检验、物理检验和化学检验方法 2．能进行养殖场畜禽营养状况分析与评估 3．能运用系统软件设计畜禽配合饲料配方 4．能组织加工品质优良的畜禽配合饲料 5．能调制、使用青贮饲料和青干草，达到高级饲料检验化验员能力的标准 6．能解决专业学习和生产实践中的实际问题，促进学生职业能力培养和职业素质养成	原料的分类与验收	12	配合饲料原料现场验收与采样	配合饲料原料的识别，配合饲料原料现场验收	识别常饲料原料，根据饲料的营养特性进行分类，根据饲料外观特征判断饲料质量，根据原料的外观特征、气味和味道等初步鉴定饲料原料的品质，会采集饲料的原始样本、次级样本	原料识别，不同原料营养特性比较
	原料的实验室检验	34	配合饲料原料实验室检验	检验前准备；常规营养物质检测	饲料检验仪器设备的使用，选择饲料检验所需的药品，科学地配制饲料检验所需试剂，制备、保存饲料分析样本。测定饲料原料营养物质含量	样品称取，常规养分检测
	配方设计	30	配合饲料配方设计	全价料、浓缩料和预混料配方制作与调整	设计畜禽预混合料配方，设计单胃动物全价饲粮配方，设计反刍动物日粮饲料配方	配方的营养性与经济性
	配合饲料加工	4	配合饲料加工	小型饲料厂配合饲料的加工，中大型饲料厂配合饲料的加工	配合饲料生产工艺，饲料生产加工设备的维护，配合饲料生产过程质量控制，堆放饲料原料与产品	熟悉配合饲料加工工艺及优缺点
	配方效果检查	6	配合饲料产品质量检验	配合饲料样本采集与制备，配合饲料产品质量检验	能在配合饲料加工过程和仓库中正确采取配合饲料样本，能正确制备、保存样本，能检验配合饲料主要加工指标	配合饲料加工指标检验与结果分析
		8	青贮饲料调制	青贮饲料的调制，秸秆饲料的氨化处理	调制青贮饲料，秸秆饲料氨化处理	青贮关键步骤

7）"畜禽环境卫生"课程能力培养和教学内容（表 7.10）。

表 7.10　"畜禽环境卫生"课程能力培养和教学内容

整体预设能力目标	课程教学内容	参考学时	单元教学内容		单元能力培养目标	考核要求
			项目（任务）名称	教学内容描述		
1. 温热环境因素和噪声、光照强度测定的能力 2. 空气样品采集及有害气体的测定的能力 3. 水的采样、保存和部分理化指标分析的能力 4. 畜牧场的规划选址和工艺设计的能力 5. 畜舍小气候监测的能力 6. 与人合作、交流的能力	应激	2	环境应激	环境应激的概念、调节和防治	减少应激的方法	口述正确
	温热环境	4	温度调节与太阳辐射	温度调节与太阳辐射在畜牧业中的应用	太阳辐射的作用	口述正确
		4	气温对畜禽的影响	气温对畜禽的影响及如何正确利用温度	各种温度计的使用	正确使用
		6	气湿、气压与气流对畜禽的影响	气湿、气压与气流对畜禽的影响及正确利用	使用各种湿度计、风速计和气压计	正确使用
		2	气象因素的综合作用	气温、气湿和气压之间的关系	气象因素的综合评价指标	课堂练习
	畜舍小气候	2	畜舍的基本结构和类型	畜舍的基本结构与类型	畜舍的类型与优缺点	笔试正确
		4	畜舍的采光	畜舍采光与光照强度、颜色和时间	畜舍采光的控制	绘图正确
		6	畜舍温湿度及通风	畜舍温、湿度及通风的控制	通风换气量的计算	计算正确
		2	垫料	垫料的类型及其应用方法	垫料的应用方法	口述正确
	空气、水、土壤和噪声对畜禽的影响	6	水源卫生	饮用水的各种指标，水硬度的测定及水中三氮的测定方法	水硬度的测定及水中三氮的测定	操作熟练正确
		2	土壤与饲料卫生	土壤中各种微量元素的作用及土壤的污染，饲料中的毒素成分及如何去除	去除不同饲料中的毒素	口述正确
	畜牧场的设计	2	设计与规划不同的畜牧场	场址选择，场地的规划与布局，畜舍设计与建造	万头猪场设计方案	检查设计图纸
	畜舍的消毒	2	不同畜舍的消毒技术	不同畜舍对消毒的要求及不同的消毒技术	畜舍消毒技术	操作正确合理

续表

整体预设 能力目标	课程教学内容	参考 学时	单元教学内容		单元能力 培养目标	考核要求
			项目（任务） 名称	教学内容描述		
	畜牧场环境 保护	2	环境污染的 原因及危害	畜牧场对环境 的污染，环境对畜 牧场造成的污染， 畜牧场自身污染	畜牧场的环境 污染	笔试正确
		4	环境卫生 监测	环境卫生监测 的主要内容，环境 卫生监测的方法	环境卫生监测的 主要方法	操作正确 合理

8）"畜禽解剖实训"课程能力培养和教学内容（表7.11）。

表 7.11　"畜禽解剖实训"课程能力培养和教学内容

整体预设 能力目标	课程教学 内容	参考 学时	单元教学内容		单元能力 培养目标	考核要求
			项目（任 务）名称	教学内容 描述		
1. 使学生熟记常见动物体各组织、器官正常的形态、结构、位置及其相互关系 2. 具备熟练解剖常见动物的基本技能 3. 具备区别正常和病变组织的组织结构的知识 4. 熟悉临床听诊、触诊和叩诊部位 5. 熟识常规外科手术通路的组织器官位置关系	畜禽解剖	6	猪的解剖	1. 接近 2. 保定 3. 体表触摸 4. 放血致死 5. 解剖	能识别猪的各器官位置、形态和颜色	操作规范、 方法正确
		6	鸡的解剖	1. 接近 2. 保定 3. 体表触摸 4. 放血致死 5. 解剖	能识别鸡的各器官位置、形态和颜色	操作规范、 方法正确
		6	羊的解剖	1. 接近 2. 保定 3. 体表触摸 4. 放血致死 5. 解剖	能识别羊的各器官位置、形态和颜色	操作规范、 方法正确
		6	兔的解剖	1. 接近 2. 保定 3. 体表触摸 4. 放血致死 5. 解剖	能识别兔的各器官位置、形态和颜色	操作规范、 方法正确
		6	犬的解剖	1. 接近 2. 保定 3. 体表触摸 4. 放血致死 5. 解剖	能识别犬的各器官位置、形态和颜色	操作规范、 方法正确

9)"繁殖技术实训"课程能力培养和教学内容（表 7.12）。

表 7.12　"繁殖技术实训"课程能力培养和教学内容

整体预设能力目标	课程教学内容	参考学时	单元教学内容		单元能力培养目标	考核要求
			项目（任务）名称	教学内容描述		
1. 能进行猪的人工授精 2. 能进行牛的人工授精 3. 能进行羊的人工授精	人工授精	20	猪的人工授精	猪的发情鉴定、采精、精液品质检查、精液稀释、保存和输精	掌握猪的人工授精技术，能熟练操作	操作规范，受胎率高
		20	牛的人工授精	牛的发情鉴定、采精、精液品质检查、精液稀释、保存和输精	掌握牛的人工授精技术，能熟练操作	操作规范，受胎率高
		20	羊的人工授精	羊的发情鉴定、采精、精液品质检查、精液稀释、保存和输精	掌握羊的人工授精技术，能熟练操作	操作规范，受胎率高

10)"饲料分析实训"课程能力培养和教学内容（表 7.13）。

表 7.13　"饲料分析实训"课程能力培养和教学内容

整体预设能力目标	课程教学内容	参考学时	单元教学内容		单元能力培养目标	考核要求
			项目（任务）名称	教学内容描述		
1. 能进行饲料检验仪器设备的使用与保养 2. 能正确选择饲料检验所需的药品 3. 能科学合理地配制饲料检验所需试剂 4. 会制备、保存饲料分析样本 5. 能按照饲料营养成分含量测定标准，准备测定饲料原料中水分、粗蛋白质、粗脂肪、粗纤维、粗灰分、钙、磷和可溶性氯化物等的含量	1. 饲料样本的采集、制备与保存 2. 饲料中水分的测定 3. 饲料中粗蛋白的测定 4. 饲料中粗灰分的测定 5. 饲料中钙的测定 6. 饲料中磷的测定 7. 饲料中可溶性氯化物的测定	2	饲料样本的采集、制备与保存	1. 四分法取样 2. 粉碎 3. 样品保存	能够在规定时间内完成饲料样本的采集与制备	采集样品均匀，能真正代表原饲料营养特性
		6	饲料中粗蛋白的测定	1. 样品称量 2. 消化 3. 蒸馏 4. 滴定 5. 计算结果	熟悉饲料中粗蛋白测定方法、原理及注意事项，在规定时间能测出饲料中粗蛋白含量	操作正确、结果准确
		6	饲料中水分的测定	1. 样品称量 2. 烘干 3. 称重 4. 计算结果	能进行给定饲料中水分的测定	操作正确、结果准确
		6	饲料中粗灰分的测定	1. 样品称量 2. 炭化 3. 灰化 4. 称重 5. 计算结果	能够进行饲料中粗灰分的测定	操作正确、结果准确

整体预设能力目标	课程教学内容	参考学时	单元教学内容		单元能力培养目标	考核要求
			项目（任务）名称	教学内容描述		
6. 提高团队合作的能力		4	饲料中钙的测定	1. 溶解粗灰分 2. 沉淀 3. 洗涤 4. 滴定 5. 计算结果	能够进行饲料中钙的测定	操作正确、结果准确
		4	饲料中总磷的测定	1. 溶解粗灰分 2. 显色 3. 比色 4. 计算结果	能够进行饲料中总磷的测定	操作正确、结果准确
		2	饲料中可溶性氯化物的测定	1. 溶解饲料 2. 沉淀 3. 过滤 4. 滴定 5. 计算结果	能够进行饲料中可溶性氯化物的测定	操作规范、结果准确

11）"兽医基础实训"课程能力培养和教学内容（表 7.14 和表 7.15）。

表 7.14 "兽医基础实训 1——动物微生物技能实训"课程能力培养和教学内容

整体预设能力目标	课程教学内容	参考学时	单元教学内容		单元能力培养目标	考核要求
			项目（任务）名称	教学内容描述		
本课程是沧州职业技术学院畜牧兽医专业高职高专公共技术平台课，本实训的主要目的是锻炼学生对微生物试验操作的动手能力，并能将所学的知识用于今后的生产实践，培养出毕业就能直接进入生产一线工作的、真正意义上的产学结合办学新型人才	仪器的使用	2	实训一：常用仪器的使用	了解微生物实验室重要仪器的构造，熟悉仪器的使用方法和注意事项	掌握各种实验仪器的使用方法	动手操作加口试
	常用玻璃器皿的使用	2	实训二：常用玻璃器皿的准备	熟悉常用玻璃器皿的名称及规格，掌握各种玻璃器皿的清洗和灭菌方法	掌握各种常用玻璃器皿的洗涤方法和灭菌方法	通过具体实验操作，查看学生对此技术掌握程度
	显微镜油镜的使用保养	2	实训三：显微镜油镜的使用及细菌形态结构的观察	能利用显微镜油镜观察细菌的基本形态和特殊结构，并会进行显微镜的保养	掌握显微镜油镜的使用方法并能区分各种不同形态的微生物	使用显微镜观察各种微生物，查看学生掌握情况
	细菌标本片的制备与染色	4	实训四：细菌标本片的制备及染色方法	能利用不同的材料进行细菌标本片的制备，会进行常规染色，并认识细菌的不同染色特性	掌握细菌各种不同的染色方法	口试加试验操作

整体预设 能力目标	课程教学内容	参考 学时	单元教学内容		单元能力 培养目标	考核要求
			项目（任务） 名称	教学内容 描述		
	培养基制备	4	实训五：常用培养基的制备	熟悉培养基制备的基本程序，会制备常用的培养基，会测定并矫正培养基的pH	掌握培养基的制备方法	口试加试验操作
	细菌的分离培养	2	实训六：细菌的分离、移植及培养性状的观察	能利用不同的被检材料进行细菌的分离培养，观察培养特性，并会进一步移植培养	掌握细菌分离培养、移植及培养性状观察的能力	试验操作
	细菌生化试验	2	实训七：细菌的生化试验	了解细菌生化试验的原理、方法及在细菌鉴定中的意义	掌握细菌的生化鉴定技术	试验操作
	鸡胚培养病毒	4	实训八：病毒的鸡胚接种技术	掌握鸡胚培养病毒的接毒和收毒方法，明确鸡胚培养病毒的应用	掌握鸡胚培养病毒的接毒和收毒方法	试验操作
	血凝及血凝抑制试验	2	实训九：病毒的血凝及血凝抑制试验（微量法）	熟悉掌握病毒的血凝及血凝抑制试验（微量法）的操作方法及结果判定，明确其应用价值	掌握病毒的血凝及血凝抑制试验（微量法）的操作方法及结果判定，明确其应用价值	试验操作加口试
	药敏试验	6	实训十：细菌的药物敏感性试验	掌握圆纸片扩散法测定细菌对抗生素等药物的敏感试验的操作方法和结果判定，明确药敏感试验在实际生产中的应用	掌握药物的敏感试验的操作方法和结果判定标准，明确药敏感试验在实际生产中的应用	口试加试验操作

表 7.15　"兽医基础实训 2——动物病理技能实训"课程能力培养和教学内容

整体预设 能力目标	课程教学 内容	参考 学时	单元教学内容		单元能力 培养目标	考核 要求
			项目（任务） 名称	教学内容 描述		
本课程是沧州职业技术学院3年制高职高专畜牧兽医专业的专业基础课，实施本课程的教学，是为了使学生了解并掌握动物病理基本实训技能，并能将所掌握技能应用于今	尸检准备	4	实训一：尸体剖检准备	1. 剖检时间选择 2. 剖检场地的选择 3. 尸体运送方式 4. 剖检器材和药品的准备 5. 剖检者自身的准备 6. 记录用品的准备	让学生能独立正确完成准备工作	能独立正确完成准备工作

整体预设能力目标	课程教学内容	参考学时	单元教学内容		单元能力培养目标	考核要求
			项目（任务）名称	教学内容描述		
后的实际工作中，增强学生的实践、创新能力和就业、创业的社会竞争力	尸体剖检	6	实训二：尸体剖检术式	掌握猪、马、牛、羊和禽尸体剖检程序、方法和要领	尸体剖检程序、要领及注意事项	能正确完成尸体剖检
	病料的采集	6	实训三：病理材料的采集、包装和运送	1. 微生物材料采集、包装和运送 2. 病理组织材料的采集、包装和运送 3. 毒物检查材料的采集、包装和运送	各种不同材料的采集、包装和运送方法	实际操作结合口试
	病理标本和病理切片	8	实训四：病理标本和病理组织切片的识别	识别充血、瘀血、出血、水肿、变性、坏死、萎缩和炎症等的肉眼变化和显微变化	各种不同病变的诊断要点	观察病理组织片、大体标本和尸体剖检病例
	尸体处理	6	实训五：尸体处理	1. 挖坑掩埋法 2. 毁尸焚烧法 3. 发酵腐败法	掌握各种不同疾病尸体的处理方法	口试和操作

2. 专业方向课

1）畜牧兽医技术（表 7.16～表 7.22）。

表 7.16　"养猪与猪病防治"课程能力培养和教学内容

整体预设能力目标	课程教学内容	参考学时	单元教学内容		单元能力培养目标	考核要求
			项目（任务）名称	教学内容描述		
1. 能科学饲养管理肉猪、仔猪、后备猪和种猪，科学利用废弃物的能力 2. 不同阶段猪的饲养方法，安全生产及猪场建设的能力	猪的品种与类型	2	选择猪品种	猪的经济类型，常见猪品种，杂交猪的优势，我国常用的组合类型	结合当地生产实际选择适宜猪品种，会选择杂交商品猪的父本、母本，能用杂交猪进行商品猪生产，并选择适合的杂交组合	能识别长白、大约克夏、杜洛克、汉普夏和皮特兰等品种
	饲料筹备	2	筹备猪饲料	合理选择、利用各类型猪饲料，进行猪饲料的筹备	根据当地饲料资源合理选择、利用饲料，猪饲料的筹备，制订公猪、母猪、仔猪和肉猪每头或每年所需饲料量	能配制各类型猪全价饲料、预混饲料和浓缩饲料

续表

整体预设能力目标	课程教学内容	参考学时	单元教学内容		单元能力培养目标	考核要求
			项目（任务）名称	教学内容描述		
3．热爱养殖行业，具备行业职业道德；能脚踏实地，不怕苦、脏、累；树立肉品安全意识	肉猪生产	2	育肥肉猪	对圈舍及环境进行消毒，确定调教、饲喂方法，屠宰体重和饲养方式	对肉猪育肥进行管理与环境控制，根据肉猪营养需要进行饲粮配合，选择饲养方式，确定适宜的屠宰体重	能配制两个阶段的典型日粮
4．培养项目实施过程中的安全、环保、经济、产品质量和团队合作等意识和能力	仔猪生产	2	护理哺乳仔猪	对哺乳仔猪进行有效护理，对弱仔及受冻仔猪进行及时抢救	仔猪的固定奶头、寄养、并窝、开食和补铁与硒等操作	正确补铁与开食
		2	养育断奶仔猪	对仔猪断奶进行补料培育，完成仔猪的顺利断奶过渡，并正确养育断奶仔猪	根据仔猪生理特点，进行断奶、保温、喂养和仔猪解僵工作，预防仔猪下痢	能设计断奶前后母仔饲养管理制度
	后备猪培育	2	挑选培育后备猪	后备猪的选择时期及选择要求，后备猪的饲喂管理，后备母猪营养需要标准，后备种猪的选种选配	根据不同发育阶段依据不同标准选择后备猪，正确饲养和管理后备猪，后备种猪选种与选配	能制订二月龄行猪选种标准
	种猪饲养管理	2	饲养和使用种公猪	种公猪日粮配制、运动、采精训练	正确饲养种公猪，制订种公猪的管理日程，人工采精，合理使用种公猪	会采集公猪精液
		2	比较不同阶段种母猪饲养管理差异	空怀期、妊娠期和泌乳期母猪的采食量、生理特点和体重变化	待配母猪的膘情调整，能根据妊娠、泌乳母猪的营养需要配制饲粮和选择饲养方式，及时处理母猪出现的异常情况	能制订中等空怀期和妊娠期母猪采食量
		2	判定母猪发情及实施配种	母猪发情鉴定，后备母猪的初配适期的掌握，母猪的配种、人工辅助交配及人工输精	母猪发情的判定，会确定最佳的输精（配种）适期，母猪人工输精	能正确进行输精操作
		2	诊断母猪妊娠	用外部观察方法和用超声波仪器对母猪进行妊娠诊断	准确地判定母猪的妊娠	能用超声波诊断母猪妊娠

续表

整体预设能力目标	课程教学内容	参考学时	单元教学内容		单元能力培养目标	考核要求
			项目（任务）名称	教学内容描述		
	接产与助产	2	接产及处理初生仔猪	临产母猪的接产、助产及产后母仔的护理工作	推算母猪预产期、分娩前准备，临产母猪接产，仔猪保温、吃初乳、断脐、打耳号、剪牙和断尾等操作	会独立使用耳号钳打耳号，能独立剪牙及断尾
	猪场防疫	4	制订猪场防疫措施	预防外界病原侵入，驱虫、清洁与消毒，猪场的免疫	会制订预防外界病原侵入计划，会制订猪只驱虫计划，会安排猪场的清洁与消毒，会制订猪场的不同猪群的免疫程序	生产区入口消毒室设计
	安全用药	4	猪场安全用药管理	能安全、合理和有效地使用兽药，防止药物残留，能安全使用饲料及饲料添加剂	安全、合理和有效地使用兽药，防止药物残留，安全使用饲料及饲料添加剂	能说出主要兽药的休药期
	废弃物处理	4	无害化处理废弃物	发酵猪粪生产沼气，发酵猪粪生产有机肥料	尝试和感受无害化处理猪粪过程，培养环保意识	会设计焚尸坑
	猪场设计	2	设计养猪场	猪场的场址选择、场区布局与规划、猪场建筑基本要求、猪栏类型和猪栏的种类及饮喂设施	选择养猪场场址、场区规划的绘图设计、设置猪栏及饮喂设施	会设计万头养猪场

表 7.17　"养猪与猪病防治综合实训 I"课程能力培养和教学内容

整体预设能力目标	课程教学内容	参考学时	单元教学内容		单元能力培养目标	考核要求
			项目（任务）名称	教学内容描述		
1. 猪饲料配方设计、调整能力 2. 猪发情鉴定、人工授精的能力 3. 种猪饲养管理的能力	1. 根据各类猪营养需要配制日粮 2. 根据母猪发情表现，确定配种时间和方式 3. 种公猪、空怀母猪、妊娠母猪和泌乳母猪饲养管理要点	18	配制公猪料和妊娠前期母猪料	1. 布置任务 2. 分组计算 3. 确定饲料配方	根据饲养标准，选择原料，符合营养要求	符合营养标准、适口性好、价格适中
		12	采精与输精	1. 采精与稀释 2. 确定最佳配种时机 3. 输精	采精、精液稀释与人工授精方法	操作方法合理

续表

整体预设能力目标	课程教学内容	参考学时	单元教学内容		单元能力培养目标	考核要求
			项目（任务）名称	教学内容描述		
4．初生仔猪接产与难产处理的能力 5．哺乳仔猪补铁、寄养、固定奶头、诱食、预防与治疗下痢的能力 6．科学早期断奶的能力 7．断奶仔猪保育的能力	4．母猪分娩征兆，接产与产后母猪护理 5．仔猪的生理特点与一周内的护理 6．早期断奶 7．断奶仔猪的饲养管理	12	妊娠母猪饲养管理	1．饲喂量 2．环境控制 3．管理要点	各类种猪的饲养管理	饲养管理方法正确
		36	仔猪诱食与补铁	1．选择饲料 2．诱食方法 3．补铁操作	仔猪开食与补铁	操作方法合理
		12	哺乳仔猪断奶	1．确定时间 2．注意事项 3．母猪断奶前后饲养管理	早期断奶技术	断奶操作正确，写出断奶程序
		12	断奶仔猪饲养管理	1．选择饲料 2．环境控制 3．饲喂方法 4．疫病防治	断奶仔猪饲养管理	演示管理方法

表 7.18　"养猪与猪病防治综合实训 II"课程能力培养和教学内容

整体预设能力目标	课程教学内容	参考学时	单元教学内容		单元能力培养目标	考核要求
			项目（任务）名称	教学内容描述		
通过相应的实训教学，使学生成为具有必备理论知识、较高的实践技能和较强创业能力的高素质复合型专业技术人才，为不断提高养猪水平、发展养猪事业服务	参观规模化养猪场	4	参观规模化养猪场	了解规模化猪场生产概况、生产中经常遇到的问题	猪场日常管理	每位学生能够独立操作，确实掌握各种基本操作技术
	接产技术	6	猪接产技术	猪接产技术和难产处理	猪接产技术和难产处理	
	屠宰测定	6	猪屠宰测定	猪屠宰前的准备、屠宰方法和胴体性状测定	猪屠宰前的准备、屠宰方法和胴体性状测定	
	病猪剖检及病料采集、处理和送检	6	病猪剖检及病料采集、处理和送检	病猪剖检方法，病料采集、处理和送检方法	病猪剖检方法，病料采集、处理和送检方法	
	猪寄生虫病诊断与防治	6	猪寄生虫病诊断与防治	猪螨虫病、蛔虫病和弓形体病的诊断方法与防治措施	猪螨虫病、蛔虫病和弓形体病诊断方法与防治措施	
	猪传染病诊断与防治	12	猪传染病诊断与防治	猪瘟、猪胸膜肺炎、蓝耳病、猪附红细胞体、病链球菌病、猪伪狂犬病诊断方法与防治措施	猪瘟、猪胸膜肺炎、蓝耳病、猪附红细胞体、病链球菌病和猪伪狂犬病的诊断方法与防治措施	

表7.19　"养禽与禽病防治"课程能力培养和教学内容

整体预设能力目标	课程教学内容	参考学时	单元教学内容		单元能力培养目标	考核要求
			项目（任务）名称	教学内容描述		
1. 具有识记动物器官病变，并进行分析的能力 2. 具有动物尸体剖检及病料采集与送检技术能力 3. 具有收集和利用课内外的图文资料及其他信息的能力 4. 知道研究病理学的基本方法 5. 发展学生提出问题、制订计划、实施计划、得出结论及表达和交流的科学探究能力	概述	8	家禽生产概况	国内外养禽业的发展及存在的问题，家禽品种的分类与识别，家禽养殖场的卫生管理	通过分析病理相关职业岗位的需求，了解病理的课程定位，了解并学习病理课程应掌握的知识与能力的目标	能识别禽的品种，能进行禽的外貌鉴定
	孵化	30	1. 种蛋的选择、消毒与保存 2. 家禽孵化 3. 雏鸡的雌雄鉴别	孵化前的准备，孵化过程控制，出雏及后期处理	种蛋的选择、消毒，雏鸡的雌雄鉴别的要点，初生雏的挑选和运输	会对种蛋消毒，会鸡的人工授精，会鸡孵化的基本操作，能进行雌雄鉴别
	蛋鸡饲养	26	1. 雏鸡和育成鸡饲养管理 2. 产蛋鸡和蛋种鸡饲养管理 3. 种禽繁殖技术	产蛋前的准备，产蛋舍环境控制，日常饲养管理	学会雏鸡培育技术，掌握育成鸡的饲养管理技术，掌握商品蛋鸡、种鸡的饲养管理技术	会进行雏鸡、育成鸡、产蛋鸡和蛋种鸡的饲养管理
	肉仔鸡饲养	20	1. 饲养肉仔鸡 2. 饲养肉种鸡	肉仔鸡的饲养管理，优质肉鸡的饲养管理，种鸡的饲养管理	商品肉仔鸡的饲养管理技术，肉种鸡的饲养管理技术	能指导养鸡户进行肉仔鸡的饲养管理

表7.20　"养禽与禽病防治综合实训"课程能力培养和教学内容

整体预设能力目标	课程教学内容	参考学时	单元教学内容		单元能力培养目标	考核要求
			项目（任务）名称	教学内容描述		
1. 家禽生产能力 2. 禽病防治能力 3. 创新能力 4. 创业能力 5. 应变能力 6. 社交能力	品种与类型	2	家禽品种的识别	不同经济类型家禽品种的体型外貌特征，主要现代品种的体型外貌特征	认识不同经济类型家禽品种的体型外貌特征，主要现代品种的体型外貌特征	口试加试验操作
	参观养鸡场	2	参观养鸡场机械设备	参观养鸡场	参观当地养鸡场，使学生了解产蛋鸡或肉仔鸡生产中常用的机械设备，掌握其技术参数和适用范围	口试加试验操作

续表

整体预设能力目标	课程教学内容	参考学时	单元教学内容		单元能力培养目标	考核要求
			项目（任务）名称	教学内容描述		
	种蛋消毒	2	种蛋的选择、消毒和保存	种蛋熏蒸消毒	种蛋熏蒸消毒的方法和步骤	口试加试验操作
	孵化器	4	孵化技术	认识孵化器，使用孵化器	孵化器的规格、型号，掌握孵化器的调试方式	口试加试验操作
	人工孵化	4	家禽胚胎发育观察	胚胎发育观察	鸡胚发育标本和透视鸡胚发育特征，掌握人工孵化照检技术	口试加试验操作
	雌雄鉴别	2	初生雏禽的分级与雌雄鉴别	初生雏的雌雄鉴别	初生雏鸡雌雄肛门鉴别法，初步掌握自别雌雄鉴别法	口试加试验操作
	鸡新城疫诊断与防治	2	鸡新城疫的诊断	鸡新城疫的诊断	鸡新城疫临诊综合诊断要点，鸡新城疫实验室检查中常用的诊断技术	口试加试验操作
	鸡白痢全血平板凝集试验	2	鸡白痢的检疫	鸡白痢的检疫	鸡白痢全血平板凝集试验的方法	口试加试验操作
	鸡马立克氏病诊断与防治	2	鸡马立克氏病（MD）的诊断	马立克病的诊断	鸡马立克氏病临诊综合诊断要点，学会鸡马立克氏病琼脂扩散诊断方法	口试加试验操作
	药敏试验	4	病原菌的药敏试验	药敏试验讲解及操作	圆纸片扩散法检测细菌对抗菌药物敏感性的操作程序和结果判定方法，最低抑菌浓度试验的原理和方法，药敏试验在实际生产中的重要意义	口试加试验操作
	球虫病诊断与防制	2	鸡球虫病的诊断	球虫病诊断	鸡球虫病的流行特点、症状和病理剖检诊断要点，会用粪便涂片法和漂浮法诊断鸡球虫病	口试加试验操作
	免疫接种	2	家禽的免疫接种	免疫接种	家禽生产中的常用疫苗，熟悉疫苗的保存、运送和用前检查方法，掌握免疫接种的方法与步骤	口试加试验操作

表 7.21　"养牛与牛病防治"课程能力培养和教学内容

整体预设能力目标	课程教学内容	参考学时	单元教学内容		单元能力培养目标	考核要求
			项目（任务）名称	教学内容描述		
1．能根据生产实际需要选择合适的品种 2．能正确识别和选择合适的饲料原料，根据当地的饲料饲草资源配制合理的日粮 3．学会挤奶操作，解决奶牛常见的繁殖障碍，培育合格的后备牛及高产奶牛的高效饲养 4．能够根据市场的需要进行肉牛生产 5．根据不同的用户进行合理的牧场设计	品种	8	任务一：品种选择利用技术	品种的利用；牛外貌的评定	能够根据生产实际需要选择合适的品种	正确识别不同品种牛的图片
	饲料	8	任务二：饲料与日粮	常用饲料评价、加工和调制，牛的营养标准分析，牛的日粮配合，全混合日粮（TMR）制作和检测	能够正确识别和选择合适的饲料原料及根据当地的饲料饲草资源配制合理的日粮	正确识别几种常用的饲料原料，并根据实际情况设计合理的日粮配方
	乳牛生产技术	20	任务三：奶牛规范生产技术	挤奶操作和规程，提高奶牛繁殖力，犊牛去角技术，犊牛培育和早期断奶，育成牛生产技术，泌乳牛生产技术，干奶牛生产技术	会挤奶操作，解决奶牛常见的繁殖障碍，培育合格的后备牛及高产奶牛的高效饲养	实训基地挤奶操作，全程跟随饲养员进行奶牛养殖，从中发现问题并解决问题
	肉牛肥育技术	6	任务四：肉牛肥育技术	肉牛肥育技术案例分析	根据市场的需要进行肉牛生产	能够根据客户要求进行肉牛生产指导
	现代化牛场筹划与设计	8	任务五：牛场设计	农户牛舍的设计，规模化牛场的设计，现代化牛场筹划	根据不同的用户进行合理的牧场设计	设计合理的情景，完成牛场的整体规划与牛舍设计方案

表 7.22　"养牛与牛病防治综合实训"课程能力培养和教学内容

整体预设能力目标	课程教学内容	参考学时	单元教学内容		单元能力培养目标	考核要求
			项目（任务）名称	教学内容描述		
1．能知道常见牛病有哪些 2．知道牛场兽医与门诊兽医的工作内容 3．能对常见传染病进行治疗 4．能制订牛场免疫程序	牛场常见的疾病	2	牛场兽医的职责	现阶段我国养牛业的发展情况；养牛场常见的疾病	牛场常见的疾病	能够知道牛场兽医与门诊兽医的工作内容
	牛场常见传染病	4	牛场常见传染病的预防措施	牛场常见传染病的病因、症状、治疗及预防措施	能对常见传染病进行治疗，能制定牛场免疫程序	能制订牛场免疫程序
	常见寄生虫病	2	牛场常见寄生虫病的防治措施	常见寄生虫病的发病特点；制订防治措施	常见寄生虫病的发病特点，制订防治措施	能说出常见寄生虫病的发病特点，制订防治措施

续表

整体预设能力目标	课程教学内容	参考学时	单元教学内容		单元能力培养目标	考核要求
			项目（任务）名称	教学内容描述		
5．正确使用常见的诊断器械 6．正确地写出病历并开出处方 7．牛病的用药技巧	牛普通病	12	牛4个胃疾病	瘤胃积食、瘤胃鼓气、前胃弛缓、网胃炎、瓣胃阻塞、皱胃炎、皱胃移位和瘤胃酸中毒	能诊断出患有何病，能正确使用常见的诊断器械	能正确地诊断出患有何病，能正确使用常见的诊断器械
		6	肠管疾病	胃肠炎、肠便秘、肠扭转和肠套叠	能诊断出患有何病，熟练操作各种治疗方法	能诊断出患有何病，说出各种治疗方法
		6	呼吸系统疾病	感冒、鼻炎、支气管炎、小叶性肺炎和大叶性肺炎	能诊断出患有何病，能够正确选择用药	能诊断出有何病，能够正确选择用药
		2	神经系统疾病	中暑、脑炎	能诊断出患有何病，能够正确选择用药	能正确地诊断出患有何病，能够正确用药
		12	产科疾病	产前疾病、难产、产后疾病和不孕不育症	能正确地诊断出患有何病；能够正确选择用药	能诊断出患有何病，能够正确选择用药
		8	外科疾病	外伤处理、蜂窝织炎、骨折蹄子病和脓肿处理	能正确使用常见的诊断器械，能熟练操作各种治疗方法	会使用常见的诊断器械，能熟悉各种治疗方法
	常见犊牛疾病	2	犊牛疾病	犊牛下痢、脐带炎和犊牛肺炎	能诊断出患有何病，能够正确选择用药	能诊断出患有何病，能够正确选择用药
	肉牛的治疗	4	肉牛疾病	瘤胃积食、瘤胃鼓气、胃肠炎、皱胃炎、感冒和中暑	能诊断出患有何病，能够正确选择用药	能正确地诊断出患有何病，能够正确选择用药
	门诊兽医	6	门诊兽医	门诊兽医的职责、具体工作和处理病例的能力	门诊兽医的职责、具体工作和处理病例的能力	门诊兽医的职责、具体工作和处理病例的能力

2）兽医技术（表 7.23～表 7.25）。

表 7.23　"兽医临床诊疗技术"课程能力培养和教学内容

整体预设能力目标	课程教学内容	参考学时	单元教学内容			单元能力培养目标	考核要求
			项目	任务名称	教学内容描述		
1．全面获取发病动物准确信息的能力 2．正确使用兽医检查工具的能力 3．基本的临床检查能力 4．填写病历、建立诊断和症状分析的能力 5．分析问题解决问题的能力 6．规范的仪器操作，准确的结果判读的能力 7．临床常用的治疗能力	临床诊断	4	门诊：临床诊断技术	接近与保定	动物的接近，动物保定	动物的保定，常用临床绳结法	熟练应用各种常用临床绳结法
		2		诊断基本方法	临床检查的基本方法	检查工具，基本的临床检查方法	会临床检查的 6 种方法
		4		一般临床诊断	整体、被毛、皮肤和可视黏膜等的检查	可视黏膜、浅表淋巴结及淋巴管检查	会对动物进行一般检查
		14		系统诊断	心血管、呼吸和消化等系统检查	各个系统检查	正确进行各系统的检查
		2		建立诊断	填写病历，建立诊断	建立诊断的步骤和方法	按要求填写病历
	实验室检验	4	化验室：实验室检验技术	血常规检验	采血和抗凝，红细胞沉降速率等	采集、抗凝，血常规检查	方法正确
		2		血液生化检验	血液生化检验项目	正常血液生化指标，判断和解释化验报告单	会血液生化检验操作
		2		尿液检验	尿液理化性质检验，尿液沉渣检验	尿常规检查	会尿液理化性质检验，会尿液沉渣检验
		2		粪便检验	粪潜血检验的方法	粪便的感官与显微镜检查	能对粪便进行感官检查
		2		瘤胃液的检验	采集，酸碱度的测定	瘤胃内容物诊断及结果分析	能对瘤胃液进行酸碱度的测定
		2		毒物检验	亚硝酸盐、有机磷的检验	常见毒物的检验	检验方法正确
	仪器诊断	6	仪器诊断室：仪器分析	X 线	X 线机、暗室使用	检查方法	规范操作，准确地判读结果
		6		B 超	超声波诊断，生殖器官探查	超声探查	规范操作，准确地判读
		2		心电图	心电图测量方法与分析	心电图的导联，心电图的分析	规范的仪器操作，准确判读

整体预设能力目标	课程教学内容	参考学时	单元教学内容			单元能力培养目标	考核要求
			项目	任务名称	教学内容描述		
给药疗法	治疗室：临床诊疗	1		穿刺	穿刺技术及应用	瘤胃、瓣胃和胸腔穿刺	操作规范，部位正确
		1		冲洗法	眼、鼻腔冲洗，导胃洗胃	导胃与洗胃法，阴道及子宫冲法	操作规范
		2		封闭	病灶、环状分层和静脉封闭	普鲁卡因封闭疗法	操作规范，部位正确
		2		直肠诊断	直肠诊断、适应证	直肠诊断的方法	直肠诊断的操作要领规范
		1		灌肠法	灌肠液剂量、速度和方法	灌肠操作	灌肠疗法的操作要领规范
	兽医室：给药	2		注射法	输液法、注射	各种注射操作	操作要领正确及其结果
		2		投药法	橡皮瓶投药、胃导管给药	投药的方法	操作要领正确及其结果
外科手术疗法		2	手术室：外科手术	术前准备	动物与手术部位准备	手术前的准备	无菌操作
		1		常用外科器械	手术器械的准备及消毒	外科手术器械的使用	操作规范，准确使用器械
		2		麻醉	局部麻醉技术，全身麻醉技术	麻醉方法	操作规范，正确应用麻醉药
		2		组织分离	组织分离技术	组织分离操作技术	无菌操作，操作规范
		2		止血	全身、局部和手术止血法	各种止血法	使用止血方法正确
		2		缝合	打结，软组织缝合	缝合技术	无菌操作规范、正确
		2		包扎	各种包扎技术	外科手术组织、操作等	操作规范、正确
		12		常用外科手术	犬耳整容成型手术、开腹术和肠管手术	手术操作，术后护理	操作规范

表7.24 "兽医临床诊疗技术综合实训"课程能力培养和教学内容

整体预设能力目标	课程教学内容	参考学时	单元教学内容			单元能力培养目标	考核要求
			项目	任务名称	教学内容描述		
1. 不怕苦、不怕累和敢于操作的工作作风 2. 实事求是的工作态度 3. 善于思考、科学分析的工作习惯 4. 全面获取发病动物准确信息的能力 5. 正确使用兽医检查工具的能力 6. 临床检查和治疗的能力	动物的接近与保定	12	兽医临床诊疗技术综合实训	门诊：临床诊断技术	动物的接近，动物保定	动物保定，常用临床绳结法	熟练应用各种常用临床检查方法，识记各系统、器官的正常状态和常见的病理变化，能按要求填写病历
	临床检查基本方法				临床检查方法	获取发病动物信息，使用检查工具	
	一般临床检查				整体、被毛、皮肤和黏膜等的检查	可视黏膜、浅表淋巴结检查	
	系统检查				心血管、呼吸和消化等系统检查	各系统检查	
	临床诊断与病历				填写病历，建立诊断，症状分析	建立诊断的步骤和方法	
	血液检验				血液生化检验的检验项目	动物正常血液生化指标，判断和解释化验报告单	
	尿液检查				尿液理化性质检验，尿液沉渣检验	尿常规检查	
	粪便检验				粪潜血检验的方法和临床意义	粪便的感官检查、化学检查和显微镜检查	
	瘤胃液的检验				采集、酸碱度测定和纤毛虫诊断	瘤胃内容物诊断内容及结果分析	
	常见毒物的检验				样品采集、包装及送检，毒物的检验	毒物的采集、包装及送检，常见毒物的检验	
	X射线检查	12		仪器诊断	X线机使用、暗室使用和X线诊断	撰写诊断总结报告	规范的仪器操作，准确地判读结果
	B型超声波诊断				超声诊断基础，脏器的探查	超声探查，识记动物组织器官正常声像图	
	心电图检查				心电图的导联、测量和描记与分析	心电图的导联操作，心电图分析	
	穿刺疗法	12		治疗室：临床诊疗方法	穿刺技术及应用	瘤胃穿刺、瓣胃穿刺和胸腔穿刺	操作要领规范
	冲洗疗法				眼、鼻腔冲洗，导胃洗胃	导胃与洗胃法，阴道及子宫冲法	
	特殊给药疗法				病灶周围、环状分层和静脉内封闭法	普鲁卡因封闭疗法	
					直肠诊断方法、适应证及注意事项	直肠诊断方法	
					灌肠液的剂量、速度、方法与步骤	灌肠操作	

续表

整体预设能力目标	课程教学内容	参考学时	单元教学内容			单元能力培养目标	考核要求
			项目	任务名称	教学内容描述		
					输液与注射	注射操作与输液	
					橡皮瓶投药、胃导管给药	投药的方法及注意事项	
	外科手术疗法	24	手术室:外科手术疗法		动物准备、部位准备和人员准备	手术前的准备	操作规范,准确使用器械
					手术器械准备	使用外科手术器械	
					局部麻醉、全身麻醉技术	麻醉方法	
					组织分离	组织分离操作技术	
					全身、局部和手术过程止血	各种止血法	
					打结、缝合、剪线与拆线	缝合技术	
					各种包扎技术	外科手术的组织、操作和术后护理	
					犬耳整容手术、开腹术和肠管手术等		

表 7.25　"兽药生产及销售综合实训"课程能力培养和教学内容

整体预设能力目标	课程教学内容	参考学时	单元教学内容		单元能力培养目标	考核要求
			项目(任务)名称	教学内容描述		
1. 熟悉各类兽药产品的生产工艺、设备配置和作用,以及主要经济、技术指标 2. 认识各类兽药原料、产品和兽药加工设备,了解兽药设备的工作原理,初步掌握兽药加工工艺及流程	1. 兽药生产工厂布局 2. 兽药原料与成品 3. 兽药生产加工设备 4. 兽药加工工艺 5. 兽药品质检测 6. 兽药销售情景 7. 兽药售后服务情景	8	兽药工厂布局	1. 了解各构筑物组成及功能 2. 绘制工厂总平面布置草图	使学生熟知兽药工厂布局,培养学生绘图能力	绘图清晰、准确
		6	兽药原料与成品	1. 原料的品种、来源、规格、包装、价格和选用原则 2. 成品的品种、类型、价格、包装和质量标准	能对各种原料、成品进行分类,熟知其特性	分类清晰、特性准确

续表

整体预设能力目标	课程教学内容	参考学时	单元教学内容		单元能力培养目标	考核要求
			项目（任务）名称	教学内容描述		
3．具备兽药品质检测能力 4．培养学生从事兽药销售过程中的基本技巧和能力 5．培养学生从事兽药售后服务时的方法和能力 6．培养学生自学能力，对新技术信息获取掌握能力；培养学生勇于创新、爱岗敬业的工作作风和解决问题的能力及团队合作等意识和能力 7．培养学生市场管理、客户管理及促销能力		6	兽药加工设备	1．主要设备的名称与作用、结构、工作原理、运转特点、操作条件和动力消耗 2．绘出工作原理示意图	熟知各设备名称、作用及工作原理等，培养学生绘图能力	设备名称、作用和原理表述准确；绘图清晰、准确
		8	兽药加工工艺	1．兽药的生产工艺 2．绘制工艺流程方框图	熟知兽药加工工艺，并能比较不同工艺优缺点	绘图清晰、准确
		12	兽药品质检测	原料、半成品和成品的质量要求及其分析	熟知各种质量指标检测原理、方法步骤，并能正确检测各指标	操作正确、结果准确
		10	集团客户营销	1．客户信息获取 2．客户预约 3．客户拜访 4．谈判 5．签订合同 6．订货发货	能利用现有资源寻找客户，良好的沟通能力，得体的着装礼仪	落落大方、反应敏捷和方法正确
		10	县、乡、村经销商客户销售	1．客户信息获取 2．客户预约 3．客户拜访 4．谈判 5．签订合同 6．订货发货	能利用现有资源寻找客户，良好的沟通能力，得体的着装礼仪	落落大方、反应敏捷和方法正确
		12	龙头客户销售	1．客户信息获取 2．客户预约 3．客户拜访 4．谈判 5．签订合同 6．订货发货	能利用现有资源寻找客户，良好的沟通能力，得体的着装礼仪	落落大方、反应敏捷和方法正确
		12	大养殖户销售	1．客户信息获取 2．客户预约 3．客户拜访 4．谈判 5．签订合同 6．订货发货	能利用现有资源寻找客户，良好的沟通能力，得体的着装礼仪	落落大方、反应敏捷和方法正确

整体预设能力目标	课程教学内容	参考学时	单元教学内容		单元能力培养目标	考核要求
			项目（任务）名称	教学内容描述		
	兽药售后服务	20	1. 养殖户拜访 2. 疾病诊断 3. 用药 4. 货款回收 5. 新产品推介		能正确诊断治疗常见疾病，能利用现有资源寻找客户，良好的沟通能力，着装得体	操作规范、方法正确

3）动物防疫与检疫技术（表 7.26 和表 7.27）。

表 7.26　"动物防疫与检疫技术"课程能力培养和教学内容

整体预设能力目标	课程教学内容	参考学时	单元教学内容		单元能力培养目标	考核要求
			项目（任务）名称	教学内容描述		
1. 疫情调查分析的能力 2. 评估养殖场防疫条件的能力 3. 制订养殖场的消毒计划，合理选择消毒药，正确使用消毒工具的能力 4. 制订合理的免疫程序的能力 5. 疫病预防的能力 6. 微生态制剂的应用能力 7. 国家强制免疫病种实施免疫的能力 8. 重大动物疫病的生物安全处理能力	疫情调查	12	疫情调查方案的制订	直接询问和查阅资料的调查方法，将调查资料进行统计分析	传染病调查方法与疫情分析	写一份疫情调查分析报告
	养殖场防疫评估	6	评估一个养殖场的防疫条件	养殖场的选址、布局、设施设备和防疫制度评估	养殖场的防疫条件评估	评估养殖场的防疫条件并提出建议
	消毒计划和消毒方案	4	制订消毒计划和实施消毒	制订消毒计划、消毒药和消毒方法	选择消毒药、正确使用消毒工具	方案合理
	疫苗与接种	6	免疫程序的制订及实施	疫苗的免疫学特性选择合适的免疫接种途径	制订免疫程序	养殖场免疫程序合理
	药物的选择与给药方法	6	药物预防	不同畜禽药物的选择，不同药物的给药方法	就给药途径进行疫病的预防	制定药物预防计划
	微生态制剂	4	微生态制剂的应用	微生态制剂的作用机理、应用及注意事项	微生态制剂的应用	微生态制剂的选择正确合理

整体预设能力目标	课程教学内容	参考学时	单元教学内容		单元能力培养目标	考核要求
			项目（任务）名称	教学内容描述		
9. 产地检疫的能力 10. 宰后检疫的能力	免疫接种	6	实施国家强制免疫病种的免疫和建立免疫档案	准备免疫接种用品，完成免疫接种任务并建立免疫档案	国家强制免疫病种的免疫计划与免疫实施	制订免疫计划及免疫档案
	血凝试验	10	新城疫免疫监测	血凝试验（HA试验）、血凝抑制试验（HI试验）	新城疫抗体监测操作方法	新城疫抗体监测的技术要点
	1. 布鲁氏菌病临诊检查 2. 布鲁氏菌病实验室检疫	8	牛布鲁氏菌病检疫	1. 布鲁氏菌病临诊检查 2. 布鲁氏菌病实验室检疫	平板凝集牛布鲁氏菌病检疫	布鲁氏菌病检疫操作技术要点
	牛结核病的检疫	8	牛结核病检疫	牛结核病的临诊检疫，牛结核病的变态反应检疫	变态反应检疫的操作	牛结核病检疫操作技术
	全血平板凝集试验	10	鸡白痢检疫	全血平板凝集试验	全血平板凝集反应的操作	鸡白痢检疫操作技术
	动物尸体无害化处理	6	患病死亡动物的生物安全处理	选择合适的无害化处理技术对动物尸体进行无害化处理	重大动物疫病的生物安全处理	提交对患病死亡动物生物安全处理
	消毒	4	运输工具的消毒	选择合适的消毒药，消毒药配制方法及消毒方法	车辆消毒方案，运输车辆的消毒	消毒药品选择，车辆的消毒
	产地检疫	6	动物产地检疫	动物出售前的产地检疫；实施临诊检查	产地检疫的项目和要求，开展动物产地检疫工作	各种证明文件的填写
		6	动物产品产地检疫	制订产地检疫技术方案；实施产品产地检疫	动物产品的产地检疫	各种证明文件的填写
	宰前检疫	6	宰前检疫	制订宰前检疫技术方案；实施宰前检疫	查出患病动物	宰前检疫方法
	宰后检疫	6	宰后检疫	制订宰后检疫技术方案；实施宰后检疫	发现肉尸和内脏的病理变化，保证肉品卫生安全	宰后检疫方法的实施

表 7.27 "兽医生物制品"课程能力培养和教学内容

整体预设能力目标	课程教学内容	参考学时	单元教学内容		单元能力培养目标	考核要求
			项目（任务）名称	教学内容描述		
通过让学生亲自观察、操作，使学生初步掌握常用兽医生物制品的制作，为以后的工作打下坚实的基础	弱毒疫苗	30	1. 禽用弱毒疫苗制作 2. 猪用弱毒疫苗制作	1. 鸡新城疫、传染性支气管炎和传染性法氏囊病等疫苗培养、冻干等工艺及效价检测 2. 猪瘟细胞苗和脾淋苗培养、冻干及效价检测	1. 会鸡新城疫、传染性支气管炎和传染性法氏囊病等疫苗制作及效价检测 2. 会猪瘟疫苗制作及效价检测	能够独立完成疫苗培养、冻干灭活、油相配制、乳化和检验等任务
	灭活疫苗	30	1. 禽用灭活疫苗制作 2. 猪用灭活疫苗制作	1. 鸡新城疫、传染性支气管炎和大肠杆菌病等疫苗制作工艺及黏度、稳定性检测 2. 猪细小病毒病、伪狂犬病和链球菌病疫苗制作工艺及黏度、稳定性检测	1. 会鸡新城疫、传染性支气管炎和大肠杆菌病等疫苗制作工艺及黏度、稳定性检测 2. 会猪细小病毒病、伪狂犬病和链球菌病疫苗制作工艺及黏度、稳定性检测	

4）饲料与动物营养技术（表 7.28）。

表 7.28 "饲料加工及销售"课程能力培养和教学内容

整体预设能力目标	课程教学内容	单元教学内容		单元能力培养目标	考核要求
		项目（任务）名称	教学内容描述		
1. 使学生熟悉各种饲料的生产工艺、设备配置和作用，以及主要经济、技术指标，巩固已学过的专业理论 2. 认识各种饲料原料、产品，各种饲料加工设备，了解饲料设备的工作原理，初步掌握饲料加工工艺及流程	1. 饲料加工厂各车间布局 2. 饲料原料与成品 3. 饲料加工设备 4. 饲料加工工艺 5. 饲料原料及各类饲料品质检测 6. 饲料销售及售后服务情景	饲料加工厂布局	1. 了解各构筑物组成及功能 2. 绘制工厂总平面布置草图	使学生熟知饲料加工厂布局，培养学生绘图能力	绘图清晰、准确
		饲料原料与成品	1. 原料的品种、来源、规格、包装、价格和选用原则 2. 饲料添加剂、预混料、浓缩料和全价料的品种、类型、价格、包装和质量标准	能对各种饲料原料、成品进行分类，熟知其特性	分类清晰、特性准确

续表

整体预设能力目标	课程教学内容	单元教学内容		单元能力培养目标	考核要求
		项目（任务）名称	教学内容描述		
3．使学生具备饲料品质检测能力 4．培养学生从事饲料销售过程中的基本技巧和能力 5．培养学生从事饲料售后服务时的方法和能力 6．培养学生自学能力，对新技术信息的获取掌握能力；培养学生勇于创新、爱岗敬业的工作作风和解决问题的能力及团队合作等意识和能力 7．培养学生市场管理、客户管理及促销能力		饲料加工设备	1．主要设备的名称与作用、结构、工作原理、运转特点、操作条件和动力消耗 2．绘出工作原理示意图	1．熟知各设备名称、作用及工作原理等 2．培养学生绘图能力	1．设备名称、作用、原理表述准确 2．绘图清晰、准确
		饲料加工工艺	配合饲料的生产工艺，绘制工艺流程方框图	熟知饲料加工工艺，并能比较不同工艺优缺点	绘图清晰、准确
		饲料品质检测	原料、半成品和成品的质量要求及其分析	熟知各种质量指标检测原理、方法步骤，并能正确检测各指标	操作正确、结果准确
		集团客户营销	1．客户信息获取 2．客户预约 3．客户拜访 4．谈判 5．签订合同 6．订货发货	能利用现有资源寻找客户，良好的沟通能力，得体的着装礼仪	落落大方、反应敏捷和方法正确
		县、乡、村经销商客户销售	1．客户信息获取 2．客户预约 3．客户拜访 4．谈判 5．签订合同 6．订货发货	能利用现有资源寻找客户，良好的沟通能力，得体的着装礼仪	落落大方、反应敏捷和方法正确
		龙头客户销售	1．客户信息获取 2．客户预约 3．客户拜访 4．谈判 5．签订合同 6．订货发货	能利用现有资源寻找客户，良好的沟通能力，得体的着装礼仪	落落大方、反应敏捷和方法正确

续表

整体预设能力目标	课程教学内容	单元教学内容		单元能力培养目标	考核要求
		项目（任务）名称	教学内容描述		
		大养殖户销售	1. 客户信息获取 2. 客户预约 3. 客户拜访 4. 谈判 5. 签订合同 6. 订货发货	能利用现有资源寻找客户，良好的沟通能力，得体的着装礼仪	落落大方、反应敏捷和方法正确
		饲料售后服务	1. 养殖户拜访 2. 疾病诊断 3. 营养调控 4. 货款回收 5. 新产品推介	1. 能正确诊断治疗常见营养代谢疾病 2. 能利用现有资源寻找客户，良好的沟通能力，得体的着装礼仪	操作规范和方法正确

（五）专业教学策略的研究

职业教育教学的目的是学生职业特质和职业能力的形成，而职业特质与职业能力的形成除教学内容之外，主要取决于教学的策略。

为了培养畜牧兽医高级技能型人才，依据教学任务，严格把握并执行畜禽饲养标准、兽医防治规范，培养学生诚实守信、爱岗敬业和不怕脏累的优秀品格，养成认真负责、科学严谨的工作作风，树立爱心、诚心和责任心，珍爱环境、珍爱生命，形成畜牧兽医高级技能型人才的职业特质。在总课题研究提出的过程导向、情景导向和效果导向 3 种教学策略[1]中，畜牧兽医专业教学策略的设计，应根据畜牧兽医高级技能型人才的职业活动主要由过程顺序和规范支配、追求标准和质量的特点，主要采用过程导向的教学策略，即在首先把握过程的情况下，为了达到任务所期望的效果，选择工作程序、工作规范和安全操作规程的方式和过程。

依据总课题研究，过程导向教学策略的教学过程可以设计为任务描述、任务分析、相关知识、技能训练、态度养成、完成任务和学习评价 7 个环节[2]。在这里，

---

[1] 邓泽民，2016. 职业教育教学设计[M]. 4 版. 北京：中国铁道出版社.

[2] 邓泽民，2011. 职业教育教学论[M]. 北京：中国铁道出版社.

任务是畜牧兽医高级技能型人才职业活动中的典型任务或者项目，任务描述是对典型任务的描述，目的是让学生进入工作角色，为实现以学生为中心的教学提供前提。任务分析是在专业教师的主导下，以学生为主体，应用相关知识对完成任务的工作程序、工作规范和安全操作规程进行分析，提出工作方案。相关知识、技能训练和态度养成是对任务进行分析，并完成任务的相关知识的学习、技能的训练和态度的养成过程。完成任务是学生独立或者分组完成服务，并通过完成任务环节，形成严格工作程序、工作规范和操作标准，保证操作结果符合质量要求的意识与素质的整合环节。学习评价是对学生完成任务情况进行点评并提出改进意见。

在畜牧兽医专业过程导向教学策略设计时，专业各课程教学团队要坚持以就业为导向的原则，按职业岗位能力要求整合课程，把专业课程的教学内容与学生未来的职业方向和岗位紧密结合起来，体现针对性，突出应用性，凸显实用性，并采用基于工作过程的系统化教学方法，如咨询、计划、决策、实施、检测和评价六步教学方法，借助现代教育技术与配置的教学资源，营造一个学习情景，让学生在生动直观的教学情景中，积极思考，主动参与，动手动脑，综合实训项目开发要提炼专业面向典型工作任务，形成工学结合的实训体系，结合企业实际，设计不同类别的综合实训项目，构建工学结合人才培养体系，真正形成活动导向的教学模式。可选用的教学方法很多，比较典型有项目教学法、任务驱动教学法、思维导图法、头脑风暴法、卡片展示法和演示教学法，可以灵活使用。例如，在任务分析时，可以选用头脑风暴法、思维导图法和卡片展示法等；在技能训练时，可选用演示教学法；完成任务时，可选用项目教学法、任务驱动教学法等。

（六）专业教师团队的配备

专业教师团队应具备较高水平的专业带头人 1 名，各核心课程负责人若干，双师素质教师占专任教师总数的 80%以上，同时聘请占教师总数 30%的行业企业技术骨干担任兼职教师。采用外引内培，通过与企业合作开展科研项目、技术服务，参与专业建设和教学改革，培养专业带头人；通过多种形式提供教师深入企业，参与技术服务和技术改造，积累养殖与疾病防治方面的实际经验；加大培训考核力度，提升教师水平和能力；建成一支既有高技能水平，又在畜牧兽医技术领域有较高技术造诣的专兼结合的师资队伍。

1. 专业带头人的基本要求

具有较高的高职教育认识能力、专业发展方向把握能力、课程开发能力、教研教改能力、学术研究尤其是应用技术开发能力和组织协调能力，能带领专业建设团队构建基于工作过程的层次化、模块化课程体系。

2. 专任教师、兼职教师的配置与要求（表 7.29）

表 7.29 专任教师、兼职教师的配置与要求（按每年招 180 名学生配置）

序号	课程名称	专任教师		兼职教师	
		数量	要求	数量	要求
1	畜禽解剖生理	2	双师型、理论实践一体化教学	1	理论实践一体化教学
2	动物微生物	2	双师型、理论实践一体化教学	1	理论实践一体化教学
3	动物营养与饲料	2	双师型、理论实践一体化教学	1	理论实践一体化教学
4	动物病理	2	双师型、理论实践一体化教学	1	理论实践一体化教学
5	动物药理与毒理	2	双师型、理论实践一体化教学	1	有养殖场或兽医院实践经验
6	兽医临床诊疗技术	2	双师型、理论实践一体化教学	1	具备大型兽医院实践经验
7	畜禽繁殖与改良	2	双师型、理论实践一体化教学	1	具备大型养殖场实践经验
8	养猪与猪病防治	2	双师型、理论实践一体化教学	1	具备大型种猪场实践经验
9	养禽与禽病防治	2	双师型、理论实践一体化教学	1	具备大型种禽场实践经验
10	养牛与牛病防治	2	双师型、理论实践一体化教学	1	具备大型奶牛场实践经验
11	畜禽环境卫生	2	双师型、理论实践一体化教学	1	具备大型养殖场实践经验
12	动物防疫与检疫	2	双师型、理论实践一体化教学	1	有养殖场或兽医院实践经验

（七）专业实训条件的配备

遵循职业教育实训设计的基本原则，建立了具有真实（或仿真）职业氛围、设备先进和软硬配套的校内实训基地，并与企业共建形成具有良性运行机制的学习型生产性实训基地，为学生的项目训练与综合职业能力培养营造实际职场的工作氛围[①]。实训基地能承担畜牧兽医专业群实验实训任务和职业技能培训鉴定，满足大学生开展课外科技和养殖实践活动的需要，拥有基本技能训练、职业技能训练、真实工作背景实习和创新创业训练的渐进式实践教学必备的设备和场所，并建立健全实验实训教学文件、各项规章制度和运行保障机制。实验实训设备配置及要求如表 7.30 所示。

---

① 邓泽民，韩国春，2008. 职业教育实训设计[M]. 北京：中国铁道出版社.

表7.30　畜牧兽医类专业实验实训条件基本配置及要求

序号	实验实训室名称	功能	设备、台套基本配置要求	面积/m²	备注
1	解剖生理实验室	动物体各大系统的构造与生理功能	双目生物显微镜 40 台、多用隔离刺激仪 6 台、稳压电泳仪 6 台、微机 6 台和冷冻柜 2 台	100	
2	微生物与传染病实验室	微生物的形态结构、生理特性及实验室诊断方法	电热恒温培养箱 2 台、电热恒温干燥箱 2 台、高压蒸汽灭菌器 6 台、冰箱 2 台、电动离心机 6 台、电热恒温水浴箱 2 台、超净工作台 2 台和双目生物显微镜 40 台	150	
3	动物营养与饲料实验室	各种饲料营养成分的测定	电子天平 2 台、S22PC 型可见分光光度计 4 台、体视显微镜 2 台、分析天平 6 台和茂福炉 2 台	100	饲料化验与检验员培训鉴定
4	动物病理实验室	动物病变分析、药物对机体的作用	组织切片机 6 台、电冰箱 1 台、显微图像投影和分析系统 6 套、幻灯机 1 台、光学显微镜 6 台和恒温培养箱 2 台	150	兽医防治员培训鉴定
5	动物药理实验室		药物天平 20 台、分析天平 10 台和生化培养箱 2 台		
6	兽医临床诊疗实验实训室		固定式 X 光机 6 台、B 型超声诊断仪 6 台、心电图仪 6 台和显微内窥镜 6 台	150	
7	遗传繁育实验室	人工授精实验	17℃冰箱 2 台、假台畜 6 台和人工授精设备 12 套	100	家畜繁殖工培训鉴定
8	养猪与猪病防治实训室	猪饲养管理与疾病防治训练	DVD 播放机与投影仪 1 套、猪采精与输精器械 20 套、显微镜 6 台、冰箱 1 台、A 型超声诊断仪 6 台、超声波测膘仪 6 台、普通外科手术器械 6 套、猪剖检器械 6 套、恒温培养箱 2 台和显微镜 6 台	150	家畜饲养工培训鉴定
9	养禽与禽病防治实训室	禽饲养管理与疾病防治训练	小型孵化器 1 台、出雏机 1 台、照蛋器 20 台、断喙器 6 台、温湿度计 20 套、大气采样器 6 台 DVD 播放机与投影仪 1 套、禽采精与输精器械 20 套、禽剖检器械 6 套、恒温培养箱 2 台和显微镜 6 台	150	家畜饲养工培训鉴定
10	养牛与牛病防治实训室	牛饲养管理与疾病防治训练	DVD 播放机与投影仪 1 套、牛采精与输精器械 20 套、测仗 20 个、液氮罐 3 个、内窥镜 20 个、开膛器 20 个、胚胎移植器械 20 套、机器挤奶设备 1 套和牛病诊疗器械 6 套	150	家畜饲养工培训鉴定

续表

序号	实验实训室名称	功能	设备、台套基本配置要求	面积/m²	备注
11	畜禽环境卫生实验实训室	畜禽舍小气候监测	大气采样器 6 台、自记温湿度仪 6 台、电子数显照度计 20 台、分光光度计 6 台、风速仪 20 台、大型立式排风扇 6 台、最高温度计 40 个和最低温度计 40 个	100	
12	动物防疫与检疫实验实训室		电热干燥箱 6 台、流通蒸汽灭菌器 6 台、低温冰箱 1 台、普通双温冰箱 3 台、超净工作台 3 台、双目显微镜 20 台、电动振荡器 6 台、气象色谱仪 6 台、组织匀浆机 6 台、离心机 6 台、恒温培养箱 4 台、凝胶成像系统 1 套和 CO_2 培养箱 1 台		动物检疫检验员培训鉴定

五、畜牧兽医专业教学整体解决方案实施

畜牧兽医专业教学整体解决方案的实施按照以下程序进行。

（一）教师把握整体解决方案

畜牧兽医专业教学团队，向实施的教师讲解专业教学整体解决方案，使所有成员都清楚了解专业教学整体解决方案，聘请校外专家讲解工作过程导向课程设计的教学策略、注意事项，使教师知道所教课程的地位和作用、整体设计思路、学习情景设置、任务实施方法及教师应具备的能力和任务。

（二）教师必备教学能力培训

通过开展工作过程导向教学改革、观摩工作过程导向课程和开展课程设计比赛来培训教师，使教师具备必备的教学能力。任课教师认真学习职业教育课件设计原则、方法；选择改革较好的课程作为公开课，随时欢迎其他教师进行观摩。利用每周的教研时间开展课程设计比赛，通过教师说课，其他教师提出修改意见，来完善课程设计。通过教师必备能力培训，使所有成员都具备专业教学整体解决方案实施的专业教学能力。职业教育课件设计活动对教师系统掌握职业教育教学理论、教育技术和专业实践能力十分有效[①]。

由于实施工作过程导向教学，教师须具备很强的实践能力。因此，教师利用假期时间到企业参加生产实践，通过实践培养了教师的实践动手能力。

---

① 邓泽民，马斌，2011. 职业教育课件设计[M]. 北京：中国铁道出版社.

（三）设施、设备与教材准备

根据每次课程的特点和需要安排恰当的教学场所，教学场所主要有实训室、校内实训基地和校外实训基地，普通教室应用较少。对实训室进行了改造，形成了职业情景和教学情景一体化的教室。加强了校内实训基地建设，养殖规模不断扩大，并且配备了黑板、桌椅等，使得实训基地能够融教、学、做于一体。与企业合作，大力建设校外生产性实训基地，校外实训基地都可以提供食宿，给学生一定的生活补助，形成校内外教学、实训和实习密切衔接的校企合作教学、实训和实习组合新模式。

教师根据整体解决方案，准备课程所需的教学器材和设备，制作教学资料包括教学设计方案、授课计划、工作任务书、教学组织方案、学习课件、习题集和校本教材等，确保人才培养方案的有效实施。专业教材设计需要遵循职业活动逻辑、学习动机发展逻辑和职业能力形成逻辑相统一的原则，构建理实一体化的专业教材结构①。

（四）制定方案实施的保障文件

畜牧兽医专业的教学依据学校制定的教学管理制度、系部管理制度，对实训、实习和顶岗实习还专门制定了校内外实训实习管理制度、顶岗实习管理制度等相应制度，层层保障，使课程体系的实施得以顺利进行。

为了鼓励教师积极按照畜牧兽医专业整体解决方案开展教学，学校将对通过教学改革且教学资料齐全的教师颁发荣誉证书，并给予一定的物质奖励，也作为年终考核的重要参考。

（五）方案实施效果调查分析

通过调查学生、企业和教师，对畜牧兽医专业整体解决方案进行评价。

1. 学生的评价

毕业生和顶岗实习学生的评价：畜牧兽医专业整体解决方案的实施，使我们的学习态度有了很大的转变。过去上课老师讲、我们听，有的课感觉像听天书，学习兴趣不浓，主要是为了应付期末考试；现在上课老师布置任务，我们按照自己的想法，查找资料，设计任务实施方案，自己动手实施任务，学习不再那么枯燥了，实践操作也越来越多了，考试的时候需要死记硬背的东西也少了。总之，

---

① 邓泽民，侯金柱，2006. 职业教育教材设计[M]. 北京：中国铁道出版社.

畜牧兽医专业整体解决方案能够适应素质教育，是我们需要的教学方案。

2．企业的评价

企业对课程改革及毕业生和顶岗实习学生的评价：沧州职业技术学院畜牧兽医专业培养的学生综合素质高，主要表现：动手能力强，只需简单的培训就能上岗；能够严格遵守各项规章制度，具有高度的责任心；善于沟通，协作能力强；勤于思考，能及时发现问题，解决问题；善于总结经验教训；有创新意识。与畜牧兽医专业合作的企业一致认为，学校能够深入地调查学生的就业岗位，分析各种工作岗位所需的能力，并且通过设置工作任务，使学生在完成工作任务的同时学习所需知识、技能，培养方法能力和社会能力，优化知识、能力和素质结构，使学生全面发展。畜牧兽医专业整体解决方案使得学生与学徒合一，教师与师傅合一，实境育人，并且实现学生零距离就业。畜牧兽医专业整体解决方案是真正能与企业需求一致的方案。

3．教师的评价

参加专业教学整体解决方案实施的教师的评价：畜牧兽医专业整体解决方案的实施，使我们摆脱了以教师为主体的教学方法，转变成了以学生为主体的教学方法。在教学实施的过程中，学生的积极性较高，能主动地参与，认真地完成各项任务，学生的综合素质得到了明显的提高。教师通过实施畜牧兽医专业整体解决方案，理论知识和实践技能有了显著的提高。由于课堂上学生积极参与，教师感觉比传统教学方法轻松了许多。

六、实践结论

1）畜牧兽医高级技能型人才的职业特质，是伴随着我国工业化和城市化进程加快，畜牧业生产方式和消费方式转变而形成的。培养方案应依据畜牧兽医高级技能型人才的职业特质和职业能力的要求进行总体设计。在对专业的社会需求进行调查研究和预测分析的基础上，制订了高职高专教育畜牧兽医专业"432"人才培养方案，即四模块课程体系、三层次实践体系和双循环培养模式。①四模块课程体系，即按学生就业方向，重组成养殖技术、兽医技术、防疫与检疫技术和饲料与动物营养技术"等四个专业方向。②三层次实践体系，即通过实验、实训和实岗等三个层次的实践教学安排，巩固学生的专业知识，加强技能培训，突出高级技能型人才特征。三层次实践教学新体系内容设计：a．"点"，实验、课程——与理论教学同步，培养学生的单项技术；b．"线"，实训、技术——集中开设实习周，培养学生的关键技术；c．"面"，实岗、岗位——在职顶岗实习，培养学生的综合技术。三层次实践教学体系实践安排：a．实验，与理论教学同步，针对职业共性活动领域开设的同步课堂实验，培养学生的单项技术。b．校内外实训，针对技术平台课和综合技术课集中开设实训周，培养学生掌握畜牧兽医生产的常规单项技术和关键技术的核心环节。c．顶岗实习，通过在职顶岗实习，锻炼学生解决生产实际问题的能力；在技术、管理和经营等方面的全方位岗位训练，并进行实岗设计，使学生达到未来工作需求水平。③双循环培养模式：前三学期在校内学习公共课和技术平台课；第四、五学期开展实训，校内实训与校外实训相结合，返校后在校学习专业技术课；第六学期到生产企业和畜牧兽医行政管理部门进行实岗训练。

2）高等职业教育专业教学要把人才职业特质和职业能力的形成作为教学过程的中心。打破单一课程实习和综合实习的界限，以干导学；打破课内课外的界线，第二课堂与第一课堂有机结合；打破学期和假期的界线，暑假参加专业实践社会实践。在学习模式上实行生产劳动和社会实践相结合，真正做到课堂与实习地点合一，教师与师傅合一，学生与学徒合一，教学内容与工作任务合一，育人与创收合一，实现零距离就业，提高毕业生的就业率与就业质量。

3）职业特质的形成需要行动导向、任务驱动的教学策略。以干导学，真题真做。每年春秋两季，由专业教师带队，选派品德好、素质高和技能硬的同学组成专门队伍，分赴周边乡镇，为各村饲养的鸡、鸭和鹅等家禽进行禽流感疫苗免疫接种；为牛、羊和猪等家畜进行口蹄疫疫苗免疫接种，并打耳标和填写免疫登记卡片。这种畜禽免疫实践既提高了学生的职业专门能力，又为当地群众解决了实际难题，可谓双赢。本专业提高了学生社会意识，增强了社会交际能力，促进了学生自主就业，促进了课程整合和教学内容的更新，锻造了双师型的师资队伍，学生职业能力和基本素质高，毕业生就业呈现高就业率、高对口率、高满意率和上岗快的"三高一快"特点。

市场营销专业教学整体解决方案研究与实践

课题编号：BJA060049–GZKT008

一、问题的提出

（一）批发和零售业发展的趋势

进入 21 世纪，在经济高速增长的同时，各行各业的市场竞争日益残酷。不少行业广告战、标准战和价格战愈演愈烈，产品过剩，生产能力闲置，社会库存增加，浪费了大量的自然资源和生产资源。企业产值不断上升伴随的是盈利能力不断下降。中国每年有近 100 万家企业倒闭。因此，在当前纷繁复杂的竞争态势下，究竟怎样用全新的观念来看待竞争与发展，企业怎样才能在全新的市场竞争环境下摆脱低层次的竞争带来的困扰，这些是我国营销界面临的新课题。

在企业营销观念经过了生产观念、产品观念、推销观念、市场营销观念和社会市场营销观念之后，服务营销观念正在兴起，对市场营销高级技能型人才提出了新的要求。而随着科技进步，现代信息技术手段在营销领域得到广泛运用，电子商务发展迅速，促进了商贸流通业的大发展。

（二）行业发展对市场营销高级技能型人才的要求

通过调查发现，企业对营销人才的要求，一般很注重以下几点。

1）树立服务销售理念。市场营销人员要竭尽全力为国家、企业着想，全心全意为顾客服务，把顾客的满足程度视为检验市场营销活动的标准。对顾客的需求、兴趣予以满足，并出于真诚地对顾客关心。市场营销的过程就是与顾客打交道的过程，也是对顾客了解的过程。在接触顾客前一定要了解顾客的购买动机是什么，任何购买动机都源于某种需要，人的需要具有层次性、多样性及可诱导性。市场营销人员在做业务前，结合产品的特点，要有基本的估计，要了解谁是对购买起决定性作用的人。起决定性作用的人不一定是直接购买者，甚至不一定是决定购买的人，要具体分析才能确定。销售对象的性格、爱好，甚至相貌特征也都应尽量详尽了解，以便更好地接触。

2）有事业心和责任感。事业心和责任感是干好营销工作的前提，市场营销人员的事业心的主要表现：应充分认识到自己工作的价值，热爱市场营销工作，要有献身于市场营销事业的精神，对自己的工作充满信心，积极主动、任劳任怨、全心全意地为顾客服务。市场营销人员的责任感的主要表现：忠实于企业、忠实于顾客，本着对所在企业负责的精神，为企业树立良好的形象和信誉做贡献，不允许发生有损害企业利益的行为；本着对顾客利益负责的精神，帮助顾客解决实际困难和问题，满足顾客的需求。

3）有娴熟的业务技能。市场营销人员要熟悉本企业的发展历史、企业规模、经营方针和规章制度；企业在同行业中的地位；企业的产品种类和服务项目，定价策略、交货方式、付款条件及付款方式等情况。市场营销人员，必须对本企业所生产或者经营的商品特点、性能、用途、价格、使用方法、维修、保养、管理程序及工艺过程和本企业的概况有深刻的了解；同时，还必须了解竞争对手的商品性能、价格和销售等方面的情况，这样和购买者进行洽谈、说服和诱导时更加灵活和有针对性。市场营销人员还要能够运用市场营销学的基本理论与市场调查和预测的基本方法，善于发现现实和潜在的顾客需求，掌握产品的市场趋势和市场行情的动向。市场营销人员具有能以动听的语言说服顾客的能力；具有能记忆客人面貌和名字的能力；具有较好的仪态风范和语言表达、文字书写的能力；具有较强的组织能力，以使企业的市场营销工作能有序、有效地开展；具有沟通交际能力；有识别人的能力；具有幽默感；有社会性的公共关系；具有良好的判断能力和常识。

4）严格遵守法律法规。市场营销人员要遵守国际规范经济活动的各种法律，特别是与推销活动有关的经济法规。例如，《中华人民共和国合同法》《中华人民共和国反不正当竞争法》《中华人民共和国产品质量法》《中华人民共和国广告法》《中华人民共和国商标法》及《中华人民共和国专利法》等。市场营销人员单独的业务活动比较多，在工作中，应有较强的自制力，不利用职务之便欺骗顾客，不侵吞企业的利益，依照相关法律规范推销产品。

5）有良好身体素质和健康体魄。市场营销人员应精力充沛、头脑清醒和行动灵活。营销工作比较辛苦，营销人员要起早贪黑、东奔西走和经常出差，食住常无规律，还要交涉各种推销业务。这样不仅要消耗体力，还需要有旺盛的精力，这些均要求市场营销人员具有健康的体魄。

二、研究内容与方法

（一）研究内容

为培养市场营销高级技能型人才的职业特质和职业能力，本方案将首先对市场营销高级技能型人才的职业特质和职业能力进行研究，然后研究设计出适合市场营销高级技能型人才职业特质和职业能力形成的教学整体解决方案，并通过教学整体解决方案实施，探索高等职业教育市场营销专业教学理论。

（二）研究方法

1）运用调查法，特别是现代职业分析方法对市场营销高级技能型人才的职业活动进行调查，并在此基础上分析市场营销高级技能型人才的职业活动的特点，提出市场营销高级技能型人才职业特质的基本内涵。

2）运用文献法、总结法对高等职业教育市场营销专业教学和企业培训进行研究和总结，研究设计适合市场营销高级技能型人才职业特质和职业能力形成的教学整体解决方案。

3）运用实验法，通过市场营销高级技能型人才职业特质形成的教学整体解决方案的实施，对建立在市场营销高级技能型人才特质和职业能力基础上的，高等职业教育市场营销专业教学方案进行验证，探索市场营销专业教学理论方法。

三、市场营销高级技能型人才职业特质研究

职业特质是指从事不同职业的人所特有的职业素质，是能将工作中成就卓越与成就一般的人区别开来的深层特征[①]。总课题对于职业特质的研究，提出了可以从两个方向开展研究，一是在同一职业中发现成就卓越者，通过调查分析方法，研究他们与成就一般者不同的深层特征；二是通过分析职业活动，研究取得职业活动卓越效果的人具备的职业素质。本方案采用第二种方法。

（一）市场营销高级技能型人才职业活动调查

1. 职业面向的调查

课题组经过调查发现，高职院校市场营销专业毕业生主要面向各大商业企业的基层主管、基层门店店长，各类生产制造、分销代理和中介服务企业的区域销售代表、区域市场主管和区域销售经理等岗位。

2. 职业活动的分析

应用现代职业分析方法[②]，在职业分析主持人的主持下，由行业优秀市场营销人才研讨，提出的市场营销职业活动如表8.1所示。

---

① 邓泽民，2011. 职业教育教学论[M]. 北京：中国铁道出版社.

② 邓泽民，郑予捷，2011. 现代职业分析手册[M]. 北京：中国铁道出版社.

表 8.1　市场营销职业活动

能力领域	单项能力			
A 市场调研	A1 确立市场调研目标	A2 制订市场调研方案	A3 设计市场调查问卷	A4 实施市场调研方案
	A5 整理分析资料	A6 市场需求预测	A7 撰写市场调研报告	
B 市场分析	B1 分析宏观市场环境	B2 分析微观市场环境	B3 分析市场竞争者	B4 分析消费者市场
	B5 分析组织者市场	B6 SWOT 分析	B7 撰写市场分析报告	
C 营销决策	C1 市场细分	C2 选择目标市场	C3 市场定位	C4 制定市场竞争战略*
	C5 制定市场发展战略*	C6 制定产品策略*	C7 制定价格策略*	C8 制定渠道策略*
	C9 制定促销策略*			
D 制定营销政策	D1 制定经销商政策*	D2 制定价格政策*	D3 制定促销政策*	D4 制定理赔政策*
	D5 制定产品政策*	D6 制定信用政策*	D7 制定销售指标*	D8 制定薪酬与奖励政策*
	D9 制定联盟政策*			
E 市场营销计划与控制	E1 确立营销目标	E2 制定营销战略*	E3 制订营销组合策略*	E4 设计营销组织*
	E5 制订营销行动方案	E6 编制营销预算	E7 制定营销控制方案*	
F 产品管理	F1 协助开发新产品*	F2 制订新产品上市计划*	F3 品牌设计*	F4 制定品牌策略*
	F5 实施品牌策略*	F6 测定产品需求弹性	F7 制定产品生命周期营销策略*	F8 制定产品组合策略*
	F9 制定产品包装策略*	F10 制订产品推广计划	F11 产品储存管理	F12 产品运输管理
	F13 售后服务管理			
G 价格管理	G1 选择定价方法	G2 运用价格策略	G3 确定产品价格*	G4 应对变价*
H 渠道管理	H1 制定渠道策略*	H2 设计渠道系统*	H3 实施渠道管理	H4 选择分销渠道
	H5 经销商管理	H6 制订物流计划*	H7 制定物流策略*	H8 制订直复营销计划*
	H9 策划直复营销活动*	H10 连锁经营管理	H11 特许经营管理	
I 促销管理	I1 制订广告与宣传计划*	I2 实施广告与宣传计划	I3 制订公关计划*	I4 实施公关计划
	I5 制订销售促进计划*	I6 实施销售促进计划	I7 制订人员推销计划*	I8 实施人员推销计划

续表

能力领域	单项能力			
J 谈判管理	J1 开局	J2 报价	J3 磋商	J4 驾驭谈判过程
	J5 运用谈判技巧	J6 突破谈判僵局	J7 处理异议	J8 建议成交
	J9 拟定合同文本	J10 规避商务风险	J11 处理合同纠纷	J12 制订谈判计划*
	J13 组织谈判活动			
K 销售管理	K1 编制销售计划*	K2 规划销售目标*	K3 规划销售区域*	K4 设计销售组织*
	K5 设置销售岗位	K6 拟定岗位职责	K7 配备推销人员	K8 分配销售配额*
	K9 编制销售预算	K10 库存管理	K11 订单管理	K12 信用额度管理
	K13 铺货管理	K14 串货管理	K15 货款管理	K16 销售活动分析
	K17 撰写销售分析报告*			
L 推销员管理	L1 招募推销员	L2 甄选推销员	L3 培训推销员	L4 审核下属工作计划
	L5 督导下属工作	L6 制订下属考核方案*	L7 考核下属工作业绩*	
M 经销商管理	M1 确定合作形式*	M2 了解经销商销售进度	M3 督促经销商完成销售指标	M4 了解经销商的付款情况
	M5 评估经销商业绩	M6 配合开展促销活动		
N 客户管理	N1 客户调查	N2 客户分析	N3 客户筛选	N4 建立客户档案
	N5 制订拜访客户计划	N6 拜访客户	N7 填写客户拜访记录	N8 执行公司客户政策
	N9 协助陈列产品	N10 培训客户销售人员	N11 帮助客户建立分销网络	N12 帮助客户制订销售政策
	N13 帮助客户开展促销活动	N14 督促客户完成指标	N15 提高客户忠诚度	N16 开发潜在客户
	N17 投诉管理	N18 理赔管理	N19 设计客户关系管理系统*	N20 实施客户关系管理
O 协调公司内外关系	O1 沟通上级	O2 协调后援	O3 协调市场	O4 协调财务
	O5 协调人事	O6 协调行政		

* 销售经理岗位要求。

（二）市场营销高级技能型人才职业活动特点

通过分析市场营销高级技能型人才职业活动发现，市场营销高级技能型人才的职业活动都是紧紧围绕着顾客的需要展开的，而顾客的需要是与自身需要、政治环境、社会环境、经济环境和竞争环境密不可分的，可以用图 8.1 描述。

从图 8.1 中可以看出，市场营销人员采取什么营销活动，取决于客户的不同和环境或情景的变化。顾客可能是个人或者一个组织，个人因文化、年龄、身份、性别、信仰和情感等而不同，组织也因其性质、规模和文化等而有差异；环境和情景也会不断发生着变化。如果把顾客也考虑到情景当中，市场营销高级技能型人才职业活动特点是受环境或者情景支配的，即市场营销高级技能型人才职业活动具有典型的环境或情景导向特点。

	环境/情景 1	环境/情景 2	环境/情景 3	……
顾客 A	营销活动 A1	营销活动 A2	营销活动 A3	……
顾客 B	营销活动 B1	营销活动 B2	营销活动 B3	……
顾客 C	营销活动 C1	营销活动 C2	营销活动 C3	……
⋮	⋮	⋮		

图 8.1　市场营销活动环境/情景导向

（三）市场营销高级技能型人才职业特质内涵

市场营销人员通用胜任特征，一般包括客户服务导向（CSO）、人际情商（IU）、主动积极（INT）、成就导向（ACH）、冲击与影响力（IMP）、技术上的专业知识（EXP）、组织认知（OA）、信息搜集（INFO）、概念式思考（CT）、分析式思考（AT）、关系建立（RB）和自信心（SCF）十二大特征。客户服务导向是指做出大的努力来满足客户的需求，发掘客户需求并满足他们，追踪与客户联系的情况，处理客户抱怨，成为客户信任的顾问等；人际情商是指理解非语言行为，理解他人的态度和含义，预测他人的反应等；主动积极是指坚持不轻易放弃，把握机会，针对竞争性的威胁做出反应等；成就导向是指设立具有挑战性但可以达到的目标，有效地运用时间，改善客户经营，集中注意力关注潜在的获利机会等；冲击与影响力是指建立可信度，处理客户关心的问题，预测自己的语言和行动有何影响力等；技术上的专业知识是指拥有相关的技术或产品知识；组织认知是指了解客户组织的运作模式；信息搜集是指由很多来源获得信息；概念式思考是指使用通用的法则，注意到现在与过去相似之处；分析式思考是指预测障碍做好准备，思考不同的解释或计划；关系建立是指经营与工作相关的友谊，拥有人际网络并很好地利用；自信心是指对自己的能力有信心，乐于接受挑战和保持乐观等。

那么，具有什么职业特质的人，才能在工作中表现出上述职业胜任特征？课题组试图依据市场营销技能人才职业活动具有典型的情景导向特点，分析提出市场营销高级技能型人才特质的内涵。

上述特征模型，虽然由多个特征单元构成，但其核心是对顾客需求心理预期的迅速及时把握。因为只有做到了这一点，才能表现出客户服务导向、人际、主动积极、成就导向、冲击与影响力、技术上的专业知识、组织认知、信息搜集、概念式思考、分析式思考、关系建立和自信心，发挥良好的营销能力。因此，市场营销高级技能型人才的职业特质定义：依据营销环境，及时把握顾客需求心理预期，提供恰当的营销服务，充分体现批发和零售业服务营销观念，使顾客获得满意并惊喜消费体验的意识与素质。

四、市场营销专业教学整体解决方案设计

职业特质的形成，取决于专业教学的各个方面和各个环节，为了发挥教学系统整体突现性原理的作用，课题组对市场营销专业教学进行整体解决方案设计。目前，世界上有企业办学校、学校办企业、学校和企业合作办学三种形式。由于参加本课题研究的学校基本采用第三种形式办专业，因此，下面市场营销专业教学进行整体解决方案设计是基于上述第三种形式。

（一）专业的职业面向分析

本专业职业面向生产企业的销售代表、区域销售经理、流通企业的销售主管或部门经理及其他岗位。

（二）就业证书需求的分析

依据国家持证上岗的相关政策，并调查相关企业发现，高等职业学校市场营销专业学生能够获得体现现代营销能力的四张证书。分别是国家高级营销员职业资格证书、普通话三级甲等证书、计算机应用能力证书（一级）和高等学校英语应用能力考试 B 级证书。

（三）专业培养目标的确定

本专业培养适应社会主义市场经济发展需要，德、智、体、美全面发展，具有市场营销高级技能型人才职业特质和职业能力的高素质、高技能型营销人才。职业岗位成长路径一般为推销员→片区营销经理→大区营销经理→营销总经理。就业岗位一般为推销员，应具备国家推销员或助理营销师职业资格；中期发展岗位一般为区域营销经理（片区营销经理、大区营销经理），应具备营销师职业资格；远期发展岗位一般为营销总经理（营销总监），应具备高级营销师职业资格。

（四）专业课程体系的构建

遵循职业教育课程构建基本原则和模式，进行课程体系构建[①②]。公共基础课程按照国家统一要求安排，专业课程按照市场营销专业毕业生就业岗位和职业生涯发展领域，形成课程体系，如表 8.2 所示。

---

① 邓泽民，陈庆合，2006. 职业教育课程设计[M]. 北京：中国铁道出版社.

② 邓泽民，陈庆合，2011. 职业教育课程设计[M]. 2 版. 北京：中国铁道出版社.

表8.2　市场营销专业课程体系分析表

	任务	理论知识/技术方法课程	职业活动课程
市场调研	确立市场调研目标	经济学基础 管理学基础 市场营销学 消费心理学 计算机基础 商务礼仪 经济法 经济应用写作	市场调查与预测
	制订市场调研方案		
	设计市场调查问卷		
	实施市场调研方案		
	整理分析资料		
	市场需求预测		
	撰写市场调研报告		
市场分析	分析宏观市场环境	经济学基础 管理学基础 市场营销学 消费心理学 计算机基础 商务礼仪 经济法	市场分析
	分析微观市场环境		
	分析市场竞争者		
	分析消费者市场		
	分析组织者市场		
	SWOT 分析		
	撰写市场分析报告		
营销决策	市场细分	经济学基础 管理学基础 市场营销学 消费心理学 计算机基础 商务礼仪 经济法 营销策划	营销决策
	选择目标市场		
	市场定位		
	制定市场竞争战略		
	制定市场发展战略		
	制定产品策略		
	制定价格策略		
	制定渠道策略		
	制定促销策略		
制定营销政策	制定经销商政策	经济学基础 管理学基础 市场营销学 消费心理学 计算机基础 商务礼仪 经济法 公共关系原理与实务 组织行为学	制定营销政策
	制定价格政策		
	制定促销政策		
	制定理赔政策		
	制定产品政策		
	制定信用政策		
	制定销售指标		
	制定薪酬与奖励政策		
	制定联盟政策		

续表

任务		理论知识/技术方法课程	职业活动课程
市场营销计划与控制	确立营销目标	经济学基础 管理学基础 市场营销学 消费心理学 计算机基础 商务礼仪 经济法 商品学理论与实务 会计学基础	市场营销计划与控制
	制定营销战略		
	制定营销组合策略		
	设计营销组织		
	制订营销行动方案		
	编制营销预算		
	制订营销控制方案		
产品管理	协助开发新产品	经济学基础 管理学基础 市场营销学 消费心理学 计算机基础 商务礼仪 经济法	产品管理
	制订新产品上市计划		
	品牌设计		
	制定品牌策略		
	实施品牌策略		
	测定产品需求弹性		
	制定产品生命周期营销策略		
	制定产品组合策略		
	制定产品包装策略		
	制订产品推广计划		
	产品储存管理		
	产品运输管理		
	售后服务管理		
价格管理	选择定价方法	经济学基础 管理学基础 市场营销学 消费心理学 计算机基础	价格管理
	运用价格策略		
	确定产品价格		
	应对变价		
渠道管理	制定渠道策略	经济学基础 管理学基础 市场营销学 消费心理学 计算机基础 商务礼仪 经济法 销售管理 现代营业技术 连锁经营管理	渠道管理
	设计渠道系统		
	实施渠道管理		
	选择分销渠道		
	经销商管理		
	制订物流计划		
	制定物流策略		
	制订直复营销计划		
	策划直复营销活动		
	连锁经营管理		
	特许经营管理		

续表

任务		理论知识/技术方法课程	职业活动课程
促销管理	制订广告与宣传计划	经济学基础 管理学基础 市场营销学 消费心理学 计算机基础 商务礼仪 经济法 广告原理与实务	促销管理
	实施广告与宣传计划		
	制订公关计划		
	实施公关计划		
	制订销售促进计划		
	实施销售促进计划		
	制订人员推销计划		
	实施人员推销计划		
谈判管理	开局	经济学基础 管理学基础 市场营销学 消费心理学 计算机基础 商务礼仪 经济法	商务谈判
	报价		
	磋商		
	驾驭谈判过程		
	运用谈判技巧		
	突破谈判僵局		
	处理异议		
	建议成交		
	拟定合同文本		
	规避商务风险		
	处理合同纠纷		
	制订谈判计划		
	组织谈判活动		
销售管理	编制销售计划	经济学基础 管理学基础 市场营销学 消费心理学 计算机基础 商务礼仪 经济法	销售管理
	规划销售目标		
	规划销售区域		
	设计销售组织		
	设置销售岗位		
	拟定岗位职责		
	配备推销人员		
	分配销售配额		
	编制销售预算		
	库存管理		
	订单管理		
	信用额度管理		
	铺货管理		
	串货管理		
	货款管理		
	销售活动分析		
	撰写销售分析报告		

续表

任务		理论知识/技术方法课程	职业活动课程
推销员管理	招募推销员	经济学基础 管理学基础 市场营销学 消费心理学 计算机基础 商务礼仪 经济法 推销理论与技巧	推销员管理
	甄选推销员		
	培训推销员		
	审核下属工作计划		
	督导下属工作		
	制订下属考核方案		
	考核下属工作业绩		
经销商管理	确定合作形式	经济学基础 管理学基础 市场营销学 消费心理学 计算机基础 商务礼仪 经济法 电子商务概论 网络营销	经销商管理
	了解经销商销售进度		
	督促经销商完成销售指标		
	了解经销商的付款情况		
	评估经销商业绩		
	配合开展促销活动		
客户管理	客户调查与分析	经济学基础 管理学基础 市场营销学 消费心理学 计算机基础 商务礼仪 经济法 公共关系	客户管理
	筛选客户		
	建立客户档案		
	制订拜访客户计划		
	拜访客户		
	填写客户拜访记录		
	执行公司客户政策		
	协助陈列产品		
	培训客户销售人员		
	帮助客户建立分销网络		
	帮助客户制定销售政策		
	帮助客户开展促销活动		
	督促客户完成指标		
	提高客户忠诚度		
	开发潜在客户		
	投诉管理		
	理赔管理		
	设计客户关系管理系统		
	实施客户关系管理		
协调公司内外关系	沟通上级	公共关系 商务礼仪 经济法 经济应用写作	协调公司内外关系
	协调后援		
	协调市场		
	协调财务		
	协调人事		
	协调行政		

（五）专业教学策略的研究

职业教育教学的目的是学生职业特质和职业能力的形成，而职业特质与职业能力的形成除教学内容之外，主要取决于教学的策略[①]。

1. 模拟情景教学

模拟情景教学法，主要应用于"市场营销策划""推销理论与技巧""商务谈判"等课程中。创业策划的设计过程包括市场环境考察、项目的寻找与筛选、项目的可行性分析和创业策划书的形成等工作步骤。最终要求学生形成创业策划书，其内容要涉及创业项目介绍、资金的来源与用途、目标顾客及盈利模式、产品或项目竞争能力分析、主要的营销策略、销售收入与盈利能力预测和风险预测与风险控制等。

模拟创业策划的具体步骤是在学期刚开始，就要求学生假设自己即将创业，激发学生的学习兴趣。同时让学生自由分组，以小组为单位深入分析市场，寻找创业机会。

模拟教学的一般过程如图 8.2 所示。

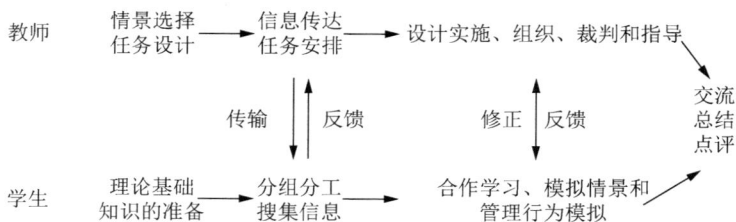

图 8.2 模拟情景教学的一般过程

2. 实验室模拟教学

学生借助教学软件进行模拟营销实训，能对市场营销的理论知识与实务实现较好的对接，为顶岗实习奠定基础。

学生在系统中可以模拟一个公司的市场营销经理，对复杂的环境进行调研、分析，从而针对消费者的需求，研发自己的产品，然后通过广告、包装、推销和渠道等策略的选择，把自己的产品销向市场；也可以将学生分成若干小组，每组学生负责一个公司的经营，根据给定的市场环境、产品、竞争者、成本及资金等背景资料，对模拟期（2～8 个周期）的经营、管理等方面做出决策；各小组的决策数据输入计算机后，得出这一轮决策竞争的结果，反馈给各小组；经过若干次决策，得出最终竞争结果。有的企业在市场占有率及利润等方面达到最大，有的

[①] 邓泽民，2016. 职业教育教学设计[M]. 4 版. 北京：中国铁道出版社.

企业出现亏损甚至破产。模拟结束，让学生写出案例，进一步进行分析。

营销模拟平台的特点，是通过计算机对市场营销环境进行全面仿真，创建与现实市场类似的环境，将学生置于一个竞争的环境中进行营销运作，解决了情景化和交互性的学习问题，锻炼和提高了学生的挑战意识、协作意识和成就意识。

营销模拟教学，是建立在营销专业的理论与实践高度结合基础上的一种教学方法，其结合的紧密程度远远超过其他教学方法。

现代营销模拟平台系统结构如图 8.3 所示。

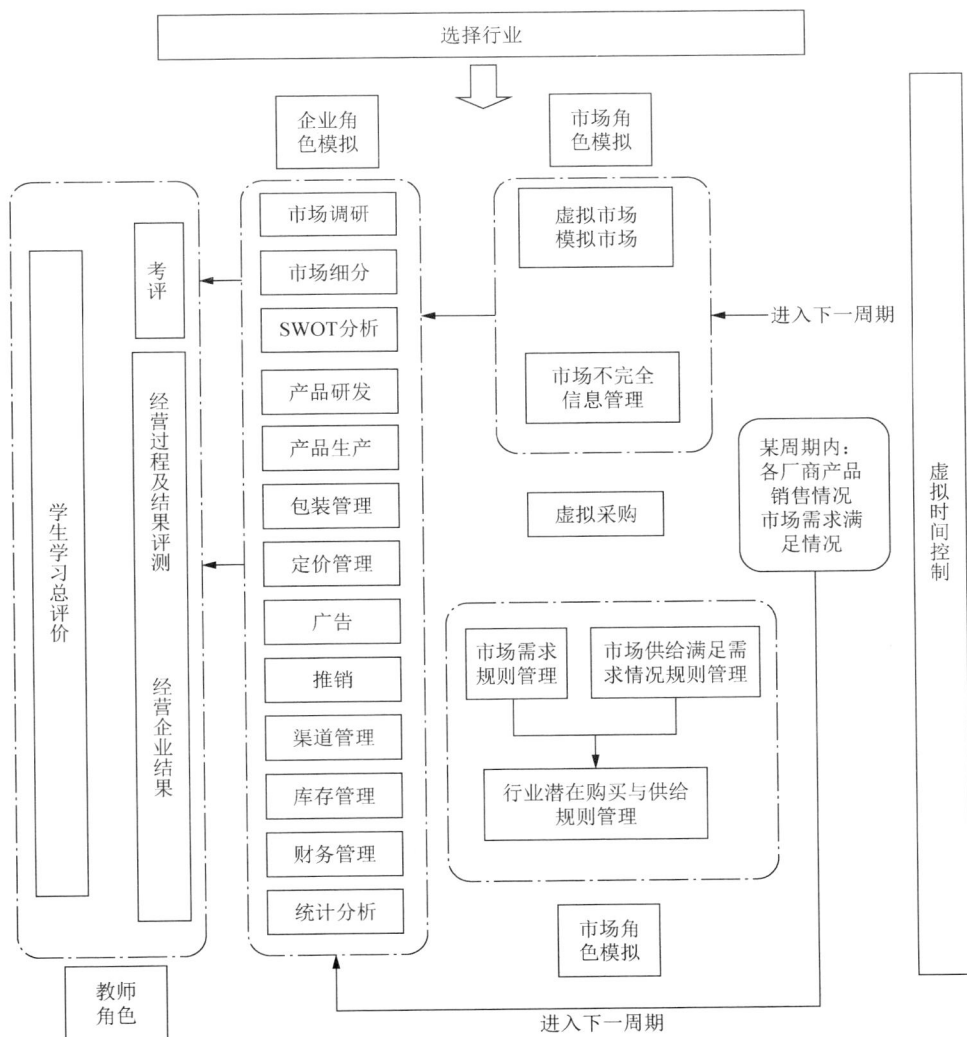

图 8.3 现代营销模拟平台系统结构

3. 营销竞赛的运用

一般以班为单位组织参赛，通过初赛（笔试）形式，决出个人奖项；然后根据初赛成绩再以班为单位组队参加复赛；在复赛基础上由胜出代表队参加决赛。通过各种形式的营销竞赛达到：以赛促学、巩固所学知识和以赛促练、提高实战技能的目的。特别是一些与企业合作的项目，既宣传了企业，又锻炼了学生；既提高了学校知名度，扩大了学校的影响，又促进了学生的就业。

（六）专业教师团队的配备

专业教师团队应具备专业带头人 1 人和专业各核心课程负责人，具备双师型教师 60%以上，聘请师资数 50%的行业企业技术骨干担任兼职教师。采用外引内培的方法，通过与企业合作开展科研项目、技术服务和国内外访问学者，参与专业建设和教学改革，培养专业带头人。

（七）专业实训条件的配备

根据职业教育实训设计的基本原则和方法，市场营销专业实训方案设计主要以情景导向基本原则设计[①]。仿真的职场环境，为学生的项目训练与综合职业能力培养，营造实际职场的工作氛围。鼓励创办学生营销协会。营销协会依托校内师资优势，与知名企划公司合作，搭建教师研修、学生实训和企业策划的开放互通平台，上游由行业专家、顾问组成，下游服务对象从与合作紧密层企业、校外合作办学企业开始逐步向外延伸，中游由专业教师团队带领学生，进行项目的组织实施。通过在营销协会的实训，提高学生的市场分析能力、营销沟通能力，形成初步的营销诊断和营销策划能力。校内实训项目如表 8.3 所示。

表 8.3　校内实训项目一览表

序号	专业技能	实训项目	知识模块支撑
1	商务沟通	消费心理训练	消费心理学
2	商品推销	销售技巧训练	推销技术
3	待客礼仪	形体训练礼仪	商务礼仪
4	市场分析	竞争店调查	市场调查预测
5	卖场运营管理	现场运营训练	现代零售管理
6	顾客接待	顾客服务训练	销售管理
7	品类组合管理	产品组合设计	品类管理

① 邓泽民，韩国春，2009. 职业教育实训设计[M]. 北京：中国铁道出版社.

顶岗实习，使学生走向社会，接触实际市场营销工作，拓宽知识面，培养、锻炼学生综合运用所学知识和技能，独立分析和解决实际问题的能力。顶岗实习教学体系如图8.4所示。

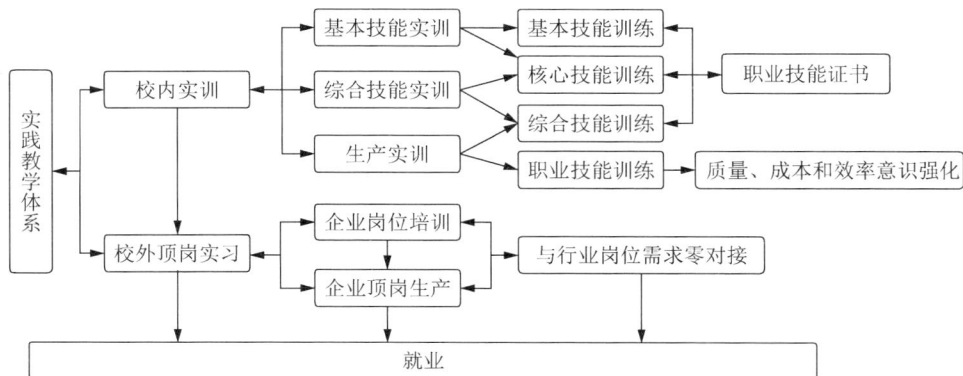

图8.4　顶岗实习教学体系

在校外，一方面鼓励学生利用节假日顶岗实习，规范节假日学生的顶岗管理；另一方面建立了一批校外实习合作基地，有计划地安排学生毕业顶岗实习。每年的寒、暑假和国庆长假是节假日顶岗的集中时期，联系一些需要短期促销的工商企业到校集中选聘，系部与用人单位签订有关协议，保障学生权益。节假日在各大卖场，均可看到学生在做临时促销。

毕业顶岗实习，采取和用人企业签订协议的方式，把顶岗实习期和企业试用期相结合，校、企业共同制定顶岗实习管理办法，明确责任和义务。学生通过签订顶岗实习协议，约束自身行为。在顶岗实习期间，聘请企业经理或业务骨干作为学生的实习指导教师，专业教师和实习指导老师共同参与学生的组织教育、技能指导及顶岗成绩考核。

五、市场营销专业教学整体解决方案实施

为了保证各实验学校专业教学整体解决方案实施分析，采用了引导消除抵制模式（LOC 模式），分为五个阶段实施。

（一）教师把握整体解决方案

市场营销专业教学整体解决方案研究设计团队，详尽向服务实施的教师讲解专业教学整体解决方案，使所有成员都清楚了解专业教学整体解决方案，并明确自己的角色、把握自己的任务。

（二）教师必备教学能力培训

专业教师的市场营销专业教育观念转变、职业形象塑造和情景导向教学策略的学习运用是人员准备的主要内容。

市场营销专业教育观念转变，主要通过专家讲座、观摩情景导向教学等形式完成；职业形象塑造主要通过对专业教师进行职业形象设计、配备职业装和职业形象训练，达到预期目标；情景导向教学策略的学习运用，通过专家情景导向教学展示、教师情景导向教学课件设计和情景导向教学比赛进行。其中课件设计取得了很好的效果，通过职业教育课件设计，教师在学习职业教育教学理论、教育技术运用的同时，还可以训练自己的专业实践技能[①]。

通过教师必备能力培训，使所有成员都具备专业教学整体解决方案实施的专业教学能力，主要是专业实践教学能力。

（三）设施、材料与教材准备

对原有教室和实训室，按照情景导向教学的要求进行改造，形成了职业情景和教学情景一体化教室，与合作企业一起，研究确定学生实习的职业岗位，形成校内外教学、实训和实习密切衔接的校企合作教学、实训和实习组合新模式。

由于项目学校市场营销专业教师，大多没有在批发和零售业职场长期工作的经历，他们普遍对批发和零售业的典型职业情景不熟悉。因此，方案的实施需要以市场营销职场活动为内容的教材作为支撑。这类教材应以情景为导向设计结构，或采用案例结构教材[②]。

（四）方案实施的评价与激励

2007级新生全部用新方案进行教学，二年级按原教学计划继续开展教学，但教学策略普遍采用情景导向教学策略。为了保证方案实施，加强阶段性教学效果评价；为激发教师积极性，参加专业教学整体解决方案实施的教师，若教学符合专业教学整体解决方案的要求，课时费在原来基础上乘以系数 1.5 支付。

（五）方案实施效果调查分析

通过教学实践，为市场营销专业教学整体解决方案进行较为客观的评价，本课题分别对学生、企业和教师进行了调查。

---

① 邓泽民，马斌，2011. 职业教育课件设计[M]. 北京：中国铁道出版社.

② 邓泽民，侯金柱，2009. 职业教育教材设计[M]. 2版. 北京：中国铁道出版社.

1. 学生的评价

毕业生和顶岗实习学生的评价：营销职业生涯设计使我们明白了职业如何成就人生，怎样围绕人民、国家需要和自己的潜能优势设计自己的职业生涯，我对自己的未来充满了期待；课程内容来自营销实际工作，对我有很大的诱惑；营销职业特质对我们触动很大。在中小学，理论知识一直是我们的追求，只要掌握了理论知识，就能考高分，现在只掌握理论知识不够，还需要掌握做不同工作，需要的不同的思维方式、行为方式、语言技巧和情感方式。情景模拟教学，使我们身临其境，容易判断客户心理预期，有了成为卓越营销人员的期盼和信心。

2. 企业的评价

企业对课程改革及毕业生和顶岗实习学生的评价：服务营销的理念在学生工作中，十分明显地体现出来。营销职业特质，如客户服务导向加强，重视顾客的非语言行为，预测自己的语言和行动的何影响力，有效地运用时间，建立可信度，处理客户关心的问题，重视拥有相关的技术或产品知识，了解客户组织的运作模式，建立搜集信息渠道，经营与工作相关的友谊，拥有人际网络并很好地利用，思考不同的解释或计划，乐于接受挑战和保持乐观等在工作中有所体现。

3. 教师的评价

参加专业教学整体解决方案实施的教师的评价：运用现代职业分析方法分析营销职业的各项能力，形成的专业培养目标具有更加具体明确的特点，使专业教学的效能得到大幅度提高；在职业活动分析基础上，构建的专业课程和课程体系，不但优化了课程结构，还使专业课程内容、课程体系与职业和职业岗位的需求衔接起来；根据职业能力图表中的能力领域和企业实际营销业务流程设计能力整合实训项目，采用的情景模拟等教学策略，对学生营销职业特质的形成十分有效。

六、实践结论

1）服务营销理念对批发和零售业将产生巨大影响，职业教育市场营销专业教学需要使中国新一代营销职业人员，树立起这样的理念。这不但是国际经济竞争的需要，更是我国建立和谐社会和小康社会的需要。服务营销理念，对市场营销高级技能型人才的职业特质和职业能力提出了较高的要求，需要职业教育市场营销专业教学完成这一历史使命。

2）市场营销专业教学，要把市场营销高级技能型人才的职业特质和职业能力形成，作为教学目标、教学内容和教学过程等的核心。

3）市场营销高级技能型人才的职业特质和职业能力的形成，需要行动导向的教学策略；市场营销高级技能型人才的职业特质和职业能力形成，需要市场营销职业情景导向的行动教学原则，并在此教学原则下，选用情景模拟、案例教学和角色扮演等教学方法实施教学。

旅游管理专业教学整体解决方案研究与实践

课题编号：BJA060049-GZKT009

一、问题的提出

（一）旅游业的发展趋势

1. 世界旅游业的发展

世界旅游业的产生和发展开始于 19 世纪中期，20 世纪是世界旅游业大发展时期，特别是 20 世纪后半叶，旅游获得了和平发展的环境，首次超过石油业和汽车业而成为世界第一大产业。进入 21 世纪以后，随着世界经济的发展及人民消费水平的不断提高，全球旅游需求的激增引致了旅游业的高速增长，旅游业的平均增长率达到 17%左右，为同期国内生产总值增长率的 1.4 倍，旅游业已成为世界经济富有活力的增长点和最大产业。

据世界旅游组织预测，到 2020 年，全球将接待 16 亿人次的国际旅游者，国际旅游消费将达 2 万亿美元，国际旅游人数和消费平均增长率将分别达到 4.35% 和 6.7%，远远高于世界经济平均增长 3%的速度，在这个大趋势下，世界旅游组织认为今后 20 年旅游业发展的前景更加广阔，随着世界旅游的大发展，旅游产业对旅游人才的需求量将大幅增加，为旅游院校的发展创造了良好的发展机遇。

2. 我国旅游业的发展趋势

随着改革开放的深入发展和加入世界贸易组织，我国旅游业迎来了起飞、赶超和跨越的发展历程，开辟出一条具有中国特色的旅游发展的康庄大道。改革开放以来，中国旅游市场蓬勃发展，已经完成了从旅游资源大国向亚洲旅游大国进而向世界旅游大国的跨越，并将向世界旅游强国的目标迈进。2015 年，国内旅游人数达到 40 亿人次，预计到 2020 年将达到 73.5 亿人次。

（二）行业发展对旅游管理高级技能型人才的要求

课题组通过对旅游行政主管部门、盛华大酒店、承德天宝假日酒店、锦江饭店、承德云山饭店、承德海外国际旅游有限公司，以及河北旅游职业学院在北京各大实习基地的调查了解到：我国旅游业发展势头迅猛，随之而来的是高素质技能型旅游人才的大量缺乏。然而，一方面高职旅游院校的毕业生呈现供不应求的状态；另一方面，旅游企业又感到许多高职旅游院校毕业生不能满足企业的需要，尤其是缺少高素质、技能型、应用型和国际化的旅游专门人才，旅游企业人才需求特点如下。

1. 应用型

应用型是旅游产业岗位需求的显著特征，用人单位希望高职旅游院校培养的人才能够招之即来，来之能战，战之能胜，也就是希望高职旅游院校培养的毕业生走向工作岗位后，能把所学知识和技能应用到实际工作中，能尽快顶岗上任。同时希望毕业生能有良好的心态，不好高骛远，能够做到用得上，留得住，用得好。

2. 技能型

用人单位不仅要求学生具有较扎实的专业知识，还要具有较强的实践操作技能，如酒店的员工需要具备与客人顺畅沟通、建立良好关系的语言能力；妥善处理与同事、上级及客户互动关系的人际交往能力；能够发现并解决好客人明确的消费需求、例行性需求及客户潜在需求的观察能力；熟知酒店服务项目、星级档次、特色佳肴、城市交通及旅游等方面日常知识的记忆能力；应变能力及营销能力等。

3. 复合型

随着旅游业的高速发展和人们消费水平的提升，对旅游人才素质的要求越来越高。毕业生不仅要具有交叉学科和相关岗位的专业知识和职业技能，还要了解所在地区的景点、线路、酒店、交通、风土民情、社会经济和历史文化等知识，即成为一专多能、知识面广、适应性强和全方位发展的复合型人才。

4. 国际型

河北旅游职业学院地处河北省的旅游城市——承德。承德是环京津休闲旅游产业带中的重要组成部分，市内名胜古迹荟萃，自然风光秀丽，四季气候皆宜，是国务院首批公布的 24 个历史文化名城之一、中国十大名胜古迹之一、中国 44 处重点风景名胜之一、中国旅游胜地四十佳之一。承德避暑山庄被联合国教育、科学及文化组织列为世界文化遗产。调查资料显示，旅游城市接待国际游客数量逐年增多，而国际化人才是高端旅游产品对人才的需求，旅游企业对具有国际化视野、具备文化差异的分析能力和适应能力，以及熟练掌握一门外语的专门旅游管理和服务人才需求会越来越多。

二、研究内容与方法

（一）研究内容

针对旅游行业专家及业内人士提出的问题：社会需要大量的高职旅游管理专业人才，但高职院校旅游管理专业毕业生中有一部分人因上岗能力差、技术含量低等原因不能满足旅游企业的要求。为了解决这一问题，课题组将首先对管理技能型人才的职业特质进行研究，然后设计出适合旅游管理技能型人才职业特质和职业能力形成的教学整体解决方案，并通过教学整体解决方案的实施，探索旅游管理专业教学理论。

（二）研究方法

1）市场调查法。通过深入旅游企业实地调查、电话访问、专家研讨、邮寄问卷及与业内专家座谈等市场调查方法，对旅游管理专业人才的职业活动进行调查，并分析饭店、旅行社和会议公司等企业相关工作岗位的旅游专业人才职业活动特点，最后整理、归纳和提炼出适合高职院校旅游管理专业学生需求的岗位标准。

2）文献研究法。对高职院校旅游管理专业教学和大型旅游集团培训资料进行分析、鉴别、整理和总结，研究设计适合旅游管理技能型人才职业特质形成的教学整体解决方案。

3）运用实验法。通过旅游管理技能型人才职业特质形成的教学整体解决方案的实施，对建立在旅游管理技能型人才特质基础上的高等职业教育旅游管理专业教学方案进行验证，探索旅游管理专业教学理论方法。

三、旅游管理技能型人才职业特质研究

职业特质是指从事不同职业的人所特有的职业素质，是能将工作中成就卓越与成就一般的人区别开来的深层特征[①]。总课题对于职业特质的研究，提出了可以从两个方向开展研究，一是在同一职业中发现成就卓越者，通过调查分析方法，研究他们与成就一般者不同的深层特征；二是通过分析职业活动，研究取得职业活动卓越效果的人具备的职业素质。本方案采用第二种方法。

[①] 邓泽民，2011. 职业教育教学论[M]. 北京：中国铁道出版社.

（一）旅游管理技能型人才职业活动调查

1. 职业面向的调查

（1）就业企业类型及岗位工作统计

通过对河北旅游职业学院近 3 年 892 名旅游管理专业毕业生就业岗位的跟踪调查发现，高职旅游管理专业毕业生就业的初级岗位和发展岗位多达 53 个，职业生涯发展方向有八大领域，涉及酒店前厅服务、客房服务、餐饮服务、会议服务、旅行社计调、导游员，以及未来发展的管理岗位等，就业企业类型和工作岗位统计如表 9.1 所示。

表 9.1　旅游管理专业群毕业生就业企业类型及工作岗位统计表

岗位级别	企业类型	工作岗位	人数	比例/%
初级岗位	酒店	前厅服务	152	17
		客房服务	90	10
		餐饮服务	108	12
		茶艺服务	26	3
		酒吧服务	52	6
	旅行社	导游服务	135	15
		旅行社服务	89	10
	会议公司	会议服务	45	5
	其他	基层工作	62	7
中高级岗位	酒店	前厅客房餐饮及酒吧管理	62	7
	旅行社	旅行社管理	35	4
	会议	会议管理	18	2
	其他	部门主管	18	2

职业生涯发展领域：一是进入管理岗位，担任商务快捷酒店的经理、星级酒店的客房部经理、餐饮部经理、前厅部经理、康乐部经理、旅行社副经理或经理、总经理、会议公司经理等；二是自主创业，经营自己创办的小型餐馆、旅行社、会议公司、咖啡馆、酒吧，甚至快捷酒店；三是成为茶艺师、调酒师、咖啡师和宴会设计大师；四是成为酒店、旅行社或会议咨询师和培训师。

（2）毕业生就业岗位分析

从学生就业岗位分析看出，旅游管理专业毕业生主要在酒店的前厅、客房、餐饮和酒吧；旅行社的计调、导游及部分中高级管理岗等领域从事服务工作，其中酒店前厅、客房、餐饮、酒吧及茶艺等岗位占 48%；旅行社服务占 10%，导游占 15%；会议服务占 5%；其他占 7%；酒店中高级管理岗占 7%；旅行社中高级管理岗占 4%；会议及其他中高级管理岗各占 2%。就业主要面向酒店、旅行社、会展服务及其他服务及管理工作。

2. 职业活动的分析

为了客观掌握高职旅游管理专业毕业生工作中的职业活动，课题组从北京嘉里中心、盛华大酒店、承德天宝假日酒店和锦江饭店等邀请了 12 位行业专家，应用现代职业分析方法[①]，对旅游管理技能型人才职业活动进行分析，提出了旅游管理技能型人才职业活动表，如表 9.2 所示。

表 9.2　旅游管理技能型人才职业活动表

企业类型	职业活动领域	职业活动
酒店	前厅服务	预订服务
		礼宾服务
		接待服务
		收银服务
		宾客关系协调
	客房服务	客房清洁
		客务服务
		客房安全保障
	餐饮服务	预订服务
		迎宾服务
		席间服务
		结账服务
		客人针对性服务
		宴会服务
	茶艺服务	茶叶销售
		茶艺表演
		茶展策划
	酒吧服务	酒品调制
		酒品销售
旅行社	导游服务	分析旅游团
		接团
		带团
		送团
		处理突发事件

---

① 邓泽民，郑予捷，2009. 现代职业分析手册[M]. 北京：中国铁道出版社.

企业类型	职业活动领域	职业活动
		产品采购
		旅游产品设计
	旅行社服务	旅游产品销售
		门市接待
		组团与发团业务
		公关关系处理
会议公司	会议服务	会议销售
		会址选择
		会场布置
		会议接待
		客户资料整理

（二）旅游管理技能型人才职业活动特点

通过分析旅游管理技能型人才职业活动，课题组发现，旅游管理技能型人才的服务与管理活动都是紧紧围绕着客人的需要展开的，而客人的需要是与自身情况和所处服务情景密不可分的，可以用图9.1描述。

	情景/项目 1	情景/项目 2	情景/项目 3	……
客人 A	服务活动 A1	服务活动 A2	服务活动 A3	……
客人 B	服务活动 B1	服务活动 B2	服务活动 B3	……
客人 C	服务活动 C1	服务活动 C2	服务活动 C3	……

图 9.1　情景导向或项目导向

从图 9.1 中可以看出，旅游企业服务人员采取什么服务活动，取决于客人的不同和情景的变化。客人可能因文化、年龄、身份、性别、信仰和情感等而不同；情景因所处环境、所办事项和时机等因素而变化。如果把客人也考虑到情景当中，旅游管理技能型人才职业活动特点是受情景支配的，即旅游管理技能型人才职业活动具有典型的情景导向或项目导向特点。

（三）旅游管理专业技能型人才职业特质内涵

从上述分析看出，河北旅游职业学院旅游管理专业的职业面向主要有酒店、旅行社和会议三个方向。目前有关旅游管理技能型人才特质的理论研究很少，没有发现相关文献，只有几篇酒店服务管理专业人才胜任特征研究文献。但是本专业通过对酒店、旅行社及会议公司等旅游企业的调查，了解到旅游企业对从业人员的职业素质和能力要求有比较一致的看法。旅游管理专业有三个工作面向，即酒店、旅行社和会议公司。三个工作面向的岗位人才特质分析如下。

首先，有关旅游管理技能型人才特质研究的文献提出了酒店业人力胜任力定性模型——个人诚信、情感密集度、负责精神、营销导向和影响力[①]；另一篇提出了中小饭店中层管理人员胜任素质模型——顾客导向、团队合作、员工管理、影响力、执行力、处理突发事件、信息搜集、自我控制和责任感[②]。我国饭店服务人员职业资格标准中，对职业能力特征的描述：具有良好的语言表达能力；能有效地进行交流，能获取、理解外界信息，进行分析判断并快速做出反应；能准确地运用数学运算；有良好的动作协调性；能迅速、准确和灵活地运用身体的眼、手、足及其他部位完成各项服务操作。

其次，对旅行社计调及导游技能型人才特质的研究文献更是寥寥无几，但本专业通过对旅行社的调查及与业内专家的探讨交流了解到了他们对人才需求的标准，专家们普遍认为胜任旅行社计调工作的素质要求包括敬业精神、责任心、个人诚信、突发事件处理能力、业务知识、人际关系、谈判技巧、组织观念、风险意识、市场意识、法律意识、学习能力和创新能力等。

最后，对会议服务人员的素质和能力要求包括：敬业精神、服务意识、责任感、团队理念、合作精神、顾客导向、随机应变能力、会议设计和策划能力及协调能力等。

那么，具有什么职业特质的人才能在工作中表现出上述职业胜任特征或者职业能力特征？

从上述特征分析看出，核心特征是对客人高质量需求服务的把握。因为只有做到了这一点，服务时才能表现出个人诚信、敬业精神、责任意识、团队精神、服务理念、随机应变和处理突发事件等职业素养。例如，在对客服务中发挥语气自然流畅、和蔼可亲、语速均匀、心平气和和礼貌有加的良好语言表达能力；妥善处理与领导、同事和顾客关系的人际交往能力；技能娴熟，快速把握顾客常规性需求及潜在需求的观察能力；获取、理解外界信息，进行分析判断并快速做出反应的能力；准确地运用数学运算的能力；动作协调、迅速、准确和灵活地完成各项服务与管理操作。因此，旅游管理技能型人才的职业特质定义为依据服务需求，及时把握顾客需求心理，对顾客提供迅速、及时和恰当的服务，充分体现旅游行业企业的服务理念，使客人获得满意并惊喜的服务的意识与素质。

---

① 林江珠，2009. 酒店服务人员胜任力特征的调查研究[J]. 厦门理工学院学报，17（2）：92-96.

② 乔建荣，2009. 中小饭店中层管理人员胜任素质模型初探[J]. 沿海企业与科技，（2）：65-68.

四、旅游管理专业教学整体解决方案设计

职业特质的形成取决于专业教学的各个方面和各个环节，为了发挥教学系统整体突现性原理的作用，课题组对旅游管理专业教学进行整体解决方案设计。目前，世界上有企业办学校、学校办企业、学校和企业合作办学三种形式。由于参加本课题研究的学校基本都采用第三种形式办学，因此，下面旅游管理专业教学进行整体解决方案设计是基于上述的第三种形式。

（一）专业的职业面向分析

本专业依据对毕业生就业和旅游企业需求的调查，分为酒店、旅行社和会议公司三个方向，如表 9.3 所示。

表 9.3　旅游管理专业教业方向分析

职业岗位	专业方向	专业名称	对应岗位的职业资格证书
前厅服务	方向一：酒店	旅游管理	酒店经理资格证书
客房服务			中、高级营销师
餐饮服务			高级餐饮资格证书
茶艺服务			茶艺师职业资格证
酒吧服务			调酒师职业资格证
旅行社服务	方向二：旅行社	旅游管理	旅行社经理资格证
导游服务			导游资格证及导游证书
会议服务	方向三：会议公司	旅游管理	会议策划资格证书
会议销售			

（二）就业证书需求的分析

依据国家持证上岗的相关政策，并通过对北京首旅集团、北京嘉里中心、承德诚信天下旅行社和承德国际旅行社等旅游企业调查发现，高等职业院校旅游管理专业学生就业一般要求的职业资格证书有普通话水平测试等级证书、全国高校英语等级证书、全国计算机等级考试合格证书和相应岗位的职业资格证书，如客房服务员职业资格证书、餐饮服务员职业资格证书、前厅服务员职业资格证书、茶艺师职业资格证书、调酒师职业资格证书和咖啡师职业资格证书等。

学生可根据自己的兴趣、优势和职业生涯发展方向，在导游员资格证书、客房服务员职业资格证书、餐饮服务员职业资格证书、前厅服务员职业资格证书、

康乐服务员职业资格证书、高级营销师证书和教师资格证等职业资格证书中，选择 2 或 3 个证书；在茶艺师职业资格证书、调酒师职业资格证书和咖啡师职业资格证书等 3 个证书中，选择 1 或 2 个证书。

（三）专业培养目标的确定

依据教育部《关于深化教学改革，培养适应 21 世纪需要的高质量人才的意见》、国家职业资格标准，以及旅游行业企业对旅游管理技能型人才的岗位工作要求，确定了本专业人才培养目标：培养拥护党的基本路线，具有良好的职业道德，具备旅游企业服务与管理的基本理论知识和基本技能，适应旅游饭店、旅行社及会议公司等相关岗位第一线工作需要的德、智、体、美全面发展的高技能专门人才。

（四）专业课程体系的构建

培养目标是学校一切教学活动的出发点和归结点，而课程体系则是培养目标全面和具体的体现。以就业为导向，以服务社会为宗旨，以职业能力培养为核心，是职业院校课程体系建设的指导思想，是课程设置的依据，也是职业院校贯穿整个教育教学全过程的主线。河北旅游职业学院旅游管理专业课程设置紧紧围绕人才培养，突出强调职业能力的培养，使学生具有一定的酒店服务与管理能力、导游服务能力、旅游营销能力、旅游计调能力及毕业后的直接上岗能力和创业能力等。

旅游管理专业在进行课程体系建设时，打破了传统的学科课程设置，用基础课程和专业课程（含项目课程）两大模块重新构建课程体系，即建立符合高职旅游专业人才培养目标的职业化课程体系。基础领域包括公共课和专业基础课，目的在于保证专业人才培养的基本规格。其中，公共课按照国家统一标准安排，重在培养学生的人文素质；专业基础课重在培养学生掌握旅游管理专业必备的基础理论知识和基本技能。专业课程（含项目课程）包括旅游管理核心专业课和拓展课程，在行业工作岗位细分的基础上，按照工作岗位所需的知识、能力和素质要求精心设课，重在提高学生的实践技能、综合职业能力。总之，在整个课程结构中，打破学科知识结构的完整性、系统性和理论性的倾向，压减和整合专业理论知识，使其必需和够用，重点强化职业能力的训练和培养，提高实践课与理论课的比例，从而建立起职业化的课程结构，旅游管理专业课题体系建立过程如下。

1. 课程体系构建的思路与步骤

根据基于工作过程系统化课程开发理念，深入市场调研，与行业实践专家研讨分析岗位的设置及各岗位主要工作任务，提炼典型工作任务，确定专业课程（含项目课程）；根据高职教育既要满足岗位人、职业人的需要，更要考虑能生存能发展的社会人、国际人的需要，构建融实践能力培养和可持续发展能力培养于一体的课程体系。构建思路与步骤如图9.2所示。

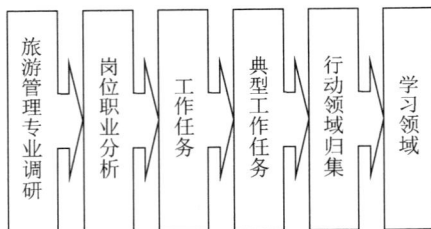

图9.2　构建思路与步骤

2. 课程体系构建过程

（1）开展社会调研，进行职业岗位分析，确定典型工作任务

通过深入旅游企业进行广泛调研及对毕业生跟踪调查，明确就业岗位及岗位群，聘请实践专家参与典型工作任务分析，确定典型工作任务。就业岗位及典型工作任务分析如表9.4所示。

表9.4　旅游管理专业就业岗位及典型工作任务分析表

就业岗位			工作任务	典型工作任务
初级岗位	酒店	前厅服务岗	预订服务	预订服务 接待服务 收银服务
			礼宾服务	
			接待服务	
			收银服务	
			宾客关系协调	
		客房服务岗	客房清洁	客房清洁 客务服务
			客务服务	
			客房安全保障	
		餐饮服务岗	预订服务	预订服务 就餐服务
			迎宾服务	
			席间服务	
			结账服务	
			客人针对性服务	
			宴会服务	

续表

就业岗位			工作任务	典型工作任务
		茶艺服务岗	茶叶销售	茶叶销售 茶艺服务
			茶艺表演	
			茶展策划	
		酒吧服务岗	酒品调制	酒品调制 酒品销售
			酒品销售	
	旅行社	导游服务岗	分析旅游团	地陪服务 全陪服务
			接团	
			带团	
			送团	
			处理突发事件	
		旅行社 服务岗	产品采购	产品采购 旅游线路设计 旅游产品销售 组团业务 接团业务
			旅游产品设计	
			旅游产品销售	
			门市接待	
			组团与发团业务	
			公关关系处理	
	会议公司	会议服务岗	会议销售	会议销售 会议服务
			会址选择	
			会场布置	
			会议接待	
			客史资料整理	
高级 岗位		前厅部管理岗	制订前厅部年度计划	制定前厅部年度计划 前厅部业务管理 宾客关系协调
			前厅部员工管理	
			前厅部业务管理	
			处理（VIP）投诉	
			解决客人的疑难问题	
		客房部管理岗	制定客房部员工的岗位职责	制订客房部年度计划 客房部日常业务管理
			管理客房部员工	
			管理客房部资产	
			管理客房部财务	
		餐饮部管理岗	制订餐饮部营业计划	编制经营计划 餐饮部业务管理
			管理餐饮部员工	
			拟定餐饮部年度预算方案和 营业指标	
			协调各部门之间的关系	
		旅行社管理岗	策划旅游产品	旅行社产品开发 管理旅行社财务
			管理旅行社财务	

续表

就业岗位		工作任务	典型工作任务
	会议公司管理岗	会议策划	会议公司运营管理
		会议公司运行管理	
	企业运营管理岗	成立公司	公司组建及运营
		信息收集和分析	信息收集和分析
		管理公司运营	营销策划
		制订产品销售方案	

（2）确定项目课程

主要由行业、企业专家、专业带头人和骨干教师等进行项目课程开发研讨，聘请职业教育课程专家进行指导，根据岗位工作任务，提炼出典型工作任务，并根据认知和职业成长规律，将典型工作任务转化为专业课程（含项目课程）（表9.5）。

表9.5 旅游管理专业项目课程构建表

典型工作任务	专业课程（含项目课程）
预订服务 接待服务 结账服务 制定前厅部年度计划 前厅部业务管理 宾客关系协调	前厅接待与管理*
客房清洁 客务服务 制定客房部年度计划 客房部日常业务管理	客房服务与管理*
预订服务 就餐服务 编制经营计划 餐饮部业务管理	餐饮服务与管理*
茶艺服务	茶艺服务与管理*
酒品调制	酒品调制与酒吧服务
地陪服务 全陪服务	导游业务 模拟导游
产品采购 旅游线路设计 组团业务 接团业务 旅行社产品开发 管理旅行社财务	旅行社经营与管理*
会议销售 会议服务 会议公司运营管理	会议策划 会议运营管理

续表

典型工作任务	专业课程（含项目课程）
茶叶销售 酒水销售 旅游产品销售 会议销售 营销策划	旅游营销与策划*
公司组建及运营	公司组建与创业流程
信息调查与分析	旅游信息调查与分析*

注：典型工作任务序号排列如表 9.4 所示。

* 为项目课程。

依据工作岗位设置基础课程和专业课程（含项目课程），重新构建课程体系（图 9.3）。

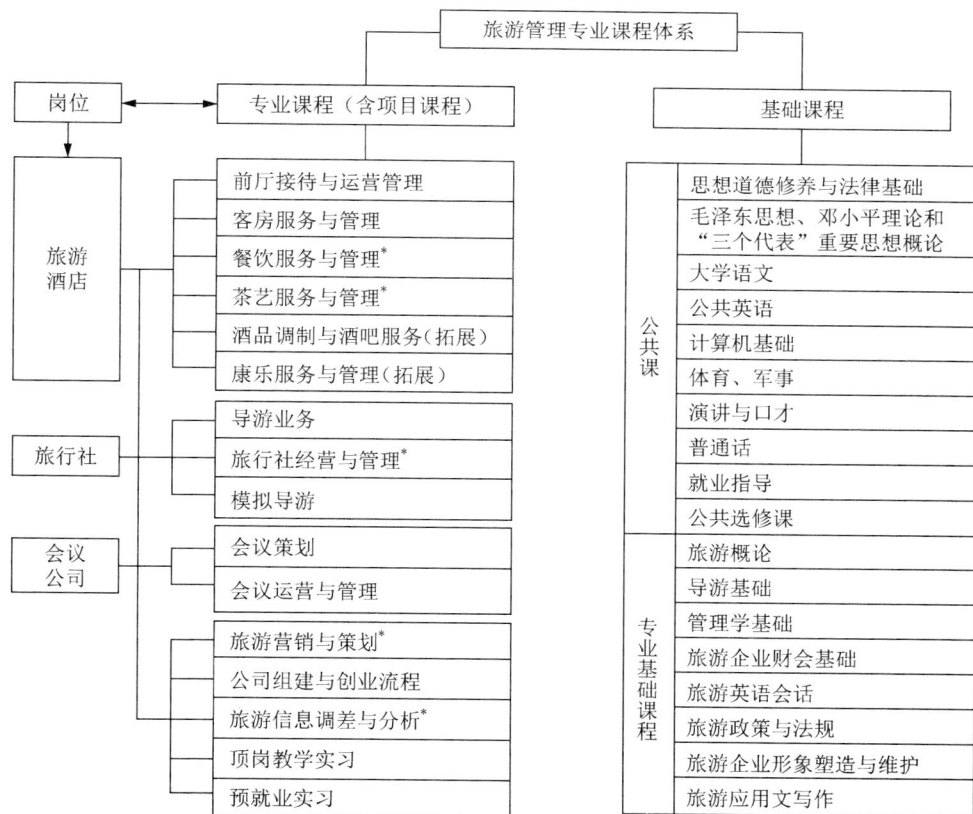

图 9.3　旅游管理专业课程体系示意图

注：*为专业核心课程。

3. 项目课程的教学内容安排

旅游管理专业课程（含项目课程）主要包括"前厅服务与运行管理""客房服务运行与管理""餐饮服务与管理""旅行社业务管理""旅游营销与策划""茶艺服务与管理""会议服务与管理""酒水调制与酒吧服务"等14门课程，下面是部分项目课程的能力培养和教学内容安排。

1)"前厅服务与运行管理"课程能力培养和教学内容（表9.6）。

表9.6 "前厅服务与运行管理"课程能力培养和教学内容

整体预设能力目标	课程教学内容	学时	单元教学内容		单元能力培养目标	考核要求
			项目名称	教学内容描述		
专业能力： 1. 掌握前厅部的组织机构和岗位设置原则 2. 掌握现代前厅部员工所需的沟通和协调的技能 3. 了解前厅部所销售的主要产品服务特点 4. 掌握前厅销售的基本策略 5. 熟悉酒店客房价格的构成及类型 6. 能够掌握前厅部的业务工作流程	按照对客服务的先后顺序，设置客房预订、前台接待、在店服务和离店服务4个情景，使学生掌握散客接待的整体过程，掌握前台接待知识与技能	24	情景一：散客接待与服务	散客预订：散客利用不同方式（如电话、传真和互联网)进行客房预订的操作要点及注意事项，灵活处理订房纠纷的方法和技巧	1.能够独立完成散客预订、接待、问询、收银及投诉工作 2.能够使用计算机和各种办公设备 3.能够收集整理信息，制作和分析各种报表 4.具备良好的职业素质，较强的沟通能力 5.具有团队合作精神	考核方式：理论考试+技能操作 考核内容：迎宾准备工作、客人抵店、在店及离店时的相关服务理论知识和技能操作 成绩评定：理论知识（60分)+操作技能（40分)
				散客接待：迎宾工作、入店行李服务和入住登记等环节的程序和操作要点，灵活处理散客接待过程中的各种常见问题		
				散客在店服务：散客在店期间的服务，主要包括问讯服务、查询服务、留言服务、邮件服务、贵重物品保管服务、总机服务和商务中心等服务内容		
				散客离店服务：散客行李服务、收银服务和可视档案的建立等内容的服务程序及操作要点，建立客户档案，与宾客保持良好稳定关系		
方法能力： 1. 学会应变及调节自己情绪 2. 能够始终保持强健的体魄与良好职业形象 3. 能够养成良好的服务意识及职业道德		12	情景二：团队接待与服务	团队预订：客人利用不同方式（如电话、传真和互联网)进行客房预订的操作要点及注意事项，并能够灵活处理订房纠纷	1.能够与相关企业保持良好的沟通 2.完成团队接待工作以及灵活处理常见问题 3.能够独立完成团队在店期间服务	
				团队接待：迎宾工作、入店行李服务和入住登记等环节这些环节的程序和操作要点，处理客人接待过程中的各种常见问题的方法，如换房、提前退房和延期住宿等		

续表

整体预设能力目标	课程教学内容	学时	单元教学内容		单元能力培养目标	考核要求
			项目名称	教学内容描述		
4．学会容忍、协调人际关系 5．学会团队合作，学会自律				团队在店服务：问讯服务、查询服务、留言服务、邮件服务、贵重物品保管服务、总机服务和商务中心等服务内容	4．能够根据团队客人特点制作客史档案等工作 5．能够使用计算机和各种办公设备	
				团队离店服务：散客行李服务、收银服务和可视档案的建立这些服务程序及操作要点，建立客户档案，与宾客保持良好稳定关系	6．能够收集整理信息，制作和分析各种报表 7．具有良好的职业道德和团队精神	
社会能力： 1．学会自我学习与提高 2．学会收集、整理和分析信息 3．学会使用各种办公软件 4．熟练计算机进行业务操作		12	情景三：VIP客人接待与服务	VIP客人预订：客人利用不同方式（如电话、传真和互联网）进行客房预订的操作要点及注意事项，如何灵活处理订房纠纷	1．能够与相关企业保持良好的沟通 2．完成VIP接待工作及灵活处理常见问题	
				VIP客人接待：VIP客人的接待程序和操作要点，灵活处理VIP客人接待过程中的各种常见问题	3．能够独立完成VIP在店期间的服务	
				VIP客人在店服务：VIP客人在店期间问讯服务、查询服务、留言服务、邮件服务、贵重物品保管服务、总机服务和商务中心等服务内容	4．能够根据VIP客人的特点制作客史档案等工作 5．能够使用计算机和各种办公设备	
				VIP客人离店服务：VIP客人离店服务程序及操作要点，建立客户档案，与宾客保持良好稳定关系	6．能够收集整理信息，制作和分析各种报表 7．具有良好的职业道德和团队精神	

2）"客房服务与运行管理"课程能力培养和教学内容（表9.7）。

表9.7 "客户服务与运行管理"课程能力培养和教学内容

整体预设能力目标	课程教学内容	学时	单元教学内容		单元能力培养目标	考核要求
			项目名称	教学内容描述		
专业能力： 1．能将饭店客房服务与管理的基本理论和系统知识应用到实践工作中 2．能胜任客房部的主要工作岗位 3．能灵活处理工作中遇到的突发事件	酒店客房对客常规服务和个性化服务；客房和公共区域的清洁保养、清洁设备的使用及保养方法；洗涤业务及布草等内容	18	情景一：客房对客服务	常规服务：对客常规服务，即抵店前、抵店时、住店期间和离店时的操作要领和注意事项，能够达到熟练对客服务的目的 特殊项目的服务：在掌握娴熟的为客人提供常规服务的基础上，还要能够灵活处理特殊情况，为特殊客人提供特殊服务	1．按服务标准为客人提供迎送、送餐、访客、擦鞋服务和小酒吧服务等 2．能为客人提供托婴服务、对客租借物品等个性化服务 3．能按服务标准处理客人物品丢失的事件及遗留物品 4.具有进行良好的协调和沟通	考核方式：理论考试＋技能操作； 考核内容：包括客房基础理论知识，中式做床、西式做床及走客房清洁整理； 成绩评定：理论知识（50分）＋操作技能（50分）
方法能力： 1．能够制订计划、查阅信息、收集信息及加工整理信息 2．能够进行自我评估 3．能够学习新技能并应用		35	情景二：客房清洁保养	客房日常清扫整理：包括走客房的清扫整理、住客房的清扫整理、空房及贵宾房的清扫整理和夜床服务四个工作任务 客房专项清洁保养：清洁保养房门、清洁保养卫生洁具、清洁保养电器设备和清洁保养家具四个工作任务。要求学生掌握不同客房设施的保养方法和注意事项	1．了解客房清洁保养的主要设备及清洁剂 2．了解客房的清洁检查制度 3．能独立完成中式铺床和西式铺床 4．能完成清扫客房的工作 5．能根据不同材质选用恰当的清洁剂并正确进行清洁和保养	
社会能力： 1．能够妥善处理人际关系 2．具有团队精神及合作能力 3．勇于创新、敬业和乐业		6	情景三：公共区域清洁保养	日常清洁保养：前台公共区域清洁保养、后台公共区域清洁保养和室外公共区域清洁保养三个工作任务的知识和技能 面层的清洁保养：地毯的清洁保养、石材面层的清洁保养和墙面面层的清洁保养三个工作任务的理论学习和实践训练	1．能够对公共区域、地面和墙面等进行日常清洁和保养 2．掌握酒店公共区域清洁保养注意事项 3．能够使用各种清洁工具，能够根据不同材质选用恰当的清洁剂并正确进行清洁和保养	

整体预设 能力目标	课程教 学内容	学 时	单元教学内容		单元能力 培养目标	考核 要求
			项目 名称	教学内容描述		
		6	情景四： 洗涤业务	洗衣场业务：洗涤业务及设备的维护保养两个工作任务的介绍，操作大型洗衣设备的方法	1．了解洗衣房工作环境及大型洗衣房设备种类 2．了解大型洗衣房主要设备的使用方法 3．掌握不同衣物的洗涤要求 4．能够使用洗衣房常用设备	
				布草房业务：包括酒店所有布草、制服的分类、收发工作，保证酒店布草、制服的及时供应		

3）"餐饮服务与运行管理"课程能力培养和教学内容（表9.8）。

表9.8　"餐饮服务与运行管理"课程能力培养和教学内容

整体预设 能力目标	课程教 学内容	学 时	单元教学内容		单元能力 培养目标	考核 要求
			项目 名称	教学内容描述		
专业能力： 1．能够熟练运用中、西餐服务技能 2．能够运用中西餐菜点、酒水知识对客服务 3．能够设计一份完整的菜单 4．能够进行菜肴的畅销分析和盈利分析 5．能够完成主题宴会策划方案的撰写 6．会填写餐饮成本控制的系列营业日报表	中餐和西餐的餐前、餐中、餐后工作；会议的预订、场地布置、菜点设计和用餐服务；宴会的促销、预订、策划、服务和控制等	38	情景一：中餐零点接待服务	餐前准备：服务人员需做好心理准备、中餐零点餐厅的布置、餐酒用具和餐台等的准备工作内容；掌握中餐摆台，如托盘、斟酒、摆台和餐巾折花等技能技巧知识	1．能够独立完成中餐零点服务的餐前准备和餐后整理工作 2．能够独立为客人点菜并提供餐饮产品促销 3．能够处理中餐零点服务中的应急事件 4．能够为VIP客人、老人及小孩等特殊顾客提供个性化服务 5．能够为客人提供现金结账服务、信用卡结账和支票结账服务	
				餐中服务：酒水知识，上菜、让菜等服务技能和技巧，对顾客提供个性化的服务内容，应急事件处理方法		
				餐后工作：客人用餐结束，服务人员要做好收尾工作内容，收集客人的信息，建立客人档案，做到细致入微，让客人高兴而来，满意而归		

续表

整体预设能力目标	课程教学内容	学时	单元教学内容		单元能力培养目标	考核要求
			项目名称	教学内容描述		
方法能力： 1. 容忍、沟通和协调人际关系和团队合作能力 2. 批评与自我批评能力 3. 遵守劳动纪律、自律 4. 卫生、安全、节能和环保能力 5. 产品质量意识 6. 应变和情绪调控		22	情景二：西餐零点接待服务	餐前准备：西餐厅场地的布置、餐酒用具、餐台及西餐餐巾折花等的准备工作内容，餐厅的整体用餐情况及相关信息，通过周到细致的考虑及计划，从容地做好西餐客人的接待准备工作	1. 能够独立完成西餐零点服务的餐前准备和餐后整理工作 2. 能够按照规范服务流程为客人提供优质的规范服务 3. 能够独立为客人点菜并适时提供餐饮产品促销 4. 能够处理西餐零点服务中的应急事件 5. 能够为 VIP 客人、老人及小孩等特殊顾客提供个性化服务 6. 能够为客人提供现金结账服务、信用卡结账等服务	
				餐中服务：掌握各种服务技能及西餐的服务方式，西餐的菜单，如西餐斟酒、上菜和西餐派菜等；服务人员训练和巧妙运用这些基本技能的方法；针对西餐用餐客人的需求，提供规范、个性化的服务知识		
				餐后工作：客人用餐结束，服务人员需要做好的收尾工作内容包括收集客人的信息，建立宾客档案，做到细致入微，让宾客高兴而来，满意而归		
社会能力： 1. 信息收集、整理与分析能力 2. 工作计划总结能力 3. 方案设计与评价决策能力		15	情景三：会议接待服务	接受预订：自助餐的预订洽谈比较重要，包括确定场地，确认酒水的提供，确认结账方式	1. 能够做好预订工作 2. 了解餐厅的布局，并能够针对餐厅具体情况进行布局 3. 能够根据酒店具体情况及主办单位的要求进行自助餐菜点设计 4. 能够熟练掌握自助餐服务流程	
				布置场地：自助餐餐厅布置要考虑众多因素，如总体布局及服务区域、自助餐厅的布置和自助餐餐台布置等内容		

整体预设能力目标	课程教学内容	学时	单元教学内容		单元能力培养目标	考核要求
			项目名称	教学内容描述		
				菜点设计：营养卫生知识、菜点知识、酒水知识及菜单设计知识，对菜点的名称、盛器、分量、服务方式及菜单的具体表现形式进行艺术化的设计	5. 掌握餐台设计、餐桌摆台、餐台陈列和餐前检查 6. 能够主动迎接宾客，并根据客人的特点，有针对性地提供建议 7.能够熟练掌握餐台服务、传菜服务和餐桌服务	
				用餐服务：会议用餐的服务流程包括自助餐的餐前准备工作、迎领服务、餐台服务、传菜服务和自助餐营业结束工作等		
		18	情景四：宴会设计与实施	宴会促销：熟悉不同节假日客人的用餐需求，采取上门推销和电话推销等方式吸引潜在客户，达成协议	1. 能够合作完成宴会宣传资料设计与管理工作 2. 能够独立进行宴会促销工作 3. 能够独立完成宴会预订资料的记录、变更和保管工作 4. 能够通过合作完成各主题宴会方案与实施 5. 能够为 VIP 客人、老人等顾客提供个性化服务 6. 能够为客人提供现金、信用卡等结账服务	
				宴会预订：宴会预订资料的记录、变更、保管及宴会通知单的填写、发送工作		
				宴会策划：宴会厅的布置、菜单的设计和宴会服务流程的安排工作内容		
				宴会服务：中餐宴会服务、西餐宴会服务、自助餐服务和鸡尾酒会服务等宴会服务流程规范		
				宴会控制：对宴会进程进行有效控制、督导宴会服务的进行及处理宴会中的突发事件等知识		

4）"旅行社业务"课程能力培养和教学内容（表9.9）。

表9.9 "旅行社业务"课程能力培养和教学内容

整体预设能力目标	课程教学内容	学时	单元教学内容		单元能力培养目标	考核要求
			项目名称	教学内容描述		
专业能力： 1. 能够独立完成旅行社组织机构设立 2. 能够根据市场调查结果独立设计旅游线路 3. 制订营销策划方案 4. 能够进行旅行社产品的促销 5. 能够顺利完成散客、大型团和特种团接待服务 6. 能够进行旅行社组团和接团业务的会计核算	旅行社设立、旅行社产品销售业务、旅行社计调业务、旅行社门市接待业务、旅行社客户服务业务及结算业务知识	6	项目一：旅行社设立	1. 旅行社设立的程序与资料：旅行社设立的程序,设立旅行社需要准备的有关文字资料 2. 准备注册材料：设立申请书、设立旅行社报告、营业场所证明和必要的营业设施等申报材料；申领旅行社业务经营许可证；工商注册登记；税务登记	1. 能够独立完成申请设立旅行社有关材料的准备工作 2. 能够撰写设立申请书、设立旅行社的相关报告 3. 能够独立完成旅行社组织机构设立	考核方式：理论考试+技能操作； 考核内容：主要考核旅行社业务基础理论知识及旅行社设立等各项实践操作； 成绩评定：课程结业成绩=试卷考核×40%+实践考核成绩×30%+平时考核×30%
方法能力： 1. 能够撰写设立申请书、设立旅行社的可行性研究报告等各种资料 2. 独立完成旅行社组织机构设立 3. 熟练使用计算机、打印机设备 4. 能够采集信息、处理信息及处理各种信息 5. 具有良好的谈判技巧,善于沟通,语言表达能力强		28	项目二：旅行社产品销售业务	1. 旅游线路设计：主题鲜明、突出特色、点线结构合理和服务设施有保证的原则合理的布局节点的旅游线路设计 2. 旅行社产品价格制定、旅游线路报价：定价策略和定价方法；旅游线路报价的计算,旅游线路报价的技巧 3. 旅行社销售渠道选择：旅行社产品销售渠道的类型；合理的选择销售渠道和旅游中间商,管理中间商的方法 4. 旅行社产品促销：四种基本的促销手段,促销策略的制定 5. 外联函电：使用函件、电话、传真和电传等通信工具	1. 能够独立完成旅游市场调查工作 2. 能够根据市场调查结果独立设计旅游线路 3. 正确运用市场营销的基本方法 4. 制订营销策划方案 5. 能够进行旅行社产品的促销	

整体预设能力目标	课程教学内容	学时	单元教学内容		单元能力培养目标	考核要求
			项目名称	教学内容描述		
社会能力： 1.具备良好合作意识 2.具有良好的职业道德和敬业精神 3.具有较强的责任感和严谨的工作作风 4.具有良好的心理素质和克服困难的能力 5.具有良好的职业道德和职业素养		16	项目三：旅行社计调业务	1.计调人员工作标准：接待计划落实团队在食、住、行、游、购、娱等方面的具体事宜，以确保行程、日程正常进行 2.计调人员岗位要求：计调部采购的各项常用业务成本，包括景点门票、酒店房价、餐厅、旅游车和机票等价格 3.旅行社产品采购业务：各种采购业务的成本，选择好采购方式，采购程序和方法。做到成本控制与团队运作效果相兼顾 4.旅游线报价：报价分类、旅游线路报价的计算方法和线路报价的技巧 5.计调部业务流程：设计计调流程，确保旅游团（旅游者）在旅游期间的各项活动能顺利进行	1.能够根据旅游者的要求正确计价、报价 2.能够根据旅游计划合理安排行程 3.能够熟练核算各项采购业务成本 4.掌握函电往来的步骤并进行操作 5.能够协助导游员处理突发事件	
		6	项目四：旅行社门市接待业务	1.旅行社门市部业务：通过旅行社门市柜台这一重要窗口直接向旅游者提供门市接待和票务的服务，主要包括门市部的设立、门市的选址和装潢、门市物品的陈列及门市销售 2.旅行社门市接待人员：门市操作流程及旅行社门市促销技巧	1.能够熟练掌握旅行社门市部接待流程 2.做好迎宾礼仪 3.能够根据游客需求帮助游客选择、组织和安排旅游产品 4.在签订合同后能够做到计价收费手续完备、账款清楚	

续表

整体预设能力目标	课程教学内容	学时	单元教学内容		单元能力培养目标	考核要求
			项目名称	教学内容描述		
		10	项目五：旅行社客户服务业务	1．导游员管理：导游接待服务向国际或国内旅游者提供吃、住、行、游、购、娱等全方位服务内容 2．旅行社组团业务管理：对组团业务进行管理就是对地接社的管理，包括地接社的选择、地接社的监控和地接社的调整 3．团体旅游接待服务：团体旅游接待服务的内容、程序和接待特点 4．散客旅游接待服务：自助旅游散客和散客团在准备阶段、接待阶段和总结阶段的管理工作的内容 5．大型团和特种团接待服务的管理：大型团和特种团接待服务的操作程序、接待特点等内容	1．能够处理组团社与地接社的关系及熟练作业流程 2．能够正确运用地接社选择标准 3．熟悉接待服务程序 4．能够顺利完成散客、大型团和特种团接待服务 5．具有组织协调与指挥的能力	
		6	项目六：旅行社结算业务	1．旅行社组团会计核算：审核报价、核算组团收入、核算组团成本和组团业务结算 2．旅行社接团会计核算：审核结算通知单、接团业务收入核算和接团业务结算 3．特殊情况结算业务：跨季节、等级变化、晚间抵达或清晨离开的结算	1．能够熟练掌握各项采购业务成本 2．能够进行旅行社组团和接团业务的会计核算 3．熟悉特殊情况的结算业务	

5）"旅游营销与策划"课程能力培养和教学内容（表9.10）。

表9.10 "旅游营销与策划"课程能力培养和教学内容

整体预设能力目标	课程教学内容	学时	单元教学内容		单元能力培养目标	考核要求
			项目名称	教学内容描述		
专业能力： 1. 旅游市场调查与预测能力 2. 推销、公关、电子商务和项目策划能力 3. 商务谈判能力 4. 开拓市场能力 5. 随机应变能力 6. 营销心理能力及销售管理能力	旅游景区、旅游酒店、旅游交通、和旅行社的营销与策划	34	情景一：旅游景区营销与策划	1. 旅游景区产品开发：根据旅游市场营销有关原理和方法，能够进行市场调研、对游客进行消费心理的分析并设计开发旅游景区产品；运用恰当的营销组合策略，进行准确的市场定位并进行广泛的营销传播 2. 旅游景区产品定价：能够进行旅游景区产品价格影响因素的分析，学会运用不同的价格手段、策略及技巧，灵活地运用价格手段，调控市场需求，实现旅游企业营销目的，如扩大产品销售、提高市场占有率和在竞争中求得生存和发展 3. 旅游景区产品推广：以有效性和可操作性为导向，策划并执行各种类型的旅游景区产品推广方案	1. 运用市场营销有关原理，发现市场机会的能力 2. 产品分析能力 3. 为不同顾客群开发设计旅游产品的能力 4. 独到并恰当的市场定位和有效宣传的能力 5. 进行合理定价的能力 6. 设计策划有效的市场推广的能力 7. 市场分析和市场调研的能力	考核方式：理论考试+技能操作。 考核原则：体现双基原则，根据高职高专理论知识必须够用的要求，组织理论考试。考试的内容是开放的，不定的，包括学习态度、学习效果、各种知识和各种能力，主要考核的是学生平时对知识与技能的学习、观察与积累运用。 考核要求：不同的情景采用不同的考核方式，制定不同的考核标准。 成绩评定：理论知识(50分)+操作技能(50分)
方法能力： 1. 具有独立运用科学方法进行旅游市场调研的能力 2. 具有采集使用信息、分析归纳、总结交流经验、技能和技巧能力 3. 具有较强的自学能力、理解能力与表达能力 4. 具有将理论与实践经验结合运用的能力		12	情景二：旅游酒店营销与策划	1. 酒店产品有形要素展示：通过对酒店的地理位置、建筑风格、助销产品、服务环境、价格、酒店员工、服务设备、装饰布置和店徽商标等有形要素的展示，有效地向客人传递产品信息，吸引目标客源，给客人创造一种很强的价值感，快速强化酒店的市场地位，加深客人对酒店的认可，向客人展示着酒店的形象和档次	1. 酒店企业环境分析的能力 2. 熟悉酒店相关市场（顾客）的能力 3. 开发不同市场（顾客）的综合能力 4. 高超的市场拓展、销售能力 5. 较强的记忆能力	

续表

整体预设能力目标	课程教学内容	学时	单元教学内容		单元能力培养目标	考核要求
			项目名称	教学内容描述		
				2．旅游酒店市场开发：运用有关市场营销原理、方法及综合的营销组合手段，能够分别进行团队、散客、会议和长期租住四个旅游酒店市场的开发和拓展 3．客户服务：利用关系市场营销和CRM有关原理，做好客户关系管理工作，建立、保持并发展与客户的关系	6．客户关系管理和客户服务能力 7．酒店促销策划与实施的能力 8．搜集、处理和运用市场信息的能力 9．良好的职业道德及责任心，对企业忠诚	
社会能力： 1．具有良好职业道德和敬业精神 2．具有团队意识及妥善处理人际关系的能力 3．具有沟通交流能力 4．具有组织协调能力 5．具有适应环境开拓创新的能力 6．具有较强的心理承受能力		6	情景三：旅游交通企业营销与策划	1．旅游交通工具的选择：了解旅游交通体系的构成，分析各旅游交通方式及旅游交通运输组合的特点及优缺点 2．旅游交通产品的促销：运用相关原理，规划旅游交通产品的定价策略，熟悉旅游交通企业常见的营销促销方式（包括客户关系维护），以效果为导向，运用综合的促销组合手段策划旅游交通产品的促销活动 3．交通运输工具组合策划：结合旅游线策划进行旅游交通工具组合策划的实训活动，体会营销在旅游交通企业中的运用	1．熟知旅游交通运输体系的构成及其各自的主要特点 2．灵活运用价格策略的能力 3．CRM工具策划及实施能力 4．较强的应变能力 5．旅游交通企业营销策划及执行能力 6．分析、评估市场机会的能力	

整体预设能力目标	课程教学内容	学时	单元教学内容		单元能力培养目标	考核要求
			项目名称	教学内容描述		
		20	情景四：旅行社营销与策划	1. 旅游线路开发与设计：运用旅游目标市场营销及环境分析等有关原理，发现并评估市场机会，能够设计、组合并开发相应的旅游线路，以实现企业营销目标　2. 渠道建设：建立、发展并完善产品销售渠道，能够进行渠道创新、处理旅行社与渠道成员的关系，妥善解决渠道冲突　3. 旅游产品销售：运用一定的销售技巧、手段和策略成功实现旅行社产品的销售	1. 敏锐的市场洞察力　2. 了解顾客心理及购买行为的能力　3. 旅游线路开发设计创新能力　4. 灵活的应变能力　5. 高超的销售能力　6. 旅行社营销策划及执行能力　7. 维护渠道成员关系和处理渠道冲突的能力	

（五）专业教学策略的研究

依据总课题对于职业教育教学理论研究，职业教育教学的目的是学生职业特质的形成，而职业特质的形成除教学内容之外，主要取决于教学的策略。

为了培养旅游管理专业学生依据服务情景，迅速及时把握客人心理、提供恰当服务和达到使客人满意并惊喜的服务意识与能力，形成旅游管理技能型人才的职业特质。在总课题研究提出的过程导向、情景导向和效果导向三种教学策略[①]中，旅游管理专业教学策略的设计，应根据旅游管理技能型人才职业活动主要受情景支配、追求效果和过程服务服从于效果的特点，主要采用过程导向和情景导向相结合的教学策略，即在首先把握过程和情景的情况下，为了达到此情景下所期望的效果，选择服务与管理的方式和过程。

依据总课题研究，情景导向教学策略的教学过程可以设计为情景描述、情景

---

① 邓泽民，2016. 职业教育教学设计[M]. 4版. 北京：中国铁道出版社.

分析、相关知识、技能训练、态度养成、完成服务和学习评价七个环节[①]。在这里，情景是旅游管理职业活动中的典型服务与管理情景，情景描述是对典型情景的描述，目的是让学生进入服务与管理情景，为实现以学生为中心的教学提供前提。情景分析是在专业教师的主导下，以学生为主体，应用饭店旅行社及会议公司文化、服务心理与待客技巧和服务礼仪等相关知识对客人的服务进行分析，提出各种不同的服务与管理方案。相关知识、技能训练和态度养成是对客人的服务心理预期进行分析，并完成服务的相关知识的学习、技能的训练和态度的养成的过程。完成任务是学生独立或者分组完成服务，并通过完成任务环节，形成主动服务意识和能力的整合环节。学习评价是对学生完成任务情况进行点评并提出改进意见。

在旅游管理专业情景导向教学策略设计时，可选用的教学方法很多，比较的典型有角色扮演法、头脑风暴法、卡片展示法、案例教学法、项目教学法、任务驱动教学法和思维导图法，可以灵活使用。例如，在情景分析时，可以选用头脑风暴法；在完成任务时，可选用角色扮演法和情景模拟法等。

（六）专业教师团队的配备

加强双师型教师队伍建设，是职业教育理论研究和实践探索的重要课题，是职业院校加强实践性教学，办出职业教育特色，提高职业教育教学质量，培养适应社会需要的高素质职业技术人才和劳动者的客观要求。双师型教师队伍建设，直接制约着职业教育教学的改革和发展，影响着职业教育目标和职能的实现。为建设一支适应高技能应用型专门人才培养要求的、高素质的高职教育师资队伍，《教育部关于加强高职高专教育人才培养工作的意见》中明确指出：各地教育行政部门要根据本地区的实际情况，尽快组织制定加强高职教育师资建设的有关文件，推动和指导各地区、各类高职高专院校师资队伍的建设工作，力争用 5～10 年时间建设一支师德高尚、教育观念新、改革意识强、具有较高学术水平和实践能力及专兼结合的师资队伍建设总目标。

根据该指导意见和师资队伍总体建设目标，课题组依据旅游管理专业的人才培养目标、人才培养模式和课程改革对师资队伍的要求，以全面提高教师队伍整体素质为中心，从优化师资队伍的双师结构入手，在现有师资队伍基础上，坚持校企合作、专兼结合、重点培养的思路，提出建设一支以专业带头人领衔，双师素质和骨干教师为核心，年龄、职称和学历结构合理的，具有良好的思想素质和职业道德，理论水平高、专业实践和创新能力强及专兼结合的双师结构教学团队，使教学团队的课程开发和教学设计能力显著提高，社会服务水平明显提升。

---

① 邓泽民，2011. 职业教育教学论[M]. 北京：中国铁道出版社.

目前旅游管理专业具备专业带头人 2 名和专业核心课程负责人 1 名，80%以上的教师具有双师素质，专兼职教师比例达到 1∶1。为了继续提高专业教师团队的整体教学水平，旅游管理专业制订了比较完善的教师团队培养方案。

1. 专业带头人的培养

对专业带头人进行重点培养，分期安排到国外相关大学或企业进修，到国内知名旅游企业调研考察、挂职锻炼和担任企业顾问；参加学术交流，牵头协调校企合作，主持教学改革研究与横向合作的科研项目等，使其具有把握专业发展方向的能力、较高的高职教育理论水平和学术水平、创新性学术思想和技术研发能力；能够带领教学团队深化专业课程与教学改革，承担专业建设方案设计、课程体系建设和优质核心课程标准建设任务；能够牵头协调校企合作，扩大本专业在行业中的影响力，为企业提供咨询、项目开发和职工培训等服务。

2. 骨干教师的培养

对现有的教学水平高、实践能力强、综合素质高和职业能力强的骨干教师，采用选派教师去国内旅游企业考察、出国进修、挂职锻炼、国内专业及课程改革培训和参加学术交流研讨等多种方式进行培养，以提高专业教师整体教学水平和实践能力，同时在专任教师中，再遴选出既有行业实践经验又有相当专业理论水平的人员为专业骨干教师；引进具备硕士学历、一定的科研能力和有一定工作经验的骨干教师。通过校外培养（包括国内外进修培养）与校内培养相结合、高校培养与企业培养相结合和专项培养与综合素质培养相结合等方法，使其具有较高的教学水平、课程改革能力、科研教研能力及技术服务能力，从而带动教学团队整体素质和综合能力的提高。

根据教师特点和专业建设要求，有针对性地培养和培训骨干教师，合理安排培训内容。对于校内骨干教师的培养，采取到企业顶岗实习的办法，提高其实践能力；对于校外骨干教师的培养，通过教学理论培训，提高其教学能力。

3. 双师素质教师的培养

每年派教师轮流到相关企业挂职锻炼，培养实践能力；参加教学能力培训，参与课程开发、网络课程与精品课程建设；参加校内实训基地建设，进行教学指导与经营管理等。培养专任教师双师素质，使专职教师中具有中级以上职业资格证书教师比例由 77%提高到 90%以上，提高教师的教学、实践和科研能力。

4. 兼职教师的培养

继续从旅游行业或企业的服务与管理人员中，选聘既有一定理论水平又有丰富实践经验的专业技术人员担任兼职教师，专兼职教师比例达到 1∶1。兼职教师主要担任专业课程指导和咨询，接受教学能力培训及专业课程教学，进行校内外实践课程指导，合作开发课程，进行校内实践教学和校外顶岗实习指导等。

5. 青年教师的培养

根据学院"青年教师必须有一年企业实践经历"的规定，每年安排 3 名青年教师深入企业一线参加顶岗实践，提高青年教师的理论水平和实践能力；接受教学能力和实践能力培训不少于 2 次；到国内高校进修学习；安排教师参加社会行业各项实践活动，如对各旅游企业进行职业培训，提高教师服务地方经济的意识和整体素质。把专任专业教师打造为面向高职学生的教师、面向企业员工的培训师、面向河北乃至全国旅游企业经营的管理师。旅游管理专业教学团队建设内容如表 9.11 所示。

表 9.11　旅游管理专业教学团队建设内容一览表

项目	培养途径	培养内容
专业带头人	出国考察	学习新加坡职业教育人才培养模式与课程开发方法
	国内同类院校交流	学习专业建设特色和课程改革方法
		学习课程开发
	课题研究	承担旅游管理及高职教育科研项目
	行业组织任职	企业技术顾问
	重点企业挂职	参与北京首旅集团等重点企业的旅游产品开发
骨干教师	国内旅游企业考察	考察并了解旅游企业一线服务技能，参与技术攻关和合作研发
	企业挂职锻炼	在校企合作企业担任实职，参与旅游企业的经营与管理
	出国进修	在新加坡进行工学结合课程开发、项目式教学方式等培训
	教学能力培训	参加国内专业、课程改革培训
双师素质教师	教学能力培训	参与课程开发、网络课程与精品课程建设
	企业实践锻炼	熟悉旅游企业的工作流程，提高实践技能
	参与校内实训基地建设	参与校内实践基地的教学指导与经营管理
兼职教师	岗前、中培训	接受工作任务
		参与专业建设
		参与人才培养模式创建方案论证
		实践课程教师指导
		实践能力的培训
		合作开发课程

项目	培养途径	培养内容
青年教师	岗前、中培训	参加企业一线顶岗实践
		进修学习
		接受教学能力培训
		参加技能培训及比赛

（七）校内外实践教学基地建设

根据旅游管理专业岗位的任职要求，深入推进人才培养模式的实践探索，围绕情景导向课程体系建设，着力强化与之相配套的校内外实训基地建设。校内实训基地以满足核心课程的实训要求为宗旨，建设集教学、培训、技能鉴定和职业素质培养于一体的多功能、综合性实训基地。校外实训基地本着强化校企合作、产学融合和互利共赢的原则，科学选定、深入合作，使教学生产有机融合、优势互补。

1. 校内实训基地配置

模拟仿真的实训环境，一是能够满足酒店前厅、客房、中西餐、会议、酒吧、茶艺、康乐和旅行社等服务技能和服务程序的训练，以及满足学生对各种规格、各种形式会议的策划筹备、场景布置、会议组织、接待服务与管理、仪器设备的掌握与运用及职业素质等方面能力的训练，培养和提高学生组织实施、接待准备、接待服务及应变处理等方面的职业能力；二是利用实训中心的设施设备承担面向社会的职工在职培训、旅游教育集团师资培训、转岗培训，农村劳动力转移培训、社会其他人员的培训及待岗人员的再就业培训等任务；三是对学生、旅游企业员工进行酒店服务技能的职业技能鉴定。该实训基地面向河北省旅游协会所有成员单位开放，以便为旅游业培养更多、更好的高技能专门人才服务，推动行业和区域经济的发展。校内实训基地配置如表9.12所示。

表9.12　校内实训基地配置及要求表

序号	实训室名称	设施设备	功能	面积/m²
1	前厅授课室	投影仪、投影幕、计算机、多功能控制台、前台接待设备、前台接待用品和储物柜等	前厅服务运行与管理课程授课及训练	100
2	客房授课室	投影仪、投影幕、计算机、多功能控制台、客房家具、客房棉织品、卫生间设施、客房消耗物品、客房固定用品和储物柜	客房服务运行与管理课程授课及训练	100

续表

序号	实训室名称	设施设备	功能	面积/m²
3	中西式做床室	单人床 40 张、双人床 5 张及中西式做床备品（床单、被罩、枕套、被子、枕芯和毛毯等）、备品桌和储物柜	中西式做床实践训练	400
4	卫生间清扫训练室	卫生间设施、卫生间清扫用具、卫生间清洗剂和储物柜等	卫生间清扫实践训练	228
5	模拟客房	标准间、大床间、日式客房、残疾人房、套房和储物柜	模拟酒店做床实践训练	220
6	中西餐摆台授课室	中西餐台、中西餐宴会摆台用具各 1 套、授课设施和储物柜等	餐饮中西餐摆台实训	100
7	酒吧授课室	投影仪、投影幕、计算机、多功能控制台、酒品展示柜、制冰机、酒水台、杯具展示台、冰柜、服务桌、学生桌椅和储物柜等	酒吧课程授课	64
8	酒吧调酒训练室	调酒台、调酒用具（砧板、刀具、榨汁机、制冰机、冰柜、摇酒壶、搅拌器和量酒器等）和储物柜等	调酒实训	160
9	康乐服务授课室	投影仪、投影幕、计算机、多功能控制台、康乐设施和储物柜等	康乐服务课程授课及实训	50
10	茶艺授课实训室	投影仪、投影幕、计算机、多功能控制台、计算机、茶桌、茶器、茶艺服务用品等、各类茶叶、杯具和储物柜等	茶艺授课、实训及茶艺表演	400
11	大型会议室	视听音响灯光设备 1 套、会议设施设备、会议座椅 300 套、主席台和致辞台	召开大型会议及学生会议服务实训	80
12	中型会议室	视听音响灯光设备 1 套、会议设施设备、会议座椅 100 套、主席台和致辞台	召开中型会议及学生会议服务实训	200
13	小型会议室	视听音响灯光设备 1 套、会议设施设备、会议座椅 20 套	召开小型会议及学生会议服务实训	80
14	形体训练厅（3 个）	形体训练场地、墙面镜、木地板、把杆、音响、DVD 和服装用品厨等	形体及礼仪训练	450
15	旅游信息综合实训中心	计算机（50 台）及网络设备、旅游管理信息系软件、打印机和扫描仪	创业设计模拟实训	100

2. 校外实训基地配置

校外实训基地是学生完成学校教育资源提供的文化基础课、部分专业课以后，步入真实工作环境进行实战训练，提升学生岗位操作技能的主要阵地，是完成实施实践教学的重要环节和对学生进行职业素质教育的重要途径。这个环节有以下基本特点：学生身兼员工身份，有明确的工作责任和要求；企业参与育人的全过程；突出职业能力培养；知识教育与能力、素质训练的同步性；注重学生职业生涯的发展。多年来，旅游管理专业在校外建立了几十家稳固的实习实训基地，部分校外实训基地建设如表 9.13 所示。

表 9.13　校外实训基地建设内容表

	校外实训基地名称	设施设备	功能	提供岗位
1	北京嘉里中心实训基地	实训实习所需用简单教具及器材,实训基地往来沟通、专业实践、管理实习合作协议和管理制度	企业情景体验、管理实习	酒店前厅、客房、餐饮和会议等岗位
2	北大勺园宾馆	专业实践、管理实习合作协议和管理制度,岗位教学所需用简单教具及器材,实训基地往来沟通	企业情景体验、教师挂职体验	酒店前厅、客房、餐饮和会议等岗位
3	北京外国专家大厦实训基地	企业情景体验所需用简单教具及器材,实训基地往来沟通,教师挂职管理	企业情景体验、教师挂职体验	酒店前厅、客房、餐饮和会议等岗位
4	北京世纪金源大饭店	岗位教学所需用简单教具及器材,实训基地往来沟通,岗位教学、专业实践、管理实习合作协议和管理制度	专业实践、企业情景体验和教师挂职管理	计调、导游服务,旅行社管理
5	北京高法大酒店	岗位教学所需用简单教具及器材,实训基地往来沟通,岗位教学、专业实践、管理实习合作协议和管理制度	专业实践、企业情景体验和教师挂职管理	计调、导游服务,旅行社管理
6	承德天宝假日酒店	岗位教学所需用简单教具及器材,实训基地往来沟通,岗位教学、专业实践和管理实习合作协议等	专业实践、企业情景体验和教师挂职管理	计调、导游服务,旅行社管理
7	承德中国国际旅行社	实训实习所需用简单教具及器材,实训基地往来沟通,专业实践、管理实习合作协议和管理制度	企业情景体验、专业实践和管理实习	酒店、会展服务和策划岗位
8	承德康辉旅行社	企业情景体验所需用简单教具及器材,实训基地往来沟通等	企业情景体验、教师挂职体验	会展服务、策划

五、旅游管理专业教学整体解决方案实施

从参加课题的各学校专业教学整体解决方案实施分析,由于有了配套教材和课件的支撑,实施新方案的阻力并没有预想的大。为了消除教师对新方案的抵制,学校都采用了引导消除抵制模式(LOC 模式),分为五个阶段实施。

(一)教师把握整体解决方案

旅游管理专业教学整体解决方案研究设计团队,详尽地向服务实施的教师讲解专业教学整体解决方案,使所有成员都清楚了解专业教学整体解决方案,并明确自己的角色、把握自己的任务。

(二)教师必备教学能力培训

旅游管理专业教师的教育观念转变、职业形象塑造和情景导向教学策略的学

习运用是人员准备的主要内容。

旅游管理专业教育观念转变主要通过专家讲座、观摩情景导向教学等形式完成；职业形象塑造主要通过对专业教师职业形象设计、配备职业装和职业形象训练，达到预期目标；情景导向教学策略的学习运用通过专家情景导向教学展示、教师情景导向教学课件设计和情景导向教学比赛取得了很好的效果。

通过教师必备能力培训，使所有成员都具备专业教学整体解决方案实施的专业教学能力，主要是专业实践教学能力。

（三）设施、材料与教材准备

对原有教室和实训室，按照情景导向教学的要求进行改造，形成了职业情景和教学情景一体化教室，与合作酒店、旅行社及会议公司一起，研究确定学生实习的职业岗位，形成校内外教学、实训和实习密切衔接的校企合作教学、实训和实习组合新模式。

由于旅游管理专业教师大多没有在饭店、旅行社及会议公司等长期工作的经历，他们普遍缺乏旅游企业的典型职业情景。因此，若无情景导向的专业教材支撑，无法运用情景导向教学策略开展教学。组织职业教育专家、酒店及旅行社业内专家、学科专业带头人及骨干教师，形成教材设计编写团队，开发学习领域课程，编写本专业教材。这些专业教材设计编写，按照总课题研究成果，分专业教材体系确立、教材内容的选择、教材结构的设计和教材素材的选择四个阶段进行[①]。

在旅游管理专业教材体系的确立上，首先对旅游管理技能型人才职业活动进行调查，并与行业专家研讨，明确职业面向，确立高等职业教育旅游管理专业职业能力图表；然后通过课程设置分析，形成课程体系，从而确立教材体系。

在旅游管理专业教材内容的筛选上，应用现代职业分析方法，将典型的工作任务和成熟的最新成果纳入到教材的同时，又充分考虑了国家职业资格标准，在保证学历教育质量的同时，实现了学历证书和职业资格证书的"双证"融通，为职业学校学生顺利地取得国家职业资格证书提供了条件。

在旅游管理专业教材结构的设计上，试图实现职业活动逻辑顺序、工作流程和学习动机发展心理逻辑顺序统一，采用情景导向的教材结构设计。例如，"前台服务与运行管理""客房服务与运行管理""餐饮服务与运行管理"课程采用了情景+过程的教材结构，"咖啡调制与服务""茶艺服务与管理""调酒服务与管理"课程采用了情景+产品的结构设计。

在旅游管理专业教材素材的选择上，力求选择的素材来自于旅游企业实际，

---

① 邓泽民，侯金柱，2006. 职业教育教材设计[M]. 北京：中国铁道出版社.

并充分考虑其趣味性和可迁移性，以保证学生在完成任务时的认真态度，有效地促进学生职业兴趣发展和职业能力的拓展，以及就业后很快适应工作的需要。同时在教材中引入企业标准、工作规范和实际工作案例，使教材内容适应职业岗位能力需求，并与行业和企业技术发展同步。旅游管理专业特色教材建设情况如表 9.14 所示。

表 9.14　旅游管理专业特色教材建设情况一览表

教材名称	已有基础	合作企业	备注
旅行社经营与管理	2009 年在建院级精品课程自编讲义	承德春秋旅行社、海外国际旅游有限公司	工学结合特色教材
旅游企业财会基础	2010 年校本教材	承德天宝假日酒店、承德春秋旅行社和承德避暑山庄	工学结合特色教材
餐饮服务与管理	2011 年重点建设课程	承德天宝假日酒店、盛华大酒店	工学结合的"十二五"规划教材
旅游信息调查与分析	校本教材	承德市旅游局、承德避暑山庄	工学结合特色教材
茶艺服务与管理	校本教材	承德茶楼、盛华大酒店	工学结合特色教材

（四）方案实施的评价与激励

2007 级新生全部用新方案进行教学，二年级按原教学计划继续开展教学，但教学策略普遍采用情景导向教学策略。为了保证方案实施，加强阶段性教学效果评价；为了激发教师积极性，参加专业教学整体解决方案实施的教师，若教学符合专业教学整体解决方案的要求，课时费在原来基础上乘以系数 1.5 支付。

（五）方案实施效果调查分析

从 2007 级开始，河北旅游职业学院旅游管理专业运用新的教学方案，经过近 4 年的教学实践，对旅游管理专业教学整体解决方案进行较为客观的评价，本课题分别对学生、企业和教师进行了调查。

1. 学生的评价

毕业生和顶岗实习学生的评价：第一，经过在校 3 年的学习，我不仅学习到丰富的理论知识，更重要的是获得较高层次的技术技能。学院教师教学水平高，实践操作和指导能力强，实训室实验设施完备。"前厅服务与运行管理""客房服务与运行管理""餐饮服务与运行管理""旅行社业务"等核心专业课程大都在一体化教室或实训基地进行，边讲边练、现场教学，专业理论学习和实践训练融为一体，教学内容与真实世界密切联系，老师的情景导向教学使我有身临其境之感，学习兴趣浓厚，提高了实践技能，为顺利就业及迅速适应岗位工作打下坚实的基础。第二，旅游管理专业创新型人才培养模式的实施，使我从连续 3 年的创业设计活动中学到了丰富的知识，增强了团队及协作精神，提高了创新能力及创业能力。创业设计活动为希望创造一番事业和开创一片天地的有志大学生，打造出一个展示创业和管理才华、与志同道合的同学交流和同台竞技，互相学习、实现理想的实践舞台，锻炼和提高了大学生的创新思维能力、加工提炼和整理信息的能力、良好的沟通能力、自我学习能力、自我调控能力、计算机应用能力、独立解决问题的能力及团队协作的能力等，提高了学生的自信心，强化了学生自主学习的意识，增长了社会经验，提升了学生的职业能力，为学生顺利就业奠定了坚实的基础。

2. 企业的评价

旅游企业对课程改革及毕业生和顶岗实习学生的评价：第一，课程建设规划科学，内容结构合理，特别是能够紧密结合旅游企业的实际情况，按照工作岗位的要求设计教学内容，增强了实践能力训练，改变了传统教学形式下学生只懂知识、不会动手的眼高手低现象，注重对学生进行必要的从业素质培养。教学方法的大胆改革，体现职业教育特色，注重深入实际，把理论讲授与学生的实践活动结合起来，以行动为导向，实施项目和任务教学，切实培养学生的职业能力、专业能力，对于提高学生的专业素质有非常积极的推动作用。第二，长期以来，河北旅游职业学院的学生来企业参加实践活动过程中，表现出企业员工应具有的良好服务意识，体现出很高的职业素养，动手能力、应变能力和自主学习等方面表现突出，对企业个性化服务带来积极影响，学生的工作表现得到广泛认可，深受企业欢迎。

3. 教师的评价

参加专业教学整体解决方案实施的教师的评价：第一，旅游管理技能型人才特质内涵的提出十分关键，使我对职业教育教学有了全新的认识；一体化技能教室的职业情景和情景导向的教材结构设计，使我轻松地完成了由以教师中心教学到以学生为中心教学的转变，充分发挥学生的主体作用，采用项目导向、任务驱动教学法、案例教学法和实境教学法等对学生进行能力训练。在教学中，让学生在自己动手的实践中，掌握职业技能，习得专业知识，从而构建属于自己的经验和知识体系。学生学习的精神状态变了，他们有了方向，有了追求，有了信心，我们教学时的心情也变了；我明显感到教师的教学效能明显提高了，并能积极主动参加教学改革的教研活动。第二，旅游管理专业人才培养模式的创新与实施及课程体系的改革，帮助我们转变了教育教学观念，树立正确的教育观，改进教学方法和教学手段，锻炼了教学团队，增加了团队协作能力，激发了教师的科研热情，提高了科研的实效性和针对性，使整个专业逐渐焕发出蓬勃生机。

六、实践结论

1）旅游管理技能型人才的职业特质是随着我国旅游业的快速发展，实现高质量、个性化的服务理念对旅游管理技能型人才提出的必然要求。在制订旅游管理专业人才培养计划的过程中，人才培养目标的确立，必须紧紧围绕旅游管理专业人才职业特质的要求。培养目标是人才培养的总方向、总原则，是开展教育教学、进行课程设计、构建人才培养模式的基本依据。

2）高职旅游管理专业教学要把技能型人才职业特质和职业能力形成作为教学过程设计的主线。在整个教学方案设计中，依据人才培养的职业特质要求，始终把校企合作、工学结合作为建设旅游管理专业人才培养模式的切入点。首先，根据专业人才培养目标及旅游企业对人才职业特质的要求，遵循理论性与实践性并重及专门性与通用性兼顾的人才培养理念，确定岗位及岗位群；其次，以旅游企业服务工作流程为导向，结合岗位及岗位群构建职业能力与职业素质并重、校企合作和工学结合的人才培养模式，以此为基础引导课程设置、教学内容和教学方法与手段的改革，使课程教学和相关实践较完美结合，实践教学与课堂教学相得益彰，全面提高学生的职业能力和创业能力，拓宽学生的就业渠道，实现高等职业教育模式的转型。

3）按照职业特性要求构建课程体系是旅游管理专业教学方案设计的关键。首先，进行广泛市场调研，科学合理地设置课程。由于旅游行业发展迅猛、竞争日益激烈，人才需求日新月异，为了把握旅游企业对人才特质的需求，旅游管理专业主管领导、各教研室主任及专业带头人每年都要深入企业进行市场调研，通过与旅游行业专家、企业管理人员及基层员工的广泛交流，分析和调研旅游行业职业岗位及职业岗位群，明确各工作岗位的主要工作任务，确定行业工作岗位所需要的知识、能力和素质，并依此来开发和设计项目课程，不断更新教学内容，进行课程设置改革和课程体系建设。其次，更新教学观念，改革教学方法与手段，改变传统教学观念，从以教师为中心转到以学生为中心，充分发挥学生的主体作用，采用项目导向、任务驱动教学法、案例教学法和实境教学法等对学生进行能力训练。在教学中，让学生通过实践活动，掌握职业技能、习得专业知识，从而构建属于自己的经验和知识体系；注重理论教学与实践教学相结合，将理论知识融入实际工作中，将课堂教学引入实训场所，使理论和实践紧密结合；加强对学习过程的评价，让学生参与教学的全过程，充分调动学生的学习积极性；注重培养学生的学习能力，由教给学生知识向教会学生掌握学习方法转变，提高学生的创新能力和持续发展能力。

4）师资队伍是贯彻高职院校教学计划的核心力量，是高职教育成败与否的关键。教师业务素质的高低，知识更新的程度直接影响到教学内容和教学改革的成功与速度，因此加强师资队伍建设，提高教师水平，打造一支专兼结合双师结构的优秀教学团队，是一项十分艰巨而重要的任务，具体包括以下几个方面。

第一，引进高素质的旅游管理专业人才。引进在旅游行业中具有一定影响力，能站在专业领域发展前沿，熟悉行业企业最新技术动态，引领和规划旅游专业建设发展，实践技能强、科研能力突出的专业人才，是高职旅游专业解决师资问题的一条重要出路。但目前存在一个两难的问题：一方面是过高的门槛和繁多的限制条件，使一些具有真才实学的人才难以走进高职校门；另一方面是较低的薪酬缺乏吸引力，人才不愿意放弃企业的高薪工作来高职从教。因此，要解决这两个问题，必须借助政府和相关部门的政策扶持，实行特殊人才开绿灯，高薪纳才的政策。

第二，加强专业带头人、骨干教师及双师素质教师的培养。除引进高素质旅游人才之外，更重要的途径是对现有专业教师的培养，努力提高教师的专业理论水平和实践技能。具体培养途径：一是有计划地派专业教师到全国知名的高等旅游院校或全国示范高职旅游院校深造和进修，更新和拓展专业理论知识，使其具有把握专业发展方向，具有较高教育理论水平和科研能力，能够带领教学团队深化教学改革；二是有计划地派专业教师到著名星级酒店、旅行社等旅游企业学习、考察或挂职锻炼，学习先进的管理经验、服务流程、服务技能和标准，积累丰富的实践经验；三是努力培养双师型教师，鼓励专职教师学习行业知识与技能，考取职业资格证书，进入与课程相关的行业或企业挂职锻炼，参加教学能力培训，积累丰富的企业工作经验，使他们能够成为相关行业的专家，具备真正的双师素质。

第三，建立稳定的兼职教师队伍。高职旅游管理专业应该积极聘请行业内知名专家、部分高校旅游管理专业教师和旅游企业中理论水平高及旅游企业管理经验丰富的管理人员、业务骨干及岗位能手组成兼职教师队伍。这些兼职教师可以为专业及专业群的建设和发展提供战略指导和智囊保障；定期或不定期到学校开设讲座或专题报告，把政府及行业发展的最新动态及时传递到学校和课堂；全面参与课程体系建设、校内外实践课程指导和合作开发课程等，从而提高教师团队的整体水平。

5）旅游企业对技能型人才特质的需求及以就业为导向、以职业能力培养为核心的高职教育发展方向，决定了高职教育必须加大实践教学改革力度，改革实践教学体系，加强实训基地建设，以培养学生的职业技能。

第一，建设设施完备的校内实习基地，满足学生技能训练的需求。按照集教学、培训、技能鉴定和职业素质培养于一体的实训基地建设思路，新建和改扩建满足校内实践教学需要的实训基地。旅游管理专业的校内实训基地主要包括建设酒店综合实训中心、会议服务实训中心、旅游礼仪与表演中心、旅游管理信息综合实训室、模拟导游实训室、餐饮及前厅与客房实训室、模拟酒吧实训室和康乐服务实训室等。校内实习基地一方面可以满足学生专业技能训练的基本要求，另一方面还可以利用自身优势，配合企业搞技术培训、管理策划和资源开发规划等工作。在完成校内实训基地建设过程中，同步完善实训室的管理和运行机制，加强教学、管理和规章制度等实训基地内涵建设。

第二，建立长期稳固的校外实习基地，强化学生实践能力。校外实训基地是学生步入真实工作环境进行实战训练的主要阵地，加强校外实训基地的建设，是完成实施实践教学的重要环节。通过校企合作的方式，着重选择规模较大、技术先进、管理科学、理念超前的旅游企业作为合作伙伴和校外实训基地，搭建实训基地教学指导和现场管理平台，引进现代企业现场管理经验。在实际操作过程中，校企合作开发实训指导教材，共同制定实习基地管理制度和实训计划，以及实训教学考核方式和考核标准等内容，从而保证酒店服务、旅行社导游、计调和会议服务等岗位技能的实训教学需要，以更好地满足提升学生专业综合能力的需求，实现校企双赢。

计算机多媒体技术专业教学整体解决方案研究与实践

课题编号：BJA060049-GZKT010

一、问题的提出

（一）我国计算机多媒体技术相关行业发展的趋势

计算机多媒体信息技术产业是近年来新兴的产业群。依托数字化平台，计算机多媒体信息技术产业已经形成了以影像、动画、图形和声音等技术为核心，内容涵盖信息、传播、广告、通信、电子娱乐产品、网络教育、娱乐和出版等多个领域，涉及计算机、影视、传媒和教育等多行业的产业集合。计算机多媒体信息技术是企事业单位信息化建设的迫切要求，为影视制作、信息传媒、教育和娱乐等企业注入了新的活力。

（二）行业发展对计算机多媒体高级技能型人才的要求

据调研资料显示，目前有 300 多家多媒体产品制造、研发和销售的专业企业，2000 多家专业动画制作公司，1000 多家多媒体课件制作公司和 400 多家游戏企业，多媒体专业制作人才存在巨大的缺口，为高职毕业生带来了新的机遇和挑战。

二、研究内容与方法

（一）研究内容

为解决计算机多媒体技术专业毕业生缺乏计算机多媒体技术高级技能型人才的特质问题，课题组将首先对计算机多媒体技术高级技能型人才的职业特质进行研究，然后设计出适合计算机多媒体技术高级技能型人才职业特质和职业能力形成的教学整体解决方案，并通过实施教学整体解决方案，探索计算机多媒体技术专业人才培养模式和专业教育理论。

（二）研究方法

1）运用调查法，特别是现代职业分析方法对计算机多媒体技术高级技能型人才的职业活动进行调查，并在此基础上分析计算机多媒体技术高级技能型人才的职业活动的特点，提出计算机多媒体技术高级技能型人才职业特质的基本内涵。

2）运用文献法、总结法对高职院校计算机多媒体技术专业教学和大型企业培训进行研究和总结，研究设计适合计算机多媒体技术高级技能型人才职业特质形成的教学整体解决方案。

3）运用实验法，通过计算机多媒体技术高级技能型人才职业特质形成的教学整体解决方案的实施，对建立在计算机多媒体技术高级技能型人才特质基础上的高等职业教育计算机多媒体技术专业教学方案进行验证，探索计算机多媒体技术专业教学理论方法。

三、计算机多媒体技术高级技能型人才职业特质研究

职业特质是指从事不同职业的人所特有的职业素质，是能将工作中成就卓越与成就一般的人区别开来的深层特征[①]。总课题对于职业特质的研究，提出了可以从两个方向开展研究，一是在同一职业中发现成就卓越者，通过调查分析方法，研究他们与成就一般者不同的深层特征；二是通过分析职业活动，研究取得职业活动卓越效果的人具备的职业素质。本方案采用第二种方法。

（一）计算机多媒体技术高级技能型人才职业活动调查

1. 职业面向的调查

（1）就业企业类型和岗位工作统计

课题组通过对江西旅游商贸职业学院近5年200多名毕业生的就业岗位调查发现，计算机多媒体技术专业毕业生就业岗位类型多达80多个，职业生涯发展方向有四大领域，涉及计算机设备、软件开发、技术服务、室内装饰设计与策划和数码影像的后期与传媒等。计算机多媒体技术专业群毕业生就业企业类型和岗位工作统计数据如表 10.1 所示。

表 10.1 计算机多媒体技术专业群毕业生就业企业类型和岗位工作统计表

企业类型	人数	岗位类型及工作
多媒体设备公司、科技公司和设备销售公司	42	1. 多媒体设备的设计、现场安装和调试 2. 多媒体产品推广销售
网络公司、网络设备公司	21	1. 网络设备的设计、现场安装和调试 2. 网络产品推广销售

① 邓泽民，2011. 职业教育教学论[M]. 北京：中国铁道出版社.

续表

企业类型	人数	岗位类型及工作
广告公司、传媒公司	24	广告创意与设计、视频艺术剪辑
时尚杂志社、报社和出版社	20	杂志的平面设计、报纸排版
软件公司	57	网站开发与维护
装饰公司	61	室内装饰设计与策划
摄影工作室、婚纱影楼	30	数码影像的后期处理
其他	16	与专业无关的各类岗位

（2）毕业生就业岗位分析

从学生就业企业岗位分析可以看出，学生主要在计算机多媒体、计算机网络、网站开发和传媒等领域从事计算机多媒体、网络设备运行、安装、调试和维修（占总数的23%），软件开发、技术服务（占总数的21%），室内装饰工设计与策划（占总数的23%），数码影像的后期（占总数的11%），传媒（占总数的16%）和其他（占总数的6%）等工作（图10.1），主要面向多媒体作品制作、网页设计、数码影像技术、室内装饰设计和视频艺术剪辑。

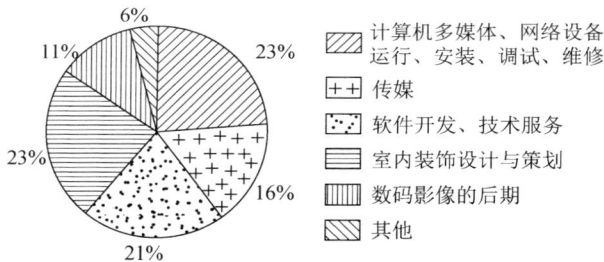

图 10.1　毕业生从事工作岗位分布图

2. 职业活动的分析

为了客观把握高职计算机多媒体技术专业毕业生工作中的职业活动，课题组邀请 12 位行业专家，应用现代职业分析方法[①]，对计算机多媒体技术高级技能型人才职业活动进行分析，提出了计算机多媒体技术高级技能型人才职业活动表，如表 10.2 所示。

表 10.2　计算机多媒体技术高级技能型人才职业活动表

职业活动领域	职业活动
多媒体作品制作	多媒体素材的收集、制作及合成

---

① 邓泽民，郑予婕，2009. 现代职业分析手册[M]. 北京：中国铁道出版社.

续表

职业活动领域	职业活动
	多媒体作品的创作策划
	数字音频、电脑动画
	产品测试、产品打包及发布
	产品质量确认测试
	数字视频制作、多媒体编程
	多媒体作品的分析与设计
网页设计	GIF 动画、层的应用、表格与表单、媒体应用、动画与样式、网页框架、文本与图像、链接与动作和网站相关知识
	网站的设计建立，网站的上传、更新和维护
	使用 ASP 建立动态网页、ASP 与关系型数据库
	通信及网络技术等技术方面的专业知识
	平面构成基础、基本图形与文字和动画应用
数码影像技术	用数码照相机、摄像机等设备来进行图像的采集
	用电脑进行数字图像的编辑、处理
	用打印设备进行输出
室内装饰设计	识别建筑施工图，理解业主设计意图和需求
	现场测量、判断房屋构造
	表述设计思想和设计方案、工程预算
	正确排布管线、合理选用装饰材料和质量验收
	运用 CAD 软件绘制二维、三维方案设计图等
视频艺术剪辑	掌握设备中网络化非线性编辑系统的基本架构
	有较高的剪辑艺术、剪辑技术水平
	会特技制作图像规格化处理、高级抠像影视艺术和特殊视觉效果
	特殊音响效果设计
	线性电影剪辑设备与正片和磁片的架构

（二）计算机多媒体技术高级技能型人才职业活动特点

通过分析计算机多媒体技术高级技能型人才职业活动，课题组发现，计算机多媒体技术高级技能型人才职业活动的最终结果是使有关人群获得美好的文化艺术享受。因此这类活动的价值具体体现在对相关人群的情感、文化、审美和情趣等的把握上，是效果导向职业活动模式。因为只有把握住了相关人群的情感、文化、审美和情趣等，才能使有关人群获得美好的文化艺术享受。图 10.2 是效果导向活动模式。

	效果 1	效果 2	效果 3	⋯⋯
人群 A	活动 A1	活动 A2	活动 A3	⋯⋯
人群 B	活动 B1	活动 B2	活动 B3	⋯⋯
人群 C	活动 C1	活动 C2	活动 C3	⋯⋯

图 10.2　效果导向活动模式

从图 10.2 中可以看出，活动人采取什么活动，取决于不同人群和希望达到的不同效果。人群可能因文化、年龄、身份、性别、信仰和情感等而不同；根据这些不同的人群，通过活动达到所追求的艺术效果。因此，这类活动特点是受效果支配的，即具有典型的效果导向的特点。

（三）计算机多媒体技术高级技能型人才职业特质内涵

国内有关计算机多媒体技术高级技能型人才特质研究，没有发现有关的文献，但在国家职业资格标准中有相关的描述。例如，严格把握客户的需求，加强团队合作精神，并发挥自己的创意；具有责任心；团结协作。那么，具有什么职业特质的人才能在工作中表现出上述职业胜任特征？课题组依据计算机多媒体技术高级技能型人才职业活动具有典型的效果导向特点分析提出计算机多媒体技术高级技能型人才特质的内涵。

上述胜任特征，虽然由多个特征单元构成，但其核心是严格把握客户的需求，加强团队合作精神，并发挥自己的创意。因此，计算机多媒体技术专业人才特质的职业特质定义：依据项目要求，把握客户的追求，加强团队合作精神，并发挥自己的创意，保证产品效果的意识与素质。

四、计算机多媒体技术专业教学整体解决方案设计

（一）专业的职业面向分析

通过走访企业，与相关专家进行交流，查阅企业网络公开信息及从事相关工作的毕业生信息反馈等收集工作岗位设置情况，通过召开行业专家研讨会讨论明确计算机多媒体技术专业主要及相关工作岗位和职业能力要求与素质如表 10.3 所示。

表 10.3　计算机多媒体技术专业主要及相关工作岗位和职业能力要求与素质

工作岗位	职业能力要求与素质
多媒体互动设计与制作	具有交互设计与制作的基本理论，能准确理解项目需求，根据实际情况确定技术方案，构想制作效果，确定风格，设计制作步骤；掌握交互设计与制作的技术；能安排合理的制作流程，能设计制作框架及模块主体，设计制作界面，选择相关命令、功能、效果和其他相关代码及参数等；能测试功能及效果；能编写说明文档；具有敬业爱岗、团结协作精神

工作岗位	职业能力要求与素质
界面设计与制作	掌握界面设计的基本原理，能正确理解项目要求，能提出合适合理的设计草案并完善；熟悉并了解各种界面设计软件的特性，熟练运用至少一种矢量图软件和位图软件进行交互设计；熟悉界面设计流程；具有敬业爱岗、团结协作精神
多媒体素材制作与处理	能分析给定图案、动画的组成元素、设计理念和制作技术；熟悉常用设计软件的特性，掌握图像处理、界面设计和动画素材制作的基本原理和技巧；掌握音效处理的基本技能；掌握影像的编辑；掌握至少一种主流二维和三维动画设计制作软件；具有敬业爱岗、团结协作精神
可视表现设计	具备较好的建模能力，能够处理高级精细的模型，以满足可视化表现的需要；具备较好的材质处理能力与灯光设置能力；掌握高级渲染器及常见物体质感表现；具备一定的可视化表现能力，掌握一定的表现技巧
网站设计与维护	掌握图像处理软件、动画制作软件的使用；能理解网站规划与设计的基本原则；掌握网站制作及网页设计基本知识；具有一定的网站开发与网页制作能力；掌握动态网页开发语言；掌握网站的编译与发布技术；具备网站安全管理的能力；具有一定的文档撰写能力

根据表 10.3 所示的工作岗位职业能力要求与素质，总结出本专业学生能力结构的总体要求。如表 10.4 所示。

表 10.4　能力结构总体要求

专业能力	社会能力	方法能力
1．交互媒体设计能力 2．界面设计能力 3．网站设计与制作能力 4．图像处理、素材元素设计制作能力 5．素材多媒体集成能力 6．多媒体项目集成能力	1．沟通协调能力 2．团队协作能力 3．职业道德能力	1．方案构思、设计和工作计划的制定能力 2．解决实际问题能力 3．学习、创新能力 4．评估总结工作能力 5．工程系统能力

（二）就业证书需求的分析

依据国家持证上岗的相关政策，并调查相关企业发现，高职院校计算机多媒体技术专业学生就业一般要求：①基础技能，英语应用能力证书、全国计算机等级考试合格证书和实用语文证书；②核心技能，多媒体作品制作员（中级）、多媒体作品制作员（高级）[选考]；③岗位（群）技能，网页设计师、多媒体设计师（中级）[选考]和剪辑师[选考]。

（三）专业培养目标的确定

计算机多媒体技术专业主要面向多媒体、互联网络、电子互动游戏、广告设计、动画或建筑效果等单位，培养在生产、服务第一线能从事互动多媒体设计与制作、网站的设计制作与维护及场景设计与制作和图像动画及影像等素材的制作与处理，德、智、体、美全面发展，具有职业生涯发展基础的应用高技能专门人才。

（四）专业课程体系的构建

根据岗位群职业素质、能力要求，形成基于工作过程的课程体系，按该专业的特点，将专业知识点分三个模块，每个模块按三个层次递进，构成"三三模块递进"式专业课程体系，三个模块有利于分散的知识系统化，三个层次有利于知识的纵向深入，这样有利于学生从基础做起，逐步提高能力，让学生在学习中日益提高技术技能，最终符合职业岗位要求。

1. 课程体系构建

1）公共素质基础课程体系（图10.3）。

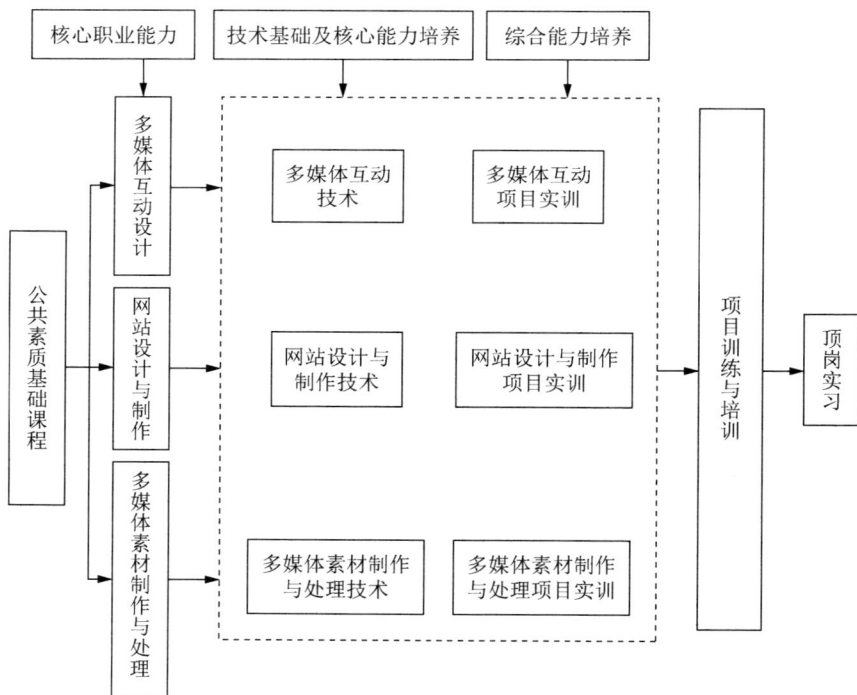

图 10.3　公共素质基础课课程体系

2）公共素质课程体系（图10.4）。

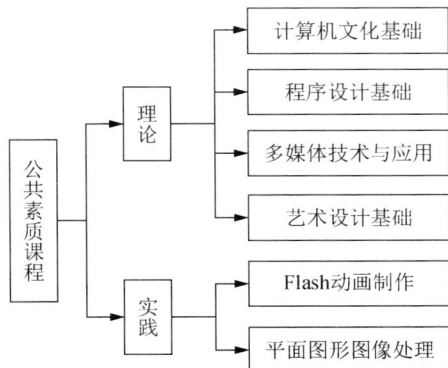

图 10.4 公共素质课课程体系

3）网站设计与制作职业技术课程体系（图10.5）。

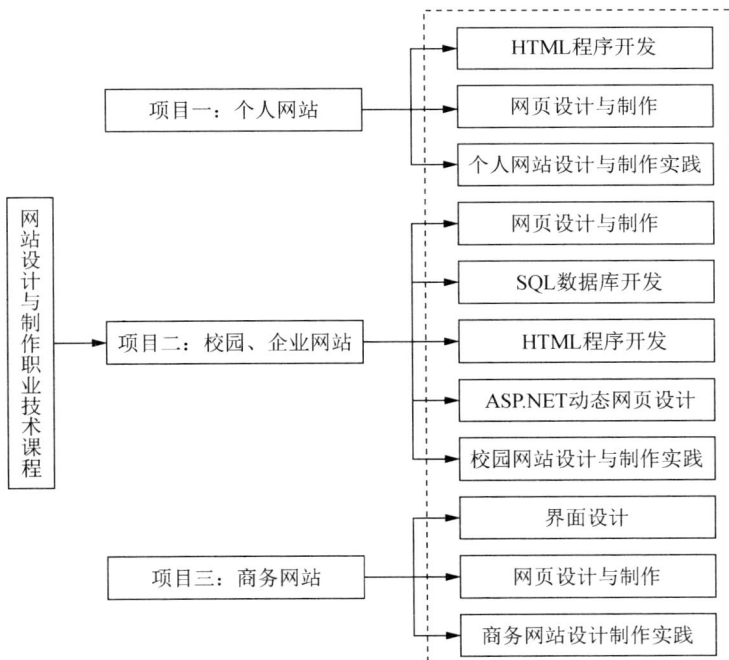

图 10.5 网站设计与制作职业技术课程体系

4）多媒体互动设计职业技术课程体系（图 10.6）。

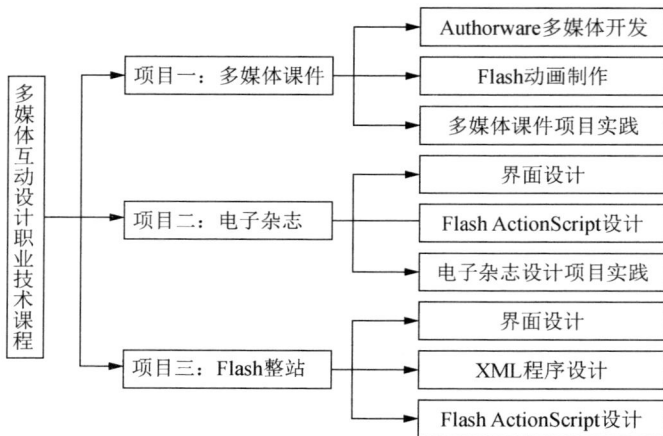

图 10.6 多媒体互动设计职业技术课程体系

5）多媒体素材制作与处理职业技术课程体系（图 10.7）。

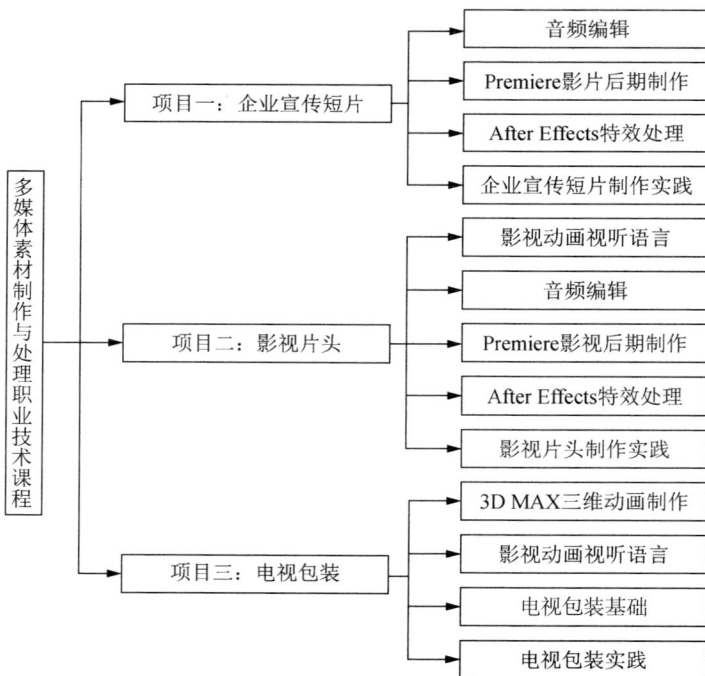

图 10.7 多媒体素材制作与处理职业技术课程体系

2. 专业学习领域

专业学习领域如表 10.5～表 10.9 所示。

表 10.5　程序设计基础

学习领域 1：程序设计基础		
基准学年：第一学年上学期		基准学时：60
目标描述： 1. 掌握新一代的编程工具和思想 2. 学习开发基于 Windows 平台完全富有新特色的应用程序 3. 掌握新的面向对象语言的特性、新的数据类型及结构化控制 4. 培养学生的软件开发及创新能力		
内容： 1. 介绍 Visual Basic6.0 的编程环境 2. 常用控件的功能和用法 3. 控制结构、数组、过程和数据文件 4. 菜单、多窗体和 MDI 程序设计技术	方法： 1. 示范教学法 2. 实例驱动法	考核项目与要求： 1. 采用过程考核与期末考核相结合的方法 2. 平时作业和上机成绩占总评成绩的 40%，期末成绩占总成绩的 60% 3. 期末考试建议采用机试的方法

表 10.6　多媒体技术

学习领域 2：多媒体技术与应用		
基准学年：第一学年下学期		基准学时：64
目标描述： 1. 掌握平面图形图像设计工具的操作技巧 2. 具备较强的平面图形图像设计能力 3. 能够掌握一定网页设计能力		
内容： 1. 图像工具（Photoshop）的基本操作 2. 网页设计与制作中最基本、最实用的知识功能	方法： 1. 示范教学法 2. 实例驱动法	考核项目与要求： 1. 采用过程考核与期末考核相结合的方法 2. 平时作业和上机成绩占总评成绩的 40%，期末成绩占总成绩的 60%

表 10.7　艺术设计基础

学习领域 3：艺术设计基础	
基准学年：第一学年下学期	基准学时：64
目标描述： 1. 认知、理解美术理论基础 2. 通过大量实践掌握基本绘画规律 3. 发挥创意能力，综合运用美术表现技巧来完成主题创意画稿的创作	

续表

内容：	方法：	考核项目与要求：
1. 主要介绍绘画基础体验——素描、色彩、透视与构图 2. 绘画艺术资源借鉴——传统美术、现代美术鉴赏 3. 主题画稿创意表现	1. 示范教学法 2. 实例驱动法	1. 采用过程考核与期末考核相结合的方法 2. 平时作业和上机成绩占总评成绩的40%，期末成绩占总成绩的60%

表 10.8　平面图形图像处理

学习领域4：平面图形图像处理		
基准学年：第一学年下学期		基准学时：96
目标描述： 1. 掌握平面图形图像设计工具的操作技巧 2. 具备较强的平面图形图像设计能力		
内容： 1. 图形工具（Illustrator/CorelDRAW）的基本操作 2. 图像工具（Photoshop）的基本操作	方法： 1. 示范教学法 2. 实例驱动法	考核项目与要求： 1. 采用过程考核与期末考核相结合的方法 2. 平时作业和上机成绩占总评成绩的40%，期末成绩占总成绩的60% 3. 期末考试建议采用机试的方法

表 10.9　Flash 动画制作

学习领域5：Flash 动画制作		
基准学年：第一学年下学期		基准学时：64
目标描述： 1. 掌握 Flash 8.0 的操作方法和使用技巧 2. 具备 Flash 动画设计与制作的能力		
内容： 1. 介绍 Flash 8（中文版）概述、新增功能、工作环境和常用命令 2. Flash 图形的创建与编辑 3. Flash 文本操作 4. 交互式动画、合成声音及组件的使用和动画的输出与发布	方法： 1. 示范教学法 2. 实例驱动法	考核项目与要求： 1. 采用过程考核与期末考核相结合的方法 2. 平时作业和上机成绩占总评成绩的40%，期末成绩占总成绩的60% 3. 期末考试建议采用机试的方法

（1）网站设计与制作职业领域

网站设计与制作职业领域如表 10.10～表 10.17 所示。

表 10.10 Authorware 多媒体开发

学习领域 6： Authorware 多媒体开发	
基准学年：第二学年上学期	基准学时：60

目标描述：
1. 能进行独立的多媒体互动开发
2. 能利用 Authorware 制作多媒体课件
3. 能利用 Authorware 制作多媒体的产品演示
4. 能利用 Authorware 和其他软件结合进行产品开发

内容：	方法：	考核项目与要求：
1. Authorware 7.0 概述 2. 显示图标 3. 基本语法和计算图标 4. 多媒体 5. 动画制作 6. 交互程序设计 7. 导航控制和知识对象 8. 判断分支结构和判断图标 9. 控件和事业交互 10. 综合程序设计	1. 多媒体演示教学 2. 校内实践 3. 项目案例	1. 拼图游戏制作实例 2. 键盘打字练习制作实例 3. 驾驶员理论模拟考试系统制作实例 4. 电子画册制作实例

表 10.11 界面设计

学习领域 7： 界面设计	
基准学年：第二学年上学期	基准学时：60

目标描述：
1. 能进行电子杂志的色彩设计
2. 能进行电子杂志的交互设计
3. 能进行电子杂志的文本设计
4. 能进行电子杂志的图标设计
5. 进行独立的电子杂志的界面设计

内容：	方法：	考核项目与要求：
1. 交互范式 2. 交互框架和方式 3. 交互设计过程 4. 需求获取 5. 设计 6. 设计原则 7. 交互设计模型 8. 颜色 9. 界面交互组件 10. 图标 11. 文本 12. 语音和听觉 13. 触觉和运动	1. 多媒体演示教学 2. 校内实践 3. 项目案例	1. 商业网站界面设计的综合案例 2. 网站界面设计的综合案例 3. 网站界面中的广告设计 4. 网站界面中导航系统的设计

表 10.12　Flash ActionScript 设计

学习领域 8：Flash ActionScript 设计		
基准学年：第二学年上学期		基准学时：120
目标描述： 1．能进行独立的 Flash ActionScript 编程 2．能利用 Flash ActionScript 制作 Flash 网站 3．能利用 Flash ActionScript 制作多媒体的产品演示 4．能用 Flash ActionScript 和其他软件结合进行产品开发		
内容： 1．面向对象程序设计"类" 2．事件及事件的监听机制 3．基本数据类型属性和函数 4．DisplayObject 类和其子类 5．时间类 6．交互类 7．声音类 8．UI 组件及其应用 9．网络应用	方法： 1．多媒体演示教学 2．校内实践 3．项目案例	考核项目与要求： 1．商业网站界面设计的综合案例 2．网站界面设计的综合案例 3．网站界面中的广告设计 4．网站界面中导航系统的设计

表 10.13　XML 程序设计

学习领域 9：XML 程序设计		
基准学年：第二学年上学期		基准学时：100
目标描述： 1．能利用 XML 进行编程 2．能利用 XML 独立建立网站 3．能利用 XML 和其他软件进行综合运用		
内容： 1．XML 基础 2．文档类型定义和实体定义 3．命名空间和模式定义 4．层叠样式表 CSS 5．可扩展样式语言 XSL 6．DOM 对象接口 7．使用数据岛显示 XML 数据	方法： 1．多媒体演示教学 2．校内实践 3．项目案例	考核项目与要求： 1．使用 DOM 管理 XML 文档 2．数据岛 3．使用 CSS 格式化页面 4．使用 XML Schema 验证 XML

表 10.14　HTML 程序开发

学习领域 10：HTML 程序开发		
基准学年：第二学年下学期		基准学时：80
目标描述： 1．了解 Web 站点的工作原理 2．掌握 HTML、CSS 的定义、概念和作用 3．熟练掌握网页中的 HTML 代码并编写网页 4．能够按网页设计技术要求修改和调试 JavaScript 代码 5．提高分析问题的能力，提高团队协作能力 6．了解面向对象程序设计思想		
内容： 1．了解 HTML 语言语法结构 2．掌握常用的 HTML 标记 3．表格、框架技术 4．CSS 样式 5．JavaScript 脚本语言	方法： 1．多媒体演示教学 2．校内实践 3．项目案例	考核项目与要求： 1．掌握 HTML 的常用标记 2．插入多媒体对象 3．表格的使用 4．框架技术的应用 5．CSS 样式 6．JS 脚本

表 10.15　网页设计与制作

学习领域 11：网页设计与制作		
基准学年：第二学年下学期		基准学时：80
目标描述： 1．赏析各类经典网站，掌握网页制作方法 2．强化网页制作技能，积累网页制作经验 3．激发自身学习兴趣，形成持久学习动力 4．提升自主学习能力，满足职业岗位需求 5．培养学生设计网页，网页布局的能力 6．训练和培养学生获取信息和处理信息的能力，充分培养和提高学生的动手能力，学会通过网站、书籍和素材光盘等方式收集所需的文字资料、图像资料、Flash 动画和网页特效等		
内容： 1．熟练掌握网页制作软件 Dreamweaver 8 的基本操作和使用技能 2．掌握页面的整体控制和头部内容设置的方法 3．熟练掌握在网页中输入、设置标题和正文文字的方法 4．熟练掌握在网页中插入图像、Flash 动画和背景音乐的方法 5．掌握建立各种形式超级链接的方法 6．熟练掌握网页页面布局的各种方法 7．掌握规划网站的内容结构、目录结构和链接结构的方法 8．掌握表单网页制作方法 9．掌握网页特效的制作方法 10．掌握网站测试的方法	方法： 1．多媒体演示教学 2．校内实践 3．项目案例	考核项目与要求： 1．网页布局的各种方法 2．制作静态网页的能力 3．规划网站的内容结构及链接结构方法 4．网页特效处理

表 10.16 SQL 数据库开发

学习领域 12：SQL 数据库开发

基准学年：第二学年下学期		基准学时：100

目标描述：

1．掌握数据库基本原理技术、数据库需求分析、数据库设计与调试和数据库管理与维护的岗位能力

2．培养系统分析问题、制定计划与解决问题的能力

3．能编写与调用触发器、存储过程处理复杂数据

4．养成严谨的工作作风和很强的工作责任心

内容：	方法：	考核项目与要求：
1．理解数据库设计与编程的相关理论知识	1．多媒体演示教学	1．创建表及约束
2．理解 SQL Server 数据库的构成	2．校内实践	2．创建视图
3．能安装数据库系统、维护数据库	3．项目案例	3．创建存储过程
4．会使用 SQL Server 数据库内置的各种工具		4．创建触发器
5．能编写与调用用户定义函数、触发器和存储过程处理复杂数据		5．创建用户函数
6．能在高级语言中连接、查询、更新数据库		6．基于数据库的 MIS 系统的开发、测试等

表 10.17 ASP.NET 动态网页设计

学习领域 13：ASP.NET 动态网页设计

基准学年：第二学年下学期		基准学时：100

目标描述：

1．掌握网站的规划

2．掌握使用 ASP.NET 开发.NET 应用程序所需的知识和技能

3．具备利用 ASP.NET 开发网站的能力

内容：	方法：	考核项目与要求：
1．ASP.NET 环境配置	1．多媒体演示教学	1．服务器控件属性设置
2．ASP.NET 的基本概念	2．校内实践	2．使用验证控件验证用户输入
3．服务器控件及 HTML 控件	3．项目案例	3．使用 ADO.NET 访问关系数据库
4．ASP.NET 数据访问		4．使用数据库存储过程的 ASP.NET Web 应用程序

（2）多媒体素材制作与处理职业领域

多媒体素材制作与处理职业领域如表 10.18～表 10.21 所示。

表 10.18 Premiere 影视后期制作

学习领域 14：Premiere 影视后期制作	
基准学年：第三学年上学期	基准学时：60

目标描述：

1．了解基本的影视编辑的流程

2．掌握影视后期的剪辑方法

3．掌握影视后期特效处理的方法

4．掌握影视片头制作的方法与技巧

5．掌握宣传片制作的方法与技巧

内容：	方法：	考核项目与要求：
1．影视后期基础知识 2．电视制式及其 SMPTE 码 3．Premiere 中工具条的运用 4．基本剪辑的方法（三点编辑法及四点编辑法） 5．影片切换效果的添加与运用 6．影片运动属性的设置与运用 7．视频特效的添加与运用 8．视频输出的方法	1．启发式教学方法 2．讨论式教学方法 3．情景教学法 4．采用多媒体、网络技术现代化教学手段	1．影片剪辑的运用 2．转场效果的设置 3．视频特效的设置 4．运动效果的设置

表 10.19 After Effects 特效处理

学习领域 15：After Effects 特效处理	
基准学年：第三学年上学期	基准学时：60

目标描述：

1．了解基本的影视场景设置方法

2．掌握使用 After Effects 给影片添加特效的方法

3．掌握预设动画的运用方法

4．了解各种类型图层的特点

5．掌握常用滤镜的属性设置及运用技巧

6．熟练掌握影片渲染输出的属性设置

内容：	方法：	考核项目与要求：
1．After Effects 中场景及图层的设置 2．合成的嵌套运用 3．添加预设动画 4．自定义动画设置 5．添加音频的方法及预览效果设置 6．常用特效的运用 7．表达式的运用 8．合成渲染的方法	1．启发式教学方法 2．讨论式教学方法 3．情景教学法 4．采用多媒体、网络技术现代化教学手段	1．合成嵌套的运用 2．滤镜效果的添加及其参数设置 3．常用的运动技巧 4．渲染输出的设置

表 10.20　Audition 音频处理

学习领域 16：Audition 音频处理		
基准学年：第三学年上学期		基准学时：20
目标描述： 1．了解基本的音频编辑方法 2．掌握在多轨混合环境下处理音频的方法 3．掌握编辑单声道和立体声音的编辑方法 4．掌握向视频文件添加音频的方法 5．掌握劣质音频的处理方法 6．熟练掌握音频的输出设置		
内容： 1．Adobe Audition 的基本工具 2．声音的编辑 3．降噪的处理 4．混合和实时特效 5．音频的优化 6．音频的输出	方法： 1．启发式教学方法 2．讨论式教学方法 3．情景教学法 4．采用多媒体、网络技术现代化教学手段	考核项目与要求： 1．音频的处理方法 2．声音的编辑 3．多轨道处理的方法 4．优化音频文件

表 10.21　三维动画制作

学习领域 17：三维动画制作		
基准学年：第三学年上学期		基准学时：40
目标描述： 1．了解基本的动画制作方法 2．掌握二维图形的建立 3．掌握三维立体模型的创建 4．掌握对象的加工、灯光与摄像机的添加方法 5．掌握材质的运用 6．掌握关键帧动画的设置		
内容： 1．建立基本的二维图形 2．建立标准的几何体 3．建立延伸的几何体 4．建立复杂的几何体 5．对象的加工 6．光源与摄像机 7．材质的运用 8．三维动画的制作 9．渲染输出的方法	方法： 1．启发式教学方法 2．讨论式教学方法 3．情景教学法 4．采用多媒体、网络技术现代化教学手段	考核项目与要求： 1．基本二维图形的创建 2．三维模型的建立 3．灯光与材质的运用 4．三维动画制作的方法

（五）专业教学策略的研究

依据总课题对于职业教育教学理论研究，职业教育教学的目的是学生职业特质和职业能力的形成，而职业特质与职业能力的形成除教学内容之外，主要取决于教学的策略。

为了培养计算机多媒体技术专业学生，依托合作企业，在课程体系构建、课程标准开发、校内生产性实训基地建设和校外实习基地建设等方面进行深度融合。在实践"一订二融三结合"人才培养模式的基础上，创新"2+2+1+1"工学结合人才培养模式，并逐步建立起与合作企业的培养长效机制，基本思路如图 10.8 所示。

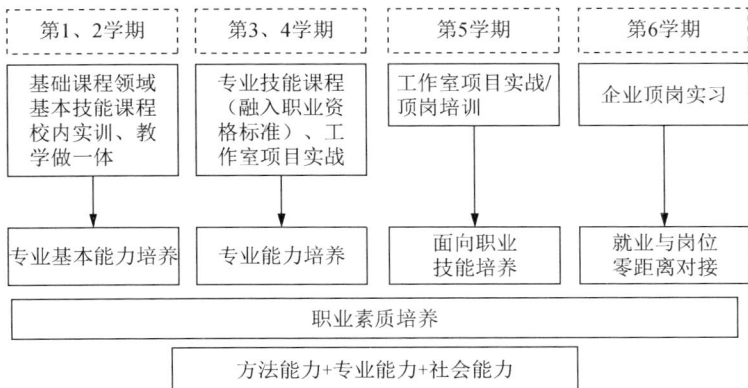

图 10.8　"2+2+1+1"工学结合人才培养模式

第一阶段：第 1、2 学期完成基础课学习和基本技能（单项技能）培养，使学生具有良好的职业素质、专业基本能力的能力素养，为专业能力培养打下坚实的基础。

第二阶段：第 3、4 学期完成专业技能（综合技能）培养，使学生具有良好的职业素质和专业能力的培养，为职业技能培养打下坚实的基础。

第三阶段：第 5 学期重点完成面向职业技能的操作训练或面向岗位的职业化培训。

第四阶段，第 6 学期学生进入企业完成顶岗实习。

在计算机多媒体技术专业效果导向教学策略设计时，专业各课程教学团队要根据职业能力对应的典型工作任务，对项目（或任务）中的关键节点进行剖析，进行课程的总体设计和单元教学设计，并采用基于工作过程的系统化教学方法，如咨询、计划、决策、实施、检测和评价等方法，并借助现代教育技术与配置的教学资源，营造一个学习情景，让学生在生动直观的教学情景中，积极思考、主动参与、动手动脑，综合实训项目开发要提炼专业面向典型工作任务，形成工学结合的实训体系，结合企业典型项目，设计层次递进的综合实训项目，构建工学结合的人才培养体系，真正形成活动导向的教学模式。可选用的教学方法很多，比较典型的有项目教学法、任务驱动教学法、思维导图法、头脑风暴法、卡片展示法和演示教学法，可以灵活使用。例如，在任务分析时，可以选用头脑风暴法、思维导图法和卡片展示法等；在技能训练时，可选用演示教学法；完成任务时，可选用项目教学法、任务驱动教学法等。

（六）专业教师团队的配备

专业教师团队应具备专业带头人 1 人和专业各核心课程负责人，具备双师型教师 60% 以上。采用外引内培，通过与企业合作开展科研项目、技术服务和国内外访问学者，参与专业建设和教学改革，培养专业带头人；通过多种形式使教师深入企业，参与技术服务和技术改造，积累工程方面的实际经验；加大培训考核力度，提升教师水平和能力；建成一支既有高技能水平，又在计算机多媒体技术领域有较高技术造诣的专兼结合师资队伍。

1. 专业带头人的基本要求

专业带头人应具有较高的高职教育认识能力、专业发展方向把握能力、课程开发能力、教研教改能力和学术研究，尤其是应用技术开发能力和组织协调能力，能带领专业建设团队构建基于工作过程的"层次化、模块化"课程体系。

2. 专任教师、兼职教师的配置与要求（表 10.22）

表 10.22　专任教师、兼职教师的配置与要求（按每年招 200 名学生配置）

序号	课程名称	专任教师		兼职教师	
		数量	要求	数量	要求
1	程序设计基础	2	双师型、理论实践一体化教学	2	理论实践一体化教学
2	多媒体技术及应用	2	双师型、理论实践一体化教学	2	理论实践一体化教学
3	艺术设计基础	2	双师型、理论实践一体化教学	1	
4	平面图形图像处理	2	双师型、理论实践一体化教学	2	理论实践一体化教学
5	Flash 动画制作	2	双师型、理论实践一体化教学	2	理论实践一体化教学
6	多媒体互动设计项目实践	4	双师型、理论实践一体化教学	2	具备项目实践经验
7	多媒体素材制作与处理项目实践	4	双师型、理论实践一体化教学	2	具备项目实践经验
8	网站设计与制作项目实践	4	双师型、理论实践一体化教学	2	具备项目实践经验
9	综合项目实践	2	双师型、理论实践一体化教学	2	具备项目实践经验
10	认证培训/顶岗实习	2	双师型、理论实践一体化教学	2	具备认证培训实践经验

（七）专业实训条件的配备

仿真的职场环境为学生的项目训练与综合职业能力培养营造实际职场的工作氛围；选择的真实典型的工业项目或产品进行设计开发，形成具有典型工作任务完整工作过程的综合实训项目；与企业共建具有良性运行机制的学习型生产性实训基地。基地能承担计算机多媒体技术专业类实验实训任务和职业技能培训鉴定，为大学生提供开展课外科技和工程实践活动的场所，拥有基本技能训练、职业技能训练、真实工程背景实习和创新与创业训练的渐进式实践教学必备的设备和场所，建立健全实验实训教学文件、各项规章制度和运行保障机制。

根据专业的课程体系，专业实训基地如图 10.9 所示。

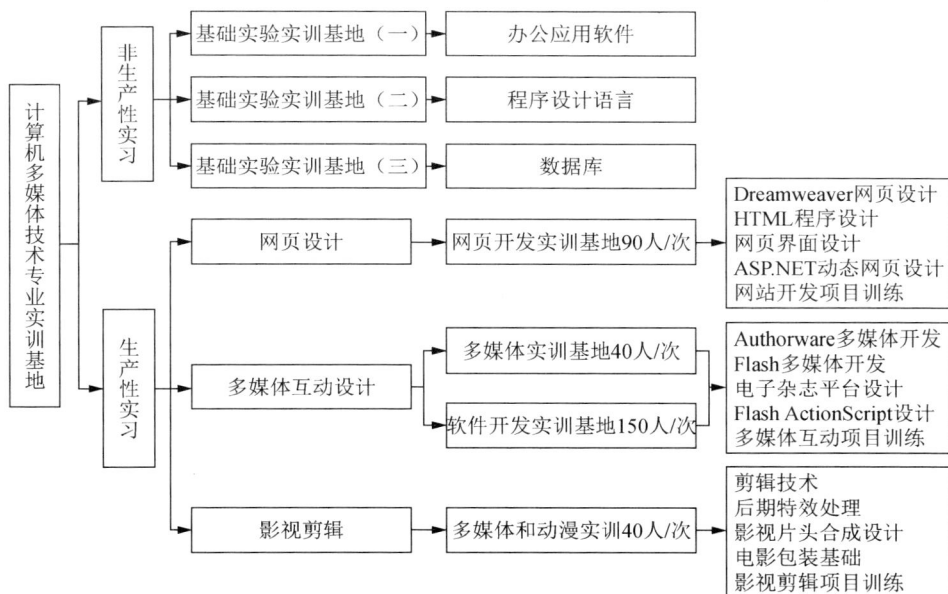

图 10.9　专业实训基地

五、计算机多媒体技术专业教学整体解决方案实施

从参加课题的各学校专业教学整体解决方案实施分析，由于有了配套教材和课件等教学资源的支撑，实施新方案的阻力并没有预想的大。教师需要建立现代教学的理念和提高教学开发及组织实施的能力，为了消除教师对新方案的抵制，学校采用了引导消除抵制模式（LOC 模式），分为五个阶段实施。

（一）教师把握整体解决方案

计算机多媒体技术专业教学整体解决方案由课程教学平台和实训教学平台构成，每一平台由若干课程模块组成。课程教学平台是指在各学期组织开展的教学活动，包括通用技能、专业技能两个模块。实训教学平台是指集中组织学生进行有针对性的、面向就业的职业技能训练的教学活动，包括专业实训、职业导向和社会认知三个模块。

计算机多媒体技术专业教学团队，向实施的教师讲解专业教学整体解决方案，使所有成员都清楚了解专业教学整体解决方案，了解课程的地位和作用，能与企业技术人员共同开发教学内容，并明确自己的角色和把握自己的任务。

（二）教师必备教学能力培训

专业教师的计算机多媒体技术专业教育观念转变和过程导向教学策略的学习运用是人员准备的主要内容。

职业教育课件设计活动可以同时对教师进行职业教育教学理论、教育技术和专业实践能力的培训[1]。因此，计算机多媒体技术专业教育观念转变和过程导向教学策略的学习运用通过专家过程导向教学展示，主要通过专家引领进行过程导向教学设计（特别是课件设计）进行。

通过教师必备能力培训，使所有成员都具备专业教学整体解决方案实施的专业教学能力，主要是专业实践教学能力。

（三）设施、材料与教材准备

为了保证计算机多媒体技术专业教学整体解决方案的顺利实施，指导小组将给予充足的经费支持，每年从全系经费中单列，每个学期实践教学工作在计划实施之初就做好预算，从而保证计算机多媒体技术专业教学整体解决方案实施的质量。

对原有教室和实训室，按照情景导向教学的要求进行改造，形成了职业情景和教学情景一体化教室，与合作企业一起研究确定学生实习的职业岗位，形成校内外教学、实训和实习密切衔接的校企合作教学、实训和实习组合新模式。方案的实施需要效果导向行动教学的专业教材支撑。专业教材设计需要遵循职业活动逻辑、学习动机发展逻辑和职业能力形成逻辑相统一的原则，构建理实一体的专业教材结构[2]。

---

① 邓泽民，马斌，2011. 职业教育课件设计[M]. 北京：中国铁道出版社.

② 邓泽民，侯金柱，2006. 职业教育教材设计[M]. 北京：中国铁道出版社.

（四）方案实施的评价与鼓励

　　本方案适用于计算机多媒体技术专业的学生，江西现代职业技术学院自 2008 级学生开始实施。教研室根据计算机多媒体技术专业教学整体解决方案，制订课程教学计划和实训教学计划。采取切实有效的措施认真组织实施，并负责对学生取得的实训教学的学分进行审核，并将审核结果上报学校教务处。计算机多媒体技术专业教学整体解决方案的实施：①每学期第一周，由教研室负责制订课程教学学期计划，并召开学生代表座谈会，主要征求学生的意见，满足学生对全面提高德育素质的需要，并在学期第二周对学生公布；②每学期第三周，由教研室负责制订实训教学计划，也可由学生自主申请，经系指导小组审批后备案；③教学整体解决方案每个单项工作，都由教研室负责指定专人负责，并由负责人制订单项实训教学工作的具体方案，报教研室批准并负责组织实施；④学校组织的技能培训与比赛由教务科负责组织参加，对参加学校实践教学工作的学生代表，指派指导教师，进行全程指导工作。

　　计算机多媒体技术专业教学整体解决方案的学分审核登记每学期进行一次。未列入学校和系（院）课程教学计划和实训教学计划的，原则上不予认定学分。具体操作如下：①计算机多媒体技术专业教学整体解决方案的学分登记，每学期开学两周内进行；②计算机多媒体技术专业教学整体解决方案的职业导向、社会认知学分，由各单项实践教学工作负责人或指导教师提供相关证明材料；③计算机多媒体技术专业教学整体解决方案的职业导向、社会认知学分，由校系统一组织实践教学，由指导老师负责提供，自报备案项目由申请学生提供相关材料，未备案活动原则上不予认定。

　　学生在校期间必须通过计算机多媒体技术专业教学整体解决方案的所有环节，并获得学分方可毕业。计算机多媒体技术专业教学整体解决方案的学分分类评分标准。

　　计算机多媒体技术专业教学整体解决方案作为江西现代职业技术学院计算机多媒体技术专业的教学改革，自开设几年来，取得了一系列的教学成果。计算机应用教研室完成了计算机多媒体技术特色专业的建设并开展网页设计与制作的精品课程建设。在 2008 年的计算机多媒体技术专业评估中，江西现代职业技术学院建设的网页设计与制作获得第一名的好成绩，受到校内学生、国内兄弟高校同类课程同行教授的一致肯定和好评，在江西省起到了一定的示范作用。

（五）方案实施效果调查分析

　　本方案自 2008 级计算机多媒体技术专业的学生实施以来，效果显著。通过教学改革，增强了学生在专业技术方面进行解决问题的能力，培养了学生的操作能力，提高了他们的计算机水平与综合素质。在历届江西省计算机技能竞赛、江西省电子电脑大赛及国家 ITAT 职业技能大赛中，江西现代职业技术学院学生取得了优异的成绩。为对计算机多媒体技术专业教学整体解决方案进行较为客观的评价，课题组分别对学生、企业和教师进行了调查。

1. 学生的评价

毕业生和顶岗实习学生的评价：经过在学校 3 年的学习，学校实验实训设备完备，每学期都安排 1～2 个月在实训基地进行综合实训，专业课程都在实验示范中心上课，我们动手实践能力明显加强，并取得了中、高级电工职业资格证书。学校专业教师教学水平高、操作能力强，经常外聘企业工程技术人员担任上课任务，保证了教学质量。计算机多媒体专业所有课程都有数字化教学资源系统和综合实训网站，为我们的自主学习提供了方便。我们毕业后在工作岗位上适应工作很快，这和在学校期间的学习提高是分不开的。

2. 企业的评价

企业对课程改革及毕业生和顶岗实习学生的评价：江西现代职业技术学院计算机多媒体技术专业的工学结合的人才培养方案和实施教学改革，能培养出适应企业需求的高职人才。学校注意到贴近企业真实环境，培养学生综合职业能力，能够完成企业的项目和任务；注意到企业生产管理；注意到协作能力等方面的培养。从目前在企业工作的学生来看，具有高度的责任心，追求标准、卓越的创新精神明显增强；职业生涯发展方向感明显增强，从事高技能成就事业的信心明显增强。学生工作上手快，具备独立完成工作任务的能力，受到企业的欢迎。

3. 教师的评价

参加专业教学整体解决方案实施的教师的评价：计算机多媒体高级技能型人才特质内涵的提出十分关键，使我们对职业教育教学有了全新的认识；一体化技能教室的职业情景和效果导向的教学结构设计，完成了由以教师为中心教学到以学生为中心教学的转变。学生学习的精神状态变了，学习有了方向和目标，我们教师教学时的心情也变了，教学效能明显提高了，并更积极主动参加教学改革的实践活动。

六、实践结论

1）计算机多媒体技术专业人才的职业特质是伴随着我国产业结构调整升级、

计算机多媒体技术发展对人才提出的必然要求。

2）计算机多媒体技术专业教学要把高级技能型人才职业特质和职业能力形成作为教学过程的中心。

3）职业特质形成需要行动导向的教学策略，计算机多媒体技术高级技能型人才的职业特质形成需要计算机多媒体技术效果导向的行动教学策略。

4）效果导向的教学策略的实施需要效果导向的一体化工作教室和效果导向结构设计的教材的配合。

附　录

附表　软件技术专业三年制教学计划表（专业代码：590108）

适用班级：0922312

编号：JX/GC7.3.1-01-JL13

序号	课程属性	课程名称	课程类型	课程学分	学时分配			每学期周学时分配					
					理论	实践	小计	一	二	三	四	五	六
1		数学	基本素质教育	16	288		288	4	4	4	4		
2		英语		8	144		144	2	2	2	2		
3		体育		8	144		144	2	2	2	2		
4		思想道德修养与法律基础		2	36		36	2					
5		毛泽东思想和中国特色社会主义理论体系概论		2	36		36		2				
6	职业能力认知阶段	计算机应用基础		4	24	48	72	4					
7		管理能力训练		2	18	18	36	2					
8		职业生涯准备	职业认知课程	2	18	18	36	2					
9		职场心理健康教育		2	36		36	2					
10		职业沟通		2	18	18	36	2					
		第一阶段学时小计		48	762	102	864	24	8	8	8		
1	职业能力形成阶段	Java小程序开发	核心技术课	4	24	48	72				8		
2		Java应用软件开发		6	28	80	108		6	8			
3		C#应用软件开发		6	60	48	108			6			
4		ASP.NET应用开发		6	60	48	108		6				

续表

序号	课程属性	课程名称	课程类型	课程学分	学时分配			每学期周学时分配					
					理论	实践	小计	一	二	三	四	五	六
5		软件测试		6	60	48	108				6		
6		Java Web 应用开发		6	28	80	108			6			
7		HTML 与 JS 脚本程序开发		2	12	24	36		2				
8		计算机系统基础		4	36	36	72		4				
9		数据库应用技术		4	24	48	72		4				
10		数据结构	专业限选课	4	48	24	72			4			
11		Linux 操作系统管理与应用		4	36	36	72			4			
12		Oracle 数据库应用		6	72	36	108				6		
13		Java 企业级应用开发		6	36	72	108				6		
14		企业培训							2~12周	2~12周	2~12周		
		第二阶段学时小计		64	524	628	1152	24	26	20	18		
1	职业能力提高阶段	生产性实训	生产性实训	12		144	144					12	
2		顶岗实习		12		144	144					12	
3		企业培训										3~12周	
		第三阶段学时小计		24		288	288					24	
1	职业岗位训练阶段	企业培训	企业实习			180	180						3~12周
2		企业顶岗实习				180	180						3~12周
3		毕业设计		12		360	360					5	7
		第四阶段学时小计		12		720	720					5	7
	公共任选课	参见公共任选课列表		14	200		200		2	4	6	2	7
		合计		162	1486	1738	3224	24	36	32	32	31	7

主要参考文献

邓泽民，陈庆合，2006. 职业教育课程设计[M]. 北京：中国铁道出版社.

邓泽民，陈庆合，2011. 职业教育课程设计[M]. 2版. 北京：中国铁道出版社.

邓泽民，韩国春，2008. 职业教育实训设计[M]. 北京：中国铁道出版社.

邓泽民，侯金柱，2006. 职业教育教材设计[M]. 北京：中国铁道出版社.

邓泽民，马斌，2011. 职业教育课件设计[M]. 北京：中国铁道出版社.

邓泽民，吴学敏，2009. 我国职业教育课程本质观和价值观的转变[J]. 中国职业技术教育，（36）：56-58.

邓泽民，张扬群，宫雪，2011. 实施双学分课程计划 促进现代职业教育体系形成[J]. 中国职业技术教育，（12）：21-24.

邓泽民，张扬群，2010. 美、德、澳三国职业分析方法的应用分析[J]. 中国职业技术教育，（24）：23-26.

邓泽民，张扬群，2011. 现代四大职教模式[M]. 北京：中国铁道出版社.

邓泽民，赵沛，2006. 职业教育教学设计[M]. 北京：中国铁道出版社.

邓泽民，赵沛，2009. 职业教育教学设计[M]. 2版. 北京：中国铁道出版社.

邓泽民，郑予捷，2009. 现代职业分析手册[M]. 北京：中国铁道出版社.

姚梅林，邓泽民，王泽荣，2008. 职业教育中学习心理规律的应用偏差[J]. 教育研究，29（6）：2.

张扬群，邓泽民，2011. 职业教育理实一体化教材设计与编写探析[J]. 中国职业技术教育，（24）：68-72.

赵志群，2009. 职业教育工学结合一体化课程开发指南[M]. 北京：清华大学出版社.

Cook H, Ausubel DP, 1970. Educational psychology: a cognitive view[J]. American Journal of Psychology，83(2):87-91.

Royer JM, 1979. Theories of the transfer of learning[J]. Educational Psychologist, 14(1):172-174.